대한국民 현대사

대한국民 현대사

국민으로 살아낸 국민의 역사

고경태 지음

푸른숲

서문

역사의 밤,
아버지 안녕히 주무세요

1

20년 전엔 실패했다.

1993년의 일이다. 그해 1월, 아버지가 눈을 감았다. 죽음은 나의 가족도 예외가 아니라는 단순한 깨달음에 가슴에 쥐가 났다. 한 달간은 거의 매일 아버지와 죽음이라는 두 단어를 떠올렸다. 생전엔 별로 살갑지도 않은 관계였다. 가끔 무언가 말씀을 해도 귓등으로 흘려듣는 아들이었다. 자식 된 도리에 대한 최소한의 의식은 있었나 보다. 아버지를 위해 내가 할 일은 없는지를 살폈다. 그래, 당신이 남긴 보물로 무엇인가 해보자!

아버지의 34년 손때가 묻은 스물다섯 권의 스크랩북은 가족 누구나 인정하는 최고의 보물이었다. 그해 5월 386DX 컴퓨터를 장만했다. 스크랩북을 꺼내 거기 적힌 아버지의 시를 한글 문서에 저장해나갔다. 책 한 권을 펴내도 괜찮겠다 싶었다. 보름 동안 매일 밤마다 시를 입력했다. 기대한 성과가 나온다는 보장은 없었다. 그 시집을 누가 읽기나 한대? 출판사에서 내주기는 한대? 아버지는 유명한 사람이 아니었다. 아들 역시 보잘것없는 3년 차 무명 기자였다. 그냥 흐지부지됐다. 아버지의 스크랩을 잊었다.

시간이 한참을 데굴데굴 굴렀다. 16년이 흐른, 2009년. 나는 20대가 아니라 40대였다. 총각이 아니라 두 아이의 아빠였다. 말단 기자가 아니라 데스크였다. 자전적 실무 경험을 담은 첫 책 《유혹하는 에디터》를 낸 게 9월. 책 한 권을 힘겹게 털고 나니 출판에 관한 여러 아이디어가 머릿속에서 수를 놓았다. 그중 하나가, 먼지를 뒤집어쓰고 서가 귀퉁이에 유물처럼 놓여 있던 아버지의 스크랩이었다. 이번엔 감상적인 시어보다 빛바랜 신문 기사 조각에 마음이 당겼다. 또 4년이 흘렀다. 드디어 책은 나오고야 말았다. 아버지와 이별한 지 20년 만이다.

2

《대한국민 현대사》. 처음 의도와는 달리, 현대사 책을 세상에 내놓는다. 스크랩 속 과거의 신문 기사들을 오늘의 시사 문제와 연결해본다는 막연한 구상에서 출발한 작업이었다. 스크랩을 뜯어볼수록 일이 커졌다. 신문 기사는 있는 그대로의 사건만을 전하는 경우가 많았다. 배경을 모르고 읽으면 가십에 불과했다. 팩트 너머의 이면에 접근해야 했다. 시대 상황에 대한 종합적인 감을 잡으려고 시도하니, 전혀 별개였던 사건들이 같은 울타리 안에서 인과관계를 형성했다. 가령 1970년 8월 이판이 일병의 애인 인질 대치와, 같은 해 3월 일본 적군파의 요도 호 공중납치의 공통분모가 보였다. 1981년 3월 뇌성마비 중학생 장애인의 자살과, 1983년 1월 게이바를 성토하는 기사를 함께 관통하는 흐름이 읽혔다.

저승의 아버지가 이승의 아들을 '열공'시켰다. 스크랩 기사가 밝히지 않는 진실은 다른 책에서 찾아야 했다. 참고해야 할 도서가 꼬리에 꼬리를 물었다. 능히 안다고 믿었지만, 피상적이거나 실제로는 깜깜한 것 투성이였다. 나는 평소 박정희에 관한 기본 지식이 있다고 믿었다. 착각이었다. 이제야 박정희를 아주 조금 알게 됐다. 오늘을 이해하기 위해 왜 어제의 역사를 공부해야 하는지 절감하는 순간이었다.

3

역사란 무엇인가. 거창한 질문을 싫어하지만, 가끔 글쓰기 강의를 할 때 이런 화두를 던진다. '과거와 현재의 대화' 따위를 들먹이려는 수작은 아니다. 내가 준비한 답은 간단명료하다. '내가 역사다.' 너와 나는 역사다. 우리는 역사다. 최소 단위인 '나'의 기억과 경험으로부터 시작할 때 역사는 우리의 살갗을 스치며 풍만하게 다가온다고 믿는다.

《대한국민 현대사》를 내며 역사를 발견하는 것 이상으로 아버지를 발견했다. 스크랩에 적힌 볼펜 글씨의 기록을 통해, 20대 중반의 청춘에서 50대 후반으로 늙어갈 때까지 세상을 바라보는 아버지의 시선 변화가 파노라마처럼 펼쳐지는 광경은 경이로웠다. 내가 역사다! 나의 아버지가 역사다! 아버지라는 프리즘으로 본 한국 현대사는 훨씬 입체적이었다.

아무도 알아주진 않았지만, 아버지는 편집자였다. 당대 신문 편집자들이 뉴스의 가치를 판단해 편집한 지면을 자신만의 관점으로 다시 나누고 골라 재편집한 셈이다. 돈이 되거나 밥이 되지는 않았다. 스크랩북이라는 그 결과물은 차곡차곡 모여 매력적인 사료(史料)가 됐을 뿐이다. 신문과 잡지 편집을 직업으로 삼은 아들은, 다시 자신만의 시각으로 아버지의 스크랩북을 재편집했다. 스물다섯 권이나 됐던 스크랩북이 딱 한 권의 역사책으로 환골탈태했다.

부끄럽다. 역사 전공자나 전문 연구자도 아니면서 현대사 책을 냈다. 동시에 나는 뻔뻔하다. 시시껄렁한 책을 냈다는 죄책감은 들지 않는다. 오히려 다른 현대사 책에 비해 독특하고 재미있는 점이 적지 않다고 자신한다. 그 모든 공은 취미 생활 이상으로 스크랩북에 땀을 쏟은 아버지에게 돌린다.

4

이 책은 2011년 8월부터 인터넷 서점 '예스24'의 웹진 '채널예스'에 31회에 걸쳐 연재한 내용이다. 초고는 기사 인용문을 포함해 2백 자 원고지 기준 3천 매를 넘었다. 책으로 묶기 위해 쳐내고 또 쳐냈다. 뭉텅이로 날려버린 꼭지도 서넛은 된다. 수록된 아버지의 시도 많이 버렸다. 전체의 절반을 덜어냈다. 손발을 자르는 듯한 아픔을 '출산'의 기쁨으로 상쇄하련다.

푸른숲 김수진 부사장 등 감사해야 할 분이 많다. 한 번 더 뻔뻔해지자면, 가장 감사하고 싶은 대상은 나 자신이다. 31주에 걸쳐 격주로 연재를 하면서, 도합 62주의 주말을 이 책에 투자했다. 한 주 일요일에 주제를 잡고 거기에 맞는 자료 조사를 하면, 다음 주 일요일에 아버지의 스크랩을 놓고 자료들을 참고하며 글을 쓰는 식이었다. 아침에 첫 문장을 시작해 저녁에 마지막 마침표를 찍는 경우가 다반사였다. 엉덩이가 썩는 줄 알았다. 연재 도중 예고에 없는 눈 수술을 하기도 했다. 나의 미련하면서도 초인적인 인내심을 칭찬하고 싶다.

독자들께는 이 책이 아버지 세대와 그들의 시대를 이해하는 단초가 되길 바란다. 서먹서먹했던 아버지와의 관계를 성찰하고 복원하는 계기가 되면 더 좋겠다. 난 이제 아버지를 언급하는 데 지쳤다. 지겨울 정도다. 이 책 구석구석에서 목 놓아 부르다가 문드러질 것 같은 그 이름, 아버지 아버지 아버지……. 생전에 가장 많이 드린 인사말처럼…… 아버지 안녕히 주무세요.

아버지가 없는 20년을 어머니는 꿋꿋이 사셨다. 가장 사랑하고 고맙고 미안한 분, 장정옥 여사께 이 책을 바친다.

2013. 4. 20
고경태

차례

서문
역사의 밤, 아버지 안녕히 주무세요 _4

프롤로그
청춘은 언제나 고독했다 _12

제1부 | 18년의 시작

"좋은 분인가요, 나쁜 놈인가요"
이승만의 최후 _18

너의 손가락을 깨물지 말지어다
4·19와 데모대 _33

우리는 돼지가 되었는가
보릿고개 _43

바지사장의 최후, 올 것이 왔다
5·16과 숙청 _55

'사람호랑이'는 얼마나 외로웠을까?
박정희 1인 천하 _69

변을 당하다
미군 린치, 연서 린치, 화폐 린치,
똥물 린치 _83

제2부 | 암흑기, 또는 전성기

두꺼비와 고바우의 개판 5분 전 이야기
1967년 부정선거 _108

각하 죄송합니다… 꼴 보기 싫어요
3선개헌과 유신 _125

그대, 알프스에 갔어야 하리
비운의 이수근 _142

담배 끄고 자백하라, 범인은 너다!
김대중 납치와 육영수 피살사건 _152

사회면 1단 기사들이 스크럼을 짜다
반유신의 파도 _166

카터 방한 기념우표의 비밀
미군, 철수냐 안 철수냐 _187

주여 왜 그에게 레임덕을 주셨나이까
망명, 그리고 10·26 _206

제3부 | 잔혹 드라마

1968년 남북한·미·월의 상호 따귀 때리기
1·21/2·12/3·16 사건 _231

단군과 세종대왕은 어떤 국제뉴스를 좋아할까
격동의 세계사와 포항 석유 _245

너의 무대는 공항이냐 다방이냐
적군파의 하이재킹과 다방 인질극 _271

돌쇠는 이렇게 피투성이가 되었다
대연각 화재 등 육해공 참사 _293

"후하하 죽었다" vs.
"지문 채취 열심히 해보슈"
연쇄살인자들과 수사반장 _312

제4부 | 신기루와 절망투쟁

탈춤과 지랄춤, 칼춤의 시대
1980년 전두환의 봄 _340

그 폭탄 테러는 누구 짓이었을까
6월 항쟁 전야 1986년 10대 사건 _363

이순자여 바가지를 생각하라
1987년, 그 후 _388

3인의 '독제자(毒劑者)' 서리가 내리다
방북, 공안몰이, 분신 _407

제5부 | 정의사회구현

놀리지 마라
장애인에서 카섹스까지 _426

원한과 치정, 돈과 고문의 맛
저명 살인 사건의 미스터리 _440

파리 한 마리가 56명을 죽이다
호외의 비명 _463

그들은 원래 눈에 뵈는 게 없었다
무서운 10대 _484

'비참한 말로'에도 등급이 있나
조세형, 지강헌, 신광재 _496

멈춰버린 '엘란트라'와 문민정부의 탄생
보지 못한 YS 대통령 _515

에필로그
"아빠, 우리도 팔랑개비 달자" _534

참고한 책과 글 _545

프롤로그

청춘은 언제나 고독했다

"아버지, 고독이란 정녕 뭔가요?"

"……너 뭘 잘못 먹었냐?"

그랬을 가능성이 높다. 무슨 뚱딴지같은 소리냐는 지청구만 들었으리라. 대화의 씨가 마른 부자간에 웬 '고독' 타령이란 말이냐. 생전에 아버지를 향해 단 한 번도 상상해보지 못한 질문이다. 다음과 같은 궁금증 따위도 마찬가지다. "제 나이 땐 꿈이 뭐였나요?" "인생에서 가장 기쁠 때가 언제였죠?" "때려주고 싶을 정도로 미운 사람이 있기는 했나요?"

병석에서도 그랬다. 나는 소 닭 보듯 아버지의 눈동자를 힐끔거렸다. "아버지, 많이 아프시죠"라는 의례적인 인사조차 입 밖에 내지 않았다. 대개의 아들이 그러하듯 나 역시 '멀뚱멀뚱한' 시선에 충실했고, 말이 없었다. 마지막까지 고독했을 당신은 속으로 이렇게 탄식하지는 않았

을까. '멋대가리 없는 자식!'

뭐, 그래도 절반은 아버지 탓이다. 부전자전이다. 윗물이 서로 교감하고 공유할 만한 그 어떤 건덕지를 만들어놓지 않았는데, 아랫물이 몽땅 그 책임을 뒤집어쓰는 건 불공정하다. 이참에 한마디 드려야겠다. 아버지, 아버지도 멋대가리 없었답니다.

물론 겉으로 비친 모습이었을 뿐이다. 표면과 이면의 격차는 컸다. 이 땅의 무뚝뚝한 아버지들처럼, 당신은 독백을 즐겼다. 특이한 점이라면, 그 독백을 꼼꼼하게 체계적으로 기록했다는 점이다. 아버지가 남긴 스크랩을 들춰보며 그 사실을 확인한다.

아버지는 만 24세 때인 1959년부터 신문 스크랩을 시작했다. 군대에 입대하기 직전이었다. 16절지(A4 용지 크기) 도화지를 50~1백 장씩 고리로 묶고 나무판을 앞뒤로 대어 만든 수제 스크랩북이었다. 여기에 스스로 취사선택한 신문 기사들을 오려 붙였다. 사건 기사와 사설·칼럼에 만평과 4컷 만화, 사진을 곁들였다. 펜으로 세상사에 대한 코멘트도 끼적거렸다. 시도 적었다.

처음의 결심이 어떠했는지 모르지만, 아버지는 이 스크랩 작업을 1992년까지 34년간 했다. 처음에 붙였던 '墓碑(묘비)'라는 제목으로 제25권까지 신문 조각들을 채웠다. 제1권엔 1950년대 후반 혁명 전야의 하 수상한 정치 상황이 녹아 있고, 제25권에선 1992년 여름에 열린 바르셀로나 올림픽 금메달의 환호성이 펼쳐져 있다. 아버지는 제26권의 껍데기만 만든 뒤 단 한 장도 채우지 못한 채 1993년 1월, 진짜 '묘비' 밑으로 들어가셨다. 환갑을 두 해 앞둔 나이였다. 이 책을 발간하는 2013년 으로부터 정확히 20년 전이다.

나는 이제 아버지의 그 분신과 같은 스크랩북을 붙잡고 씨름을 하려고 한다. 덕지덕지 붙은 빛바랜 뉴스 조각들에서 지난 역사의 디테일한 흔적들을 뜯어보고, 볼펜 글씨로 남은 시와 낙서의 행간에서 그 손길과 마음을 느껴볼 계획이다. 가끔씩 꿈자리에 등장하는 아버지와 한국 현대사의 무대에서 조우하는 셈이다.

다시 처음의 질문으로 돌아가본다. "아버지, 고독이란 정녕 뭔가요?" 이 말을 꺼낸 이유가 있다. 스크랩북 제1권 첫 장에 수록된 시의 제목이 〈孤獨한 芝草(고독한 지초)〉이기 때문이다.

　　외로운 芝草의 靈魂은 통곡을 한다
　　아무도 깃들지 않는 古木을 사랑하기에
　　높은 하늘을 구슬프게 노래 부른다

　　사랑을 못 잊어 목매이게 부르는 추억
　　새장에 창살은 못 박은 듯 말이 없는데
　　푸른 軍服 훈장은 녹슬구만 있구나

　　짝 잃은 날짐승도 외롭다 우는구나
　　뉘라서 孤獨한 것 모른다 할까마는
　　얼굴 젖은 눈물이 芝草밥이 되었구나

프롤로그 - 청춘은 언제나 고독했다

바람은 黃金처럼 古木을 스쳐가고
사랑도 구름처럼 머물다 지나가네
한세상 살다보면 지난 후에 잊으리라
(1959년 3월 7일)

'지초'는 아버지의 아호였다. 어머니에 따르면, 아버지가 존경했던 국민학교(초등학교) 선생님이 지어주셨다고 한다. 그 이름에 담긴 자세한 내막은 알 수 없다. '지초'는 고산지대에서 자생하는 약초 이름이다. 야생 지초는 고질병이나 난치병을 고친다는데, 아마도 세상에서 이런 역할을 하라는 선생님의 뜻으로 풀이된다. 시를 읽어본 감상은? 아버지는 당시 꽤 센티멘털한 청년이었음에 틀림없다. 만 24세. 아직 학업도 마치지 않았다. 군대도 다녀오지 않았다. 결혼도 하지 않았다. 미래는 모른다. 미로의 한가운데서 방황하는 청춘의 언어유희. 통곡…… 고목…… 짝 잃은 날짐승…… 고독…… 눈물. 그 낱말들 사이엔 타는 듯한 허무의 냄새가 풍긴다.

스크랩북 1권 곳곳에 적힌 아버지의 글엔 유난히 '고독'과 '공허'란 단어가 많다. 스크랩북 제목을 '묘비'라 붙인 것도 인생의 덧없음을 강조하려는 의도로 보인다. 제대로 다시 한 번 따져보고 싶다. "아버지, 왜 이토록 고독, 고독, 고독을 들먹이셨습니까. 무슨 사건이라도 있으셨나요? 아님 그저 젊은 날의 관념적 액세서리였나요?"

아들인 나도 어렸을 적엔 고독과 허무를 즐겼다. 태어나서 처음으로 쓴 시가 고3 때 교지에 투고한 〈사형수〉였다. 지금도 그 시구절을 떠올리면 손발이 오글거린다. 20대가 넘어서도 늘 혼란스러운 안개에 휩싸여 서성거렸다. 그 바닥엔 '어떻게 살 것인가'라는 고민이 놓여 있었다. 거창한 철학적 번민은 아니었지만, 그 화두에서 자유로웠던 적은 없다. 뭔가 진로가 결정되지 않은 처지였으니 당연했다. 2010년대를 사는 요즘의 젊은이들도 다르지 않다. 중심을 확고히 세우지 못한 20대 청춘은 누구나 고독하다.

결과로 보자면, 아버지가 고독을 물리친 무기는 스크랩이었으리라. 신문 더미를 쌓아놓고 눈에 띄는 기사를 가위질하며 보람과 희열을 느꼈는지도 모른다. 당신은 스물다섯 권의 스크랩북 외에도 풍경 사진에 감상적인 메모를 적은 한 권의 사진첩과, 문화·스포츠류의 특집 기사와 화보를 모은 열한 권의 스크랩북을 따로 만들었다. 여기에 더해 분야를 가리지 않고 책을 수집했다. 특별히 좋아했던 종교 서적 외에도 시집과 소설, 정치적으로 불온한 사회과학 도서까지 사 모았다. 나는 아버지가 그 많은 책을 다 읽기는 하셨나 하는 의심을 품기도 했다.

이제 제1권을 시작으로 아버지의 스크랩북을 활짝 열어본다. 이것은 부자간의 뒤늦은 대화다. 동시에 한판 게임이다. 나는 끊임없이 아버지에게 시비를 걸겠다. 이 게임을 관전하는 독자들이 '고독'하지 않고 '흥미'를 느꼈으면 좋겠다. 그놈의 고독, 나는 싫다.

제1부

18년의 시작

"좋은 분인가요, 나쁜 놈인가요"

이승만의 최후

Russian delegate Vishinsky at UN General Assembly who consistently tries to obstruct the UN move.

본의 아니게 민족주의를 탐구했다.

　1984년 말의 일이다. 고3 겨울방학이었다. 학력고사를 치른 뒤 남는 시간을 주체할 수 없었다. 친구들과 다방이나 술집을 드나들며 어른 흉내를 내는 일도 슬슬 재미가 없어지자, 아버지의 서가를 기웃거렸다. '예비 대학생 폼'을 잡고 싶었다. 서울에서 대학을 다니다 방학을 맞아 집으로 내려온 네 살 터울 형에게 '근사한 사회과학 책'을 추천해달라고 했다. 형이 아버지의 서가에서 꺼내 온 것은 《송건호 평론집 – 한국 민족주의의 탐구》(한길사, 1979)였다.

지은이 송건호 선생은 유신 시절인 1975년 〈동아일보〉 편집국장을 지내다 '자유언론실천운동'과 연관되어 해직당한 분이다. 해방 직후 등장한 남북한의 정치 지도자들을 소재로 참된 민족주의란 무엇인지를 서술한 책이었다. 고3으로서는 소화하기 어려운 내용이 적지 않았다. 그럼에도 재미가 있었다. 내 상식을 거스르는 이야기가 가득해서였다. 이승만 초대 대통령이 그 중심에 있었다.

"뭐야, 나쁜 놈이었잖아!" 나쁜 놈. 그렇다. 예의 없지만, 솔직한 독후감이었다. 학교에서 배운 '위대한 지도자 이승만'은 거기 없었다. 남북 분단을 고착화한, 정치 술수에 능한 노회한 독재자가 그 책 속에 있었다. 대학에 입학한 뒤 이런 생각은 더 굳어졌다. 어찌 보면 '의식화'에 시동을 건 셈이다. 1980년대는 이런 젊은이들 천지였다. 〈조선일보〉가 1995년 1월부터 〈거대한 생애 이승만 90년〉을 연재하며 이승만을 위대한 역사적 인물로 띄운 건 그 반대편의 노력이었다. 2011년 여름 한국방송이 방영하려다 반대에 부딪친 '이승만 다큐'도 그 연장선에 있다.

아버지의 스크랩북 제1권을 장식한 대표 인물도 다름 아닌 이승만이다. 앞쪽에 큰 얼굴 사진 한 장을 붙여 특별 대우를 했다. 외국 신문에서 오렸는지, "Dr. Syngman Rhee, President of the Republic of Korea"라는 영어 설명이 달려 있다.

아버지가 스크랩북 제1권을 작업하던 해는 1959년이다. 휴전 이후 6년이 흘렀지만, 사람들은 전쟁의 공포에서 자유로울 수 없었다. 20여 쪽에 걸친 피란민과 전투, 폭격과 떼죽음 등 한국전쟁과 관련된 끔찍한 사진들이 그걸 말해준다.

10년 주기의 끄트머리를 보내며, 좀 더 풍요롭고 평화로운 1960년대를 꿈꿨으리라. 아버지에겐 이승만 대통령이 새 시대 희망의 상징이었다. 스크랩북 제1권이 다 끝나기도 전에 기대는 물거품이 된다. 대신 그분의 정치적 최후가 다가온다.

만약 이것이 사실이라면! - 민주당이 말하는 경찰 선거 대책
마산에서 군중 소요 - 지서에 불 지르고 투석 - 2명 죽고 15명 부상
학생 데모로 중대 사태 - 2만 학생 경무대 앞서 유혈 충돌
교수들 '제자 위령 데모' - 2백여 명이 궐기 - '학생의 피에 보답하자'고 행진

굵직한 신문 활자들이 부정선거를 암시하고 비상사태임을 말해준다. 1960년 3월 15일 대통령 선거에서 자유당 정·부통령 후보 이승만·이기붕은 4선에 성공한다. 사전 투표와 유권자 조작으로 점철된 억지 승리였다. 스크랩북 제1권의 한가운데는 온통 데모 풍경이다. 거리로 뛰쳐나온 학생들, 곤봉으로 진압하는 경찰들.

3월 15일 마산 고등학생들의 부정선거 규탄 시위 이후 전국적으로 격화된 4·19 데모로 이승만 대통령이 하야한 날이 1960년 4월 26일. 부통령에 당선됐던 이기붕 씨 부부와 두 아들은 그로부터 이틀 뒤 새벽 권총 자살로 생을 마감한다. 이를 전하는 〈조선일보〉의 기사 제목은 "저주도 회한도 앗아간 망령의 길"이다. 그 옆엔 "무너진 서대문 아성, 가재 부수고 태우고"라는 제하의 기사가 등장한다. 군중이 자살한 부통령 이기붕의 집을 터는 장면을 취재해 묘사했다.

It was memorable severe battle

불이다. 들불이다. '들불처럼 일어나다'라는 제목이 어울리는 사진들이다. 아무리 최루탄을 쏘고 곤봉으로 내리쳐도 꺼지지 않을 젊은이들의 불덩이가 스크랩북 제1권의 절반을 차지한다.

9시경부터 모여들기 시작한 시민 학생들은 9시 20분경 이기붕 씨 집에 뛰어들어 가재도구를 부수며 혹은 길가에 들어내어 불 사르기 시작했다. 값진 호피며 서화, 골동품 등이 타는 불속에 던져졌으나 성조기가 나타나자 "미국 깃발은 태우지 말라"고 외치며 학생들은 성조기를 취재중이던 미국인 기자에게 넘겨주었다. 처음 이기붕 씨 집에 가재도구를 불태우기 시작할 무렵에는 혹은 가재도구를 절취해 가려는 사람이 있었으나 학생들에 의해 저지되어 불속에 던져졌고 절취하려던 사람은 구타까지 당했다. 이때 출동한 군인들에 대해서 '데모' 군중들은 만세 소리로 맞았으며 '트럭'을 탄 군인들은 손을 흔들어 '데모'대에 화답하는 광경도 있었다. 이날 이 씨 집에서 뜯어내 온 몇십 통의 수박, '메론' 등 과일은 학생들이 모아가지고 적십자병원에 입원 가료중인 4·19의 부상자들에게 나누어 줬으며 불태우기 시작한 지 세 시간이 경과한 낮 12시까지도 그 집 안에 있는 물건들은 그치지 않고 계속 끌어내어져 대로에 나와 불더미 속에 던져져 재로 화하고 있다. 이기붕 씨 집에 불을 지르지 않고 물건을 꺼내다 불 지르는 것은 집에 불나면 옆에 집이 연소될 것을 두려워한다는 것인데, 백화점의 진열장을 합해도 이보다 물건이 적다고들 흥분하는 군중들은 값진 패물이 불속에 뛰어들 때마다 박수를 보냈다. 그러나 이기붕 씨 집 근처에는 경관이나 군인들의 자태는 보이지 않았고 그 가족들도 한 명 보이지 않았다. 한편 이 씨 집 창고에 들었던 쌀과 밀가루, 설탕 등 40가마를 끄집어내어 바로 옆의 적십자병원에 수용되어 있는 부상자들의 구호식량으로 나르기에 바빴다. 집 안의 물건들은 계속 끌어내어져 연소중…

"좋은 분인가요, 나쁜 놈인가요" - 이승만의 최후

　패물과 가재도구는 털어도 털어도 계속 나왔다. 시민들이 성조기를 발견하자 미국인 기자에게 넘겨주는 대목에선 웃음이 터진다. 미국이 항공모함을 부산 앞바다에 대고 자신들을 도와줄 거라 착각하던 1980년 5월의 광주 시민들 같다.

　하루 뒤엔 이승만 박사 부부가 허정 내각 수반의 주선으로 망명길에 오른다. 김포공항에서 하와이행 비행기를 탄다. 스크랩북 1권의 마지막 부분이다. 사진 속 부부는 호놀룰루의 한 교회 예배에 참석해 찬송가를 부르고 있다. 그는 〈삼천리 반도 금수강산〉이라는 찬송가를 좋아했다고 하는데, 살아생전 다시는 금수강산에 돌아오지 못했다. 각 신문의 만평을 모은 스크랩도 눈에 띈다. 그중 〈동아일보〉 만평에 적힌 대사가 센스 있다. "'푸란체스카', 내일 아침이면 '호노루루'에서 '커피'를 먹게

"프란체스카, 저녁은 서울에서 혼자 먹게 될 거야." 그녀는 남편과 이별한 뒤 5년 만인 1970년 한국으로 돌아왔다. '이화장'에 머물다 1992년 3월19일 타계했다.

될 거야." 이승만이 한국전쟁이 터지고 나서 말했다는 "평양에서 점심을 먹고 신의주에서 저녁을 먹게 될 거야"를 비꼬았다.

이승만은 여든다섯 노구의 몸으로 조국에서 쫓겨났다. 독재자라는 욕을 먹기도 했지만, 안쓰럽기도 하다. '배울 점'을 헤아려본다. 한국방송이 '이승만 다큐'를 만들었다가 "미화하지 말라"는 욕을 먹은 일이 있지만, 내가 '이승만 다큐'를 만들어도 다음의 3가지는 미화하겠다.

1. 대중과의 소통 기술이다.
그는 연설문을 직접 썼다고 한다. 약간 떨리는 허스키한 목소리도 호소력 있었지만, 무엇보다 연설문 내용이 쉽고 재밌었다고 한다. 서민의 눈높이에서, 귀에 쏙쏙 들어오고 마음을 움직이는 '구어체'를 구사했기 때문이다(1948년 초대 대통령 취임식 연설문은 명연설로 꼽히며 화술학의 관점에서 분석되기도 한다). 한글도 가급적 소리 나는 대로 쓰자고 했을 정도다. 높은 분들의 연설문은 뻣뻣하고 지루한 경우가 많다. 손수 쓰지도 않는다. '이승만처럼 글쓰기'라는 제목으로 연설문 쓰기 노하우를 담은 책을 기획해봐도 좋겠다.

2. 로맨티스트의 감성이다.
1933년 국제연맹 회의차 들른 스위스 제네바에서 서른세 살의 오스트리아 여인 프란체스카에게 '작업'을 걸어 결혼에 골인했다. 환갑을 바라보는 나이였다. 단일민족이라는 순혈주의에 순응하지 않았다. 이주 노동자와 함께 살아갈 후손들에게도 모범이 되는 다문화 행동이다. 책임 있는 동물 사랑도 실천했다. 하와이로 급히 떠난 뒤 이화장에 홀로 남은 개 '해피'를 끝내 불러들였다고 한다. 국제결혼을 백안시하거나 동물을 학대하는 이들에게 귀감이다.

3. '밀당' 능력이다.

영어에 능통했고 미국식 가치관에 익숙한 친미주의자였지만, 미국의 말에 고분고분하지는 않았다. 때로는 깜짝 놀랄 정도로 '자주적'이었다. 소신대로 북진통일을 일관되게 주창했고(평화통일론자 조봉암은 사형시키고), 미국의 방침을 거슬러 반공 포로를 석방하는 정면 승부수를 띄웠다. 우파 학자들은 이 조치를 통해 한미상호방위조약을 맺도록 미국을 압박함으로써 경제 발전의 토대를 닦았다고 주장한다. 일본과의 외교 교섭을 거부하며 일본 어선을 나포한 적도 있다. "외교에는 귀신" 소리가 괜한 말이 아니다. "내정에는 병신, 인사에는 등신"이라는 말까지 패키지로 들어 아쉽긴 했지만, '밀당'(밀고 당기기)의 정치력을 발휘해 사회생활에서 성공해보고 싶은 이들이라면 이승만의 외교술을 참고해볼 만하다.

이승만 박사는 하와이 망명 5년 만에 숨을 거둔다. 1965년 6월 19일이다. 스크랩북 제5권에 등장한다. 향년 90세였다. 아버지는 두 쪽에 걸쳐 신문 기사를 붙여놓았다. 제목이 큼지막하다. "위대한 독립의 거성—이승만 박사 서거". 아버지는 어떤 심정이었을까. 아버지는 이승만 대통령을 진심으로 존경했으리라 추정한다. 가장 큰 이유는, 같은 기독교인이었기 때문이다. 해방 직후 기독교계는 전폭적인 이승만 지지 운동을 벌였다. 이승만이 프린스턴 대학에서 만난 토머스 윌슨 교수(나중에 미국

의 28대 대통령이 됨)에게 배려를 받은 정도는 아니었지만, 아버지도 공부를 하던 시절 잠깐 미국 선교사의 도움을 받았다.

1987년 대통령 선거 때가 생각난다. 대학생이던 나는 고향에 내려가 특정 후보에게 투표하도록 은근히 부모님을 압박했다. 아버지는 들은 척도 하지 않았다. 개신교 장로였던 김영삼 후보에게 표를 던질 확률 99.9퍼센트였다. 안타깝게도 노태우 후보가 당선했다. 5년 뒤인 1992년 12월 선거에서야 김영삼 후보가 당선했다. 당신은 투표도 못하고 병석에 있었다.

서거 기사 옆에는 당시 〈동아일보〉의 유명한 4컷 만화였던 '고바우

'위대한 독립의 거성'이란 수식은 과연 합당한가. 그 논란은 반세기가 넘어도 계속되고 있다.
스크랩 제5권에 있는 1965년 7월20일자 신문들.

영감'이 나온다. 만화 주인공 머릿속에서 이승만의 '공(功)'과 '과(過)'가 엎치락뒤치락 격투를 벌인다.

　　남산의 이승만 동상은 철거되는 수모를 당한다.

　　거… 참… 처량하군
　　헐리는 우상에 '시민의 소리'
　　O…이승만 씨의 동상 바른팔이 잘리어 땅에 떨어지는 순간 운집

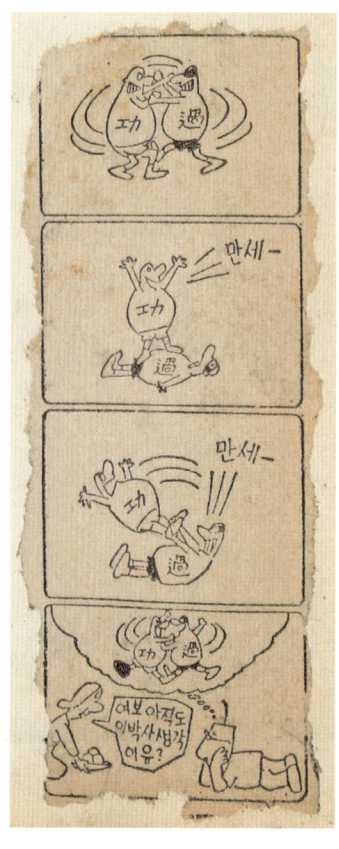

한 구경꾼들은 세대(世代)의 감각으로 한마디씩 했다. "가엾게도…." 이는 노인들의 말….

"처량한 말로로군." 사십대의 비꼬움. "빨랑빨랑 뜯질 않고 왜 저러노?" 이십대는 급했다. "…신난다. 저 봐 우는 것 같아…." 꼬마들은 떠들었다. 25일 하오 2시 55분….

○…아무리 독재자의 형상이라 할지라도 비참하게 뜯기우는 현상은 침울했다. 그리고 그 마당에 선 한 가닥의 인생무상을 묵시하는 교훈이 솟아나는 듯했다. "누구든지 저 동상처럼 백주에 몰락되고 싶으면 인의 장막에서 부정선거를 하라"는 음성이….

오늘은 바른팔, 내일은 왼팔, 그리하여 닷새 안에 1억 3천만 환이 빚은 우상은 '망각의 피안'으로 꺼져갈 것이다.

○…"너희를 위하여 우상을 만들지 말라. 그에게 절하지도 말라." 신은 만세전부터 이렇게 계명(誡命)하셨느니라−. 【사진=뜯기우는 남산의 이 씨 동상】

(《경향신문》 1961년 8월 26일자)

이 상황은 정확히 51년 만인 2011년 8월 25일 도루묵이 된다. 보수단체인 '자유총연맹'은 같은 자리에 동상을 다시 세웠다. 대한민국의 우파 세력에게 이승만은 여전히 '건국의 아버지'다. 이승만이 지하에서 빙그레 웃고 있을 것만 같다.

撤去시작한 李博士銅像

○…二십一일(正午까지 △○民)이나되는이(李承晩)박사의동상(南山所在)이 철거되기 시작했다 국무회의(國政)의 의결을 거쳐 서울시에 의해 철거되기시작하는「이」박사동상은 팔과 목과 동체(胴體)와 발등이 따로따로떨어지기 시작했다

○…이동상은 너무나 큰관계로 여러군데 용접을해서세워놓았던 것인데 이제용접된곳이 하나하나 떨어지기 시작하여 수일안에「이」박사의 동상이 남산에서완전히 사라지게된다

◇사진=철거 작업중인「이」박사동상

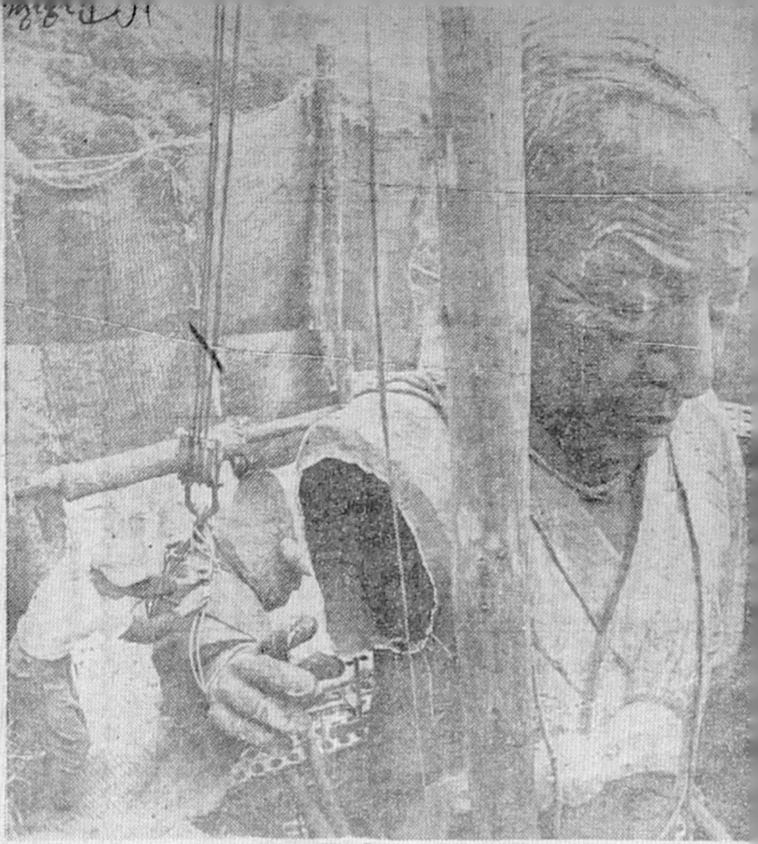

3面 렌즈

거…참…처량하군

헐리는偶像에「市民의소리」

○…이승만씨의동상 바른팔이 잘리어 땅에 떨어지는 순간 운집한구경꾼들은 세대(世代)의 감각으로 한마디씩 했다 「그참 가엾게도…」이는 노파들의말… 「처량한 말로로군」四十대의비꼬움。 「빨랑빨랑뜯질않고왜 저러노?」二十대는급했다 「…신난다 저봐우는것같아…」꼬마들은 떠들었다 二十五일하오二시五十五분…

○…아무리 독재자의 형상이라 할지라도 비참하게 뜯기우는 현상은 침울했다 그리고 그마당에 선 한가닥의 인생무상을 묵시하는 교훈이 솟아나는듯 했다「누구든지 저동상처럼 백주에 몰락되고 싶으면 인의장막 에서 부정선거를 하라」는 음성이… 오늘은바른팔, 내일은왼팔, 그리하여 닷재안에 一억三천만환이 빛은 우상은「망각의피안」으로 꺼져 갈 것이다

○…「너희를 위하여 우상을 만들지 말라 그에게 절하지도 말라」신은 만세전부터 이렇게 계명(誡命)하셨느니라!【사진=뜯기우는 南山의 李氏銅像】

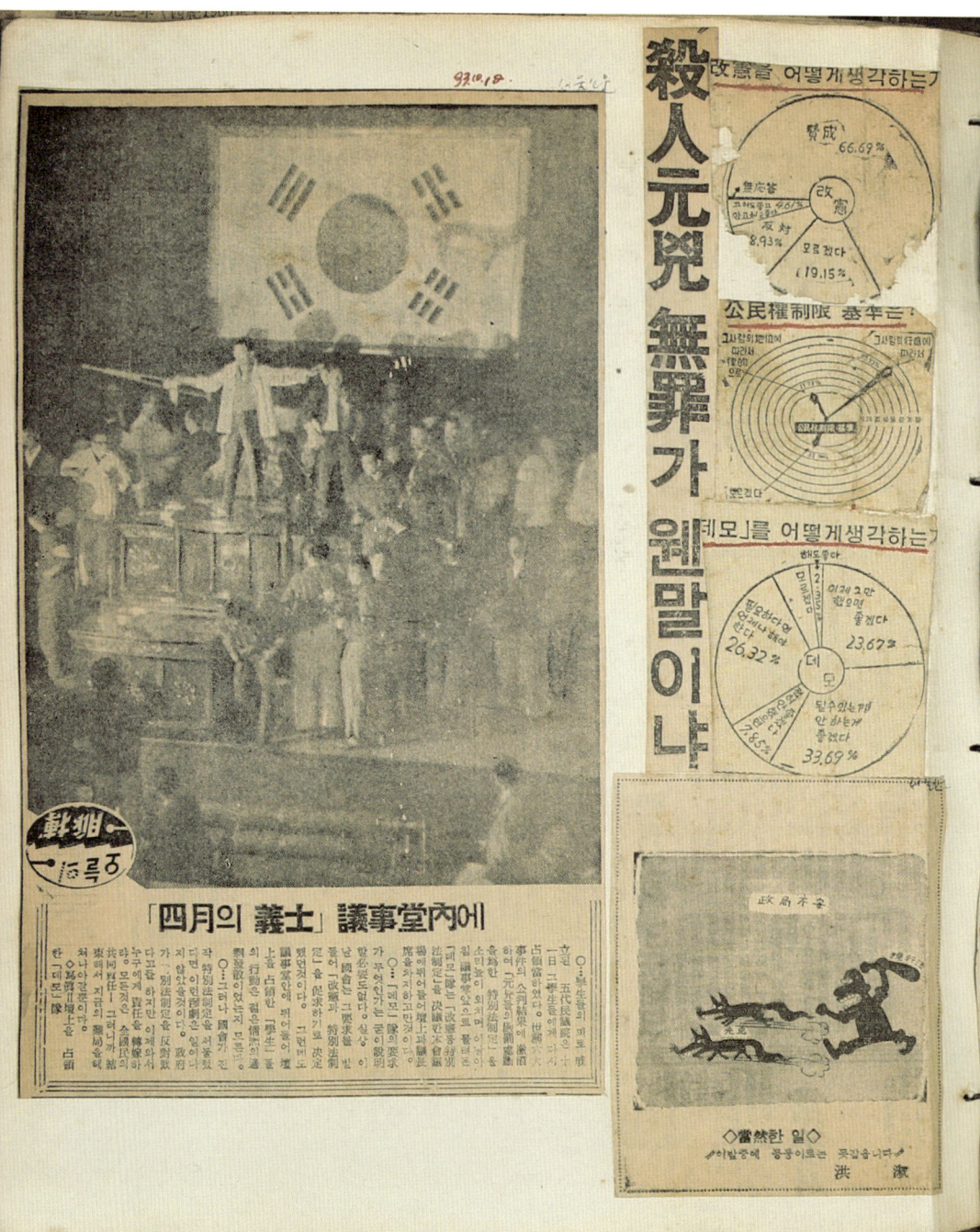

1960년 10월10일자 〈서울신문〉. 학생들이 '부정선거 원흉들의 엄벌처단을 위한 특별법 제정'을 외치며 국회 의사당을 점거했다. 기자는 '젊은 정열의 과잉발산'을 염려하면서도 "국회가 진작 특별법 제정을 서둘렀다면 이런 참극이 일어나지 않았을 것"이라고 꼬집는다.

너의 손가락을
깨물지 말지어다

4·19와 데모대

아버지의 스크랩북 제2권에는 1960년 8월부터 12월까지의 신문 기사들이 담겼다. 첫 장은 낭만적으로 시작한다. 시의 제목은 〈사랑의 메아리〉다.

> 흔들리는 호수가에 연꽃처럼 청조한 얼굴
> 반짝이는 눈 속에선 꿈에 본 용궁처럼 풍악을 틀고
> 수줍은 입술 속엔 속타는 깊은 정이 노래 부르며
> 사랑에 시를 쓰는 메아리러라
> (하략)

스크랩북 제1권의 정서는 '허무'였는데, 제2권은 시작부터 행복하고 꿈에 부풀었다. 4·19 직후 새 질서에 대한 기대감을 반영한 것일까? 아버지는 스물다섯 청춘이었다.

1960년 8월은 아버지의 물오른 청춘처럼, 새로운 대한민국의 맥박이 약동하던 시절이었다. 대통령 직선제가 아닌 내각책임제를 골자로 한 헌법 개정안이 통과되고(6월 15일), 참의원·민의원으로 나누어 실시한

국회의원 선거(7월 29일)가 자유당의 참패와 민주당의 압승으로 끝난 뒤다. 8월 12일엔 민·참의원 합동 회의에서 윤보선을 제4대 대통령으로 선출했다. 윤보선 대통령은 8월 18일 장면을 국무총리 후보자로 지명하여 인준에 성공했다. 장면 총리는 8월 23일 장관들을 확정하는 조각(組閣)을 마쳤다. 제2공화국 탄생의 순간이었다.(내각책임제이므로 장면 총리가 윤보선 대통령보다 정국 운영의 실권자라 할 수 있었으나, 내각책임제 매뉴얼을 잘 익히지 못해 서로 역할 분담에 혼선이 많았다고 한다.)

스크랩북 제2권은 〈사랑의 메아리〉라는 시로 시작했지만, 온통 '데모의 메아리'로 뒤덮였다. 민주당 신구파의 갈등, 3·15 부정선거 원흉 엄벌 처단을 위한 특별법 제정을 요구하는 학생들의 민의원 의장석 점거, 교원 노조 불인정을 둘러싼 진통, 그리고 각종 민생 대책을 요구하는 데모 일색이다.

영업권 부여와 세금 인하를 주장하며 가두시위를 벌인 자가용 지프차 차주들이, 침구사 및 안마사 면허를 달라며 보사부(보건사회부) 유리창을 깬 맹인들이, 법당을 부수면 비가 온다고 믿고 절간을 습격한 농부들이 스크랩북을 수놓았다. 학교 옆 판자촌 철거를 둘러싸고 서울 동명여고생들과 주민들이 투석전을 벌였다는 뉴스도 보인다.

〈경향신문〉 10월 31일자 기사는 "데모 천오백구회"라는 제목을 달았다. 치안국이 4·19혁명 이후 10월까지 집계했단다. "그중 학교 관계가 539회, 노조 관계가 485회, 기타가 486회"라는 설명도 나온다. 그 옆에 붙은 칼럼은 손가락 절반 크기 분량도 안 되지만 내용이 의미심장하여 눈길을 끈다. 자로 재어보니 가로와 세로 모두 2.5센티미터에 불과하다. 〈동아일보〉의 '공기총'이라는 초미니 칼럼인데, 제2공화국의 어떤 운명을 예고한다.

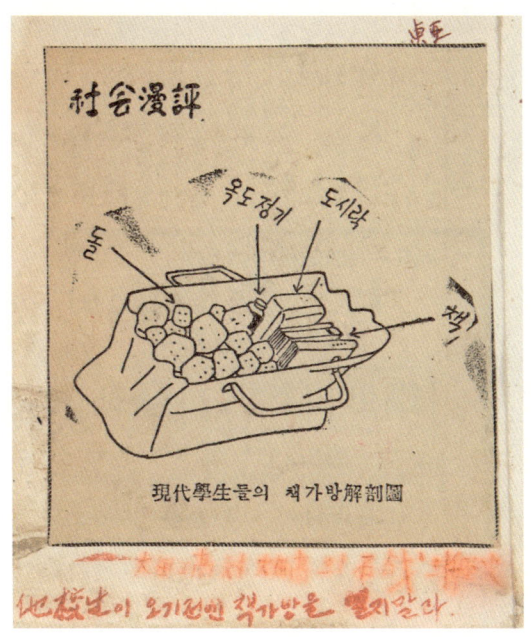

중대 퀴즈
제1공화국은 '테로'로 시작-'테로'로 망했고
제2공화국은 '데모'로 시작-'데모'로 □한다.
- 흥
- 망.

풍자만화도 감상해본다. 〈동아일보〉 사회 만평. "현대 학생들의 책가방 해부도"라는 제목이다. 큼지막한 책가방 속에 책은 두 권뿐. 그 옆엔 도시락, 나머지 절반 이상은 돌멩이다. 데모하러 학교 다닌다는 뜻이다. '옥도정기'도 있다. 상처에 바르는 '요오드팅크(iodine tincture)'라는 붉은색 소독약을 일컫는 일본식 용어다. 데모 상비약인 셈이다.

〈한국일보〉 4컷 만화 '두꺼비'에선 이승만과 김일성이 합동 출연한다. 두 사람은 사당처럼 보이는 곳에서 엎드려 빈다. "데모가 더욱 더욱 일어나서… 다시 다 뒤집어엎게 해주시오. 비나이다." 둘이 한목소리다. 갑자기 오른쪽에 앉은 살집 통통한 이가 고개를 들고 말한다. "웬 놈의 영감이 나하고 똑같은 기도를 하는 거냐?" 놀라는 두 사람. "앗! 일성이다!" "승만이구나!" 데모가 길어지면 하와이로 도망간 독재자 이승만이 돌아오거나, 이북에 있는 김일성이 쳐들어온다는 경고다. 유치하지만, 코믹하다.

민주당 정권 10개월간 가두시위가 총 2천 건이었고, 총인원 1백만 명이 참가했다는 통계가 있다. 사회 분위기는 시끌벅적했다. 집단이기주의와 방종이 없지는 않았으리라. 다만 눈을 높이고 넓혀서 멀리 보면, 그 본질은 민주주의로 가는 여정이었다. 한국전쟁과 자유당 집권 시기에 억눌려 있던 이들이 마음 놓고 거리에 나가 '떠들 자유와 권리'를 만끽한 살풀이판이자 난장이었다.

민주당이 멋지게 정치를 하지는 못했다. 경제개혁에 실패해 물가는 38퍼센트나 오르고 실업률은 24퍼센트에 이르렀다고 한다. 지배층 내분도 있었다. 장면과 윤보선으로 대표되는 민주당 신파와 구파는 사이가 좋지 않았다. 신파 안에서도 노장파와 소장파가 싸웠다. 장면 총리는 우

유부단했다. 죽도 밥도 아니라는 뜻에서 별명이 '짜장면'이었다고 한다. 5·16 군사정변이 터졌을 때는 모든 연락을 두절하고 수녀원에 55시간이나 숨어 있었던 어른이다. 윤보선 대통령이라고 나을 것 없었다. 오래전부터 정권을 노렸던 박정희와 정치군인들은 '일시적 혼란'을 5·16 군사정변의 사후 평계로 삼았다. 민주주의 실험을 1년도 그냥 묵과하지 않았다. 서민들은 찍소리도 못하는 시대가 왔다. 다음과 같은 데모 기사도 볼 수 없게 됐다.

> 갑작스레 신경질을 일으킨 한난계(寒暖計)의 수은주가 고개를 푹 숙이기 시작한 23일 아침 '부랑아는 왜 생겼나 사람 팔자 알 수 없다!'는 색다른 '푸라카드'를 든 이백여 명의 부랑아들이 무거운 발걸음을 옮기고 있었다. 대구 시내 계성학교 앞 빈터에 모인 이들 '영양 잃은 얼굴들'은 추위와 굶주림을 털어달라는 애달픈 하소연을 힘없이 내뿜었다. 이제 겨우 조그마한 철이 들기 시작한 여섯 살짜리부터 열 살을 오르내리는 불쌍한 군상들은 연약한 팔목에 깡통·구두닦이통이랑을 걸치고 앞장선 '푸라카드' 뒤를 맥없이 따라갔다.
> 이날 새벽녘 동해 방면에서 심하게 덥벼든 폭풍의 영향을 받은 초속 십이삼 '미터'의 강풍으로 회오리바람이 일고 금시라도 쏟아질 것만 같은 무거운 비 기운이 사정없이 감돌고 있는 차디찬 공기를 뚫고 '동정'의 시선과 '구경거리'로 받아들이는 수많은 눈알들이 바라보는 눈총 속을 '집 없는 천사'들은 도청으로 향했다. ①부랑아도 한국의 아들딸이다 ②우리를 굶주림과 추위에서 구해달라는 등의 애절한 구호를 부르짖은 불쌍한 대열은 도청에서 물러나 그들이 말하는 '지붕 없는 가정' 수성 다리 밑을 찾

아 흩어졌다.

(《민국일보》 1960년 11월 25일자)

아버지의 스크랩북 제2권 중에서 가장 인간적인 데모 기사다. "사람 팔자 알 수 없다!"라는 부랑아들의 구호가 심금을 울린다. '데모'라기보다는 세상사 진리를 일깨워주는 처연한 외침 같다.

그 밑에는 "심산의 수도승들 서울 가두서 데모"라는 제목의 〈한국일보〉 기사가 놓였다. "심산에 묻힌 사원에서 수도에 겨를 없을 비구승려들이 (11월) 19일 아침 서울의 중심가에서 이채로운 '데모'를 벌여놨다." 비구승 6백여 명이 승풍 진작 및 사찰 경지 확보를 외치며 대처승을 배척하는 평화적 시위를 가졌다는 내용이다. 아버지는 부랑아들과 비구승들의 데모 기사 사이에 짤막한 시를 적었다.

　　데모의 원리

대열이 숨을 삼키며 초상화를 그린다
심산의 도승은 백화점에서 흥정을 하고
움막 처처 골목길에 부랑아들은
미친 듯 떠들어댄다.
민족의 거울을 들여다보며 짖어대는 똥개와
싱겁게 웃는 황소처럼 가엾은 대열
여기 뱃창자에 바람을 불어넣는
범선이 아니라 ×××가 있다
아무튼 불쌍하구나 민주의 사생아들아

너의 손가락을 깨물지 말지어다 - 4·19와 데모대

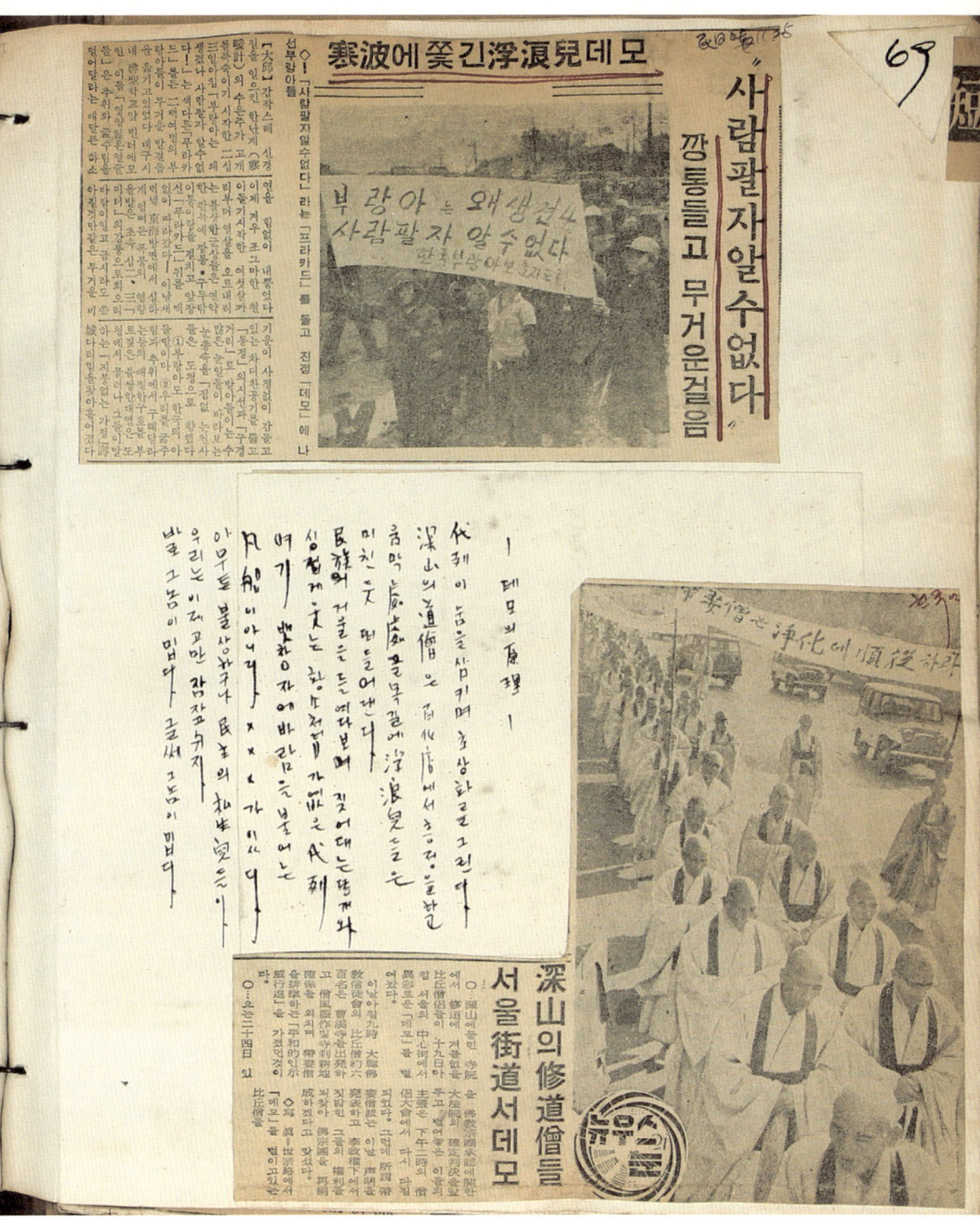

데모의 원리 —

代째 이 눈을 삼키며 추상화로 그린다
深山의 道僧은 淨化에서 출전을 발한
음악 密處를 폭격길에 浮浪兒들은
미친 듯 뛰어든다
民族의 거물은 든 여자대는 땅개와
심청제 것은 눌러선 가까스 代째
여기 받히야 바람은 불어는
凡心이 아니여
아무도 불상하우나 民노의 抹煞 말으나
우리눈이 내고만 감짝귀자
발 그놈이 밉다 글쎄 그놈이 밉다

우리는 이제 고만 잠자코 쉬자
바로 그놈이 밉다 글쎄 그놈이 밉다

아버지는 젊었지만 완고했다. 데모대를 향한 적의가 훅 끼쳐온다. 스크랩한 신문 기사의 비중을 봐도 그렇다. 곳곳에 데모를 비판적으로 바라보는 칼럼과 사설이 붙어 있다. 그 영향을 받았는지도 모르겠다. 칼럼마다 "한편에서는 적색침략주의가 노리고 있으며 다른 한쪽에서는 독재의 잔재가 꿈틀거리고 있지 않은가"라며 데모 자제를 촉구하니 말이다. 한데 그중에서 눈에 띄는 칼럼이 하나 있다. 〈서울신문〉의 '삼각주(三角州)'다.

▲신이 더 좀 현명하였더라면 한국 사람만큼은 손가락을 더 많이 붙여주었을 것이다. 그 이유는 우리나라 사람처럼 혈서 쓰기를 좋아하는 민족도 드물기 때문이다. 혈서가 이렇게 유행하다가는 손가락 열 개로는 모자랄 것 같다. 지지하는 데에도 혈서요, 반대하는 데에도 혈서다. ▲그런데 이 혈서의 생리는 저 잔인한 왜놈들의 풍습이 아닌가 싶다. '셋부구'(배 자르기)를 예사로 하던 그 유풍이 남아서 '피의 표현'으로 바뀌었는지 모를 일이다. 물론 "피는 물보다 짙다"는 시구처럼 언뜻 생각해보면 꽤 낭만적이기도 하다. 그러나 "피는 물처럼 흔한 것이 아니다"라고 논법을 바꿔 볼 때 혈서의 생리는 다분히 자학적이고 잔인한 야만성이 있다. ▲야만인일수록 생명을 존중할 줄 모르고 또 피를 예사로 생각하는 법이다. 그들에게 있어서 기우제를 지내기 위해 생사람 하나 잡는 것쯤은 다반사다. 자기 손가락을 잘라서 혈서를 쓴다는 것은 결국 그러한 원시인의 생명 경시의 잔인성과 오십보백보

라 할 수 있다. ▲또한 혈서는 의사 표시의 빈곤에서 생겨나는 것이기도 하다. 걸핏하면 "결사반대"니 "죽음으로써… 운운"하는 성명서와 매한가지다. 이 살벌한 극단 언표야말로 가장 미개한 표현 방법이 아닐 수 없다. ▲이렇게 피를 흔하게 여기고 죽음을 예사로 아는 사람일수록 생명의 존엄성에 둔감하다. 그래서 반인간적인 짓을 능히 할 수 있는 용맹성을 가진 사람들이다. 자기 손을 자를 수 있는 악독한 마음을 가진 자가 무슨 짓인들 못할 것인가. ▲그래서 이상이라는 시인은 '단지처녀(斷指處女)'의 효행을 혹독하게 비평한 일이 있었다. 자기 손을 깨물 수 있을 만큼 잔인한 소녀가 무섭다는 게다. 이런 소녀가 커서 경우가 바뀌지면 자기 남편을 독살할 수도 있을 거라는 것이 그의 의견이다.

아버지의 스크랩북 제2권에서 '혈서 데모'를 전하는 신문 기사는 찾지 못했다. 대신 '할복'에 관한 풍경을 볼 수 있다. 앞에서 언급한 그 비구승들이 평화 시위 5일 뒤인 11월 24일 단도를 품고 법원에서 유혈 난동을 부렸다는 기사다. 판결에 불만을 품고 칼을 배에 꽂은 채 경찰과 옥신각신했다니 살벌하다.

혈서 하면 박정희다. 교사직을 그만둔 뒤 만주군관학교에 가기 위해 "진충보국 멸사봉공(盡忠報國 滅私奉公)"이라는 혈서를 써 보냈다는 이야기는 유명하다. 이광재 전 의원(전 강원도지사)은 그보다 더 심하다. 대학생 시절 오른손 검지를 잘랐다. 2005년 이 때문에 '병역 기피 의혹'을 받자 이렇게 밝혔다. "암울한 시절 학생운동을 하면서 스스로의 배신에 대한 두려움 때문에 손가락을 잘라 '절대 변절하지 않는다'는 혈서를 썼다." 두 사람 다 무섭다. 21세기에도 혈서는 계속된다. "독도는 우리 땅"

이라며 일본을 규탄하는 보수 단체 회원들이, 동남권 신공항 유치에 앞장선 지역 이해 관계자들이 손가락을 찔러 '피글씨'를 쓴다. 그 실천력이, 거룩하기보다 끔찍해 보인다.

상대적으로 마음 놓이는 자해 수단으로는 '단식'이 있다. 단말마적 아픔은 아니지만, 오히려 긴 시간 동안 서서히 차오르는 고통을 견뎌야 한다. 재야 지도자 시절 자택에서 23일간의 단식 기록을 세운 김영삼 전 대통령이 떠오른다. 1983년이었는데, 그의 까칠한 수염과 지친 얼굴에서 진정성을 읽었던 기억이 새롭다. 2011년 8월 진보신당의 노회찬, 심상정 상임고문은 서울 대한문 앞에서 그보다 더 오래 단식을 했다. 30일간이었다. 한진중공업 정리 해고 사태 해결을 촉구했다. 그 희생정신에 존경을 표한다. 다만 단식도 혈서와 오십보백보는 아닌지 의심해본다.

'혈서 데모 세태'를 꼬집은 51년 전의 신문 칼럼 메시지를 '혈서건 단식이건 이제는 제발 자기를 파괴하며 데모하지 말자'는 뜻으로 폭넓게 읽어본다. 혈서와 단식은 구시대 운동 방식이다. 숭고하지만, 진보적이지도 창의적이지도 않다. 제 살을 깎는 투쟁은 응원하는 이들의 마음까지 황폐하게 할 소지가 있지 않은가. 아, 그런데 귀가 간지럽다. 저 멀리서 이런 비난이 들려올 것만 같다. "책상머리에서 태평한 소리 하고 앉아 있네!"

우리는 돼지가
되었는가

보릿고개

배고파 못살겠다
大邱 細窮民, 市廳에 쌀 달라 殺到

"할머니 제발, 밥 좀……"

할머니가 두 분 계셨다. 한 분은 그냥 '할머니'였고, 또 한 분은 그 할머니의 시어머니인 '증조할머니'였다. 증조할머니는 1896년생으로, 내가 인생에서 유일하게 만난 1800년대생이었다. 내가 고교생이던 1984년에 돌아가셨는데, 아흔 가까이 건강하게 사셨다. 그분의 며느리였던 또 한 분의 할머니는 1914년생이었고 2000년 세상을 떠나셨다. 두 할머니에게 받은 과분한 귀염은 유년 시절 추억 창고의 한 귀퉁이를 늘 따뜻하게 물들여준다. 귀여움이 지나쳤던 것일까? 늘 할머니들과 '밥'을 놓고 옥신각신했다. 이렇게 말이다. "할머니 제발, 밥 좀 그만 주세요."

함께 식사할 때마다, 할머니들은 습관적으로 배려하셨다. "에이그, 그거 먹고 배가 부르겠니? 밥 더 있다." 그러곤 밥통을 열거나, 당신의 밥을 덜어주기 예사였다. 두 그릇을 먹어도 마찬가지였다. 나는 밥공기를 뒤로 숨긴 채 질색을 하며 고개를 저었다. "배불러요. 그만 먹을래요." 초등학생 때건 고등학생 때건 변함이 없었다. 대학을 졸업한 뒤에도, 결혼을 한 뒤에도, 할머니는 손자에게 밥을 더 못 먹여 한이 맺힌 듯 행동하셨다. 철없던 나는 짜증을 부리곤 했다. "그만하세요. 저 돼지 아니거든요!"

아버지의 스크랩북 제3권(1961년 1~5월)에선 '눈물 없인 볼 수 없는 배고픔'이 한가득이다. 빈곤의 시대를 헤쳐온 할머니와 아버지 세대의 정서를 이해할 만한 단서들이 널려 있다. 스크랩북에 있는 기사 제목으로 조합해보자면, "배고파서 못살겠다"(《한국일보》)는 "이 믿어지지 않는 현실"(《경향신문》)투성이다. 아하, 할머니가 그토록 밥, 밥, 밥 타령을 했던 역사적 근거가 여기 있구나.

봄을 스케치한 기사의 일부를 적어본다. "아른한 아지랑이가 감도는 들판에서 노란 잔디를 헤치며 이제 파릇파릇 고개를 내미는 냉이 씀바귀 달래 등을 캐어 바구니에 담는 아가씨들의 입에서는 어느덧 봄노래가 흘러나온다."

스크랩북 한 장을 더 넘기면 감미로운 '봄노래'는 자취를 감춘다.

○…두메마다 구비쳐 도는 '절량의 바람'은 서천군(서천군 마서면 옥북리) 영리부락을 스쳐 현송준(44세) 씨 집 세 식구(현송준, 현 씨의 처 송 씨, 생후 십팔 일 된 젖먹이)의 목숨을 앗아 갔다. 마을 사람들의 '굶어 죽었다'란 진단만으로 매장 허가도 없이 흙으로 돌아간 이들 세 식구의 죽음을 당국에서는 병사라고 말하고 있다. 가난한 이들에게 의사의 인술이 미칠 리 없었고 그의 시체엔 사망진단서가 붙을 수 없었다.

○…품팔이로 근근히 여섯 식구의 생계를 이어오던 현 씨는 12월 중순부터 시름시름 앓기 시작했다. 현 씨의 처 송 씨는 이때부터 채소를 이고 겨울의 눈보라 치는 산길을 걸어 '보리죽' '밀가루죽'의 끼니를 마련했다. 이런 생활로 건강이 지탱될 리 없다. 그나마 송 씨는 지난 1월 3일 아들을 순산하고 누웠다. 이때부턴 맏딸인 '빠끔'(12세) 양의 구걸로 연명해왔고 구호양곡이라곤 찐보리 닷 되를 얻어먹었을 뿐이다.

○…이렇게 살려고 바둥거리던 송 씨는 지난 3일에, 다시 8일 후엔 18일 된 젖먹이가, 그다음 날인 9일에는 현 씨마저 줄을 이어 황천길에 올랐다. 이 사진에 보는 두 어린이가 살아남은 '빠끔'(12세) 양과 '정기'(6세) 군이다.

(《한국일보》, '뉴스의 눈')

병석에 누운 남편을 위해 '보리죽'을 마련하러 눈보라 치는 산길을 나선 아낙네. 결국 세 가족의 비명횡사. 이 정도는 보통이다. 사람들은 '한 끼'를 때우기 위해 몸부림쳤다. 영화 〈살인의 추억〉에 나오는 "밥은 먹고 다니냐?"는 명대사는 이런 가난했던 역사에 뿌리를 대고 있다. 아이들의 소꿉놀이가 등장하는 4컷 만화에서 보듯 사람들은 밥 한 끼에 치사해졌다. '보리죽 가족'의 안타까운 기사 바로 옆에는 신문사 특파원이 전국의 '절량(絶糧)지대'를 누비다 입수했다는 전북 부안군 당오국민학교(초등학교) 6학년 김준수 군의 글, '보리야 나오너라'가 놓였다.

보리야 나오너라

작년의 가뭄 작년의 흉년

벌겋게 탄 논 긴 한숨 걱정에 싸여 있는 얼굴들. 형님은 울력 이러한 광경은 참으로 볼 수 없을 만한 우리 생활

진학문제에 있어서 상급 학교에 진학하려고 했으나 흉년이 와서 진학하지 못한다. 생각조차 못해 그만 상급학교는 그만.

우리가 먹고 있는 양식은 형님께서 울력에 나가 옥수수 가루를 타다가 나물죽을 먹고 있는 우리 생활

우리는 돼지가 되었는가 - 보릿고개

이을기 없는 絶糧農

불살린 貧村의 어린이들

보리야 나오너라

당오국민학교 제六학년 김준수

우리가 먹고 있는 옥수수 가루, 밥을 먹고 싶다. 어떻게 산담 아
아… 어서 보리야 나오너라

초등학생이 "밥을 먹고 싶다"고 말한다. "어떻게 산담"이라며 애어른 같은 탄식을 한다. 왜 "보리야 나오너라"라고 했을까. 보리를 기다리는 마음, 이것이 '보릿고개'다. 식량이 귀하던 시절, 5~6월이면 수확한 양식은 바닥이 났다. 보리는 미처 여물지 않아 먹을 수가 없었다. 쌀은 다 떨어지고 보리는 수확기 직전이라 '보릿고개'라 했다. 기근으로 허덕대던 농촌의 현실을 말해준다. 1960년대까지 보릿고개가 존재했다는 말이다.

당시 한국은 최극빈 농업 국가였다. 1960년 8월 집권한 장면 정부는 1961년부터 국토 건설 사업을 의욕적으로 시작한다(《사상계》 발행인으로 유신 시대에 의문의 죽음을 당한 재야 지도자 장준하 선생이 이 사업의 기획부장이었다). 지금은 1인당 국민소득이 2만 달러가 넘지만, 그때는 백 달러도 되지 않았다. 노동 가능 인구 940만 명 가운데 130만 명이 실업자였고, 농촌 인구의 65퍼센트가 가난과 저생산에서 벗어나지 못했다는 통계가 있다. 당시 김영선 재무장관은 "남한 경제가 북한보다 3~5년 뒤져 있다"고 밝히기도 했다.

게다가 1959년과 1960년 두 해에 걸친 태풍과 가뭄으로 농촌마다 흉작이었다. 날씨가 작황을 좌우하던 때였다. 이러다 보니 신문마다 '절량'을 극복하기 위한 기사들을 쏟아냈다. 한 신문이 연재한 '춘곤천리(春困千里)'라는 시리즈 기사도 그중 하나다. 굶주린 이들의 각양각색 궁색한 사연을 소개한 칼럼이다. 동생을 업고 보리 싹을 뜯다가 밭 주인에게 걸려 바구니를 빼앗긴 채 울며 돌아서는 여자아이의 사진은 보는 이를

슬프게 한다. 보리 한 되 값인 2백 환을 벌기 위해 자식들을 끌고 20리를 걸어 조개 캐는 마산해변까지 왔다는 창원 아주머니들의 이야기는 곽곽한 생계를 담담하게 드러낸다. '자운영꽃'에 얽힌 사연도 있다.

O…미나리인 줄 알고 가까이 다가가 보았더니 모자리 걸음으로 가꾸는 자운영이었다. 나물 무쳐 먹기 위한 것이냐고 물어보았더니 죽에 넣어 먹기도 하고 밀가루에 이겨 떡으로 찌어 먹기도 한다는 대꾸였다. 자운영을 먹었던 것은 아무 누구 할 것 없이 굶주려 허덕이던 일제 말이었다. 그 후부터는 낯선 말이 되어왔던 것이다.

O…자운영 다듬는 이 아이들을 목격한 것은 정읍에서 덕흥으로 넘어가는 길목에서였다. 공비가 최후까지 버티고 있던 골짜기… 집도 모조리 태우고 산도 벗겨 먹고 칡뿌리 하나 돋지 않는다는 덕흥골에서 있을 수 있는 일이었다.

O…적어도 이 두메에 있어서만은 꽃은 꽃이 아니었다. 꽃보다 곱다고 느끼기 전에 꽃잎 따다 시장기를 메워야 하기 때문이다. "창꽃(진달래) 따다 밀가루떡에 버무려 먹으면 보기도 좋고 먹기도 좋제라우." 미처 피지도 못한 진달래가 이곳 친산에서 사라져가고 있다는 것이다. 화궁(花窮)이련가.

O…방랑시인 김삿갓이 이 진달래꽃떡(花煎)을 먹어보고 "한 해의 춘색(春色)을 뱃속에 전했다"고 읊었다지만 몇 갑삭(甲朔)의 세월이 지난 오늘 어느 한 시인이 이 두메의 진달래꽃떡을 먹어보았더라면 "한 해의 굶주림을 뱃속에 전했다"고 읊었을 것이다.

꽃이 꽃이 아니라 시장기를 채우는 존재로 대접받던 시대. '꽃조차

궁하다'고 해서 '화궁(花窮)'이다. 농촌의 꽃만 궁하지 않았다. 도시의 꽃이라는 '인텔리'들도 시궁창에 처박히는 일이 예사였다.

어느 '인테리'의 참회

○…"나흘을 굶었다. 정확히 말해서 96시간을 물로만 살았다. 기적이었다. 단식이라는 화려한 목표(?) 때문에 굶은 것이 아니었다. 배를 채워줄 그 아무것도 없었기 때문이었다. 이 나흘을 굶으

며 살아온 기적이 결국은 나로 하여금 도적이라는 '레텔'을 붙이고 말았다. 나흘 동안 내 가슴속에 도사리고 있던 지성이라는 긍지는 결국 밥이 될 수 없었던 것이다." 현실에 쓰러진 창백한 '인텔리' – 전직 대학 강사 이 씨(이호겸)는 이렇게 자신의 수기를 시작하고 있다.

– 도둑 낙인찍힌 실직 대학 강사의 경우

전에는 오히려 가난을 높이 찬양할 줄 알던 그의 지성은 5년간의 실직 속에서 결국 가난에 져버린 비참한 인생의 '피에르'를 만들고 말았다.

O⋯경북 달성군의 유복한 가정에서 태어난 이 씨는 일본의 R대학을 졸업한 후 해방과 더불어 군정청 공보과에 근무하였다. 영문학을 전공한 그는 주로 미군 계통을 전전하였으며 그 후에는 시내 H고등학교 주임교사를 거쳐 Y대학 영문학 강사라는 안정된 지성인이 되었다. 원래 유복한 가정에서 태어나 4남매의 따뜻한 아버지였으며 부러운 것을 모르던 그는 자기의 학구에만 몰두해 왔다.

O⋯그러나 인생은 너무도 짓궂고 냉혹하였다. 그가 죽을 때까지 배우고 가르치겠다고 스스로 꿈꾸어오던 교단에서 축출당하고만 것이다. Y대학의 재단 분규가 소란해지면서 그는 학교를 물러나야 했다.

O⋯아직도 자신을 괴롭히는 조그마한 체면은 그로 하여금 아무도 자기의 신분을 알 수 없는 곳에서 노동이라도 해야겠다는 또 다른 비극의 씨를 뿌려주었다. 지성을 버리기로 한 그의 비장한 결심의 첫번째 선택지는 부산이었다. 낯선 부산 거리를 헤맨 지 사흘 – 아내가 마련한 이잣돈 일만 오천 환이 그만 소매치기당하

고 말았다.

웃옷을 벌어 이천 환에 팔았다. 하루 숙박 일백 환짜리의 노동자 합숙소에서 하룻밤을 지샌 그는 이젠 구직보다 서울로 올라갈 차비가 바빴다. 허약한 몸으로 지게벌이도 할 수 없는 그는 사흘 나흘을 굶기 시작했다. 물 한 모금으로 시장기를 메우고 나흘을 노숙한 그는 길에서 우연히도 옛 제자를 만났다.

차마 떨어지지 않는 말로 제자에게 구걸을 요청하자 그 제자는 다음 날 P대학 병원에서 만나자고 말한 후 달아나듯 피해버렸다. 굴욕을 참으며 하루를 지새우고 다음 날 병원으로 찾아갔으나 그 제자는 나타나지 않았다. 일루의 희망마저 사라진 그가 맥없이 돌아서는 순간 검은 전화기가 유혹하듯 그의 시야에 들어왔다. 저것만 있으면! 그다음은 아무런 의식도 없었다. 다만 저것으로 밥을 만들자는 본능의 속삭임만이 그의 온 신경을 마비시킬 뿐이었다.

O…경찰서 유치장에서 10여 일―도둑이라는 죄명을 받아가며 살아갈 의욕마저 상실한 그에겐 뜨거운 참회의 눈물만이 흐를 뿐이었다. 경찰에서 검찰로 송치된 후 검사의 정상참작으로 다시 세상의 햇빛을 보게 되었으나 '도둑선생'의 낙인이 찍힌 그는 어디로 갈 것인가? 무섭도록 냉혹한 인정은 그를 더 한층 멀리만 하고 말 것인지?

《대한일보》 1960년 4월 4일자

"나흘 동안 내 가슴속에 도사리고 있던 지성이라는 긍지는 결국 밥이 될 수 없었던 것이다." "차마 떨어지지 않는 말로 제자에게 구걸을 요청하자……." 이럴 때, 밥은 악귀다.

다시 '밥상머리' 이야기로 돌아간다. 아버지도 그랬다. 할머니 수준은 아니었지만, 가끔 식탁에서 수저를 들기 전 '밥'에 관한 잔소리를 했다. 전쟁 때로 거슬러 올라가 이야기판을 키우기도 했다. "너희들은 배고픔이 뭔지 모른다"고 했다. 전쟁과 기아는 아버지 세대를 대표하는 서사였다. 새겨듣지는 않았지만, 완전히 흘려버리지도 않았다. 자식들이 식사 시간에 뭉그적거릴 때, 아버지가 된 나는 다른 방식으로 일장 연설을 한다. 전쟁과 보릿고개를 논하는 대신, 북한과 아프리카의 불쌍한 어린이들을 소재로 삼는다. 아버지를 비웃었던 나를 비웃어야 마땅하다.

1960년으로부터 정확히 50년 넘게 흘렀다. 이젠 '밥은 먹는데도' 꼬르륵 소리의 데시벨은 더 커졌다. 아니 더 이상 밥으로 허기를 해결하지 않는다. 나도 그랬다. 어린 시절 밥을 더 주려는 할머니에게 "난 돼지가 아니"라며 고상한 척했지만, 사실 돼지였다. 집에서 주는 밥은 적당히 먹었지만, 밖에서 다른 음식에 탐욕을 부리지 않았던가. 어른들이 먹지 말라고 할수록 게걸스럽게 찾았다. 음식만이 아니었다. 브랜드 옷과 신발 등 친구들이 가진 건 웬만하면 손에 넣으려 했다. 간절하고 집요했던 물욕. 그 모든 걸 '밥'이 아닌 '사료(飼料)'라고 칭해본다. 나를 동물농장의 돼지로 만든 건 사료를 생산하는 자본주의의 음모라고 변명을 해보면서도.

채워도 채워도 채워지지 않는 '욕망의 용광로'에서 사람들은 배가 고프다. 상대적 결핍. 남과 비교할 때의 초라함. 초등학생들이 스마트폰을 들고 다니는 화려한 소비 시대의 역설이다. 그 반대편에선 하루에 42명이 스스로 목숨을 끊는다(2011년 대한민국 자살률, OECD 33개국 중 1위).

社説
軍政의 目標
=軍革委=

社説
革命内閣

〈軍事革命委員〉
32名의 名單 發表

Korean Republic Photo
Lt. Gen. Do Yung Chang, Chairman of the Military Revolutionary Committee, leads three-cheers (Mansei) at the end of a rally of cadets and staff officers of the Korean Military Academy at Seoul City plaza yesterday, after they vowed to support the Revolutionary Committee.

Academy Supports Revolution

The entire cadet body and faculty of the Korean Military Academy vowed support of the Military Revolutionary Committee in the form of a parade through Seoul's main streets followed by a rally at City Hall Plaza yesterday.

Dressed in traditional blue and white West-Point-style uniforms and plumed hats, and carrying rifles, the cadets marched through Seoul streets for about two hours, demonstrating their support of the Military Revolutionary Committee.

The academy band, loudspeaker jeeps and a paratrooper escort preceded them in the march which ended in front of the City Hall.

One of the cadets read a declaration adopted by the Academy students and faculty, while another student read an English version of the declaration.

"We pledge to sacrifice our precious lives for the fatherland to achieve the revolutionary objectives of the Military Revolutionary Committee," the student said, while thousands of people along the streets applauded.

The statement said they supported moves to rid their country of injustice and corruption, and "to bury the dishonorable history of the past."

Staff members and students of the Army School of Command and General Staff have resolved to support the military revolutionary forces.

In a letter to Lt. Gen. Do Yung Chang, Chairman of the Military Revolutionary Committee, the students of the highest Army institute pledged their support of the revolutionary troops.

Korean Republic Photo
Korean Military Academy cadets, in traditional West-Point full-dress uniform, march through the Taepyong-no Street in support of the Military Revolutionary Committee yesterday.

바지사장의 최후,
올 것이 왔다

5·16과 숙청

안철수와 박정희의 공통점을 발견했다.

이명박 대통령은 2011년 9월 8일 청와대 상춘재에서 열린 추석맞이 특별 방송 대담에서 의미심장한 발언을 했다. 당시 대선을 1년여 앞두고 부상하던 '안철수 현상'에 관한 사회자의 질문에 이런 답변을 한 것이다. "올 것이 왔다고 생각한다." 당연하다는 말인가? 자기만 쏙 빼놓고 정치권이 후져서 그렇다는 뜻인가? 50년 전 윤보선 대통령의 발언이 자동으로 떠올랐다. 그는 1961년 5월 16일 낮 청와대로 찾아온 박정희 소장과 현석호 국방장관, 장도영 육군 참모총장을 만난 자리에서 첫마디를 이렇게 꺼냈다. "올 것이 왔다." 그날 새벽에 일어난 군부 쿠데타를 오매불망 기다려왔다는 말인가? 자기만 쏙 빼놓고 정치권이 무능하고 부패해서 그렇다는 이야기인가? 50년 간격으로 두 대통령이 입 밖에 낸 "올 것이 왔다"는 말은 수많은 논란을 불렀다. 안철수와 박정희는 대한민국 정치권을 강타한 두 '올 것'의 주인공이 되었다.

박정희는 아버지의 스크랩북 제4권(1961년 5월 16일~1962년 1월 13일)에서 처음 '데뷔'한다. 이제 틈만 나면 얼굴을 드러낼 예정이다. 아버지는 군부 정치의 시대를 암시하듯 첫 페이지에 박격포와 철모, 군인 사진을 붙여놓았다. 옆엔 〈빈 항아리에서 잠자던 개미가 일터로 나간 뒤〉라는 시를 적었다. 뺏고 뺏기는 권력투쟁의 순환을 말하고 싶었을까. 맨 마지막 부분만 인용해본다.

(상략)

높은 자리에 앉은 개미가 소낙비를 만나고
얕은 처마 밑에서 살던 개미가 왕개미가 되었구나
역사는 회전의자
한마디로 정치는 도박
정권은 현실이 아닌가

정치는 "얕은 처마 밑에서 살던 개미가 왕개미가 되"는 도박. 맞는 말씀이다. 다음 장부터 '5월 16일 새벽의 도박'이 등장한다. 당일 쿠데타를 알리는 두 석간신문의 기사를 읽어본다.

금효군부(今曉軍部)서 '쿠데타'
군사혁명위원회를 조직

해병 제1여단과 2개 공정대대(공수부대를 말한다—필자주)를 선봉 세력으로 삼은 혁명부대는 16일 새벽을 기해 수도 서울 일원을 완전히 점령하여 모든 지배권을 장악했다. 집권 9개월째 되는 장면 정부를 불신임하는 이 군부 쿠데타 때문에 삼부의 기능은 일체 마비되어버렸으며 군사혁명위의 포고에 따라 금융기관도 일체 동결, 문을 닫은 채 삼엄한 분위기에 휩싸여 있다.

먼저 〈서울신문〉의 5월 16일자 1면 제목과 첫 단락이다. 제목 활자가 주먹만 하다. 다음 〈경향신문〉엔 쿠데타군의 생생한 총격전 현장과 그 뒷이야기를 전하는 흥미로운 기사가 실렸다. 새벽 퇴근길에 한강을 건너려다 실패한 기자의 체험을 담았다.

기자가 본 혁명군 입성

다음 수기는 본사 기자가 군부 혁명이 성공한 십육일 새벽 김포 방면으로부터 서울로 진격해오는 해병대 군인들과 이를 저지하려던 해병대 간에 있은 야간의 총격전 및 혁명궐기군이 서울에 입성할 때 본 모습 등이다. 그리고 서울에 입성한 해병대 장교와의 대담 등인데 이것은 본사 기자가 직접 목격하고 체험한 것이다(서병현 기記).

16일 새벽 2시 50분.
야근을 마치고 집(흑석동 소재)으로 돌아가기 위해 회사 '찝'차를 몰았다. 한강 인도교에 다다르자 북한강파출소 남방 5미터 지점에 무슨 공사를 하는지 땅이 패어 있고 군인들이 서성거리고 있는 것이 눈에 띄었다.

'페루 대통령의 내한에 대비해서 길을 닦는 것일까?' '그러나 갑자스레 밤중에 길을 닦다니 좀 이상한데' 하는 생각을 하며 이곳을 스쳤다.

다음 순간 갑작스럽게 뚱뚱한 헌병 대위를 필두로 십여 명의 헌병이 뛰어나와 통행을 막으며 "사고가 났으니 되돌아가라"고 말하는 것이었다.

하는 수 없이 차를 돌리고 북한강파출소에 들어가려고 차를 내리려는 순간 '팡! 팡!… 팡!' 인도교 남쪽에서 수십 발인지 수백 발의 총탄이 날아왔다.

헌병들은 이내 몸을 피했다. 차는 다시 속력을 내어 삼각지에까지 다다랐다. 총성은 뒤에서 계속 들렸다.

삼각지파출소에 들어가 무슨 일인지 물었으나 입초 순경은 그도 모른다고 했다.

경비 전화로 용산서와 시경 및 북한강파출소에 물었으나 그들도 모른다는 대답이었다.

약 10분 후 2백여 명의 해병대원이 헌병들과 충돌한 것이라는 '뉴스'를 경비 전화로 입수했다.

잇달아 서울역 쪽에서 완전무장한 군인(나중에 해병대로 밝혀짐)들이 10여 대의 '추럭'에 분승하여 육군 본부 쪽으로 들어갔다. 총성은 남쪽에서 계속 울리고—"군인끼리 싸움에 이렇게 심한 총질을 할 수 있을까?"—군부 '쿠데타'란 염두에도 못 둔 기자는 그때까지도 단지 군인들끼리의 싸움을 헌병이 막으려고 시도하는 줄 알았다. 심상치 않은 동태에 놀란 기자는 신문사에 조간 개판(改版) 준비를 부탁하는 한편 '데스크'에 연락한 후 곧 용산서로 차를 몰았다. (중략)

구국일념으로 궐기했소, 부상한 해병 선봉중대장과 문답

급작스런 고함 소리와 함께 1개 중대의 해병대원들이 용산서를 포위 문을 차고 들어왔다. 경찰관들은 이층, 삼층으로 몸을 피했다. 군인들이 총을 겨누며 몰려왔고 나는 중대장(대위)에게로 인도되었다. "뭐냐?" "민간인이요." "우리는 경찰도 해치진 않소." 그는 나의 윗 '포케트'에서 신분증을 꺼내 보고 내가 신문기자임을 알자 "안심하시오. 이젠 다 끝났소. 백만 명이 동원되었소. 우리의 행동을 잘 보도해주시오"라고 당부했다.

이때야 직감적으로 '쿠데타'임을 안 기자는 사람을 다치지 말아달라고 부탁하자 그는 쾌히 승낙했다. 곧 이층, 삼층에 숨었던 경찰관들이 나오고 무장을 해제당했다.

이제 30을 갓 넘었을 전기중대장은 경찰서 내에 있던 모든 인원을 정문 앞에 앉히고 부하들에게 폭행을 하지 말도록 명령했으며 지나가던 차량을 징발하여 경찰서 앞에 '바리케이트'를 쌓았다.

중대장은 그들이 취한 행동을 "어떤 정당이나 단체의 조종에 의한 것이 아니고 불안정한 이 나라 정세를 바로잡자는 구국의 일념에서 나온 것이라"고 설명한 후 "우리가 일선에서 여기까지 오는 데 35분 걸렸다. 괴뢰가 휴전선을 넘어 서울까지 오는 데 30분이면 충분하다. 그런데도 저 썩어빠진 정치인들은 정쟁에만 여념이 없으니 이 나라를 그냥 둘 수 있느냐?"고 반문했다.

그는 "이 일에 가담, 아니 상부의 지시에 따라 움직였지만 군부가 정권을 잡아 이 나라를 바로잡지 않으면 안 된다"고 재삼 강조했다. 그는 기자의 질문에 다음과 같이 대답했다.

▲ 문: 이 일은 해병대 단독인가. 딴 군에서도 가담했는가.

▲ 답: 딴 데서도 가담하고 있다. 조금 후에 항공기가 서울 상공을

날 것이며 오늘 낮에는 인천 앞바다에 함정이 도착할 것이다.
이는 3군이 합동한 것을 뜻한다.

▲ 문: 3군의 고급 장성도 이 일을 아는가?

▲ 답: 알고 있다.

▲ 문: 한강에서 사상자가 났는가?

▲ 답: 헌병들이 저항해 와서 내 부하가 한 명 사망하고 나는 발뒤꿈치에 총탄을 맞았다.

그는 '포케트'에서 돈을 꺼내 경찰서 앞 약방에서 '마이신'을 사 먹고 병원에 가자는 부하들의 권고를 그럴 시기가 아니라는 이유로 물리쳤다.

새벽 5시가 되자 비상소집에 응해 달려온 경관들이 무장해제를 당한 채 계속 붙들려 왔고 민간인들은 도로 보내주었다.

아침 6시가 되어 서울 전역을 군부가 장악했다는 방송이 있자 우리 신문사원들은 이름을 적어놓고 풀려 나왔다.

헤어질 때 그 중대장은 부상으로 절뚝거리는 다리를 끌며 굳게 악수한 후 "우리의 의도를 국민에게 잘 알려달라"고 거듭 부탁하였다.

실감 난다. 위기일발이었다. 덕분에 특종의 행운도 누렸다.

5월 16일 새벽 3시경 쿠데타 선두 부대인 해병대가 한강 인도교 남쪽 입구에 도착한 뒤 이를 저지하는 헌병들과 총격전을 벌인 현장이다. 직업 정신을 발휘한 기자는 기사를 작성하기 위해 가까운 용산경찰서를 찾고, 이곳을 점령한 해병대 중대장과 마주친다. 몇 마디 나눈 대화가 인터뷰 꼴을 갖춘 셈이다.

중대장은 뻥이 심하다. 백만 명이 동원되었다고? 실제로는 해병 1여단, 육군 제30사단, 제1공수단(대한민국 육군 특수전사령부, 약칭 특전사—필자주) 등의 장교 250명과 사병 3천5백여 명이었다. "조금 후에 항공기가 서울 상공을 날 것이며 오늘 낮에는 인천 앞바다에 함정이 도착할 것"이라는 말도 근거 없다. 쿠데타 성공 축하 에어쇼가 예정돼 있었나? 미군이 후방을 봐주기로도 돼 있었나? "헌병들이 저항해 와서 내 부하가 한 명 사망"이라고도 했는데, 거꾸로 반대편의 헌병 2명이 사망하고 10여 명이 부상당했다. 기사 말미의 "부상으로 쩔뚝거리는 다리를 끌며 굳게 악수한 후"라는 대목에선 '구국의 일념'이 풍긴다.

해병 중대장의 호언과는 달리, 쿠데타 계획엔 구멍이 많았다. 정보는 일찌감치 누설되었다. 장면 총리가 "박정희가 쿠데타를 한다는 게 사실이냐"고 아랫사람에게 여러 차례 확인했을 정도다. 시간상으로도 진압할 여건은 충분했다. 문제는 이를 막아야 할 정치권과 군 수뇌부의 구멍이 더 컸다는 점이다.

윤보선 대통령은 미8군 사령관인 매그루더가 무력 진압을 제안해도 "피를 흘려선 안 된다"는 말만 되풀이했다. 내각책임제의 실권자였던 장면 총리는 55시간 동안이나 혜화동 칼멜수도원에 숨어 있었다. 군 핵심 책임자였던 장도영 육군 참모총장은 반란을 막는 시늉만 하다가 5월 16일 오후 쿠데타군의 우두머리로 깜짝 변신했다. 군사혁명위원회 의장과 계엄사령관으로 추대되어 혁명 공약을 발표하고 이틀 후엔 육사 생도들의 쿠데타 지지 행군에 나와 훈시를 했다(이후 국가재건최고회의 의장, 내각 수반, 국방부 장관 자리에도 함께 오른다). 덕분에 쿠데타군의 권위는 빵빵해졌다. 정권 인수도 순조롭게 이뤄졌다. 그러곤 살벌한 칼바람이 분다.

그 매서운 칼바람이 묻어나는 기사들을 읽는다. 장면 총리와 내각의 장·차관들이 가장 먼저 칼을 맞았다. 국회는 즉각 해산되고 총리를 포함한 일부는 용공 음모 사건에 엮였다. 박정희의 만주군관학교 동기였던 이한림 1군사령관 등 쿠데타에 반대한 장성들은 부하들에게 치욕을 당하며 체포됐다. 쿠데타군 내부도 예외는 아니었다. 제1공수단을 끌고 함께 한강을 건넜던 박치옥 대령 등은 반혁명 음모 혐의로 재판정에 섰다. 박정희가 떠받드는 척했던 장도영 군사혁명위원회 의장도 밀려났다. 반혁명 음모 사건에 연루됐다며 가택연금에 이어 감옥에 가더니, 끝내 외국 망명길에 올랐다.

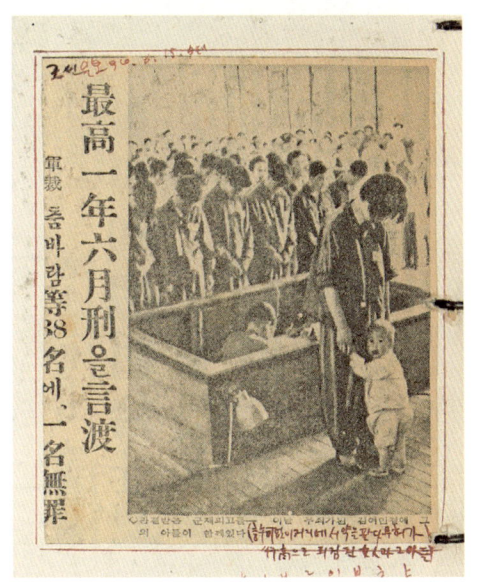

'춤바람'이 났다고 군사재판에 회부된 38명은 모두 형을 선고받았다. 유일하게 무죄가 선고됐다는 맨 앞줄의 김 여인은 허가 없이 거리에서 약을 팔다 검거된 경우다. 함께 있는 그녀의 아들이 살아 있다면 이제 50대 후반쯤 되었을까.

　더 불쌍한 자들은 민초였다. 그중 스크랩에서 눈길을 끄는 건 춤꾼이다. 단지 댄스홀에서 춤을 췄다는 이유로 쇠고랑을 찼다. '퇴폐스러운 탕아·탕녀'라고 손가락질을 당했다. 쿠데타 직후 깡패, 사이비 언론인, 부정 축재자들과 함께 검거된 2만 7천여 명 중 일부였다. 4컷 만화 '박달 영감'과 '두꺼비'는 에둘러 군사정권의 '뻘짓'을 조롱한다.

스크랩북의 마지막 장에선 극단의 두 풍경이 대조적이다. 맨 위와

아래에 전혀 상반된 기사가 하나씩 있고, 가운데 빨간 글씨의 시가 흐른다.

권력의 절정을 구가하는 박정희가 상단에서 군림하고, 나락에 빠진 장도영이 하단에서 풀이 죽은 모양새다. 둘 다 같은 날이다. 1961년 11월 3일자, 극과 극의 내용.

> 2일 하오 2시 청와대에서 거행된 박정희 최고회의 의장의 육군대장 진급식에서 윤 대통령(좌)과 송 수반(우, 송요찬을 가리킨다―필자 주)이 박 의장(중)에게 대장 진급장을 달아주고 있다. 이 자리에는 이주일 최고회의 부의장, 분과위원장 전원, 김 내각사무처장, 삼군참모총장, 해병대 사령관, 그리고 멜로이 유엔군 사령관 등이 배석하였다.
>
> 2일 하오 법정에서 구속되어 형무소에서 첫 밤을 보낸 '장도영' 피고는 푸른 수의에 고무신을 신고 개정하기 10분 전 형무관들에게 묶여 들어왔다. 가슴에 '1265'라는 번호에 '도'라는 기호가 적힌 '명찰'이 붙어 있었다. 이제는 푸른 '유니폼'으로 갈아입은 지난날의 3성장군은 자리에 앉자 검은 테 안경 밑으로 지그시 눈을 감고 팔짱을 낀 채 몸을 까딱도 하지 않았다.
>
> 《한국일보》 1961년 11월 3일자

당시 장도영은 38세, 박정희는 44세였다(아버지는 26세였다). 박정희가 여섯 살 많았지만, 경력에선 장도영이 위였다. 일본 장교 출신으로서 동질감을 느꼈을 두 사람은 1949년 육군 정보국에 근무할 때부터 서로

朴大將進級式

◇二日 下午二時 青瓦臺에서 擧行된 朴正熙最高會議議長의 陸軍大將進級式에서 尹大統領(左)과 宋首班(右)이 朴議長(中)에게 大將階級章을 달아주고있다. 이자리에는 李周一 最高會議閣議長, 分科委員長全員, 金의정부원外務長, 三軍參謀總長, 海兵隊司令官, 그리고「멜로이」「헤일」軍 司令官등이 陪席하였다

오늘영원한 체복만이있을뿐이리라
永遠한 友情도 없고
議長과 被告간에는 영원한 恩怨도

老人네들이 白紙 장사이에서 남폭길을
구-일들이 運는배와같은 파도
墨土처오라고 現在도없고 未來도없는것같다

그래도 歷史 많은들을 몹시 커참에었다
오늘의 용자가 오늘에 逆賊
醫院 간판에다 오줌을 갈린다
革命과 反革命의 生理
歷史는 몹시 고단한 피고하다

어제와 오늘

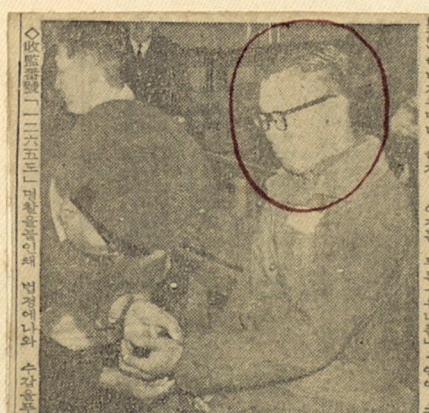

를 알게 됐다. 당시 장도영은 정보국장이었고, 박정희는 일개 문관이었다. 박정희는 여수순천십일구사건(여순반란사건)에 연루되어 무기징역을 선고받았다가 조직원 명단을 흘리고 전향한 뒤 간신히 사면을 받아 민간인 신분으로 돌아온 상태였다. 장도영은 고비마다 박정희를 살려주고 키워주었다. 한국전쟁이 터지자 소령으로 복직시켰고, 정군 운동의 배후로 찍혀 예편당할 위기에 처하자 자신이 사령관으로 있는 2군의 부사령관으로 임명했다. 장도영으로선 믿는 도끼에 뒤통수를 찍힌 셈이다.

스크랩북 제4권을 덮으며 하나의 열쇠말을 교훈으로 챙겼다. '바지사장'이다. '총알받이'의 '받이'에서 비롯된 말이다. 실권은 없고, 명의만 빌려주는 사람을 일컫는 속어다. 법망의 추적을 피하려는 불법 유흥업소나 오락실 업주들이 자주 쓰는 수법 중 하나다. 그 특기는 '감옥 대신 가주기'. 사장이 안 되면 안 됐지 '바지사장'은 되지 말자는 다짐을 해본다. 눈치 보지 않고 자기 인생의 주인으로 삶을 살아가려는 이들에게 '바지계'를 개척한 윤보선 사장, 장면 사장, 장도영 사장은 반면교사처럼 보인다. 윤보선은 왜 쿠데타 직후 어정쩡한 태도로 일관했을까. 새로운 체제 아래서 라이벌이었던 장면을 제거한 뒤 군부의 보호를 받는 '바지사장'이 될 야욕을 품지는 않았을까. 장면은 실권을 지닌 총리임에도 쿠데타 직후 잠적해버림으로써 세상에 대고 "나는 바지사장이다!"라고 외친 꼴이 됐다. 정치권과 쿠데타군 모두에 양다리를 걸치며 기회주의자로 처신한 장도영은 '바지사장'에 불과한 자기 주제를 파악하지 못했다. '실세 사장'으로 도약할지 모른다는 헛된 꿈에 사로잡혔는지도 모르겠다.

'바지사장'들은 떠나고, 무서운 '실세 사장'의 시대가 열렸다. 절대권력 박정희!

議長, 民政에

政局收拾宣誓式

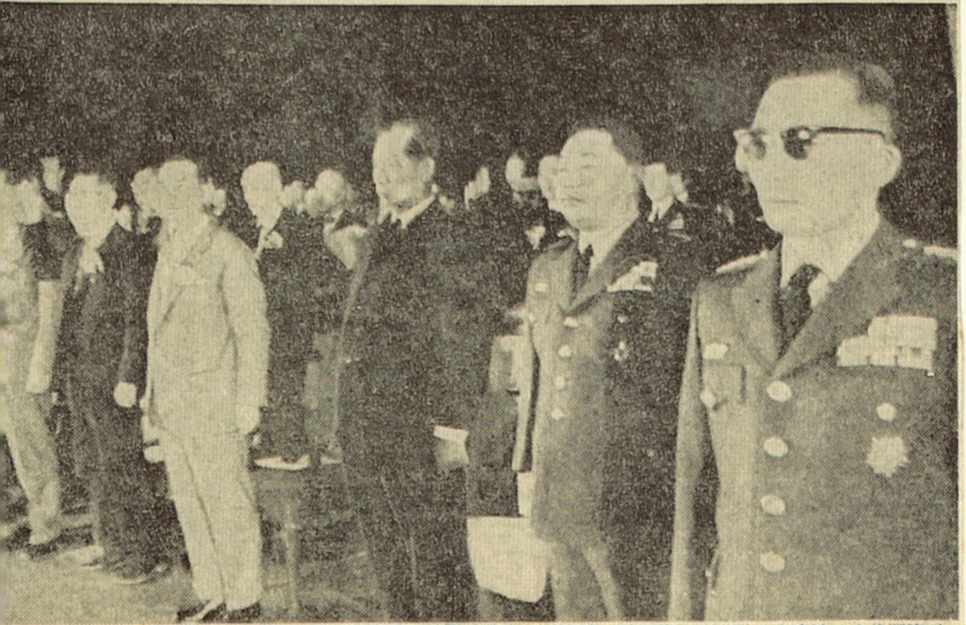

前列右로부터朴議長、李副議長、趙大法院長、朴國防長官、朴泰寔・徐廷貴・郭尙勳・金度演・金俊淵諸씨。

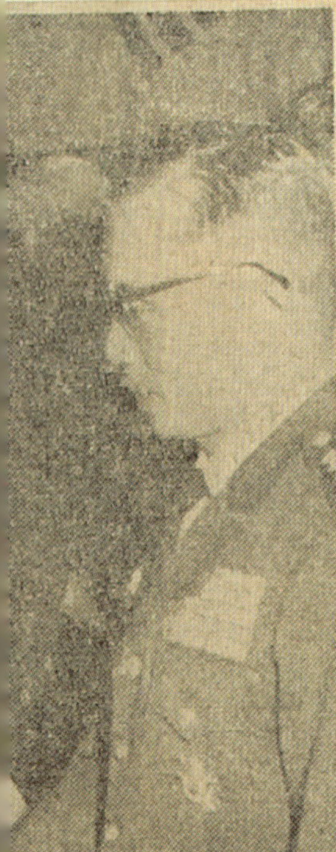

〈朴議長과 握手하는 金度演씨등 舊政治人〉

사람은 언제나 웃는얼굴과 우는얼굴을 따로 따로 주머니에 넣고 살기 마련이다.
박수가 쏟아져 나오는 연극 재미가 있다기보다 다음 幕이 궁금한 心情이 모든 길에서는 하나 정돈된 각본이다.
偉大한 敗北者도 없고 偉大한 勝利者도 없다 다만이 심판者이다.

社会漫評

아무래도 위험한 運動이야
拍手喝采 대신 葬葬할 準備 하라

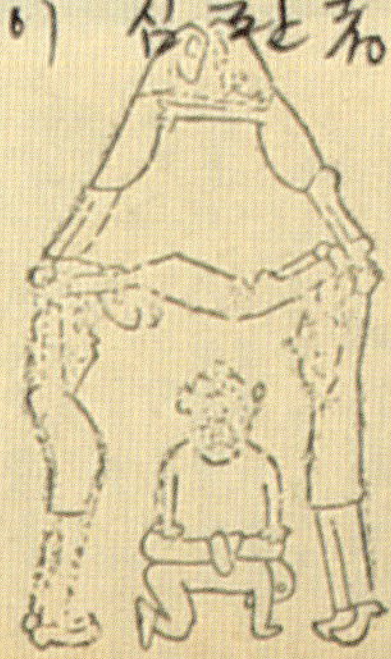

政局收拾

잘되면 拍手喝采…。(國民)

'사람호랑이'는 얼마나 외로웠을까?

박정희 1인 천하

아버지가 흥분했다.

2011년 인기 폭발했던 팟캐스트 〈나는 꼼수다〉는 "가카는 절대 그러실 분이 아니다"라는 말을 유행시켰다. 아버지 역시 절대 그러실 분이 아니다. 전혀 다른 차원에서 그렇다. 아버지는 보수적인 분이었다. (자주 있는 일은 아니었으나) 아들이 세상 돌아가는 일에 열을 내면 걱정스러운 눈길로 "나쁜 쪽으로만 보지 말라"고 충고하셨다. 늘 조심스러웠다. 여느 아버지와 다를 바 없었다. 그런 분이, 이렇게나 흥분하시다니!

차라리 구두끈을 먹어라

런던에 여섯 살 난 어린애가 배가 아파 죽겠다고
야단을 쳐서 수술해보니 뱃속에서 구두끈 백십 개
양말 여덟 켤레 리봉(리본)이 이십 개 그밖에 분별할 수
없는 여러 가지 물건이 나왔더라는 해외 뉴스 한 토막이
근간에 있었다. 그런데 못 먹을 것을 먹는 경우가
비단 런던의 그 어린이만이 아니라 공금이나

뇌물을 먹는 것도 못 먹을 것을 먹는 일이다.
양말 켤레쯤 먹어서는 배를 째고 끄집어낸다면
그만이지만 공금을 먹으면 입원 대신 형무소행이다
그런데 이보다도 못 먹을 것을 먹을 경우가 있는데
즉 '야망을 먹는 일이다' 구두끈처럼
배가 아파지는 것도 아니고 공금을 먹는 경우처럼
쇠고랑을 수월하게 차지는 않지만 정치적 야망
같은 것을 먹으면 구두끈이나 돈이 아니라 사람을
먹으니 큰일이다. 식인종 같으면 사람을 삶거나
구어서 소금을 쳐서 씹어나 먹지만 정치적으로
사람을 먹는 경우는 덮어놓고 통째로 먹어치우니
큰일이다. 영국의 시인 '새무얼 버틀러'는 정치적
권력은 마주(魔酒)라고 불렀다. 그 마주는 뭇 사람의
두뇌를 그르친다고 했다. 남이 권한다고 해서
자기 주량 이상을 마신다면 언제고 실수할 날이 올 것이다.

"차라리 구두끈을 먹어라"라고 일갈한 대상은 박정희 국가재건최고회의 의장이다. '정치적 야망을 먹는 일'이 신문 해외 토픽으로 나온 '구두끈을 비롯한 온갖 잡동사니를 먹는 일'보다 훨씬 위험하다는 것이다. "덮어놓고 (사람을) 통째로 먹어치우"기 때문이란다. 영국 시인 새뮤얼 버틀러(1835~1902)의 말을 인용해 '주량을 넘은 마주(魔酒)'라고까지 표현했다. 이런 글을 끄적거리던 해, 아버지의 나이 만 27세였다.

사실 내가 온전히 떠올리는 아버지의 모습은 대개 40~50대다. 당신에게도 정치적 관심으로 피가 뜨겁던 20대 시절이 존재했음을 상상해본 적이 없다. 생전 이미지와 영 어울리지 않는다.

　아버지의 스크랩북 제5권째다. 1962년 6월 1일부터 1966년 12월 30일까지의 신문들이 담겨 있다. 한 권에 무려 5년이 걸리다니. 게으름을 피우셨을까? 연도를 계산해보니, 학업을 마칠 때였다. 또한 결혼 직후였다. 바쁘셨나? 다른 권보다 두툼하긴 하다. 1963년 '대통령 박정희의 탄생'을 중심에 놓고 스크랩을 넘겨 보았다.

　다시 아버지의 글로 돌아가, '구두꾼' 운운한 부분 주변을 살펴보았다. 왼쪽 위에는 "반혁명 음모 또 적발"이라는 제목이 보인다. 그 오른쪽 옆에는 "송 수반·천 재무 사표 수리"(송요찬 내각 수반, 천병규 재무부 장관을 가리킨다—필자주)가 놓여 있다. 그 바로 밑이 하이라이트다. "박 의장, 내각 수반직을 겸임". 박정희 국가재건최고회의 의장의 얼굴은 원형 사진으로 실렸다. 관련된 기사는 빠졌다. 대신 아버지의 글이 빼곡히 차지했다. 〈서울신문〉 1962년 6월 17일자다. 아버지는 "송 수반·천 재무 사표 수리"라는 제목 위에 "미국의 소리 방송에 의하면 송 수반 사표 이유는 증권 파동과 화폐개혁 반대 일인자로서의 낙인을 받고 물러선다는 것"이라는 비공식 해설을 적어놓았다. "박 의장, 내각 수반직을 겸임"이라는 제목에선 "겸임" 부분에 빨간 사인펜으로 네모를 친 뒤 그 위에 한문으로 이런 설명을 달아놓았다. "대통령 권한대행 및 최고회의 의장 겸 내각 수반직 겸임, 육군대장 박정희 장군".

　바야흐로 박정희 1인 시대로 질주하던 때였다. 1년 전 쿠데타에 성공한 그는 내부 반대 세력을 하나둘 제거해나갔다. 거칠게는 '반혁명 음모', 얌전하게는 '사표 제출'이라는 명분을 앞세웠다. 쿠데타 직후 군사혁명위원회 의장에 이어 국가재건최고회의 의장으로 모셨던 선배 장도영과 내각 수반 겸 경제기획원 장관직을 맡겼던 송요찬도 날려버렸다.

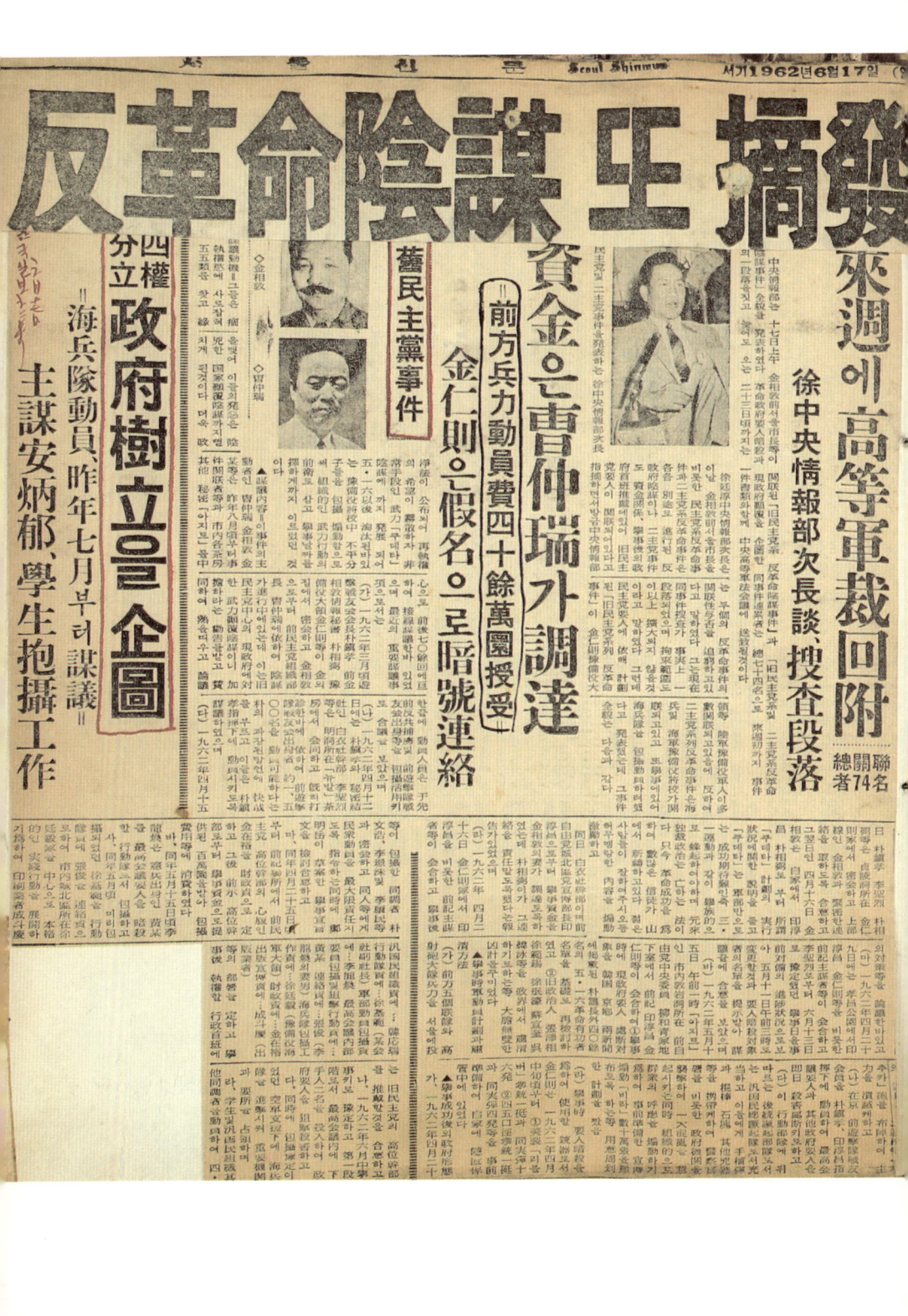

박정희는 장풍을 날렸다. 주변의 실력자들은 맥없이 날아갔다. 남들은 '사임'을 할 때 박정희는 '겸임'을 했다.

아버지의 글처럼, 그는 몽땅 먹어치우고 있었다. '정치적 식인종'의 위세였다. 1962년 3월 22일 윤보선 대통령이 사임한 뒤 대통령 권한대행까지 맡고 있었으니, 남은 목표는 '권한대행' 꼬리표를 뗀 '진짜 대통령'이었다.

'공약'은 넘어야 할 벽이었다. 5·16군사정변 당시 군사혁명위원회가 내건 혁명 공약 6개 항 중 마지막은 "양심적인 정치인에게 정권을 이양하고 군은 본연의 임무로 복귀한다"였다. 박정희는 그 벽을 넘으려 했다. 박정희는 1962년 10월 31일 대통령중심제를 채택한 새 헌법안을 국가재건최고회의에서 통과시킨다. 두 달 뒤인 12월 17일엔 이를 국민투표에 부친다. 헌법안이 공포된 날은 12월 26일이었다. 하루 뒤엔 대통령 출마 의지를 밝힌다. 순조롭게 일이 풀리고 있었다. 아버지는 그다지 달갑지 않았나 보다. 호랑이해였던 1962년 임인년을 보내고 토끼해 1963년 계묘년을 맞는 심정을 이렇게 기록해놓았다.

격동의 한 해가 황혼에 잠든다

(상략)
임인년 호랑이는 간다지만 그분은
계묘년 토끼 등에 올라앉아 정사를 해보겠다고
그것은 공약 위반이 아니요—
그것은 공약 위반이 아니다—
호랑이 얼굴로 토끼를 노려본다
세상은 둥글고도 모진 것이다
누구를 원망하며 누구를 칭찬하랴

계묘년의 노크 소리가 요란하게 들려온다
이미 임인년 호랑이는 방을 비우는데
거기에 사람호랑이가 주인처럼 앉아 있으니 웬 말이냐

(하략)

"임인년 호랑이는 방을 비우는데 거기에 사람호랑이가 주인처럼 앉아 있으니 웬 말이냐"고 했다. 박정희가 '사람호랑이'인 셈이다. 계묘년 토끼해에 토끼를 잡아먹을 호랑이가 계속 주인 행세를 하겠다며 으르렁거린다고 보았다.

군복을 입은 노래방의 무법자가 마이크를 독차지하고 쉼 없는 '셀프앙코르' 속에 군가만 부른다면! 게다가 음치라면!! 군정의 종식을 발랄하게 염원한 글과 그림이다.

그 옆에 놓인 신문 만평은 그림보다 글이 더 좋다. 다음 가수가 누구일지 궁금해하는 관중의 눈초리 속에서 철모를 쓴 군인이 악보를 들고 퇴장한다. 제목도 멋지다. "군가는 끝났다".

군가는 끝났다! 박수를 쳐라! 박자와 음정이 조금은 틀렸어도 군가이기 때문에 큰 흠이 될 것은 없다. 그러나 아무리 잘 불러도 '앙콜'을 원하지 않는 것은 역시 군가이기 때문이리라. 박수를 보내면서도 청중들의 관심은 평복을 입고 나타날 가수에게로 쏠린다.

민정 복귀에 대한 간절한 염원과 희망을 '군가'에 빗대어 표현했다. 아무리 잘 불러도 군가라서 '앙콜'을 원하지 않는다는 부분이 가슴에 꽂힌다. 박정희 앙코르, 재앙코르 플랜이 물밑에서 꿈틀대던 때였다. 그럼에도 1963년 새해 화두는 '민정 복귀'였다. 박정희와 함께 군 생활 또는 '최고회의 활동'을 했던 인사들도 '이제 좀 그만하라'는 사인을 보낸다.

박 의장 등 출마 번의 촉구

혁명 정부의 제2대 내각 수반이었던 송요찬 씨는 9일 하오 "박정희 최고회의 의장의 대통령 출마와 최고위원들의 민정 참여는 번의, 모두 예편돼야 마땅하며 국가는 이들에게 혁명 당시의 공을 인정하고 연금 같은 것을 주어 우대해야 옳은 줄 안다"고 말하였다.
예비역 중장인 그는 "양약이 입에 쓴 것처럼 이 말이 섭섭하게 당사자들에게 들릴는지 모르나 나중엔 옳다는 걸 알게 될 것"이라고 말하였다. 송 씨는 지난 8일 박 의장의 대통령 출마 번의와 정정법(정치정화법, 1962년 3월 16일 국가재건최고회의가 구 정치인 등 4,369명의 정치 활동을 금지시킨 법—필자주)에 묶인 기성 정치인의 일률적인 해제 및 기성 정치인의 단일 야당 결성 등을 호소한 바 있는데 이에 대해 최고회의 이후락 대변인과 박 의장의 행정비서 이낙선 중령 등이 "송 씨가 내각 수반 재직 당시 동일한 대통령이 20년 집권할 수 있게 헌법에 규정하여 국민투표에 붙일 것을 의장에게 건의했으며 정정법을 강화하자고 주장, 3·15 부정선거에 가담한 바로 당사자가 이제 와서 그런 말을 하는 것은 '넌센스'"라고 비난한 데 대해 9일 하오 다시금 그의 소신을 밝히면서 그같이 말했다.

무엇보다 박 의장 자신과 군의 전통적인 순수성으로 보아 최고위원들의 예편이 마땅하다고 주장한 송 씨는 그가 동일한 대통령이 20년간 집권할 수 있도록 개헌하자고 건의했다고 한 것은 "일고의 가치가 없는 것"이라고 잘라 말했다.

《조선일보》 1963년 1월 11일자

혁명 주체의 민정 참여는 선례 남겨놓는 것
화부(華府, 워싱턴-필자주)에서 최경록 씨 언명

【워싱턴에서 본사 통신원 문명자발】 체미 유학중인 최경록 장군은 혁명 주체 세력이 민정에 참여하는 데 대해 "앞으로도 군사혁명이 일어날 수 있는 선례를 남겨놓는 것"이라고 논평하면서 "정치와 군이 분리되지 않아 지금의 한국군은 통수(統帥) 계통이 확립되지 않고 있다"고 말했다.

4·19 이후 육군 참모총장을 지낸 최 장군은 기자와 만난 자리에서 "혁명을 당초부터 반대했었다"고 밝히고 자신도 여러 차례 군

사혁명을 일으킬 기회가 있었으나 "애국심이 부족했기 때문에 행동 못한 것이 아니었다"고 말했다. 군인 집권이 민주주의 원칙에 어긋난다고 강조한 그는 "내 몸에서 군인 냄새가 없어질 때까지 정치에 관여 않겠다"고 말했으나 "진실로 민주주의를 이룩하는 정당이 있다면 도울 생각"이라고 앞으로의 구상을 펴 보였다. 그는 또 앞으로 실시될 총선거가 진정한 공명선거가 되기 위해서는 중앙정보부가 해산되고 정정법 및 반혁명 처벌에 관한 특별법이 폐기되어야 한다고 주장했다.

《〈조선일보〉1963년 1월 11일자》

'박정희는 대통령에 출마하지 말고 다른 최고위원들과 함께 모두 예편하라'는 직설적 주장이다. 송요찬과 최경록은 모두 박정희의 군 선배였다. 최경록은 쿠데타 당시 2군 부사령관이었던 그의 직속상관인 2군 사령관이었다. 여론을 무시할 수 없었을까. 박정희는 돌연 '민정 불참' 선서를 한다. 1963년 2월 27일. 이른바 '2·27 선서식'이다.

이 자리에서 박정희 의장은 눈물까지 흘린다. 대다수 언론은 그 눈물을 100퍼센트 진심으로 받아들이며 흥분한다. 박정희는 한 달도 안 돼 말을 뒤집는다. 3월 16일, 기자회견을 열고 '군정 4년 연장'을 제의한다. 그 앞뒤로는 '각본'에 따른 사건 두 가지가 터진다. 모두 군인들이 주인공이었다. 첫째, 기자회견 하루 전인 3월 15일 수도방위사령부 장교 80여 명의 '민정 불참 선언 철회' 데모. 둘째, 6일 뒤인 3월 22일 장성 116명이 청와대를 찾아 '군정 연장 지지' 뜻을 밝힌 뒤 별판이 달린 지프차를 타고 서울 세종로를 누빈 위력 시위.

'군정 연장 제안'에 다시 세상은 시끄러워졌지만 박정희는 기어이

'대통령' 권좌에 올랐다. 중간에 무슨 일이 있었는지, 스크랩북은 침묵하고 있다. 8월 박정희의 퇴역식과 공화당 대통령 후보 지명 수락, 9, 10월 선거 유세, 11월 총선 등의 굵직굵직한 사건 기사는 생략돼 있다. 서울특별시의 대선 개표 결과를 알리는 10월 16일자 기사가 불쑥 고개를 내밀 뿐이다. "윤보선 씨를 3만여 표 리드"했단다.

맨 밑엔 대통령 박정희의 사진과 함께 "제5대 대통령으로서 무궁화훈장을 받고 인사하는 박 대통령"이라는 설명이 달렸다. 그 가운데엔 〈조선일보〉의 칼럼 '만물상'이 붙어 있다. "돈 주고도 못 보았을 게임… 예측을 불허하는 시소 게임"이라며, 백중세였던 전날 밤의 개표 상황을 전한다(전국 개표 결과, 박정희 46.6퍼센트, 윤보선 45.1퍼센트).

장외 유세를 전하는 신문 기사를 보고 싶었는데, 이 부분이 빠져 가장 아쉬웠다. 당시 특별한 쟁점 중 하나는 '색깔 시비'였다. 1997년 이회창 후보가 김대중 후보에게, 2002년 이회창 후보가 노무현 후보에게 했음 직한 이념 공세가 벌어졌다. 당시 공화당 박정희 후보의 맞수는 구 신민당 출신 정치인들이 중심이 된 민정당의 윤보선 후보였다. 문제는 윤보선이 박정희에게가 아니라, 거꾸로 박정희가 윤보선에게 의심을 받았다는 점이다. 1948년 11월 11일 남로당 가입 혐의로 체포된 뒤 무기징역을 선고받은 박 후보의 경력 때문이었다. 하필 대선이 치러지던 그때, 박정희를 만나러 남파됐다 체포된 북한 밀사 황태성(전 무역부 부상, 좌익 운동가로 활동하다 죽은 박정희의 셋째 형 박상희의 친구)이 남한 감옥에 수감중이었다. 윤보선은 "공화당은 공산당 간첩이 공산당식으로 만든 정당"이라는 극언까지 했다. 아이러니였다. '박정희가 진짜 빨갱이일지도 모른다'는 생각으로 그에게 투표한 숨은 좌익들이 적지 않았음은 두번째 아이러니였다. 박정희가 대통령이 된 뒤 좌익 사범을 누구보다 탄압했던 건 세번째 아이러니였다.

한데 이상하다. 박정희의 도박과 꼼수로 가득한 스크랩을 보면서 그의 외로움이 느껴지는 건 네번째 아이러니다.

어쩌면 박정희의 1963년은 권력자로서 가장 순수하고 아름답고 빛나던 시절이 아니었을까 하는 순진한 생각을 해본다. 풋내기 정치인으로서 애국적 초심을 간직했을지도 모른다. 불법 군사 반란을 일으키고, 혁명 공약을 어기고, 각종 정보 공작을 통해 반대파를 억누르며 집권했음에도 최소한의 선의를 인정해줄 여지는 있다. 민정 불참 선서식에서, 군복을 벗는 퇴역식에서 수시로 흘린 눈물이 몽땅 거짓이었다고는 믿지 않는다. 기준치 이하였다 해도, 그 순정의 성분을 모조리 부정할 수는 없다.

1963년 계묘년 새해 스크랩북에 아버지는 박정희를 "사람호랑이"라고 적었다. 여기에 빗대어 '호랑이의 고독'을 떠올려본다. '쿠데타 결행과 성공'이라는 '호랑이 등'에 한번 올라탄 순간, 그 역시 호랑이로 살아야 하는 운명의 트랙에 접어들었다. 고양이가 될 수는 없었다. 호랑이 자리를 지켜야 했다. 1963년 12월 대통령 취임 때까지 총 13차례의 역쿠데타 시도가 있었다고 한다. 그 과정에서 국가재건최고회의 최고위원 52명 중 무려 45명이 쫓겨났다. 호랑이는 발톱에 동지들의 피를 많이 묻혔다.

거사가 벌어졌던 1961년 5월 16일 새벽, 그는 김포의 차도에서 공수단의 출동을 기다리며, 경호 책임을 맡았던 한웅진 준장과 함께 담배를 여섯 갑이나 피웠다고 한다. 목숨을 걸었기 때문이다. 극도의 초조함을 맨정신으론 버틸 수 없었다. 내각을 접수하고 나서도, 1962년 3월 윤보선을 하야하게 하고 나서도, 1963년 12월 대통령이 되고 나서도 목숨을 건 비상 상황은 계속됐다. 어떤 이들은 "딱 여기까지만 하고 끝냈으면 좋았을 텐데"라고 아쉬워한다. 조금 더 양보하는 이들은 "딱 두 번만 대통령을 하고 71년에 물러났더라면 더 칭찬을 받았을 텐데"라고도 한다. 말은 쉽지만, 결코 쉽지 않았으리라. 권력을 포기하는 일도 목숨을

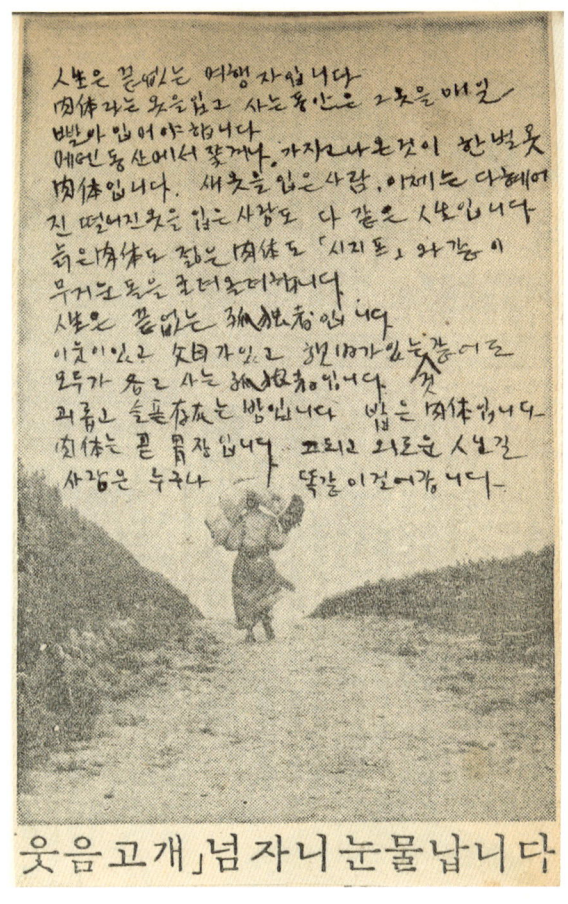

20대 아버지가 남긴 감상의 편린. 인생은 고독한 여행길임을 끊임없이 환기시킨다.

내놓는 도박이었을 테니까…… 그는 얼마나 외로웠을까.

〈인생은 끝없는 여행자입니다〉라는 시에서 예의 아버지의 인생론이 또 한 번 드러난다. 고독, 좀 지겹다. 그러니까 박정희도 시시포스라는 말씀인가? 권력의 성(城)을 지키기 위해 쓸데없이 무거운 돌을 굴려 올렸던 타이거 시시포스?

박정희를 "사람호랑이"에 비유한 아버지의 글을 읽은 뒤, 2012년 12월 대통령에 당선한 박근혜의 옷이 자꾸만 '호피 외투'로 보였다. 호랑이는 죽어서 가죽을, 아주 질기고 두꺼운 가죽을 남긴 셈이다.

변을 당하다

미군 린치, 연서 린치
화폐 린치, 똥물 린치

'불상사'를 지나쳤다.

쉽게 눈에 들어오지 않는 낱말이다. 무엇이 어떻게 '상서롭지 못했다(不祥事)'는 말인가. 해당 스크랩북을 여러 번 뒤적였지만 그 제목에 눈이 간 건 한참 뒤였다. "불상사 임의 처리 못하도록". 〈동아일보〉 1962년 6월 9일자다. 그 아래 부제를 봐도 무슨 뜻인지 긴가민가하다. "유엔군

사령부, 주한 미군에 강력 지시". 무엇을 강력 지시했는지도 없다. 아하, 감이 잡힌다. 큰일이 난 거다. 노골적으로 보도하기엔 정부 눈치가 보인다. 실체가 잡히지 않는 추상적인 제목을 뽑은 이유다. 그 옆으로는 "서울대생 천여 명 데모… 무장 헌병 출동", "주동자 10여 명에 구속영장", "북한서 악용 선전" 따위의 제목이 있다. 사단이 났음이 틀림없다. 앞으로 한 장을 더 넘기니 '불상사'의 정체가 잡힐 듯하다. "미군인의 '린치' 사건".

아버지의 스크랩북 제5권을 다시 펼쳤다. 지난 회에 이어 두번째다. 1962년 6월부터 1966년 12월까지 그 어느 때보다 방대한 4년여가 담겨 한 번에 소화하기엔 역부족이었다. 오늘은 그중에서 '린치'만 골랐다. 이름 하여 '62~66년 4대 린치 사건'!

린치(Lynch)란 '사형(私刑)'을 말한다. 법적 절차를 거치지 않은 사적 폭력. '4대 린치 사건'이란 내 맘대로 지어본 이름이다. 아버지는 별 코멘트를 달지 않았다. 특히 1번과 2번 린치 사건엔 일언반구도 없다. 이렇게 무심하시다니, 섭섭하기 짝이 없다.

1. 참혹한 린치 - '미군 린치 관리 협정'을 요구하다

지난 28일 파주에서 일어난 미군인의 한국인에 대한 '린치' 사건은 다시금 한미 두 나라 사이의 커다란 문제가 되어 정부는 미 대사에게 엄중한 항의를 하고 주한 미군의 신분 협정을 제결토록 촉구하는 한편 '버거' 대사도 유감의 뜻을 표명한 바 있다. 그런데 지난 1일과 2일에도 또다시 양주와 파주에서 각각 미군인이 한국인에게 구타·폭행을 가하는 사건이 일어나 이와 같은 불상사에 대한 근본적인 방지책이 촉구되고 있다.

1962년 6월 7일자 〈조선일보〉 기사다. 기사 앞부분에 나오는 "지난 28일 파주에서 일어난 미군인의 한국인에 대한 '린치' 사건"에 관한 세부 내용도 스크랩되어 있다.

발가벗기고 구타
전선주에 거꾸로 매달기도

28일 8시 20분쯤, 탄피 등 고철을 주우려고 친구 1명과 함께 부대(문제의 3중대) 철조망 밖에서 돌아다니고 있었다. 그때 7, 8'미터' 떨어진 부대 후문으로 '찦'차 두 대가 나오다가 우리를 보고 멈추면서 우리에게 '도둑놈'이라고 소리치며, 구멍이 뚫린 철조망을 가리키기에 우리는 도둑이 아니라고 말했다.

이때 앞 차에서 군인 한 사람이 내리더니 돌을 줏어던지면서 "죽인다"고 외쳤으며 같이 탔던 미군들도 중위('워드' 중위=중대 부관)를 선두로 차에서 내리자마자 한 사람은 4.5구경 권총을, 다른 한 사람은 'M1'을 장탄한 후 "만일 도망가면 쏴죽인다"고 말했다. 우리는 당황한 나머지 약 1'키로' 지점에 있는 '장산리'까지 도망쳐 그곳 어느 민가 변소에 숨었으나, 계속 추격해 온 그들에 붙잡혔다.

(친구는 도망치고) 그들은 나의 양쪽 팔을 뒤로 제쳐 끌고 가면서 차에 올라타기 전 약 10분가량 구타했다. 중위는 권총으로 전신을 때렸으며 사병들은 몽둥이와 구둣발로 때려 그때 벌써 실신하고 말았다.

그 후 상반신만 승차시켜 머리는 '짚'차 '시드'(시트—필자주) 밑으로 집어넣었으며 하반신은 '짚'차 뒤에 늘어지게 했는데 허리를 깔고 앉고서 차 안에서도 권총, 몽둥이, 구둣발 등으로 계속적으로 구타했다. '짚'차 안엔 피가 고여 있을 정도였으며 다시 3중대 사무실 '아스팔드' 바닥에 넘어뜨린 후 모두 달려들어 구둣발로 짓밟았는데 이때 한 사람은 가슴에, 한 사람은 배 위에 올라타고, 꽝꽝 굴렸다. 특히 중위는 발로 한쪽 손을 밟고 뒷꿈치로 손등을 찧었으며, 나중엔 톱으로 잔등을 찍는 바람에 약 15분간 다시 실신했다.

집에서 이 글을 쓰며 신문 기사 내용을 소리 내어 읽어보았다. 거실에서 놀고 있던 초등생 딸 은서가 내용을 들었는지 끼어든다. "아빠, 말이 왜 그렇게 끔찍하고 무서워?" 사건은 계속된다.

그들은 그래도 부족해서 '빤즈'와 '런닝샤스'만 남기고 모두 벗겼으며 '로프'(삼으로 만든 밧줄)를 갖고 와서 목을 매더니 사무실 문 중방에도 걸고 잡아당기며 더욱 고통을 주었다. 그 무렵 중대장('스윈슨' 중위)이 와서 '로프'를 풀은 후 이번엔 발목을 묶어서 개 끌듯이 끌고 뒷산으로 올라갔다. 다시 실신했다가 정신이 들었을 땐 중대장이 직접 몽둥이로 구타했었으며 다른 장병들은 구둣발로 차고 주먹으로 치며 가래침을 얼굴에 배앝는가 하면 흙을 입 눈 코에 마구 넣고 있었다.
"아프다"고 고함치자 완전히 발가벗긴 후 깡통에서 노란색 음식물을 꺼내서 전신에 발라놓고 또 마구 때렸다. 그들은 곧 옆에 있던 전신주(높이 6, 7'미터') 중간 지점에다 각목을 못으로 박아 십자가처럼 만든 후 그곳에 '로프'를 걸고 잡아당겨 이번엔 거꾸로 매달려 고통을 받았으며 다시 실신하고 말았다.

8시 40분에 체포되어 10시 40분까지 이런 모진 사형을 당했으며 그동안 미군은 물론 한국 종업원까지 강제로 동원시켜 구경을 시켰다. 그들은 전신에 유혈이 낭자하고 실신이 계속되자, 의무실에서 응급 가료를 시켰으나 "살아날 가망이 없다"는 바람에 헌병차에 실려 15병원에 갔었다. 그곳에서도 피를 한 사발 반쯤 토했기 때문에 그들은 '링겔'을 꽂은 채 44병원으로 나를 옮겼다.

그곳에서 가료를 받은 후 31일 아침 한국 경찰에 인계된 후 경찰 주선으로 도립병원에 입원했다.

-목격자 이 모 씨 등 2명의 진술=보다 참을 수가 없어, 중지를 요구했으나 듣지 않았으며 피해자가 꼭 죽은 것으로만 알았다.

같은 날 〈한국일보〉는 또다른 사건들을 전하면서 "한국의 서부, 파주"라는 제목을 달았다. 서부 인디언 원주민을 때려잡던 19세기 아메리카 개척 시대가 연상된다는 이야기다. 이번엔 평택에서 일어난 제3의 사건이다.

미 군용견 교상 사건 원근(遠近)

【평택에서 김기영 기자발】 파주, 오산 등 미군 기지에서 요즈음 미군의 행패가 접종하고 있는데 기보한 오산의 군용견 교상(咬傷) 사건이 일어나게 된 진상은 이렇다고 본다.

이 교상 사건이 일어난 현장인 평택군 송탄면 신장리 남산동 598

번지 산등성이 남쪽은 오산비행장 고물 창고(살베지)가 있고 그 둔덕을 경계선으로 해서 북쪽에는 가난한 한국 빈농 또는 타향에서 벌어먹기 위해 이곳으로 유전해 온 하루살이 품팔이 노동자들이 십여 채의 초가집 문간방 살이를 하고 있다.

미군의 눈으로 볼 때는 생계의 터전이 없는 듯이 보이는 인근 부락민이 도둑으로 보일 것이고 애매한 부락민으로 볼 때에는 미군의 만행이 너무하다고 격분하게 된다.

피해자 심(심덕선) 씨가 말한 바에 의하면 지난 5월 30일 하오 1시 반쯤 되어 자기는 못자리에서 피를 뽑고 점심을 먹으러 집에 돌아오자 문밖에서 떠들썩하기에 울타리 밖을 내다보니까 웬 사람의 그림자가 휙 지나가고 다음 순간 대문을 차고 미군이 달려들면서 '캐취' '캐취'(물어라) 하니까 군용견 한 마리가 달려들어 자기를 물어뜯고 발로 핥기 시작하였다는 것이다.

처음에는 대문 안에서부터 시작하여 나중에는 대문 밖 뜰에서 뒹굴어가면서 개와 사투하기 약 15분—그때 자기가 입었던 '카키'색 작업복은 산산이 찢겨져 알몸뚱아리만 남게 되었다는 것이다. 죽을힘을 다하여 개의 두 귀를 꼭 잡고 있게 되자 이번에는 미군이 달려들어 자기 가슴을 지르기에 실신하다시피 땅에 쓰러지게 되자 웬 딴 미군이 또 한 명이 나타나서 자기를 미군 부대 속에 있는 치료소로 끌고 갔다는 것이다. 그곳에서 응급치료를 받고 하오 3시경 평택경찰소로 넘기게 되어 그곳에서 치안재판을 받고 무죄로 인정되어 간신히 하오 7시경 집으로 돌아오게 되었다는 것이다. (하략)

《〈한국일보〉 1962년 6월 7일자》

주한 미군 병력은 1953년 10월의 한 미상호방위조약 체결에 따라 이 땅에 본격 상주했다. 1957년부터 1960년까지 미군 총격으로 사망한 한국 민간인 수만 70여 명이라는 충격적인 통계가 있다. 그 뒤에도 '불상사' 퍼레이드는 끊이지 않았다. 내가 아는 가장 대표적인 사건 3가지만 꼽아 보겠다.

①1962년 1월 파주 나무꾼 사살 사건 – 미군 부대 주변 출입 금지 구역에서 땔나무를 베던 민간인을 영하 10도의 추위에 발가벗겨놓고 총 쏘아 죽인 사건. 시체 부검 결과, 사냥용 엽총 탄환이 박혀 있었다.

②1992년 10월 28일 윤금이 피살 사건 – 미군 2사단 소속 케네스 마클 이병이 동두천 시 기지촌 술집 종업원 윤금이를 잔혹하게 살해했다. 시신 발견 당시 그녀의 직장엔 우산대가 26센티미터가량 박혀

있었고 음부엔 콜라병이 꽂혀 있었으며 전신에는 합성세제가 뿌려져 있었다.

③1997년 4월 3일 이태원 살인 사건 – 이태원 햄버거 가게 화장실에서 홍익대 휴학생 조중필 씨가 주한 미군 아들인 아서 패터슨과 한국계 미국인 에드워드 리에게 칼로 난자당해 살해당했다.

'주한미군신분협정'('한미주둔군지위협정' 또는 '한미행정협정')은 1962년 당시 체결되지 않았다. 아버지의 스크랩에는 미군이 타국과 체결한 협정들을 표까지 그려가며 자세히 비교 분석한 기사가 나온다. "미국은 이미 46개국과 협정을 체결했는데 가장 평등한 건 대 나토협정이며 우리 경우는 에디오피아보다도 못하다"고 한다. 당시 대학생들은 "한미행정협정을 체결하라"고 요구하며 격렬한 시위를 했고, 각 신문에서도 협정 체결을 주요한 이슈로 내세웠다.

'한미행정협정'은 어쩌면 '미군 린치 관리 협정'이다. 미군의 린치를 한국 사법부에서 재판하는 룰을 정하는 게 눈앞의 과제였다. 한-미 양국은 1966년 7월 이를 처음 체결하여 이듬해 2월 발효했다. 아무리 미군이 한국인에게 린치를 해도 미국 마음대로 할 수 있다고 해석할 수 있는 조항이 많아 1991년과 2001년 두 차례 개정했다. 그러나 아직까지도 이 협정이 공정하고 평등하다는 해석은 접한 적이 없다.

2. 비련의 린치 - 총살, 그리고 어머니의 투신

딱 한 페이지다. "박 의장, 군정 4년간 연장을 제의"라는 제목이 붙은 기사를 넘기면 "모자가 숨겨간 '연서의 비극'"이라는 활자가 보인다. 덩치 큰 기사부터 꼬마 기사까지 모두 한곳에 가지런히 모여 있다. 이 페이지 오른쪽부터는 다시 박정희 국가재건최고회의 의장의 군정 연장 음모를 규탄하는 시위 기사로 빽빽하다. 까딱하면 놓치기 십상이다. 뒤늦게 찾아 읽고 우울해졌다. 이렇게 마음이 아픈 기사는 스크랩에서 처음이었다. 내용을 보자.

최영오 일병 사형 집행
가랑비 나리는 18일 수색서 총살형

애인으로부터 온 편지를 뜯어 보고 동료들 앞에서 희롱하는 상관 두 명을 총으로 쏴 죽인 죄로 대법원에서 사형이 확정되었던 최영오(崔永吾=25=서울대학교 문리과대학 기상학과 재학중 학적보유병으로 입대) 일등병은 18일 하오 2시 40분 서울 근교의 수색 모 사단 사격장에서 총살형이 집행되었다. 19일 상오 이와 같은 사실을 확인한 육군 당국은 최 일병에 대한 총살형 집행 명령은 15일 이미 국방부 장관에 의해 내려졌고 이날 육군고등군법회의 검찰관 서기 군목 및 군의관 등이 입회한 가운데 총살형 집행 절차에 따라 다른 네 명의 죄수와 함께 집행되었고 시체는 19일 상오 11시 15분 가족에게 인도되었다고 밝혔다. (중략)

영오야! 영오야! 애끓는 혈규(血叫)
아들 망혼 찾아 강물에 진 모정

18일 하오 4시 15분쯤 서울교도소에서 보낸 한 장의 "19일 하오 5시까지 시체를 인수하라"는 전보가 집에 있던 최 군의 형 영수(永壽=29) 큰누이 영애(永愛=37) 씨 남매를 통곡하게 했다.

하오 6시쯤 집에 돌아온 어머니 이숙자(李淑子=60) 씨도 눈치를 채고 6남매의 막내였던 최 일병의 사형 집행을 알게 됐다. 이날 아침 11시쯤에도 영수 씨는 아우를 면회했으나 마지막일 줄은 몰랐었다.

어머니 이 씨는 "내일이면 밥도 먹을 터이니 염려 말고 어서 자라"고 오히려 두 오누이를 달래고서는 밤 10시 40분쯤 가족들 몰래 영오 군이 사다 준 지팡이를 짚고 집을 나갔다는 것이다. 슬

母子가 숨져간「戀書의 悲劇」

崔(永吾)一兵 銃殺刑執行

18日水色서…각계의 救命運動 보람없이

悲報 듣자 어머니는 漢江에 投身自殺

崔永吾一兵 死刑執行

— 가랑비나리는 18日水色서 銃殺刑

영오야! 영오야!
아들亡魂찾아 江물에 진 母情

창백한 얼굴에 어머니건강을 마지막 당부하며

애끓는 血叫

執刑現場光景

남의 연애편지는 절대 뜯어보지 말아야 한다. 졸병들의 인권을 우습게 여기는 군대문화가 총기사고와 한 가족의 비극을 낳았다.

픔에 지쳐 있던 가족들이 이 씨가 없음을 발견한 것은 11시 30분쯤— 갈 만한 이웃집을 찾고 경찰에도 연락하는 한편 마포강으로 한패가 달려갔으나 마포동 419 전차 종점 근처의 높이 20'미터'쯤 되는 벼랑 밑에서 "영오야! 영오야!" 하고 부르는 소리를 큰딸과 같이 찾아 나온 이웃 사람들이 들었다는 것이다.

강가의 벼랑창바위 옆에는 지팡이가 꽂혀 있고 뒤가 떨어진 털신이 나란히 놓인 틈에 "영오를 죽인 선생님들 나를 죽이는 것이 나을 뻔했습니다. 영오가 죽은 지금 나도 같이 죽는다"는 내용의 짤막한 유서가 꽂혀 있었다고 옆방 아주머니는 울며 말해주었다. 물에 빠져서도 "영오야! 영오야!" 부르는 소리가 물속에서 들려왔으나 어두워서 보이지 않아 찾지 못했다고 딸 영애 씨는 안타까와했다.

시체 인양 작업은 19일 새벽 5시쯤부터 배 7척에 2천 원을 주고 시작했으나 시체는 찾을 수 없었고 하오에는 바람과 물결이 세어 작업을 중단했다.

최 일병의 어머니가 남기고 간 유서

선생님들이 영오를 죽인다니 영오 대신 모친이 죽을 터이니 영오를 살려주시오. 모친은 영오가 죽는 것을 볼 용기가 없으니 영오를 살려주시오. 말이 잘 안 되지만 간단한 펜을 드리울 뿐입니다. 그만 펜을 놓겠습니다.

창백한 얼굴에 엷은 웃음 – 어머니 건강을 마지막 당부하며
집형(執刑) 현장 광경

(중략) 군목의 기도가 약 3분간 계속되는 동안 최 일병은 경건히

고개 숙이고 있었다.

"마지막 남기고 싶은 말은?" 법무관의 물음에 최 일병은 "홀로 계시는 어머님의 건강과 남은 가족들의 건강을 빕니다. 그리고 동료들에게도 안부를 전해주십시오, 마지막 부탁입니다."

죄수 번호(5709호)를 떼고 죽고 싶다는 소원이 받아들여져 네 발의 총성과 함께 소리 없이 눈을 감은 것은 2시 40분. 관 속에 시체를 치울 때는 그때까지 질금거리던 가랑비도 멎고 있었다.

시체는 서울교도소에서 영구차에 실려 이날 하오 1시 반쯤 살아 돌아오기를 애끓게 기다리던 그의 어머니가 이제는 없는 단간방 윗목에 안치됐다.

《한국일보》 1963년 3월 19일자)

총기 사건이 벌어진 1962년 7월 8일부터 1년여 동안 세상을 떠들썩하게 한 '최영오 일병 사건'이다. 기사에 나오는 대로, 그는 '학보병'이었다. 학보병이란 대학 재학중에 입대한 병사를 1년 6개월 만에 제대시키는 제도였다. 최영오 일병은 제대를 얼마 남겨놓고 있지 않았다. "사랑하는 영(永)! 꿈같은 시간이었어요. 무사히 군대에 들어가셨는지요……", "영, 이별은 정말 슬펐어요……" 이런 애인의 편지를 뜯어 보고 흔들며 희롱한 두 상관의 행동은 어린 사병의 수치심과 증오를 폭발시킨 린치였다. 최영오 일병이 그들을 향해 소총 방아쇠를 당긴 것도 결과적으로는 린치였다. 끝내 총살형으로 생을 마감한 것도 군 당국과 국가의 린치였다. 어머니는 한강물에 뛰어들며 스스로를 향한 린치를 감행했다. 꼬리에 꼬리를 물고 이어진 린치의 비극.

이 사건이 터진 뒤 육군 참모총장은 특별 담화를 통해 "사신(私信)

검열은 육군 규정을 어긴 것이며, 사적(私的) 제재를 금지하고 서신의 기밀을 유지함으로써 인권을 옹호하는 데 만전을 기할 것"을 강조했다고 한다. 군대 내 하급 병사에 대한 반인권적 린치가 총기 사고의 배경임을 인정한 셈이다. 최영오 일병은 총살형을 당하기 전 옥중 수기에 이렇게 썼다.

> 물론 연서가 살인에 피상적인 동기가 된 것은 부인 못한다. 그러나 나로서는 연서 자체 때문에 살인자가 되었다고 생각하지 않는다. 다만 인간 이하의 불의에 항거하였으며, 또 그것을 말살하려고 한 것이다…… 나는 저 인간됨을 죽인 것이 아니라, 인간 이하의 노리개를 갖고 그것을 향락하려는 씹고 싶도록 잔인한 근성을 삭제하고 싶었던 것이다.

이 사건은 2년 뒤 개봉한 유현목 감독의 영화 〈푸른 별 아래 잠들게 하라〉의 모티프가 되었다. 당대 최고의 배우 신성일, 엄앵란, 독고성 등이 출연했다. 2005년 6월 '연천 김 일병 사건', 2011년 7월 '강화도 해병대 김 상병 사건' 등 군대에서 총기 난사 참사가 벌어질 때마다 '최 일병'은 '역사적 유사 사건'의 주인공으로 끝없이 회자된다. 그 교훈은 언제나 '군대 내 일상적 린치 척결'이다.

3. 황당한 린치 – 초과 실패한 화폐 습격

미국은 황당했다. 한국은행 총재도 황당했다. 경제기획원 장관도 황당했다. 대한민국 주민등록증을 지닌 사람 모두가 황당했다. 1962년

돈을 바꿔버린 6월 10일의 기습. 화창한 날씨에 소풍계획을 잡아놓은 사람들도 모두 취소하고 '환'을 '원'으로 바꾸기 위해 은행으로 몰려들었다.

6월 10일 0시를 기해 '긴급통화조치법'이 발효됐다. 린치와 다름없는 기습적 경제 정책 발표였다.

> 최고회의는 9일 밤 7시 반에 긴급 야간 본회의를 열고 10일부터 액면 오십 환 이하의 소액은행권과 주화를 제외한 구환화(舊圜貨)의 유통과 거래를 금지하고 이를 십분의 일의 환가비율로 새 '원'으로 바꾸는 화폐개혁을 내용으로 하는 전문 29조 부칙의 긴급통화조치법안을 만장일치로 의결하였으며 정부는 즉시 공포하였다. 이 법에 의하면 액면 오십 환 이하의 소액은행권과 주화는 7월 10일까지 신은행권과 병용하며 이 소액권도 6월 10일부터 7월 10일 사이에 10대 1의 비율로 새 은행권과 교환하여야 한다. (중략) 1인당 5백 '원'을 한도로 신권과 교환해주도록 되어 있다. (하략)
>
> 《조선일보》 1962년 6월 10일자

기사 앞머리에 "9일 밤 7시 반"이라는 시간대가 나온다. 최고회의가 긴급 야간 본회의를 연 시각이다. 긴급통화조치법이 발효되기 4시간 반 전이었다. 이 시각에 비로소 민병도 한국은행 총재와 김유택 경제기획원 장관은 화폐개혁 사실을 일방적으로 통고받는다. 아닌 밤중에 홍두깨였다. 통화개혁의 수장들도 모르게 통화 정책을 밀어붙였다. 미국도 48시간 전에야 알았다. 미국이 반대할까 봐, 새 화폐를 영국에서 몰래 찍어 왔다. 1962년 8월 박정희의 지시로 5·16군사정변보다 더 극비리에 진행된 이 작전은 육사 8기 출신 유원식 최고회의 재정경제위원장을 비롯한 극소수만이 알고 있었다고 한다. 그해 1월 발표한 제1차 경제

개발 5개년 계획의 자금을 조달하기 위해 장롱 속 음성 자금을 끌어내려는 것이었다. 또한 최고회의는 후속 조치로 금융기관의 신규 예금은 물론 기존 예금도 동결시켜 뭉칫돈을 묶어놓았다.

성급하면 탈이 난다. 인쇄부터 탈이 났다. "새 돈에 오자"라는 기사가 보인다. 지폐 속 독립문 그림의 '독립문'이라는 글자가 '득립문'으로 찍혔다. '한국조폐공사제조'에서 '조폐'는 '조페'로 나왔다. 예금이 동결된 서민들은 당장의 생활비를 위해 '환'을 '원'으로 바꾸려고 은행 앞에 긴 줄을 서야 했다. 날벼락에 이은 북새통 생난리였다. 여론은 냉소적이었다. 스크랩 속 한 신문 칼럼은 이렇게 말한다.

땀 흘리는 은행

화폐개혁이라고 해서 야단들이다. 난리 난리 하지만 정년(정녕) 이런 것이 난리다. 구화폐는 퇴기같이 천대를 받고, 신화폐는 '스타'처럼 좋은 대우를 받는다. 새로운 것이 좋다는 하나의 증좌다. 시장에서의 암거래가 쇠고기 4천 환, 사이다 5백 환이었다고. 사람들은 좋은 계절에 소풍이나 각종 계획을 집어치우고 1인당 5천 환(신화 5백 원)을 바꾸려고 땀을 흘리고 새치기와 싸우면서 은행 앞에 늘어선 장사진이었다. 전문가의 의견에 의하면 통화개혁은 있어야 했다는 정평이다. 의당 와야 할 것이 온 것이지 별다른 것은 아니며 놀랄 일은 아니라고 한다. 그러나 일반 국민들은 별다른 것으로 생각하고 놀란 것이 분명하다.

앞으로 통화개혁을 잘만 관리하면 우리나라 백성들은 잘살게 될 것이라고 한다. 정말 그랬으면 좋겠다. 이제 더 앞으론 일반 백성들을 놀라게 하는 통화개혁이라는 일이 없이 어느 선진 국가처럼 화폐가 오래도록 쓰여지도록 믿음성이 있었으면 한다. 돈이 돈값을 못하고 자꾸 바뀌어지고 사람이 사람값을 못하고 자꾸 인간 개조만 하여서야 어디 짧은 50 평생에 제대로 숨이나 쉬어보겠는가. 모름지기 앞으로 이 나라 사직을 맡는 위정자들은 명심코 또 다시는 어느 일요일 뜻하지 않은 백성이 은행 앞에 땀 흘리며 줄지어 서야 하는 일이 없도록 유의하여야 하겠다.

아버지는 떠나는 '환'을 한 장 스크랩에 붙여놓았다. 이승만 전 대통령의 얼굴이 조그맣게 나온 '100환'짜리다. 이 돈을 '10원'으로 바꾸지 않고 남겨놓으셨다. 스크랩북을 두 장 더 넘기면 "통화개혁 실패" 운운하는 칼럼과 만평들이 붙어 있다. 실제로 통화개혁은 철저히 실패했다. 기대했던 현찰이 모이지 않았다. 서민들의 장롱 속은 썰렁했다. 미국의 반발로, 예금 동결 조치도 4일 만에 백지화됐다. 실속 없이 대중에게 몸고생 마음고생 시킨 셈이다. 그럼에도 군사정부는 변명하고 싶었으리라. 이렇게.

김 내각 수반(김현철—필자주)이 UPI 기자에게 "통화개혁은 완전 실패는 아니다. 통화개혁을 통해서 정부는 통화의 분포 상황을

알게 되었고 또한 국민은 돈이 얼마나 귀중한 것인가를 알게 되었다"고 말했다는 보도가 담화자들의 진의를 그대로 표현한 것이라고는 보고 싶지 않아진다. (하략)

《《조선일보》, '만물상' 칼럼》

1962년 7월쯤으로 추정되는 칼럼이다. 아버지는 다음과 같은 한마디를 칼럼 위에 적었다.

통화개혁은 완전 실패는 아니다. 사실은 초과 실패이다 – 예언.

분명한 실패라고 못 박고 싶으셨나? 실제로 5개월 뒤인 1962년 12월 17일 박정희는 공식 기자회견을 갖고 "화폐개혁은 확실히 실패했다"고 인정했다. "내자 동원을 위해 화폐개혁을 하긴 했는데 뚜껑을 열어보니 뜻대로 되지 않았다"고 솔직히 말했다. 개인의 금융 자원을 국가가 통제할 수 있다고 자신한 군사정부의 '화폐 린치'는 헛방으로 끝났다.

4. 통쾌한 린치 – 장군의 아들과 똥물

그날 그는 좋아하는 술도 마다했다. 밤 9시 '땡' 하자마자 집으로 돌아왔다. 비서관에게 "지금 빨리 밖에 나가 한 말짜리 사각 깡통, 신문지, 노끈, 그리고 약국에서 횟가루를 구해 오세요"라고 지시했다. 물건을 받은 뒤엔 대문 옆 재래식 화장실로 가 문세의 '폭탄'을 제조했다. 한 말들이 통에 약 반 말쯤 똥을 채우고 냄새를 풍기지 않기 위해 횟가루로 주위를 막은 뒤 신문을 덮고 노끈으로 통을 묶는 일까지 꼼꼼히 지시를 내렸다. 비서관에 건넸다는 마지막 한마디. "내일 중대한 역사를 쓰게 되니 나만 믿고 따르십시오."《김두한 자서전》(2003)이 전하는 '똥물 린치' 하루 전날 밤의 일이다.

김두한 의원, 국무위원에 오물 세례

재벌 밀수 사건에 대한 질문을 벌인 22일 낮 국회 본회의장에서 김두한(한독당) 의원은 미리 준비해 온 오물을 국무위원석에 퍼부어 의사당 안은 혼란에 빠졌고 이 때문에 본회의는 산회됐다.

이날 낮 12시 45분쯤 김 의원은 마분지 포장지로 싼 오물 한 양철통을 들고 질문사로 등단, 1시 5분쯤 "부정과 불의를 합리화시켜준 장관들을 심판하겠다"고 말하고 단상 앞에 나와 포장지를 끌러 장관들이 자리 잡고 있는 자리에 오물을 부었다.

김 의원은 단 앞에서 "이것은 밀수 사카린인데 국무위원들에게 맛을 보여주어야겠다"고 말하면서 포장지 위에 있던 흰 가루를 국무위원들에게 뿌리고 잇따라 오물을 뿌려 국무위원석에 앉았던 김 재무장관(김정렴—필자주)은 온 얼굴과 옷에, 정 총리(정일권)·장 기획(장기영)·민 법무(민복기)·박 상공(박충훈) 등 장관들은 옷을 몽땅 버렸다.

이날 김 의원이 오물을 들고 의사당에 들어갈 때 경위과에서 체크했으나 김 의원은 증거로 갖고 온 사카린이라고 속였다고 한다. 이 같은 사태가 벌어지자 여야 원내총무들은 의장실에서 회합, 대책을 논의했는데 일부에서는 국회법에 따라 김 의원을, 제적을 불사하는 징계처분을 하자는 주장도 내세웠다.

《〈한국일보〉 1966년 9월 23일자》

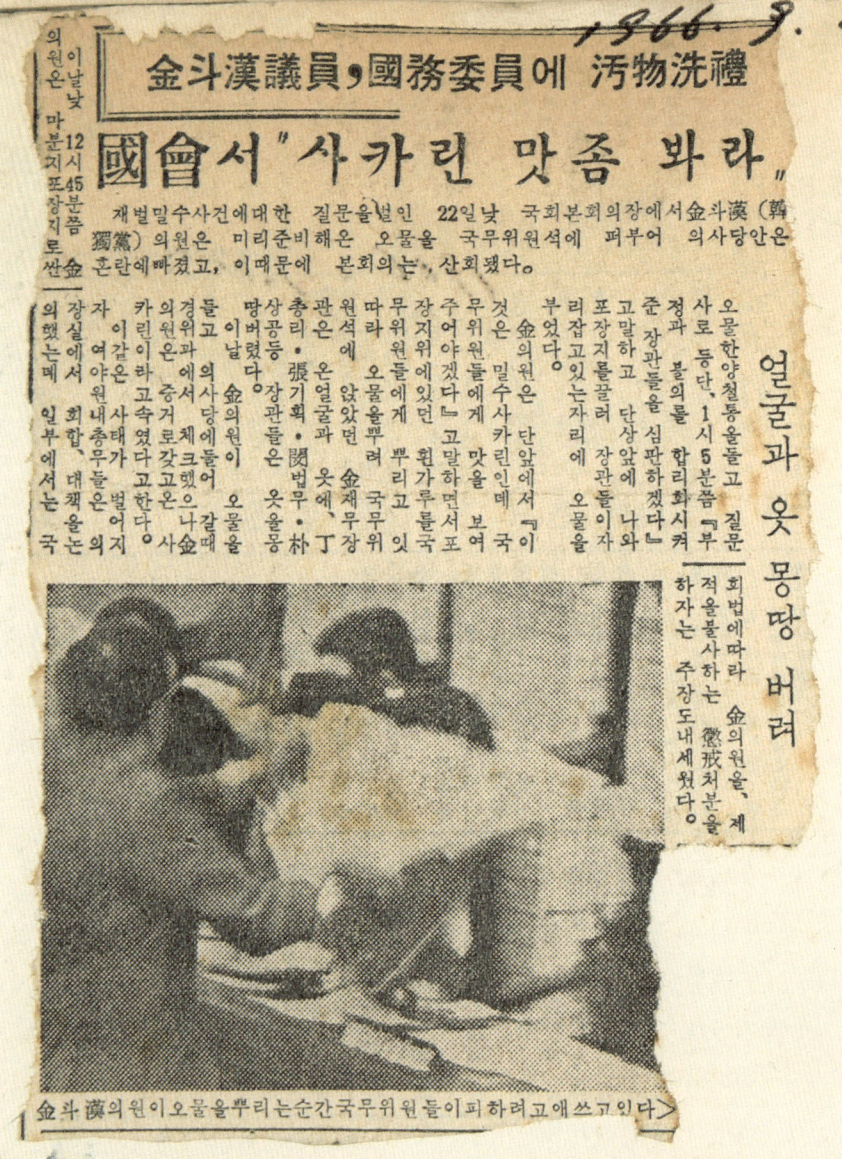

구리다. 누가 누가 더 구린가. 이병철의 밀수가 더 구린가, 이를 묵인한 박정희가 더 구린가, 이들을 못 본 체하던 각료들이 더 구린가. 아무튼 똥물은 구리다.

이 사건 직후 한독당(한국독립당) 김두한 의원은 의원직에서 제명당했다. 곧이어 남대문경찰서로 연행됐고 국회모독죄·공무집행방해죄로 구속되었다. 나중엔 서대문감옥에 수감됐다. 일제강점기 땐 종로통 깡패로, 미군정 시절엔 살상을 서슴지 않는 과격한 반공투사로 이름을 날리던 독립운동가 김좌진 장군 아들의 정치 생명은 이렇게 영원히 끝났다.

'똥물 린치' 사건의 최대 피해자는 '삼성' 회장 이병철이었다. '똥물 린치' 일주일 전에 〈경향신문〉(9월 16일자)은 "한국비료의 사카린 밀수"를 특종 보도했다. 같은 해 5월 삼성이 경남 울산에 공장을 짓던 '한국비료'에서 사카린 2,259포대를 일본에서 건설 자재로 꾸며 들어와 판매하려던 걸 부산 세관이 적발한 일이었다. 삼성 계열의 〈중앙일보〉와 TBC(동양텔레비전)가 "직원 개인의 비행에 불과하다"며 삼성 비호에 안간힘을 쓰던 참이었다. 공화당 이만섭 의원과 민중당 김대중 의원도 국회에서 "이병철의 즉각 구속"을 주장하긴 했지만, 국무위원들에게 날아간 김두한 의원의 똥물이야말로 결정타였다. 이병철은 사건 당일인 9월 22일 서둘러 기자회견을 했다. 한국비료의 국가 헌납과 경제계 은퇴를 발표했다.

배우이자 국회의원인 김을동(새누리당)의 아버지이자 배우 송일국의 외할아버지인 김두한의 '똥물 린치'를 '쾌거'라고 평하기엔 낯 뜨겁다. 본때 보여주기가 필요하다지만, 조폭들에게나 어울릴 법한 막가파식 행동이었다. 영화 〈장군의 아들〉이나 드라마 〈야인시대〉에선 그를 '반일 깡패'로 미화해 표현했지만, 전체 행적을 꼼꼼히 뜯어볼 때 고개를 갸웃거리지 않을 수 없다. 이런 찝찝함에도 '불쾌감'과 '통쾌감'이라는 두 가지 감정을 저울에 동시에 달아보면 '통쾌감' 쪽으로 조금 더 기우는 게 사실이다. '꼴통 린치'였으되 보는 이들의 가슴속 체증이 내려앉는 '거

사'의 측면도 있으니 말이다. 그냥 '통쾌한 린치'였다고 봐주자.

여기 깨끗한 선물이 있다
미친 놈은 미친 개의 진액을 빨고 산다

도박꾼들의 행패는 언제나 쌍스럽다
명예도, 황금도, 권력도
똥물에 튀긴 밀수품이다
빈곤한 민족의 얼굴들
창백한 역사의 손 발
황금의 얼굴을 한 이병철 씨의
양심도 죽일 놈이지만
그의 심장도 망할 놈이다
백성을 근심케 하는 자는
이 나라의 역사를
근심케 하는 자이다

　기사 밑에 적혀 있는 시에서 아버지는 "깨끗한 선물"이라는 반어적 표현을 썼다. 한데 "황금의 얼굴을 한 이병철 씨의 양심도 죽일 놈이지만 그의 심장도 망할 놈이다"라고? 아아, 이것은 '양비(兩非) 린치'다. "그의 심장"의 '그'란 김두한을 말하는 모양이다. 아버지, 모호한 중립은 '똥물'처럼 구릴 수 있답니다.
　미군 린치, 연애편지 린치, 화폐 린치, 똥물 린치…… 각본 없는 린치 드라마는 오늘도 계속된다.

제2부

암흑기, 또는 전성기

두꺼비와 고바우의
개판 5분 전 이야기

1967년 부정선거

개가 미쳤다.

웃음을 참지 못하고 뒹군다. 뒤엔 '개표장'이 있다. 가축병원에 데려갔다. 수의사가 개와 무슨 이야긴지를 주고받는다. 궁금한 주인공이 묻는다. "아니 뭐라고 합니까?" 수의사가 답한다. "그걸 선거라고 치렀냐고 웃습니다." 주인공의 머리가 띵~.

이번엔 개판이다.

누군가 작은 방문 앞에서 확성기를 들고 소리친다. "단돈 10원이면 선거 결과를 알 수가 있습니다." 궁금한 주인공이 10원을 내고 들어간다. 방 안엔 딱 두 글자만 붙어 있다. "개판."

아버지의 스크랩북 제6권(1967년 1월~1968년 12월)을 펴자마자 눈에 들어온 건 만화였다. 아버지는 신문 기사를 스크랩할 때마다 뉴스와 관련된 4컷 만화를 붙여놓았다. 1권 때부터 했던 일이니, 새삼스럽지는 않다. 그런데 6권엔 유독 새록새록 추억을 일깨우는 작품이 많다.

초등학생이 되기 전부터 나는 아버지의 스크랩북을 꺼내 들고 만화를 보며 키득키득 웃었다. 중학생 때도 고등학생 때도, 대학교와 직장에 다닐 때도 그랬다. 신문 기사는 제목만 훑었다. 아버지가 쓴 시나 메모는 읽는 둥 마는 둥 했다. 거의 만화 중심으로만 섭렵했다. 어린 시절엔 그 안에 담긴 정치사회적 맥락 따위는 알 바 없었다. 그림만으로도 충분히 재밌고 웃겼다.

그 만화는 당대 신문 만화계에서 쌍벽을 이뤘던 김성환 화백의 '고바우 영감'(당시 〈동아일보〉)과 안의섭 화백의 '두꺼비'였다. 아버지의 스크랩에 가장 많이 등장한다. 직설적인 톤으로 사회의 부조리를 뒤틀고 조롱하며 40여 년간을 장수했던 캐릭터다. 적어도 70년대까지는, 다른 신문의 만화들과는 잽이 되지 않았다. 그 만화들을 다시 본다. 이젠 그림

두꺼비와 고바우의 개판 5분 전 이야기 - 1967년 부정 선거 111

보고 또 봐도 그냥 웃겼다. 정치적 배경은 물론 한글을 모르던 유년 시절에도 재밌었다. 직설과 풍자를 이해하면 두 배로 흥미로웠다. 두꺼비와 고바우 영감은 1960~70년대 한국 언론이 살아있음을 증명해준 최고의 저널리스트들이었다.

의 메시지와 정치적 배경을 속속들이 음미하며 본다. 개는 왜 실성했을까, 왜 '개판'이라는 속어까지 사용했을까. 무슨 일이 벌어졌길래.

때는 1967년 봄과 여름이었다. 화상이라도 입힐 듯한 뜨거운 열기가 한국 사회를 휘감고 있었다. '선거'였다. 하나도 아니었다. 두 개였다. 총선과 대선이 모두 치러진 2012년과 같다고 보면 된다. 2012년은 총선 4월, 대선 12월로 8개월이 벌어졌다. 1967년엔 순서가 바뀌어 대선이 먼저였는데 불과 한 달 간격이었다. 5월 3일엔 제6대 대통령 선거가, 6월 8일엔 국회의원을 뽑는 제7대 총선이 있었다(대통령 취임식은 총선이 끝난 7월 1일이었다). 스크랩 속의 만화도 선거와 관련한 세태를 꼬집는 것들이 가장 흥미롭다. 만화들부터 감상해보자.

맨 앞의 세 만화는 공천과 관련한 풍경이다. 나는 총선 시즌 각 정당의 지역구 후보자 공천 심사가 벌어질 때마다 이 만화들이 저절로 떠오르면서 입가에 미소가 번진다. 만화 속 대사를 그대로 따서 표어로 지어도 재밌겠다. "공천자는 만세만세! 낙천자는 저리비켜!" 세 만화는 모두 공천과 낙천이 천당과 지옥 차이임을 세상에서 가장 쉬운 방법으로 설명해준다.

두번째는 대통령 선거 공약의 포퓰리즘과 여당에 편파적인 유세 환경을 전하는 만화들이다. 두번째로 골인했다 철창으로 들어가는 주자와

---

1 _당시 〈조선일보〉 김성환 화백의 '고바우 영감'은 1955년 2월 〈동아일보〉로 시작해 〈조선일보〉(1980.9.11~1992.)를 거쳐 〈문화일보〉(1992.10.1~2000.9.29)에서 14,139회를 끝으로 막을 내렸다. 단일 시사만화 작가 연재 작품으로는 세계기록이다. 안의섭 화백의 '두꺼비'는 1955년 7월 〈경향신문〉으로 시작해 〈조선일보〉(1962.6.1~1963.2.26, 1966.9.6~1973.3.1), 〈동아일보〉(1963.4.22~1964.8.9), 〈한국일보〉(1973.7.6~1989.2.16), 〈세계일보〉(1989.2.16~1991.12.6)를 두루 거쳐 〈문화일보〉(1991.12.6~1994.8.3)에서 마지막 시절을 보냈다. 안 화백은 1994년 〈문화일보〉 재직 도중 돌연사했다.

격투기 경기에서 패한 뒤 무자비한 폭행을 당하는 이는 모두 장준하를 암시하는 듯하다. 장준하는 신민당 대선 후보였던 윤보선 선거 캠프에 뛰어들어 유세 현장 최일선에서 공화당 후보 박정희를 맹공격했다. 그는 5월 3일 대선 투표 결과가 박정희의 승리(박정희 51.5퍼센트, 윤보선 40.9퍼센트)로 확정된 지 5일 만에 허위 사실 유포 혐의로 전격 구속됐다. 그래도 이 만화들은 점잖은 편이다.

맨 앞에서 예로 든 '개'들은 모두 세번째로 묶인 부정선거 풍자만화에 등장한다. 그만큼 6월 총선에는 상상을 초월하는 치사하고 황당한 방법들이 동원됐다. 나는 이를 '한국의 68운동'이라고 이름 붙여본다. 유럽과 미국의 청년들이 '구악(舊惡)'에 저항한 1968년 봄의 '68운동'과는 관계없다. 재선에 성공한 박정희가 1967년 '6월 8일'에 이기기 위해 '구악'을 총출동시킨 '6·8 부정선거 운동'일 뿐이다. 개가 웃다가 뒤집어질 정도의.

여 부정선거 지령 입수 신민 주장

신민당은 31일 "공화당 인천을구당에서 공화당 관리장과 동장들에게 내린 부정선거 지령문을 입수했다"고 주장, "관권 개입에 의한 공포 분위기 조성과 함께 부정선거의 양상은 절정에 이르렀다"고 비난했다.

김수한 부대변인은 성명을 내어 "지난 14일 공화당 인천을구당에서 내린 부정선거 지령문은 '박 대통령 일하도록 밀어주자 공화당'이란 표제 하에 선전 지침, 반상(反想)한 야당 작전, 기간요원 활동 지시, 각 관리장에 대한 지시, 동장에 대한 부탁 등의 부문으로 나뉘어 있다"고 설명하면서 그 주요한 내용을 다음과 같

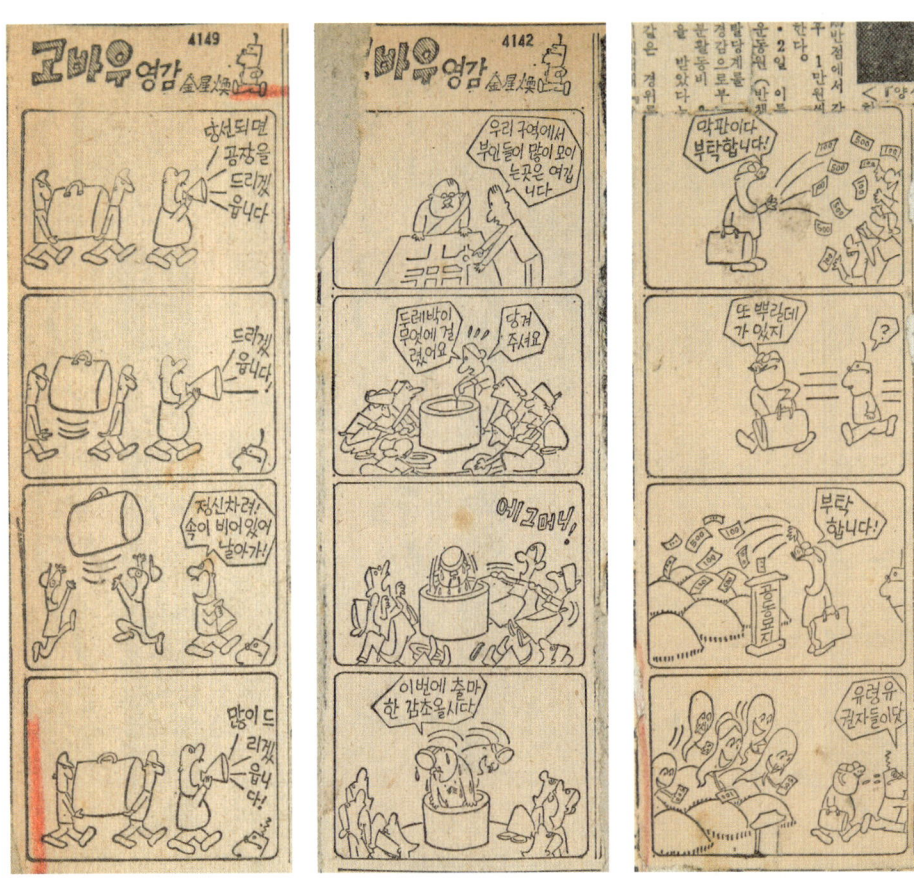

총선 후보자가 우물의 두레박으로 올라온다. 그렇지, 우물에서 두레박으로 물을 퍼올리던 시절이 있었지. 앗, 공동묘지에서 유령들이 떼를 지어 나온다. 예닐곱 살 땐 이 만화를 본 뒤 괜스레 무서움이 일어 잠 못 이루기도 했다.

이 밝혔다.

◇ 공화당 관리장에게

▲ 각 동 할당 득표수는 수단 방법을 가리지 말고 책임 완수하라

▲ 할당 득표수를 완수하기 위해 각 동별로 ○○님과 협의해서 철저한 계획을 수립, 활동하기 바란다

◇ 동장님에 대한 부탁

▲ 동장님은 분명히 엄정 중립을 지켜야 도리이겠으나 국가적 견지로 보아 보다 나은 조국을 발전시키는 데 정치적 안정 세력을 구축하기 위해 음성적인 협조를 앙청하나이다

▲ 동장님은 각 반장님을 조심스러이 포섭해주기 바랍니다

▲ 반장 중에 야경(野傾) 된 반장님이 계시면 경계하면서 빨리 바꾸시는 방향으로 협조를 바랍니다

▲ 인물 검토 후 믿을 만한 반장님은 작전 지령을 내리도록 협조를 바랍니다

▲ 대통령 선거 때 기권자를 파악토록 지시하고 인물 검토 후 포섭하는 방향으로 협조를 바랍니다

▲ 투표 계몽을 빙자, 우리 당의 후보자 지지를 반장님으로 하여금 하도록 해주시기 바랍니다

▲ 각 동 숙원 사업 사항을 여권 국회의원이 당선되면 틀림없이 이룬다고 대담하게 공약해주기 바랍니다

총선을 일주일 앞둔 6월 1일자 기사다. 여당인 공화당이 각 동장들에게 내린 행동 지침 문안을 신민당이 입수했단다. "음성적인 협조"라는 표현이 뻔뻔하다. "포섭", "작전 지령"이라는 말은 간첩들이 쓰는 용어 같다. "투표 계몽을 빙자", "대담하게 공약"은 수치심을 잊은 말이다.

스크랩에 있는 다음 제목들을 보면 부정선거의 양상이 눈에 선하게 그려진다.

> 박수 부대도 동원, 노무자에 일당 3백 원씩 주고 – 공화 창녕
> 두 사람에 백 원씩 – 공화당 울주군 유세 끝내고 돈 뿌려
> 공개투표 폭로한 사병 행방이 묘연
> "오후에 대리투표 하라" – 면산업계장 부정선거 9개 항 지령 폭로
> 사상 최악의 부정선거, 야당 6·8 총선을 규탄
> 유효표 불태운 증거물도 발견 – 변소서 버린 인주통도
> 고대, 서울 법대·문리대, 연대 등 부정선거 규탄 데모 – 최루탄 발사
> 고창서 만여 명 대리투표 – 옷 바꿔가며 대리투표를 자행
> "대리투표자는 왼손에 수건, 명부 대조할 때 통과시켜라"

누구는 50원이고, 누구는 3백 원이다. 그냥 유세장에 모이기만 하면 두 사람에 1백 원이고, 박수를 치면 3백 원이란 말인가. 알바 일당을 주기도 했지만, 막걸리로 환심을 사기도 했다. 유세장에서 막걸리에 취해 드러누운 아낙네의 사진 밑에 "막걸리에 실성한 주권"이라는 제목이 붙어 있다.

사정이 이렇다 보니 '고바우 영감'엔 시위대를 향해 살포하는 '막걸리 대포'가 등장한다. 오, 근사한 아이디어다. 시청 앞 서울광장에서 전투경찰이 시위대를 향해 최루액 물 대포가 아닌 '호프 대포'를 뿌려도 되겠다.

아버지는 '개탄하는' 시를 적었다. 제목이 〈국灰의 園〉이다. '灰(회)'

자를 넣어 조어를 한 것을 보면 출마자들의 기회주의적 처신을 비판하려고 했던 모양이다.

　돈은 무말랭이처럼 흐느적거리고, 정초도 아닌데 놈들은 세배를 하고, 취객들은 아무 젓가락에나 몸을 의탁한 반찬이 되고, 끝내 잔액은 없다고 하신다. 마지막 문장에 한 표를 던지련다. 잔액은 없다! 남김없이 다 빨아 갔다!

　한국 현대사에 관한 책을 여러 권 읽었지만, 1967년 총선에 대해선 관심도 없었고 잘 몰랐다. 그해를 꿰뚫는 키워드는 역시 '부정선거'였다. 유령 유권자 조작, 부정 투표, 부정 개표, 매수, 협박에 야당 토벌 작전까지…… '부정선거 좀 심하게 했구나' 하고 넘어갈 수준이 아니었다. 박정희는 마치 1961년 5월 16일 새벽에 넘었던 한강 다리를 다시 넘는 심정으로 불법·편법 선거에 사생결단으로 달려든 모양새다. 1963년과 1967년 대선에 이어 한 번 더 합법적으로 대통령이 되기 위해선 3선개헌을 해야만 했다. 그러려면 반드시 6·8 총선에서 공화당이 3분의 2 이상의 의석을 차지해야 했던 것이다.

　여당은 '여망'을 이뤘다. 공화당은 헌법 개정에 필요한 117석을 훨씬 웃도는 의석을 얻었다. 전국구를 포함해 130석(지역구 103석, 전국구 27석)이었다. 이에 반해 신민당은 44석(지역구 27석, 전국구 17석)뿐이었다.

　분위기는 험악해졌다. 아버지의 스크랩에 있는 사진 한 장만으로도 알 수 있다. 신민당 홍천지구 부위원장 장원준(당시 36세) 씨가 6월 19일 '6·8 부정선거 무효화 궐기대회'에 참여했다가 할복자살을 기도하는 모습이다. 손에 쥔 칼이 배에 꽂혀 있다. 배에는 이미 여러 번 그은 칼자국이 보인다. 신문 사진이 아니라 잡지 화보에서 오려 붙인 듯 해상도가 좋다. 고통을 참지 못해 잔뜩 찌푸린 얼굴. 보는 이들에게 통증이 전이될

1967년 6·8부정선거에 항의하며 자신의 배를 칼로 긋는 신민당원. 너무 선명해 끔찍하다. 지금 같으면 반드시 배 부위를 블라인드 처리했을 사진이다.

것만 같다.

　야당은 재선거를 요구하며 등원을 거부했다. '선거에 의한 쿠데타'라며 규탄 데모를 조직했다. 6월 13일 서울의 대학생들이 거리로 나서자 박정희는 서울 21개 학교에 휴교령을 내렸다. 6월 16일엔 전국 31개 대학과 163개 고등학교로 확대했다. 아버지는 할복 사진 뒷면에 또 한 편의 시를 남겼다.

　　하얀 비닐봉지가 운다. 검은 모래알들이 줄을 지어 입장권을 사들고
　　부정을 연출하는 공회당에서 잔치를 베푼다
　　피리 부는 고무신짝들이 나비가 되어 춤을 추고 불태운 휴지쪽들은
　　목숨을 걸고 칼을 씹는다. 목이 멘 방망이들은 광대처럼 꺼들거리고
　　새끼고양이들이 방귀를 핥는다
　　거리마다 바람이 쐐기를 틀고 사람 같은 짐승들이 사냥을 한다.
　　어떤 사나이는 창자를 틀어 요리를 하고 그 손들마다 피를 그린다
　　영원한 인생의 그림자는 없다. 회화도 없고 차분한 XX도 없다
　　노란 방망이를 피리처럼 불며 까만 철조망을 얼굴에 바르고
　　불고기집에 앉아 냄새만 맡는다
　　우주의 곡예는 드디어 막을 열고 갓난 계집애가 앉아 재판을 한다
　　소리 없는 참새들은 제 털을 뽑아 고층건물을 짓고
　　장터에 앉은 소경들은 때를 긁는다
　　말세의 풍경들이 제비를 뽑고 권력자의 젖꼭지를 창녀들이
　　빨고 미친놈의 택시들은 대낮에 거리에서 입을 맞춘다
　　영원한 권력의 안식은 없다. 영원한 권력의 주검을 본다

'말세의 풍경'에 의분을 참지 못한 신민당원의 자해 할복은 보람이 없었다. 신민당 지도부는 어정쩡하게 타협했다. 대책 없는 '등원 거부'만 외치다 여당으로부터 "3선개헌을 하지 않겠다"는 보장을 받지 못했다. 뒤이어 중앙정보부는 음악가 윤이상, 화가 이응로 등 독일과 프랑스로 건너간 지식인 194명이 연루된 '동백림(동베를린) 간첩단 사건'을 조작해 발표했다. 스크랩엔 피고인들에게 사형을 선고하는 1967년 9월 14일자 신문이 담겨 있다.

8월 22일에 벌어진 청양 구봉 석탄 광산 매몰 사고도 '한국 68운동'과 떼어놓고 말할 수 없다. 지하 125미터 갱도에 꼼짝없이 갇혔으나 사고 며칠 뒤 전화선을 복구해 '살아 있다'는 연락을 보낸 김창선(당시 36세) 씨. "어떻게든 살려내라"는 대통령의 특명이 떨어졌다. 해병대 사령관이 달려가고 미군도 구조 작업을 거든다. 16일(386시간) 만인 9월 6일에 극적으로 구조되는 기적과도 같은 과정을 텔레비전과 라디오가 생중계했다. 대중들이 이 '드라마'에 넋을 놓고 있는 사이 부정선거의 잔해물은 싹 쓸려 갔다.

스크랩북 6권엔 그 어느 때보다 아버지의 정성스러움이 묻어 있다. 일단 표지가 예술적이다. 앞과 뒤의 표지 총 4면을 모두 신문 콜라주로 처리했다. 흑백의 사진과 만화와 활자가 어지럽게 몸을 섞은 채 지난 역사를 증언하는 듯하다. 표면은 콩기름을 발라놓아 코팅을 한 것처럼 번질번질하다. 모서리만 일부 하얗게 벗겨져 있다.

표지 다음 첫 장엔 세 쪽에 걸쳐 긴 글을 빼곡히 적어놓으셨다. 2백자 원고지로 치면 30매는 족히 되겠다. '공지(空紙)'라는 제목의 꿈 이야기다. 바람이 몹시 불고 눈이라도 내릴 듯한 추운 날씨에 들판을 걷다가

아버지의 수제스크랩은 삐뚤삐뚤함의 미학이었다. 가위나 칼로 반듯하게 오리거나 자르지 않았다. 항상 30센티미터 대나무 자를 대고 신문을 찢었다. 문방구 풀도 사용하지 않았다. 밥 알갱이로 풀죽을 쑤어 붙였다. 본문에 붙이고 남은 신문기사와 만화로 스크랩 표지를 일종의 콜라주처럼 모자이크했다. 세월과 함께 한 권의 역사적 예술품이 됐다.

초가집과, 외양간과, 노인과, 쇠똥과, 쇠파리와, 염소와, 여우와, 세 여자와, 독수리와, 뱀을 잇따라 만나면서 벌어지는 괴이하고 복잡한 이야기다. 쇠똥에서 향기로운 냄새를 맡다가 메스꺼움을 느끼고, 그러다가 다시 목이 타오르는 듯한 욕정에 괴로워한다. 마지막 장면에선 목구멍으로 떡 반죽 같은 쇠똥을 토하며 후련함을 맛본다. "돈 때문에 생활에 염려를 가졌던 내 신앙의 허상을 파헤친 꿈"이라는 나름의 해석까지 곁들여 놓았다. 만 서른두 살. 아버지는 생활의 궁핍과 인생의 여러 유혹 앞에서 번민했나 보다.

1967년! 나는 그해 2월에 태어났다. 이제야 내 출생의 비밀에 눈을 뜬 느낌이다.

각하 죄송합니다…
꼴 보기 싫어요

3선개헌과 유신

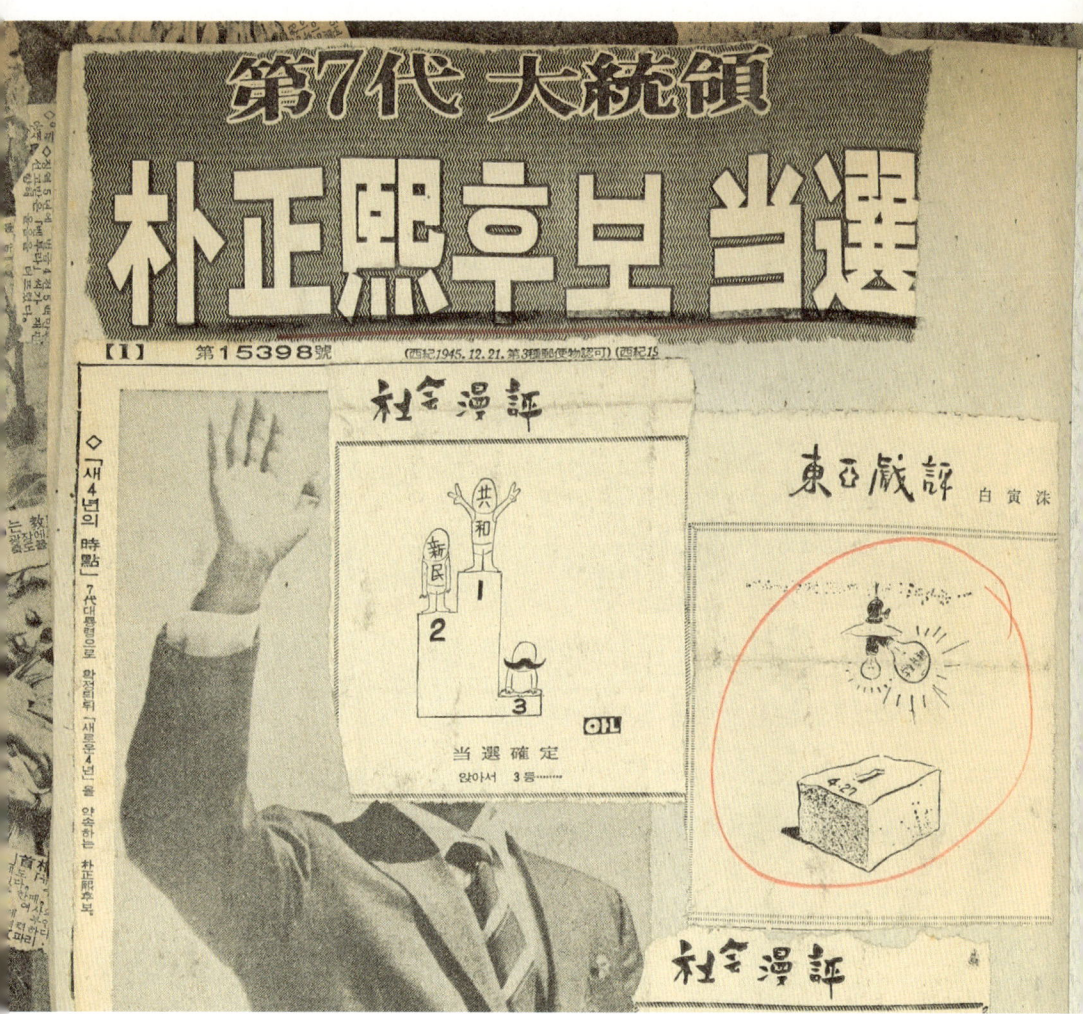

'오늘은 스크랩을 하기 싫다.

가위를 들고 한참을 고민했다. 신문을 보자마자 왈칵 짜증이 솟구쳤다. 그분의 얼굴을 보자 토할 것 같았다. 굳이 매일 하던 대로 신문 기사를 잘라 붙여야 하나. 하기 싫다. 무슨 방법이 없을까.'

스크랩을 보며, 40여 년 전 아버지의 마음을 읽는다. 정확히 말하면 1971년 4월 28일 아침이다. 4·27 대통령 선거 다음 날이었다. 당선인의 얼굴이 담긴 신문 기사에 감정의 변화를 느끼신 게 틀림없다. 그렇다고 기사 스크랩을 빼먹기는 싫으셨으리라. 궁리 끝에 묘안을 짜냈다. 아버지는 가위질을 시작했다. 풀 붙이기까지 완료한 뒤 시 한 편을 적었다.

대통령 각하

죄송합니다
당신은 누구입니까
나는 당신을 전연 모릅니다
나는 당신이 이번 선거에
대통령으로 출마하리라곤
전연 생각지 않았습니다
그런데 당신이 대통령이 되셨다구요
내 집에 온 손님을 내쫓을 수는 없지요
당신의 얼굴을 익힐 때까지
서로 이야기는 하지 맙시다

"제7대 대통령 박정희 후보 당선"이라는 제목 밑으로 누군가 오른손을 들고 있는데 얼굴은 안 보인다. 대신 〈조선일보〉 만평을 붙여놓았다. "죄송합니다. 꼴 보기 싫어요"라는 뜻인가. "푸하하" 웃음이 나오려다 멈칫 생각에 잠긴다. 아니, 아버지에게도 이런 짓궂은 구석이 있었나? 요즘으로 치면 '가카에게 빅 엿을 멕인' 셈이다. 1963년 스크랩에서 군정 연장에 대한 비판 글을 발견한 적이 있기에, 눈이 번쩍 뜨일 만한 일은 아니다. 그래도 이런 '도발적 스크랩'은 처음이었다. 노골적이진 않다. 점잖다. "당신의 얼굴을 익힐 때까지 서로 이야기는 하지 맙시다"라니.

아버지의 스크랩북 제7권(1969년 1월~1970년 12월)과 제8권(1971년 1월~1972년 12월)을 다시 편다. 여러 가지 사건 중 '박정희의 정치 행보'에 초점을 맞춰 뒤적인다. 아버지가 박정희의 얼굴을 덮어버리기 2년 전, 그는 3선개헌 공작에 성공했다. 1971년 4월엔 이를 토대로 세번째로 대통령 선거에 출마했고 김대중 후보를 눌렀다. 1년 뒤인 1972년엔 한 술 더 떴다. 유신헌법을 공포하고 아예 '종신대통령'이 됐다. 박정희의 성공 시대이자, 한국 정치의 암흑 시대였다. 스크랩북 7권과 8권을 통해 1969~1972년 네 해에 걸친 그 성공과 암흑의 실상을 들여다본다.

개헌 투표로 신임 묻겠다
박 대통령 특별 담화 발표

박정희 대통령은 개헌 문제를 통해 자신과 현 정부에 대한 신임을 물어 개헌안이 통과되면 국민의 신임으로 간주하고, 부결되면 불신임으로 간주하여 즉각 물러서겠다고 선언했다.

박 대통령은 25일 상오 10시 특별 방송을 통해 이같이 말하고 이에 따라 여당은 빠른 시일 안에 개헌안을 발의하도록 촉구했다.

박 대통령은 여야 정치인에의 7개 항 제의에서 개헌 찬반을 합법적인 방법으로 표현할 것도 당부했다. 박 대통령은 14분 동안에 걸친 이 이례적인 방송에서 "야당의 개헌 반대 운동이 도를 넘어 반정부 폭동의 양상을 띠고 있다"고 비난하면서 개헌 논의가 연말이나 연초에도 늦지 않을 것이라는 종전의 견해를 바꾸어야 했던 이유를 설명했다. 청와대 접견실에서의 이 담화 방송에는 정 총리(정일권)를 비롯한 전 내각, 윤 당의장 서리(윤치영)를 비롯한 공화당 당무위원, 김 중앙정보부장(김형욱), 이 실장(이후락 비서실장)을 비롯한 청와대 수석비서관들이 배석했다.

(1969년 7월 26일자 신문, 괄호 안 이름은 필자가 덧붙임)

1969년 7월 25일 기자회견 기사다. 3선개헌을 위한 국민투표를 실시하겠다는 내용이다. '부결되면 즉각 퇴진'이라는 말은 박정희를 꽤 민주적인 대통령으로 포장해준다. 국민의 뜻에 순순히 따르겠다는 말로 들린다. "개헌할 의사가 없다"거나 "개헌을 하더라도 아직은 시기가 아니다"라고 하다가 말을 뒤집은 사실에 관해서 정식으로 밝히거나 사과한 적이 없다.

실제로는 필요하지도 않은 안건을 '굳이' 던져놓고 '부결되면 즉각 퇴진'이라고 배수진을 친 뒤 부결되지 못하도록 갖가지 방법을 동원했다. 3선개헌은 결국 공화당 의원 총회(7월 29일)를 거쳐 국회 본회의(9월 14일)를 변칙 통과했다.

3선개헌에 대한 야당의 울분은 스크랩에 실린 단 한 장의 사진이 다 말해주는 것 같다. 변칙 통과 현장에 한 발 늦게 달려온 신민당 김상현 의원이 침통한 울음을 터뜨리면서 명패함을 들어 내던지는 모습이다.

1969년 9월14일 3선개헌안이 기습통과 된 현장에서 명패함을 던지며 울부짖는 신민당 김상현 의원. 1990년대 이후 그의 별명은 '마당발'이었고 트레이드마크는 소탈한 웃음이었다. 의분에 찬 과거 모습은 왠지 낯설다.

3선개헌안에 대한 국민투표는 1969년 10월 17일로 예정되어 있었다. 공화당의 반대 목소리를 잠재우고 신민당의 일부 의원들(성낙현, 연주흠, 조홍만)까지 포섭한 박정희는 유권자를 향한 다음 단계 작전에 들어간다. 대규모 선심 공세와 협박이라는 양동작전이었다. 대량 살포된 돈과 밀가루 한편으로 "부결됐을 경우 국민이 원치 않는 또 한 번 군의 정치 참여" 운운하는 괴담들이 유포된다.

10월 17일 국민투표 결과, 3선개헌안은 투표율 77.1퍼센트, 찬성률 65.1퍼센트로 통과됐다. 3년 뒤 유신헌법안 국민투표 투표율과 찬성률과 비교하면 양호한 편이었다. 3선개헌안은 박정희에게 융단을 깔아주었다.

다음 무대는 1971년 4월 27일 대선. 박정희 후보의 맞수는 1970년 9월 29일 신민당 대통령 후보 지명 대회에서 파란을 일으키며 김영삼 후보를 뒤엎은 김대중 후보였다. 대선을 하루 앞둔 1971년 4월 26일자 신문은 "어제 부산·광주, 오늘 서울·대구서 대결전"이라는 제목을 달고 구름같이 운집한 유세 현장 군중의 사진을 여야 대비로 보여주고 있다. 아버지는 〈맞수〉라는 시를 썼다.

맞수

역사의 대결이라면 우습다
권총도 없이 총알만
새알처럼 품고 있다

시대의 대결이라면 괴롭다

자각도 없이 군중만
모래알처럼 많이 모였구나

운명의 대결이라면 울고 싶다
총칼을 잡은 자가 누구냐
불발탄일망정 —
공포탄을 쏘았을망정 —
총을 들고 서 있으면
그래도 무섭다
그래도 두렵다
그래도 떨린다
우매한 군중은 —
눈먼 새요
눈먼 양이요
날개 없는 비둘기다

"총칼을 잡은 자가 누구냐"고 묻는다. 아버지는 양복 입은 박정희의 모습 뒤에 숨은 군복과 총칼의 이미지를 쓰다듬는다. "무섭다" "두렵다" "떨린다"고 말한다. 그래도 김대중 후보 유세 현장의 열광적 분위기가 그 두려움을 넘어설 희망을 품게 했지만, 결국 박정희가 승리했다.

박정희는 634만 2,828표로 53.2퍼센트, 김대중은 539만 5,900 표로 45.2퍼센트(125쪽 박정희의 얼굴을 덮은 만평에 등장하는 3위 후보는 콧수염을 기른 정의당 진복기로 12만 2,914표에 1.0퍼센트였다). 색깔론에 지역감정을 불붙이는 흑색선전, 개표 부정 등 부정선거가 판을 쳤다. 당시 국가 예산

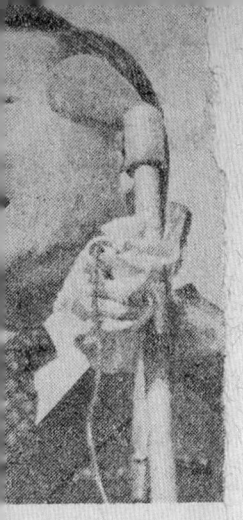

1971년 대선을 치른 뒤 박정희는 더 이상 유세장에 나와 표를 구걸하지 않아도 되었다. 16년간 더 이상의 대통령 직선제 선거는 없었다. 만 20살이 되자마자 1987년 대통령 선거에서 한 표를 행사한 나는 행운아였을까.

◇朴正熙共和黨候補가 20일 水原유세에서 『나는 국민에게 달콤한 얘기가 아니라 한번 더 허리띠를 졸라매고 전진할것을 호소한다』고 연설하고 있다.

1971年 4月 21日

◇20일 麗水·順天에서 잇달아 가진 遊說에서 金大中候補는 『新民黨은 이미 得票에서 「票지키기」로 戰略을 轉換시키고있다』고 주장했다.

選擇

이 5,242억 원이었는데, 박정희가 이 선거에서 국가 예산의 10퍼센트가 넘는 6백억~7백억 원을 썼다는 이야기도 있다. 5월 25일 총선을 앞두고 대학생들은 부정선거에 항의하며 총선 거부를 결의했다. 데모는 전국으로 번졌다.

결국 5월 25일 총선에서는 153개 지역구에서 공화당 86명, 신민당 65명, 국민당 1명, 민중당 1명이 당선했다. 전국구를 합치면 공화당 113석, 신민당 89석으로, 야당의 실질적 압승이었다. 공화당은 국회의원 3분의 2 의석 확보에 실패했다. 이 숫자로는 공화당만의 헌법 개정은 어려웠다. 그렇다면 이제 신민당이 기 좀 펼 것인가.

봄이 오는 듯했다. 학생들은 거리로 나섰다. 4·27 대선 무효 투쟁에 이은 교련 반대 투쟁이 있었고 교수들은 대학 자주 선언 등을 발표했다. 1971년 10월 4일엔 여기에 찬물을 끼얹는 사건이 발생했다. 수도경비사(사령관 윤필용) 헌병대 병력 30여 명이 고려대 학생들의 '부정부패 규탄' 철야 농성 현장에 난입해 학생들을 구타하고 5명을 불법 연행해 간 것이다. 10월 5일 가톨릭 원주교구 지학순 주교와 1천여 명의 교인들은 이를 규탄하는 횃불 데모에 돌입한다. 10월 12일과 14일엔 1만여 명의 학생들이 거리에서 '학원 자유 수호 투쟁'을 벌인다. "학원 난입을 규탄한다! 부정부패자를 공개하라! 중앙정보부를 철폐하라!"

충격·침통의 대학가

대통령 특별 명령, 위수령, 대학 휴업령 등 잇단 충격이 15일 낮 대학가를 덮었고 충격은 온 서울 거리로 번져갔다. 교수와 학생들은 울음을 터뜨렸고 거리의 표정도 경악 일색. 각 대학은 총·학장을 비롯한 교수들이 사태 수습책을 논의하다가 휴업령이 내렸다는 소식을 들었다.

경찰 3백10명 연행

김현옥 내무장관은 15일 하오 4시 14분 위수령 발동 이후 서울 시내에서 연행된 학생은 모두 3백10명이라고 발표했다.

(1971년 10월 6일자 신문)

서울 위수령 발동 대학가에 군 주둔

박 대통령은 이날 상오 9시 40분 김학열 부총리, 김현옥 내무, 신직수 법무, 유재흥 국방, 민관식 문교, 윤위영 문공 장관을 청와대로 불러 학원 질서를 파괴하는 모든 주모 학생을 학원에서 추방하는 등 9개 항의 강력한 지시를 내렸다. (중략)

박 대통령 특명 사항

1. 학원 질서를 파괴하는 모든 주모 학생을 학원에서 추방하라.
2. 앞으로 학생들의 여하한 불법적 '데모', 성토, 농성, 등교 거부 및 수강 방해 등 난동 행위는 일절 용납할 수 없다. 이러한 행동을 주도한 학생은 전원 학적에서 제적케 하라.
3. 제적된 자에 대하여는 즉일부터 학생 신분상의 모든 특권을 인정해주지 말라.
4. 학술 목적을 제외한 각 대학의 모든 '서클'은 곧 해산케 할 것이며 학술 '서클'이라 할지라도 주위교수가 그 지도와 결과에 대하여 책임을 지도록 하라.
5. 대학에서 정당히 인가한 이외의 여하한 신문 잡지 기타 간행물도 이를 발간할 수 없다. (6~9항은 생략)

(《한국일보》 1971년 10월 6일자)

박정희는 위수령¹을 내렸다. 서울 8개 대학에 무기휴업령도 내렸다. 서울대 등 주요 대학들엔 위수군이 진주하면서 1,889명의 학생들을 연행해 갔다. 이어 전국 23개 대학에서 177명의 학생이 제적당했고 그 중 대부분이 강제 징집됐다. 1971년 12월 6일엔 한 걸음 더 나아가 국가비상사태²를 선언했다. ①국가 안전 시책의 최우선 ②사회 불안의 불용납 ③언론의 자숙 ④국민의 안보 책무의 자진 수행 ⑤안보 위주 가치관의 확립 ⑥최악의 경우 자유 일부의 유보 결의 등 6개 항이 골자였다. 1972년 10월 유신의 예행연습이었다.

1972년은 한마디로 '엽기 반전의 해'였다. 세계 냉전 체제의 얼음이 녹던 시기에, 함께 발맞춰 얼음을 녹이며 하하호호 웃다가 갑자기 거대한 빙산을 들여와 나라를 꽁꽁 얼렸다면 적확한 비유일까.

1972년 2월 22일 미국의 닉슨 대통령은 베이징에서 마오쩌둥 주석을, 5월 22일엔 모스크바에서 브레즈네프 소련공산당 서기장을 만나 '핵 제한' 등의 공동성명에 합의한다. 1969년 "아시아 각국에 대해 정치·군사적 개입을 회피한다"는 닉슨독트린을 발표하고, 1971년 중국 탁구 대표 팀을 초청하는 '핑퐁 외교'를 시작한 그였다. 그해 10월에는 유엔에서 자유중국(대만)을 축출하고 중국을 가입시키기도 했다. 박정희도 닉슨처럼 1972년 7월 4일 김일성과 화해하는 척한다. 서울과 평양에서 동시에 발표한 '자주·평화통일 원칙에 합의'한다는 '7·4 공동성명'이다. 이에 따라 남북이 왕래하며 적십자 회담까지 한다. 하지만……

1_육군 부대가 한 지역에 계속 주둔하면서 그 지역의 경비, 군대의 질서 및 군기(軍紀) 감시와 시설물을 보호하도록 제정된 대통령령(大統領令).
2_천재지변이나 중요한 재정 경제상의 위기, 또는 전시와 사변 및 이에 준하는 사태가 벌어져 통상적인 방법으로는 공공의 안녕 질서를 유지할 수 없는 사태.

전국에 비상계엄 선포
헌법 일부 정지·국회 해산

박정희 대통령은 17일 하오 7시를 기해 전국에 비상계엄령을 선포하는 한편 대통령특별선언을 선포 ①17일 하오 7시를 기해 국회 해산, 정당의 정치 활동 정지 등 현행 헌법의 일부 효력을 정지하고 ②일부 효력이 정지된 헌법 조항의 기능은 비상국무회의가 수행, 비상국무회의의 기능은 현행 헌법의 국무회의가 수행하며 ③비상국무회의는 72년 10월 27일까지 조국의 평화통일을 지향하는 헌법 개정안을 공고하여 이를 공고한 날로부터 1개월 내에 국민투표에 붙여 확정시킨다 ④또한 개헌안이 확정되면 개정 헌법 절차에 따라 연내에 헌정 질서를 정상화시킨다고 밝혔다.

(1972년 10월 18일자 신문)

아버지는 익살을 발휘했다. "비상계엄 선포"[3]라는 제목 부분에 만화를 붙였다. '3년 징역'의 재갈이 물린 두 사람 옆에 이런 활자가 적혀 있다. "유언비어에 징역 3년 – 입을 조심하라니까."

유신 시대의 서막이 열렸다. 10월 27일 박정희는 대통령 종신제를 기조로 하는 헌법 개정안을 발표했다. 이 헌법 개정안은 11월 21일 국민투표에서 91.9퍼센트에 찬성률 91.4퍼센트로 통과됐다. '우리나라 투표

---

[3] _계엄의 종류에는 비상계엄과 경비계엄이 있다. 비상계엄이란 대통령이 전시·사변 또는 이에 준하는 국가비상사태에 적과 교전 상태에 있거나 사회질서가 극도로 교란되어 행정 및 사법 기능의 수행이 현저히 곤란한 경우, 군사상의 필요나 공공의 안녕 질서를 유지하기 위해 선포하는 계엄을 말한다(헌법 제77조 1항, 계엄법 제2조 2항). 비상계엄의 선포와 동시에 계엄사령관은 계엄 지역 안의 모든 행정 사무와 사법 사무를 관장하며, 비상계엄 지역 안에서의 일정한 범죄는 군사법원에서 재판한다(계엄법 제10조).

사상 일찍이 보기 드문 압도적인 지지'였다고 한다. 박정희도 미쳤지만 유권자도 미쳤다. 왜 그랬을까? 무슨 일이 벌어진 걸까? 부정과 공포가 지배했던 시대라고만 해두자.

유신헌법에 따라 대통령은 통일주체국민회의에서 간접선거로 뽑기로 했다. 대통령은 국회를 해산할 수 있으나 국회는 대통령을 탄핵할 수 없고, 각급 법관에 대한 임명권도 모조리 대통령이 갖게 됐다. 사법부가 행정부 밑으로 기어들어갔다. 12월 13일엔 비상계엄이 해제되고 이틀 뒤 통일주체국민회의 대의원 선거가 열렸다. 12월 23일 통일주체국민회의는 장충체육관에서 대통령 선거를 실시했다.

박정희 8대 대통령 당선
첫 통일주체국민회의서

통일주체국민회의는 23일 상오 10시 서울 장충체육관에서 개회식을 갖고 정식 발족한 후 제1차 회의에서 현 박정희 대통령을 제8대 대통령으로 선출했다. 국민회의 대의원 2천3백59명 전원이 참석한 가운데 실시된 이날 대통령 선거에서 박 대통령은 대의원 거의 전원인 2천3백57인의 지지를 얻어 유신헌법이 규정한 임기 6년의 새 대통령으로 당선되었다. 나머지 2표는 무효표로 밝혀졌다.

《한국일보》 1972년 12월 24일자〉

백 퍼센트 투표율에 99.99퍼센트 찬성이다. 궁금하다. 무효표 2표의 비밀! 2표는 단순 실수였을까. 아니면 "백 퍼센트 투표, 백 퍼센트 찬성"으로 발표하기엔 낯 부끄럽고 민망해서였을까. 1972년 12월 27일 박

정희는 제8대 대통령으로 취임한다.

    스크랩북 제8권 맨 앞에 있는 '서시'의 제목은 '부조리'다. 1971년 1월에 쓴 글이다. 그 뒷장에 적힌 시의 제목은 '위협과 공갈과 협박'이다. 1971년과 1972년을 달군 그 많은 부조리와 위협과 공갈과 협박을 생각한다면 시의적절하다.

위협과 공갈과 협박

나는 하루에도 세 번씩 나 자신을 위협하고 공갈하고 협박한다
다 같은 말이고 같은 방법이다.
그러나 어가 다르고 예가 다르듯 어감이 다르지 않는가
그래서 나는 부자유한 방 속에 혼자 앉아
발성하는 법을 배웠다
발악한다는 표현이 더 근사하지 않을까
자작(赭斫)
산이 발갛게 드러나도록 산에 나무를 몽땅 벤다는 말이다
사람의 모양이 '자작'한 것처럼 —
그것은 보기 싫은 수치니까 상관이 없다
나무를 심거나 옷을 입으면 된다
그러나
내 마음속에 선도 의(義)도 사랑도 진실도 소망도
믿음까지 다 몽땅 잘라버리고 내쫓아버린다면
그것이 바로 진짜 위협과 공갈과 협박이 아니고 무엇인가

 선, 의, 사랑, 진실, 소망, 믿음이라는 단어들을 발음해보며 아버지를 놀리고 싶다. 참 순백의 마음을 가지셔서 좋겠어요? 저는 도덕과 종교의 냄새가 풍겨서 조금 못마땅하거든요? 요 부분만 좀 고치시면 안 될까요?
 1972년의 겨울을 떠올려본다. 무지 추웠을 것 같다. 가도 가도 끝이 안 보이는 긴 터널이었다. 빠져나오려면 한참 남았다. 아버지의 우울을 상상해본다. 괜히 나의 마음도 우울해진다.

그대, 알프스에 갔어야 하리

비운의 이수근

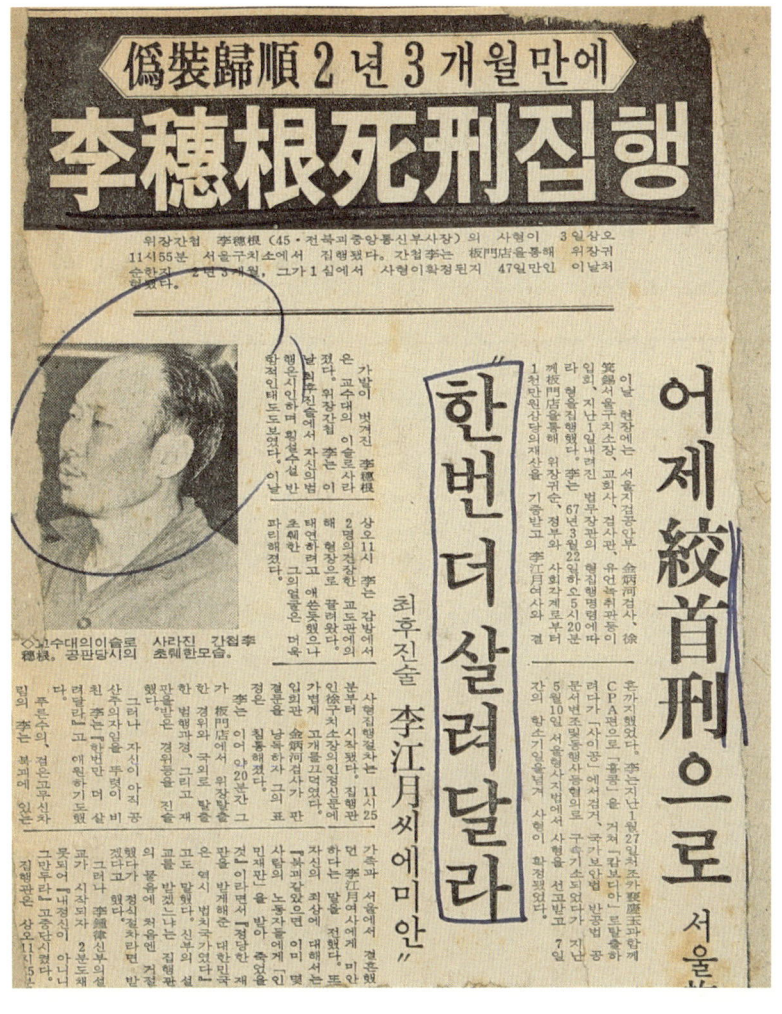

새로운 '암'의 탄생이다.

위암, 간암, 폐암, 대장암, 유방암, 갑상선암만 있는 건 아니다. '사상암'도 있다. 사상암은 뇌의 하드웨어가 아닌 소프트웨어 조직에 기생하거나 가슴이 지나치게 뜨거워 생기는 종양의 일종이다. 아버지가 스크랩에서 이름 붙였다. 그 암에 걸렸다고 판정받은 사람은 교수대에 올라 생을 마감했다.

위장 귀순 2년 3개월 만에
이수근 사형 집행

위장 간첩 이수근(45·전 북괴 중앙통신 부사장)의 사형이 3일 상오 11시 55분 서울구치소에서 집행됐다. 간첩 이(李)는 판문점을 통해 위장 귀순한 지 2년 3개월, 그가 1심에서 사형이 확정된 지 47일 만인 이날 처형됐다.(하략)

《〈한국일보〉 1969년 7월 4일자》

스크랩북 7, 8권(1969년 1월~1972년 12월)을 다시 편다. '위장 간첩'으로 체포되어 사형당한 이수근. 아버지를 대신해, 그에게 미안한 마음을 전해야 했다.

이수근의 사형 기사 밑에 다음과 같은 시가 적혀 있다. 지금까지 읽었던 시 중에 가장 오랫동안 시선을 잡아끌었다.

무상한 그릇 속에 담겨진
얼굴 -
얼룩진 사형수의 독백

인생은 심판의 노예
너는 가짜 인생을 살았느냐
그래도-
운명의 바람을 잡으려고
발버둥을 친다
무상한 잡초의
풀벌레가 조문을 왼다
아- 사상은 인생의
암이로다

"너는 가짜 인생을 살았느냐"라고 묻는다. "운명의 바람을 잡으려고 발버둥을 친다"고 연민한다. 이수근을 사상의 노예, 아니 사상의 암환자로 단정한다. 과연 그 판단은 옳았는가. 그 판단을 있게 한 신문 기사는 옳았는가. 그 신문 기사를 쓰게 한 중앙정보부의 발표는 정확했는가.

이수근은 역대 탈북자 중 가장 비극적인 인물이다. 분단 시대의 천형을 남들보다 두 배로 짊어졌던 드라마의 주인공이다. 1924년생인 그는 북한 언론계의 거물급 인사라 할 만한 '조선중앙통신' 부사장이었다. 1967년 3월 22일 오후 5시 25분경, 판문점에서 열린 제242차 군사정전위원회 본회의 때 극적으로 탈출했다. 통신 기사 편집 과정에서의 실수로 인한 숙청의 위협과 김일성 독재에 염증을 느꼈다는 두 가지 이유를 댔다고 한다. 탈북 뒤 우석대 이강월 교수와 재혼해 살던 그는 1969년 1월 27일 5시 30분 CPA기(캐세이퍼시픽 항공기)를 타고 일본, 대만을 거쳐 홍콩으로 다시 탈출한다. 파월(베트남 파견) 기술자였던 재북 처조카 배경옥이 함께했다. 위조 여권을 구해 콧수염과 가발로 변장한 채였다. 의표를 찔린 중앙정보부는 미국 중앙정보국(CIA)의 도움을 받아 9일 만에 이수근을 체포한다. 홍콩발 캄보디아행 비행기의 경유지인 사이공 기내에서였다. 중앙정보부는 곧 "이수근이 위장 귀순자이자 위장 간첩이었다"고 발표한다.

이수근은 위장 간첩
이수근 사이곤서 체포 압송
지난 67년 3월 22일 판문점에서 극적인 탈출로 월남, 귀순을 가장했던 북괴 전 중앙통신 부사장 이수근(45)이 다시 한국을 탈출해서 북괴로 가는 도중 31일 사이공 공항에서 체포됐다. (중략)
정보부는 이날 이와 같은 사실을 공표하면서 (1)李는 북괴의 지령에 의해 위장 귀순했고 (2)한국에서 합법적인 신분을 취득한 뒤 적화통일이 될 때까지 장기 잠복하라는 지령을 받고 판문점을 통한 탈출을 실행했으며 (3)정체가 탄로될 우려가 있자 배경옥에게 대북괴 보고서를 휴대시켜 북괴에 복귀하려 했다고 설명했다. 정보부 발표문 전문은 별항과 같다.

《동아일보》 1969년 2월 13일자)

1969년 2월 14일자 신문의 제목은 "그놈이 설마 그럴 줄이야"다. 살벌하다. 사진 설명마다 붙은 "아연실색", "가면", "이수근 가면 벗긴 홍콩 공항서의 격투" 등의 제목도 '천인공노(天人共怒)'의 분위기 일색이다. 재판은 속전속결이었다. 네 달 만인 5월 10일 사형선고를 받고, 두 달 만인 7월 3일에 사형이 집행되었으니.

1969年2月13日 (木曜日)

李穗根은 僞裝간첩

李穗根 사이곤서 세브押送

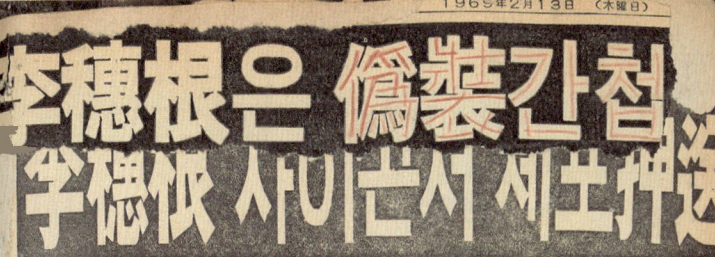

間諜使命 띠고 僞裝歸順

情報部발표

本妻이질 甥와 共謀

지난 六七年三月二十二日 板門店에서 국적인탈을품은 民 李穗根(四五)이 마치 韓國을 달출해서 北傀行

〈假裝과 곳수염으로 變裝한 李穗根〉

[서울] ······

變造한 旅券갖고 出國 캄보디아로 가다 被逮

〈국외로 탈출했다가 체포압송돼 김포공항에내린 李 德根의 쓸쓸스러운 모습〉

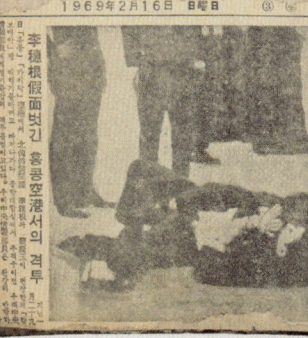

그놈이 설마

1969年2月16日 日曜日

假面

李穗根假面벗긴 홍콩空港서의 격투

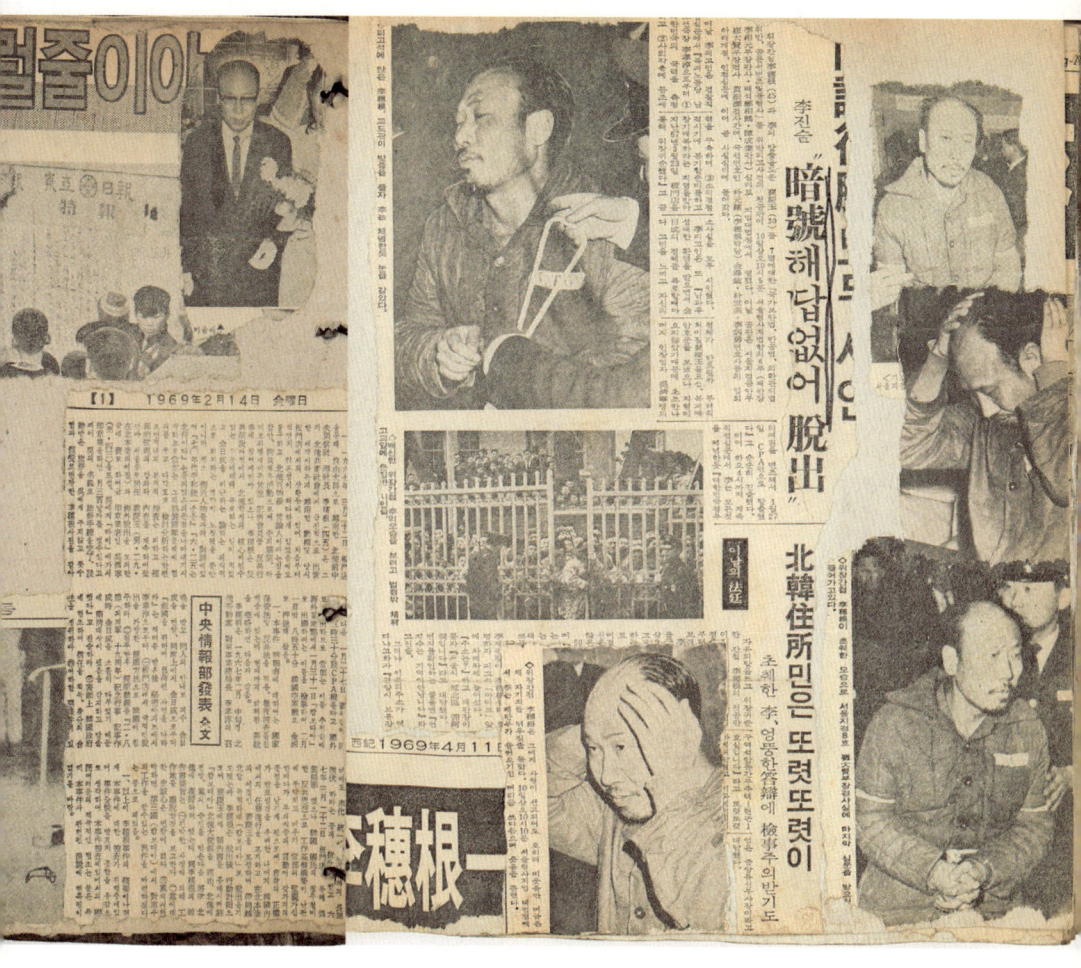

그놈이 설마 그럴 줄이야! 그놈! 그놈! 그놈! 여기서의 '그놈'을 이수근이 아닌 중앙정보부장 김형욱으로 바꿔 불러본다. 김형욱 그놈이 설마 그럴 줄이야! 이수근의 탈출을 막지 못한 자신의 실수를 그린 천인공노할 덤터기로 만회할 줄이야. 10년 뒤 박정희도 김형욱에 관해 치를 떨 게 된 게 역사의 아이러니다.

"한 번 더 살려달라 - 최후 진술 이강월 씨에 미안"

가발이 벗겨진 이수근은 교수대의 이슬로 사라졌다. 위장 간첩 이(李)는 이날 최후진술에서 자신의 범행은 시인하며 횡설수설 반항적인 태도도 보였다. 이날 상오 11시 이는 감방에서 2명의 건장한 교도관에 의해 형장으로 끌려왔다. 태연하려고 애쓴 듯했으나 그의 얼굴은 더욱 파리해졌다. (중략)

이(李)는 이어 약 20분간 그가 판문점에서 위장 탈출한 경위와 국외로 탈출한 범행 과정, 그리고 재판을 받은 경위 등을 진술했다. 그러나 자신이 아직 공산주의자임을 뚜렷이 비친 李는 "한 번만 더 살려달라"고 애원하기도 했다.

푸른 수의, 검은 고무신 차림의 이(李)는 북괴에 있는 가족과 서울에서 결혼했던 이강월 여사에게 미안하다는 말을 전했다. 또 자신의 죄상에 대해서는 "북괴 같았으면 이미 몇 사람의 노동자들에게 '인민재판'을 받아 죽었을 것"이라면서 "정당한 재판을 받게 해준 대한민국은 역시 법치국가였다"고도 말했다. 신부의 설교를 받겠느냐는 집행관의 물음에 처음엔 거절했다가 정식 절차라면 받겠다고 했다. (하략)

(1969년 7월 4일자 신문)

이수근은 이중간첩이 아니었다. 위장 귀순자도 아니었다.

이 사건의 진실을 처음으로 발로 뛰며 취재한 저널리스트는 조갑제 기자(전 《월간조선》 대표)다. 말년에 극우 언론인으로 명성을 떨친 그가 한국의 반공 집단이 조작한 간첩 사건의 치부를 드러냈다는 사실은 역설적이다. 조갑제 기자는 1989년 3월 호 《월간조선》을 통해 '이수근은 간첩이 아니었다'는 주장을 대한민국에서 처음으로 제기한다. 처형당한 지

20년 만이었다. 조갑제 기자는 이수근을 체포하거나 조사한 당시 이대용 주월(주 베트남) 사이공 대사관 공사와 중앙정보부 홍필용 국장, 이수근을 수사한 김병하 검사 등을 차례로 만나 이야기를 들었다. 이수근의 서울 탈출을 도운 조카 김세준도 취재했다. 감옥에서 20년형을 받고 살다가 출옥한 처조카 배경옥도 나중에 만났다. 이수근은 역시 간첩이 아니었다.

국가도 그의 손을 들어주었다. '진실과 화해를 위한 과거사정리위원회'는 2006년 12월 26일 결정 통지서를 통해 이수근은 위장 귀순자가 아니라는 결론을 내리고 이 사건을 '비인도적·반민주적 인권 유린 사건'으로 규정했다. 서울고등법원 제6형사부(재판장 박형남, 판사 박선준·김상규)도 2008년 12월 29일 이 사건 관련자들에게 무죄를 선고했다. 처조카 배경옥 등의 재심 신청 결과였다.

당시 중앙정보부장이었던 김형욱은 이수근의 혐의를 확신했다. 그는 《김형욱 회고록》(나중에 《혁명과 우상》으로 제목을 바꾼 개정판으로 재발간됨) 제2권에서 이렇게 말한다. "맨 처음 이수근이가 귀순할 때부터 그를 의심하고 있었다. 이수근은 우선 김일성을 맞대놓고 비난하지 않았다. 그는 텔레비전과 라디오 방송 및 각종 회견에서 지극히 오만불손하였고 허언(虛言)을 농하였다."

조갑제 기자의 보도는 정반대였다.

"여기는 자유가 없다. 강연할 때 써준 원고대로 읽지 않았다고 불러서 때리곤 하는데, 지식인의 양심상 남이 시키는 대로 할 수도 없고 도저히 참을 수 없어 제3국으로 가기로 했다."(김세준이 증언한 이수근의 발언)

"북쪽이 싫어서 내려왔는데 남쪽에서도 자유가 없더군요. 방○○(중앙정보부 감찰실장 방준모―필자주), 그 ○○가 나를 일일이 감시하고 수시로 불러서 북쪽과 연락하지 않았느냐고 추궁하면서 때리고, 내 발을 향해 권총을 쏴 위협을 하지 않나. 울분을 술로 달랬는데, 다음 날 아침에 속이 아파 물을 달라고 하면 아내도 냉대하고…… (중략) 남쪽도 틀렸어요. 자유도 없고, 독재고 해서 스위스 같은 중립국에 가서 살려고 했어요. 남쪽, 북쪽을 다 경험한 것을 책으로 쓰면 한 40만에서 1백만 달러는 벌 수 있지 않겠습니까."(이대용이 증언한 이수근의 발언)

"김일성이를 많이 욕하지 않았다는 것이 의심을 산 모양인데 진짜 위장 간첩이라면 김일성이 욕을 더 했을 것 아닙니까?"(홍필용의 증언)

조갑제 기자에 따르면 중앙정보부 수사 내용은 아귀가 맞지 않는다. 이수근이 정말 위장 간첩이고 월북하려 했다면 홍콩에서 캄보디아행 비행기를 탈 것도 없이 바로 구룡반도를 통해 중공(중국) 남쪽 국경으로 들어갔을 것이다. 모스크바로 보냈다는 암호문도 유치하기 짝이 없는 증거였다. 신문에 보도된 이수근의 최후진술도 상당수가 가짜였다.

조갑제 기자의 결론은 '망명'이다. 기자 출신으로 자유분방한 성격이었던 이수근은 남쪽 정보기관의 감시를 견딜 수 없었다. 남도 싫고, 북도 싫었다. 양쪽에 모두 환멸을 느꼈다. 그런 점에서 '이중간첩'이 아닌 '이중탈출자'라는 이름이 합당하다. 최인훈의 소설 《광장》에 나오는 이명준처럼 제3국을 택하려 했다. 그는 홍콩에서 비교적 중립국이었던 캄보디아를 거쳐 스위스로 가려 했다. 설사 잡힌다 해도 고초는 겪을지언정 극형까지 당할 줄은 상상하지 못했다.

중앙정보부로서는 이 사건과 절체절명의 이해관계가 있었다. 해외 탈출을 막지 못한 자신들의 어처구니없는 실수를 만회해야 했다. 김형욱은 단순한 만회를 넘어 이를 '빛나는 공로'로 반전시키려 했다. 이수근은 위장 간첩이 되어야 했고, 입 다물고 얼른 죽어줘야 했다.

아버지는 이수근을 '사상의 암 환자'인 양 연민하고 조롱했지만, 그는 사실 멀쩡했다. '만들어진 암 환자'였다. 중앙정보부는 그에게 거짓 진단서를 발급하고 '재기 불능'의 극약 처방을 내렸다.

《김형욱 회고록》에도 이수근을 '사상의 암 환자'로 모는 대목이 있다. 이수근이 서울로 압송되어 오면서 태연하게 이런 말을 했다는 것이다. "나에게는 공산주의자의 피가 흐르고 있습니다." 이건 뭐 새로운 혈액형의 탄생인가? A형도 아니고 B형도 아닌 C형? Communist(코뮤니스트)의 피! 여태껏 밝혀진 진실을 놓고 볼 때 이 말은 앞뒤가 맞지 않는다.

생각해보면, 아쉽고 또 아쉽다. 이수근의 '거사'는 대담했다. 뒤늦게나마 여권 위조와 변장으로 반쯤 성공했던 탈출 행각에 열렬한 박수를 보낸다. 남한 생활이 방탕했다는 증언이 있지만, 그것만으로 그의 인생을 송두리째 매도할 수는 없다. 탈출과 망명은 멋지게 성공했어야 했다. 스위스에 정착해 남과 북을 비교하는 글을 쓰려던 소원을 이뤄 박정희 정권의 애를 태웠어야 했다. 중앙정보부장 김형욱이 찍소리 못하고 책임 사퇴하는 계기를 만들어줬어야 했다. 알프스 산정에서 유유자적하는 이수근의 모습을 그려본다.

이수근에 관한 변호를 마치며 "아- 사상은 인생의 암이로다"라는 아버지의 시 마지막 문장을 바로잡아본다.

아, 포악한 권력은 사회의 암이로다!

담배 끄고 자백하라,
범인은 너다!

김대중 납치와 육영수 피살사건

경축사에 부치는 노래

문세광에 총탄―
삐뚤어진 입들이 하품을 한다
녹음기에서 굣들이 들린다
범인은 너다
정치는 무서운 비탈길
충돌하는 황우와 같다

　대통령 박정희가 담배를 물고 웃는다. 부인 육영수도 싱그러운 웃음을 날린다. 사진을 파고들며 적어놓은 아버지의 시는 얄궂다. 범인은 너다! '경축사에 부치는 노래'라는 제목을 달았다. 1974년 8월 15일 오전 10시 23분 서울 장충동 국립극장에서 열린 광복절 29주년 기념식 대통령 경축사를 일컫는다. 박정희가 연단에 서서 "친애하는 남북 동포 여러분"으로 시작하는 그 경축사를 낭독하던 도중 객석에서 누군가 뛰쳐나왔다. 총성이 울렸다. 단상에 앉아 있던 육영수 여사가 쓰러졌다. "범인은 너"라는데, '너'가 누구인가. 현장에서 체포된 자이니치(재일 조선인) 문세광을 일컫는가.
　스크랩북을 앞으로 넘긴다. 1년 전, 정확히 366일 전인 1973년 8월 14일. 〈동아일보〉 4컷 만화 '고바우 영감'은 의문부호로 가득하다. "누구 짓일까?" "누구?" "누가 그랬나?" "누가?" "????" 알 수 없는 대사 속에, 청소부는 거리에 널린 물음표들을 치운다. 만화만 놓고 보면 뚱딴지같다. 누가 어떤 짓을 했다는 말인가. 옆 신문을 보면 눈치를 챌 수 있다. 야당 정치인 김대중에게 무슨 일이 생긴 모양이다. 그 유명한 김대

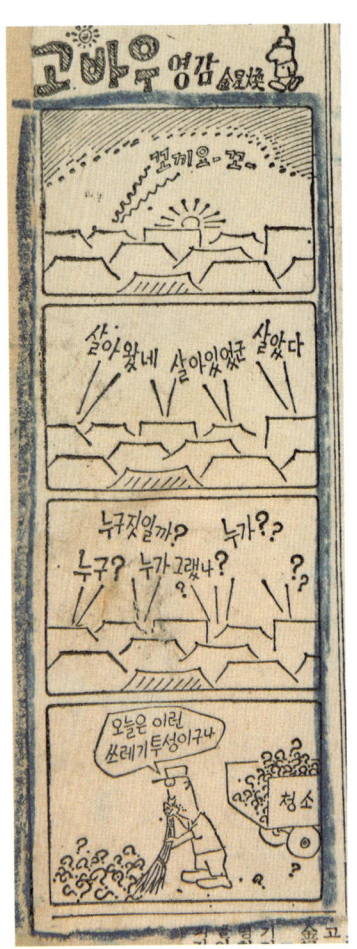

중 납치 사건(김대중 암살 미수 사건)에 관해서 쓴다. 그 유명한 육영수 여사 피살 사건(박정희 암살 미수 사건)에 관해서 쓴다. 70년대 한국 정치의 거물들이 한 차례씩 절명의 위기를 넘긴 순간들이었다. 1972년 10월 유신을 선포하고 종신 집권의 길을 연 박정희 정권. 1973년 새해에 들어서자마자 긴급조치 1호, 2호를 발동하며 반대 세력을 향해 더욱 날카로워진 발톱을 들이대고 있었다. 1973년 1월부터 1974년 12월까지를 담은 아버지의 스크랩북 제9권은 한국 민주주의의 가장 아슬아슬한 얼음판을 보여준다. 정치 지도자의 목숨까지 노린 두 고비에서 그 얼음판은 폭삭 주저앉곤 했다.

시간순으로 기사를 펼친다. 제일 먼저 1973년 8월 8일 발생한 이른바 '88 납치 사건'이다.

김대중 씨 서울 자택에 데려다놔

지난 71년 7대 대통령 선거 때 신민당 대통령 후보였으며 전 국회의원인 김대중 씨가 지난 8일 오후 일본 동경 시내 '그랜드팔레스' 호텔에서 피랍된 지 만 5일 9시간 만인 13일 밤 10시 20분쯤, 서울 마포구 동교동 178의 1 자택으로 돌아왔다.

오른쪽 아랫입술과 왼쪽 눈썹 위가 터져 피가 맺혔고 오른쪽 발목에 두 줄의 깊은 상처를 입은 채 연한 하늘색 샤쓰에 줄무늬가 있는 고동색 바지를 입고 집에 돌아온 김 씨는 먼저 온 기자들과 뒤늦게 달려온 기자들 그리고 외신 기자들에게 세 차례에 걸쳐 차례로 그동안 실종된 경위를 차근차근하게 설명했다.

김 씨는 이날 "8일 오후 5, 6명의 건장한 청년들에게 납치, 온몸이 묶인 채로 자동차로 5, 6시간 달려 '오사까'(?) 부근에서 모터보트에 실려 큰 배에 옮겨진 다음 10여 시간 해상으로 끌려갔다가 천사일생(千死一生)으로 한국 해안에 회항, 11일 오후 7, 8시께 한국에 상륙, 초가와 양옥에 감금돼 있던 끝에 13일 밤 10시 20분쯤 붕대로 눈을 가리운 채 집 근방에 내려주어 돌아왔다"고 그동안의 경위를 밝히고 "살아서 돌아올 수 있었던 것은 죽음 직전에서도 예수님께 꾸준히 기도하고 국내외 동포들과 일본을 비롯한 우방의 인사들이 걱정해준 덕택"이라고 말했다.

수염이 덥수룩하고 피로한 기색이 짙은 김 씨는 경위 설명 도중 한참 동안 눈을 감고 울음을 삼키다가 말을 계속, "자유민주주의를 신봉하는 반공 단체인 구국동맹행동대원이라고 자칭하는 청년들은 13일에야 상부 지시로 석방한다는 사실을 밝혔다"고 말했다.

김 씨는 이날 밤 10시 20분쯤 집 근처인 동교동 사무소 앞에서 '크라운' 같은 차에 실려 눈을 가리운 채 내려 청년들의 지시대로 3분 동안 뒤로 돌아서 있다가 걸어서 집에 당도, 세 번 벨을 누르고 집 안에 들어섰다고 말하면서 웃는 얼굴로 "나는 하도 겁나는 일을 많이 당해서 아무렇지 않다"고 놀란 가족들을 위로했다고 밝혔다. (하략)

《동아일보》 1973년 8월 14일자)

'고바우 영감'을 그린 김성환 화백은 아마 '누구'인지 감을 잡았으리라. 아버지도 뻔하다는 투로 다음과 같이 적었다.

역사도 없는 세대
모두가 벙어리모양 머리만
갸웃거린다
그것은 자기분수다
역사의 종말이 와도 아무런
변명할 수 없는 작란이다.
민족적인 수치
자기 살을 자기가 베어내는 어리석은 불장난
망할 놈들의 비웃는 대본이
가극처럼 지하에서 춤을 추는구나

"모두가 벙어리모양 머리만 갸웃거린다"며 "그것은 자기분수"란다. '모르면 바보'라는 말씀! 마지막 문장에선 "망할 놈들의 비웃는 대본이 (……) 춤을 추는구나"라고 못 박는다. 그 '대본'의 실체는 훗날 밝혀졌다. 중앙정보부가 작성했다는 'KT 공작 계획안'이었다. 'DJ'를 뜻하는 'KT'라는 이니셜이 생소하다.[1] 국정원 과거사위 조사에 따르면 이 사건은 총 46명이 9개 조로 나뉘어 조직적으로 벌인 범행이었다.[2]

---

[1] _왜 당시 김대중의 이니셜은 'KT'였을까. 국정원 과거사위(과거사건진실규명을통한발전위원회)는 미국 CIA 보고서에서 김대중의 영문 이름을 'KIM TAE CHUNG'이라고 표기한 데서 연유했다고 추정한다.
[2] _김대중 납치 사건의 현장 총책임자였던 김기완 전 주일 공사는 2011년 11월부터 주한 미국 대사를 맡고 있는 성 김(한국 이름 김성용)의 아버지다.

1971년 대통령 선거 때 야당 후보였던 김대중을 세상에서 가장 미워한 자는 누구였을까. 미국과 일본을 오가며 유신을 비판하는 그에게 치를 떤 자는 누구였을까. 김대중이 영원히 사라질 경우 박정희에게 귀염과 칭찬을 받을 자는 누구였을까. 다시 1년 뒤 8월로 건너뛰어본다.

박정희 대통령 저격 모면
육 여사, 머리에 총상 중태
범인 현장서 체포 조사중

김성진 청와대 대변인은 15일 박정희 대통령이 서울 시내 장충동 국립극장에서 거행된 제29회 8·15 경축식에서 경축사를 낭독하던 도중 괴청년 1명으로부터 저격을 받았으나 총탄이 빗나가 무사했으며 단상에 앉아 있던 대통령 부인 육영수 여사는 머리에 총상을 입어 서울대학교 부속병원에서 수술을 받고 가료중이라고 발표했다. 김 대변인은 저격범은 현장에서 즉각 체포되었으며 일본국 여권을 소지하고 있는 것이 밝혀졌다고 발표했다. (하략)

(《한국일보》 1974년 8월 16일자)

육영수 여사는 서울대학교 의과대학 부속병원에 이송되었고, 저녁 7시경 숨을 거둔다. 박정희는 부인이 실려 갔음에도 "즉각 태연히 경축사 낭독을 계속했다"고 한다. 어떤 상황에서도 초연해야 하는 '어려운 국가 지도자 노릇'이라고 이해를 해주자. 아버지는 "모르겠다"고 썼다.

스크랩 속의 사인펜 글씨는 희미하다. 오래전에 물기가 묻었다. 유물을 복원하는 심정으로 힘겹게 말을 이어보았다. 아버지는 '퀴즈'라는 낱말을 사용했다. 헷갈린다는 의미일까? 슬프면서도 뭔가 풀리지 않는 미스터리를 이야기하려 한 걸까. 다시 1년 전으로 되돌아간다.

김 서기관 10월 23일 해임
일 정부선 10월 26일 추방

【동경 2일=조두흠 특파원】 일본 외무성 '다까시마·마스오' 아주국장은 김대중 씨 사건으로 혐의를 받고 있는 주일 대사관의 김동운 전 1등서기관을 일본에서 추방했다고 1일 밝혔다.

이날 '다까시마' 국장은 기자회견에서 지난 10월 26일 추방 조치가 취해졌으며 한국 정부에 같은 날 통고했다고 말했다.

그는 일본에 의해 기피 인물로 추방된 외국 외교관은 김 전 서기관이 1880년의 화란(和蘭, 네덜란드를 뜻함―필자주) 외교관에 이어 2번째라고 덧붙였다.

그는 또 한국 정부가 김 서기관을 10월 23일자로 해임했음을 10월 25일 일본에 통고해 왔다고 밝히고 일본 정부는 한국 정부의 이례적인 조치에 불만, 김 서기관을 추방키로 결정했다고 설명했다.

《한국일보》 1973년 11월 4일자

네덜란드 외교관이 추방된 지 93년 만의 일이었단다. 그만큼 '김대중 납치'라는 사안은 엄중했다. 사실 일본 자민당 정부도 도쿄 그랜드팰리스호텔에서부터 시작된 김대중 납치 사건을 봉합하려 했다. 도쿄 경시청에 설치된 특별수사본부가 현장에서 채취한 주일 대사관 중정(중앙정보부) 요원 김동운의 지문은 어찌할 수 없었다. 김동운 개인의 범죄로 둔갑한 셈이다. 〈한국일보〉 4컷 만화 '두꺼비'의 대사가 재밌다. "이 사람은 관계가 없다고 말한 것 같은데… 면직을 했네!"(부인) "아는 둥 마는 둥 해두는 것이 국민의 도리요! 소주 한 병 냉큼!"(남편) 아버지는 옆에 이렇게 적었다.

> 비밀을 아는 자는 자기의 함정을
> 예언하지 않는다
> 역사는 살아 있는 증인
> 먼 후일에 모두 웃으리라

비밀을 아는 자는 자기의 함정을 예언하지 않는다. 아니, 예언하지 못한다. 납치 살해를 기도했던 중앙정보부장 이후락과, 이를 지시했거나 묵인했을 대통령 박정희는 정말 1년 뒤 함정에 빠지고 말았다. 그러나 박정희한테만은 울어야 할지 웃어야 할지 애매했을, 전화위복이 되고 만 그 함정!

통로로 뛰어나온 범인은 바로 연단 아래까지
- 저격의 현장

순간의 일이었다. 불과 10여 초 사이에 일어난 총격이었다. 범인이 권총을 받쳐 들고 통로를 반쯤 뛰어나왔을 때까지도 그것이 저격범이라는 생각이 미처 나지 않았다. 범인이 재외동포와 똑같은 복장을 하고 있었고 너무나 대담하게 행동했기 때문이었다. 관객들이 '사건'임을 직감한 것은 "야 임마" 하는 고함이 장내를 울렸을 때였다. 엄숙한 분위기에서 고함 소리 자체가 사건일 수 있기 때문이었다. 이 순간을 지켜본 본사 사회부 김기경 기자는 "그것은 너무나 순간적이었다. 그러나 10년을 한꺼번에 겪은 것 같은 충격이었다"고 당시를 표현했다. (중략)

범인이 객석과 객석 사이 통로를 다 빠져나가기 직전 구보 속력을 줄이는 듯하면서 연단을 향해 다시 1발의 총탄을 발사하는 순간 범인이 바닥에 나뒹굴어졌다. 누군가가 범인의 발을 걸었기 때문이었다. 이때까지 범인을 제지하는 사람은 하나도 없었다. 그만큼 범인의 행동은 빨랐다. (중략)

이때서야 장내 참석자들은 육 여사에게 시선을 모았다. 육 여사의 오른쪽 이마와 뒷머리 가운데에서 선혈이 선명하게 흘러나왔다. 거의 동시에 성동여자실업고교생 합창단석에서 여학생들의 비명 소리가 들려나와 또 한 번 장내 인사들을 놀라게 했다. 합창단원이었던 장봉화 양(18·상과 2년 3반)이 피격된 것을 여학생들이 육 여사의 피격 사실과 동시에 뒤늦게 알고 지른 비명이었다. (하략)

《한국일보》 1974년 8월 17일자)

한국 정부는 "북괴가 조총련 오사카 간부 김호룡을 통해 문세광에게 암살 지령을 내렸다"고 했지만, 증거는 없었다. 문세광은 오히려 조총련과 정반대인 '민단'(재일본대한민국거류민단) 소속이었다. 박정희를 증오했을 뿐이다. '김대중 구출 재일한국인대책위원회' 오사카 위원회 사무차장 직책을 수행할 정도였다. 우연히도 도쿄에서 납치된 김대중을 승용차로 이동시킨 뒤 모터보트에 실어 중앙정보부 공작선 '용금호'에 옮긴 곳이 오사카 항이었다. 《김형욱 회고록》에 등장하는 "김대중 납치에

1974.8.

慘變의 刹那

8·15狙擊사건 悲劇의 現場

1彈誤發…24·4m 뛰어나오며 2秒동안 연달아 4發

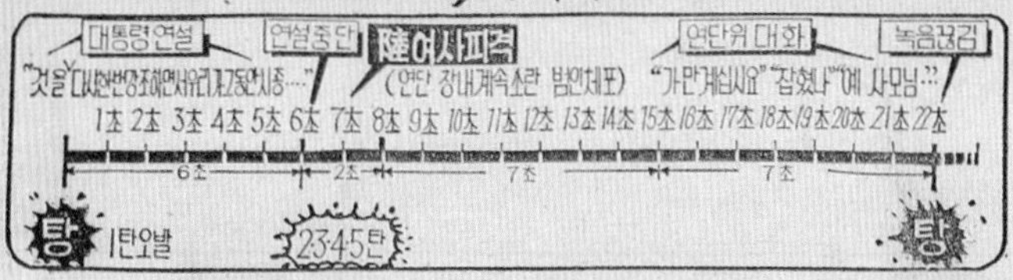

저격범 文世光은 1탄을 쏜후 24·4m의 복도를 10초동안 뛰어간뒤에야 쓰러졌다. 그것도 B석앞에서 세째줄통로쪽에앉은 光復會員 李吉山씨(51)가 발을걸어 넘어진 것이었다. 뒤이어 연단 주변에있던 경호관계자들이 덮쳐 文世光은 잡혔다.

그러나 24·4m를뛰어나오기까지 복도주변양측에 앉은 12명의 경호관계자의 제지는 전혀 받지않았다.

B석뒷줄 오른쪽에서 세번째인 214번석에 앉아있던 文世光은 朴대통령의 연설이 시작된지 14분50초만인 15일 상오10시23분, 오른쪽허리춤에 숨겼던 권총을꺼냈다. 朴대통령이 『조국의 통일은 반드시 평화적인방법으로 이루어져야 한다는 것을…』하고 말하는순간 文世光은 장전된 총을 잘못꺼내 1발이허리춤에서 발사됐다. (이때 文은 오른쪽엉덩이에 화상을 입었다) 1발이 발사되자 文은 복도를따라 연단쪽으로 뛰었다.

그러나 文의 좌석맨오른쪽끝에 앉았던 중부경찰서영최파출소 金光鉉순경은 TV카메라에서나는 소리인줄 알고 B석과 C석의 뒤를 보는 순간 권총을 든 文世光이 좌석을 빠져나왔다.

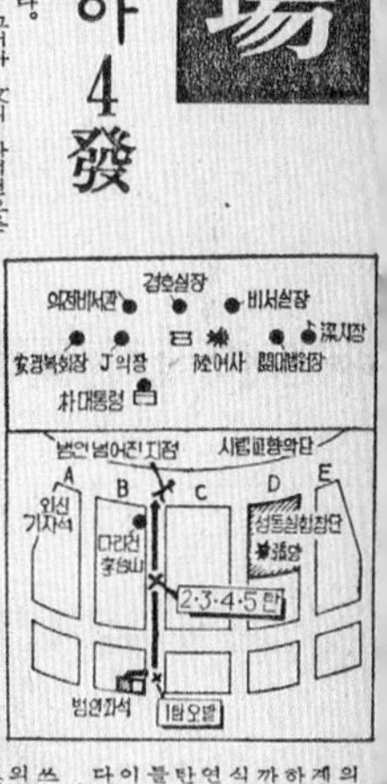

그러나 朴대통령은 이순간의 총성을듣지못한듯 연설을 계속했다. 『…다시한번강조하면서 우리가그동안시종…』까지왔을때 제2탄의 총성이 식장안에 울리며 朴대통령의 연설은 중단됐다. 2탄은 1탄의총성이 울린후 6초만에 울렸다. 이때 장내는 총성이 나는곳에 시선이집중되었다.

검은색계통양복에 안경을 쓰고 건장한체격의 文은 복도의 거의 중앙지점(연단과 出入口사이)에 있었고 달려나오면서 약2초사이 연달아 4발을 발사했다.

朴대통령은 ?순간 연단뒤로 … 단상의 경호원들 … 였다. 장내에는 … 된 참석자들로 … 시작했다. 총성 … 의 경호관들이 … 나오는 순간까지 … 연한 자세로 자 … 아있었다. 3、… 발이 날기전에 … 한 경호조치가 … 더라면 상황은 … 모르는 때에 저 … 이 있다.

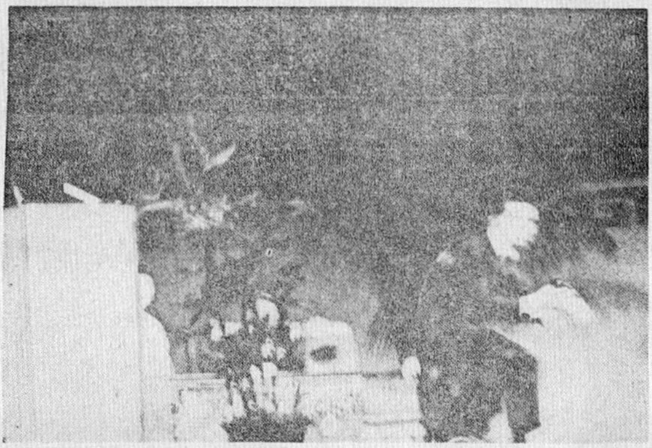

① 凶彈앞에 毅然한 令夫人 총성이터졌다. 朴鐘圭경호실장이 권총을 빼들고 앞으로뛰어나왔다. (오른쪽) 陸여사는 의연한자세를 잃지않았다. 곧게앉은 여사의모습이 연설대오른쪽으로 반쯤보인다. 흉탄이날아온것은 바로 이 순간이었다. (朴경호실장뒤쪽, 梁鐸植서울시장은 오른쪽 손과다리만보인다. 가운데화분에 가린사람은 閔復基대법원장)

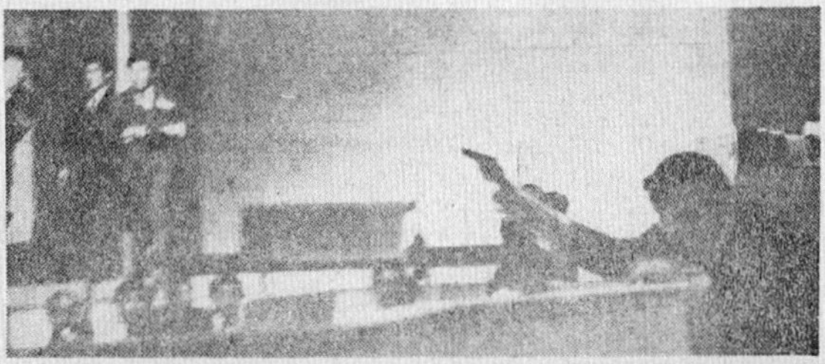

② 쓰러지는 狙擊의 銃口 壇上을 향한 狙擊의 銃口. 뒷좌석에서 달려나온 文世光이 발에 걸려 오키스트러·피트 칸막이앞에서넘어지면서 사격자세를 취한채 銃을 손에서 떨어뜨리고 있는 순간이다. 무대위에는 달려나오는 사람들, 文뒤에는 TV카메라가 보인다.

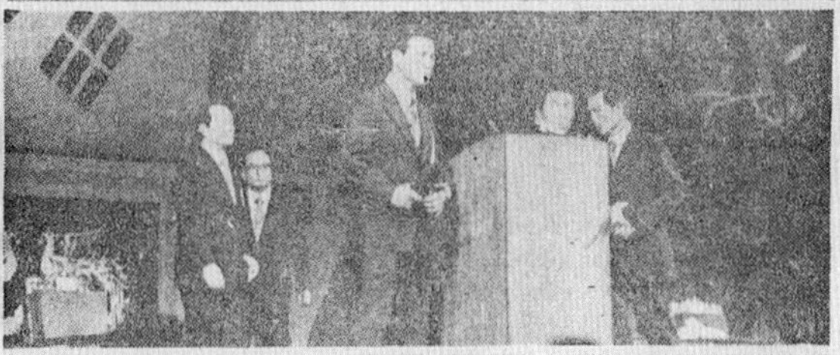

③ 演說臺 둘러싼 警護員들 警護員들이 권총을빼들고 연설대를 둘러쌌다. 오른쪽이 권총을 앞으로겨누면서 연설대뒤를 지키는 朴鐘圭경호실장, 연설대뒤에 서있는 사람은 安椿生광복회장(왼쪽끝)과 金正濂비서실장이다. 陸여사의 자리는 연설대에가려 보이지않는다.

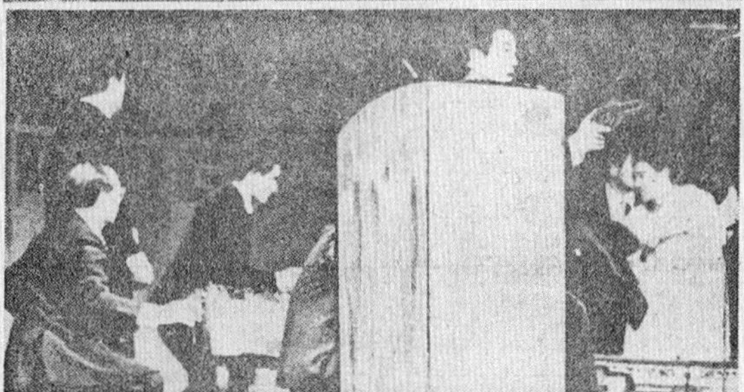

④ 被擊직후…陸女史부축 陸여사의 피격사실은 한순간뒤 발견됐다. 단하에 있던 흰옷차림의 卓錦善여인⑥이 달려들어 陸여사를 부축하는사이 丁一權의장(왼쪽앉은사람) 安椿生씨(서있는사람) 등 연단위의 다급한 시선들이 陸여사를 향하고있다.

⑤ 소지품줍는 朴大統領 태연하게 연설을끝낸 朴대통령이었지만 陸여사의 자리를 그냥 지나치지못했다. 흩어진 여사의 소지품등을수습하는 그모습에 人間 朴대통령의 침통함이 엿보였다. 왼쪽으로부터 安椿生광복회장, 金正濂비서실장, 朴대통령, 梁鐸植서울시장, 그뒤에 閔復基대법원장.

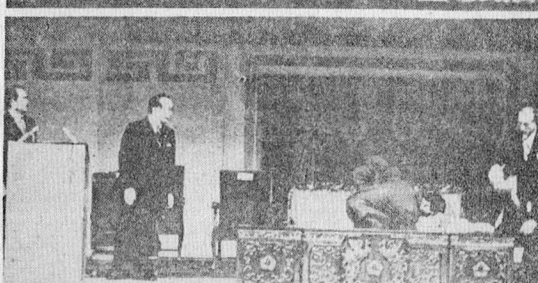

대한 정치적 보복으로 박정희를 살해하려고 결심했을지도 모른다는 추리"는 개연성이 있어 보인다. 육영수 여사 피살 사건은 김대중 납치 사건의 업보였다는 얘기다. 그러니까 범인은 바로 너다! 이 글 맨 앞에서 활짝 웃고 있는 자 말이다. 그 웃음의 연장을 위해 정적은 세상에서 가장 비참한 꼴을 당해주어야 했다. 다시 1년 전이다.

김대중 씨가 말하는 피랍 닷새

나는 예상했던 대로 "바다에 던져지는구나" 하고 생각했다. 모터보트로 옮겨 보자기를 씌운 후 1시간쯤 가더니 큰 배에 옮겨 실었다. 그리고 배는 속력을 내어 한없이 달렸다. 전에 해운업에 손댄 일이 있는 내 경험으로는 아마 북태평양 근방이나 '사모아' 같은 남양(南洋)까지 끌고 간 것으로 짐작되었다. 얼마를 가더니 그들은 나를 배에 눕혀놓고 처음의 결박을 풀고 다시 온몸을 단단히 묶고 입에 자갈을 물렸다.

바다에 던져질 각오로 십자가를 그었더니 그들은 나를 때렸다.

(중략)

죽음을 각오하고 마지막으로 예수에게 기도했다. 당분간 내대신이 없으니 살려달라고 했다. (이때 약 2분 동안 말을 잇지 못하고 울음을 터뜨리며 흐느꼈다.)

이때 갑자기 발동 소리 비행기 엔진 같은 소리가 터져나오면서[3] 미친 듯이 배가 요동쳤다. 꽤 큰 배였고 롤링도 없고 빨라 천 마력은 되는 것 같았다. 붕대 위로 얼핏 보니 빨간 불빛이 번쩍여 이것이 고비라고 생각했다. 배는 또 10여 시간 달렸다.

《동아일보》 1973년 8월 14일자

김대중의 체념을 생각해본다. 정신적 진공 상태에서 오히려 '평안'했을까. 나는 잃을 수도 있다. 억울하지만, 생명을 잃을 수도 있다. 나는 끝이다. 그런데 하느님, 저 데려가셔도 좋은데요, 살려주시면 기쁘게 살겠습니다.

캄캄한 밤, 칠성판에 사지가 묶인 채 망망대해에 던져져 상어 밥이 될지도 몰랐다. 그가 느꼈을 공포와 절망을 어찌 헤아릴 수 있을까. 신은 그를 살려주었다. 납치 사건을 통해 김대중은 더 단단해졌고 세계적 정치 지도자로 우뚝 섰다.

박정희의 체념도 생각해본다. 총성이 귀를 때린 뒤, 부인이 실려 나가는 순간 큰 충격에 휩싸였을까. 잃을 수도 있다. 나는 살았지만 부인을 잃을 수도 있다. 연단 밑에 숨었다가 일어난 뒤 경축사를 태연히 읽기는 했지만 머릿속은 복잡했으리라. 정치에 괜한 욕심을 부렸다고 후회했을까? 육영수 여사 피살 사건은 민주화 세력을 때려잡을 명분을 주고 김대중 납치 사건으로 머리를 숙여야 했던 일본에게 거꾸로 조아림을 받는 절호의 기회가 되었다.[4]

그러니까 너다. 범인은 너다. 빛바랜 파란 사인펜 글씨가 점점이 흩어진 뒤 권총의 형상이 되어 나타나 사진 속 그의 머리를 겨눌 것만 같

---

3 _ 김대중은 "중앙정보부원들이 자신을 바다에 빠뜨려 죽이려 했는데 미국 비행기가 나타나 중정 요원들이 자신을 죽일 수 없었다"고 주장해왔다. 국가정보원 과거사위원회에서도 이 문제를 조사했지만, 미국 CIA나 일본 경시청 등에서 김대중을 구하기 위해 비행기를 파견했다는 근거는 찾아볼 수 없었다.('윤진원도 이후락도 박정희도 자기 손엔 피를……', 〈한겨레〉 2012년 6월 16일자 '한홍구의 유신과 오늘')
김대중 납치의 본래 목표는 납치가 아닌 살해였으며, 그의 생환은 중앙정보부 공작단장 윤진원이 자신의 책임을 떠넘기려 했기에 가능했다고 한홍구는 주장한다. 윤진원은 오사카 현지에서 요원들과의 접선에 실패한 뒤 자기 손으로 김대중을 살해하는 것에 부담을 느껴, 자신이 타고 오려던 '용금호'에 김대중을 실어 보냈다는 것이다.

당시로서는 드문 신문 컬러사진이다. 남편과 자식들의 마지막 배웅 길. 박정희를 싫어했던 사람들도 부인 육영수에 대한 악감정은 별로 없었던 것 같다.

다. 웃지 말고, 담배 끄고…… 자백하라! 죄 없는 49세 여인 육영수는 결국 당신이 죽였다고!

4_김대중 납치 사건 뒤 박정희는 김종필 총리를 특사로 일본에 보낸다. 1973년 11월 3일자 〈한국일보〉는 "김 총리, 다나카 수상과 회담"이라는 제목으로 전날의 일본 방문을 전한다. 한국 언론에서는 '회담'이라고 보도했지만 일본 언론에선 '사죄한다'는 의미의 '진사식(陳謝式)'이란 표현을 썼다고 한다. 1년 뒤 상황은 역전됐다. 문세광이 일본 정부 발행의 여권으로 입국했고, 일본 경찰에서 훔친 권총을 저격에 사용했다는 이유로 한국 정부는 일본 정부에 사죄를 요구했다. 각계각층에서 '화형식' '할복 기도' '투석전' '단지(斷指) 항의' 등의 과격한 반일 시위가 조직된다. 1974년 9월 19일 다나카 수상의 특사인 시이나 자민당 부총재가 한국을 방문해 박정희를 예방하고 1년 전 받은 '진사(陳謝)'를 돌려준다.

사회면 1단 기사들이 스크럼을 짜다

반유신의 파도

'어깨동무'를 하고 싸웠다.

그냥 구호만 외치면 허전하다. 서로 어깨를 겯고 함께 소리치면 외롭지 않다. 꽉 찬 연대감을 느낀다. 내가 기억하는 1980년대 대학가의 시위 현장에선 늘 어깨동무를 했다. 전초전이었다. 집회가 끝나면 어깨와 어깨가 고리처럼 연결된 단단한 대오가 만들어졌다. 처음엔 천천히 걸었다. 서서히 빨라졌다. 나중엔 뛰었다. 구호는 빨라졌고, 호흡은 가빠졌다. 절정의 순간, 교문 밖으로 어깨동무 대열이 돌진했다. 경찰이 쏜 최루탄이 하늘에서 터졌다. 친구들은 어깨를 풀고 흩어졌다. 다들 코를 쥐고 눈물을 흘렸다.

'스크럼(scrum)'이라고도 한다. '어깨동무'는 다정하고 친밀한 어감이지만, '스크럼'에선 용단과 저항의 냄새가 풍긴다. 시위대의 선두에 선 이들은 메가폰을 들고 이렇게 외치곤 했다. "학우 여러분, 자, 모두 일어나서 함께 스크럼을 짜고 힘~차게 나갑시다!"

아버지의 스크랩북 9권, 10권(1973년 1월~1976년 10월)을 펼친다. 유신 선포 이후 칼바람이 불던 국내 정세에 집중해서 본다. 우우우우우-. 한편에선 권력의 광풍이 불고, 또 한편에선 뜨거운 함성이 맞바람이 되어 부딪치는 소리가 환청처럼 들린다. '스크럼'을 짠 그들이 몰려오는 환상을 본다.

> 서울대 농대 학생 5백여 명은 9일 상오 11시 15분께 교내 강당 앞에 모여 '언론 자유와 구속·구류 학생의 석방'을 요구하는 결의문을 채택한 뒤 **'스크럼'을 짜고** 운동장을 돌면서 한때 시위를 벌였다. 1백여 명의 기동경찰은 이날 교문 밖에서 학생들의 진출을 막았다.
>
> (1973년 11월 10일자 신문)

상오 11시 35분께 기동경찰이 쏜 최루탄에 쫓겨 일단 해산했던 (고려대) 학생들은 낮 12시 20분 다시 강당 앞에 집결, **'스크럼'을 짜고** 교정을 돌아 학교 북쪽 철조망을 넘어 중앙산업 옆 골목으로 진출하려다 종암로 중앙산업 정문 앞에 배치된 경찰의 제지로 다시 교내로 쫓겨 들어갔다.

《한국일보》 1973년 11월 10일자

스크럼을 짜기 시작했다. 1972년 10월 유신 체제 선포 이후 숨죽였던 1년이었다. 1973년 10월 2일 벌어진 서울대 문리대생들의 이른바 '10·2 시위'가 발화점이었다. 20명이 구속되고, 23명이 제명되고, 18명이 자퇴당하고, 56명이 무기정학 처분을 받았지만 불은 꺼지지 않았다. 11월 5일에 김지하, 법정, 지학순, 천관우, 함석헌, 홍남순 등 각계 인사 11명이 서울 YMCA 회관에서 시국 선언을 하면서 불은 더 힘을 받는다. 스크랩엔 조그만 1단 기사들이 군중 집회를 연상시키듯 우르르 몰려 있다.

70~80년대 세로 편집 신문을 읽었던 기억이 있다면, 1단 기사 스타일이 눈에 익으리라. 80년대 중반 대학에 다닐 때도 대학가 시위 기사는 왼쪽 뒤편 사회면에 이와 비슷한 형식으로 편집되었다. 세로 2.8센티미터가량의 크기에 2백 자 원고지 한 장 분량. 제목은 한 줄에 길어야 여덟 글자였다.

1973년 '10·2 시위' 이후 서울대를 비롯한 대학가엔 동맹 휴학 바람이 불었다. 이를 전하는 활자들이 꿈틀거린다. 학생들의 요구는 크게 ①구속 학생 석방 ②학원 사찰 중지 ③언론 자유 보장 ④민주 체제 확립이었다. 여기서의 민주 체제란 오직 한 사람이 독식하는 유신 체제에 반

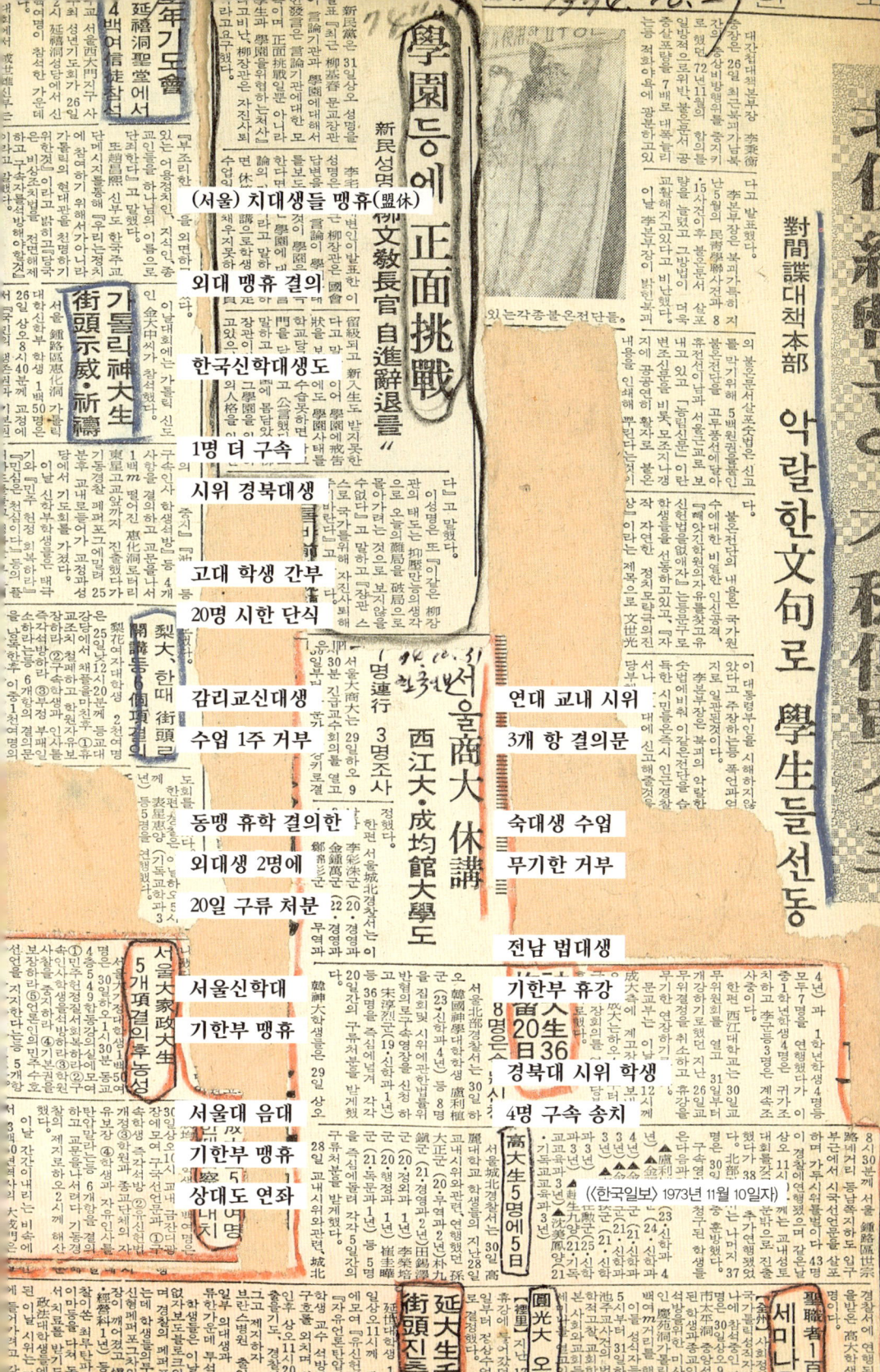

學園등에 正面挑戰
新民성명
"文敎長官 自進辭退를"

(서울) 치대생들 맹휴(盟休)
외대 맹휴 결의
한국신학대생도
1명 더 구속
시위 경북대생
고대 학생 간부
20명 시한 단식
감리교신대생
수업 1주 거부
동맹 휴학 결의한
외대생 2명에
20일 구류 처분
서울신학대
기한부 맹휴
서울대 음대
기한부 맹휴
상대도 연좌

연대 교내 시위
3개 항 결의문
숙대생 수업
무기한 거부
전남 법대생
기한부 휴강
경북대 시위 학생
4명 구속 송치

《한국일보》 1973년 11월 10일자

하는 개념이었다. 한 단에 5~6자 되는 제목들이 각각의 대학 이름을 명찰처럼 달고서 길고 긴 행렬을 이룬다. 활자들이 어깨동무를 하고, 스크랩 안에서 '유신 철폐'라는 구호를 외치는 듯하다. 아버지는 이런 시를 적었다.

인생의 거부

벌거벗은 나무에 목을 건다
배곯은 창자들이
프랜카드를 치켜들고
천사의 합창 소리에
벙어리들이
춤을 추며 거리로 나왔다

여기는 광야
우물 안 개구리를 비웃는다
권력의 타자(打者)
아무도 없는데
세월은 고아처럼 울고만
있구나

태양이 솟구치는 아츰(아침)
반기는 손님도 없는데
흰 손수건을 든 처녀들이

기분을 낸다

"벙어리"들은 없다. 보수적인 기독교인들도 "광야"에 나와 "태양이 솟구치는 아츰"을 맞이하기 위해 나섰다. 아버지가 구독하던 교계 신문에까지 시국 기사가 등장할 정도였다. 일간지(《한국일보》) 1단 기사의 제목 행렬도 계속된다. 이대생…건대생…새문안교회 학생…한양대생…성대생…서울여대생…서강대생…숭전대생…연대 신학대학원생…경북대생…인하공대생…중대생…홍대생…영남대생…덕성여대생…수도여사대생…전남대생……

대학가 시위가 격화하자, 정부는 11월 27일부터 12월 1일에 걸쳐 조기 방학을 실시하도록 지시했다. 광주에서는 고등학생까지 시위에 나서자 오일 쇼크(유류 파동)에 따른 에너지 절감을 이유로 12월 4일부터 방학에 들어갔다. 국민학교(초등학교)까지 조기 방학을 했던 모양이다. 〈한국일보〉의 4컷 만화 '두꺼비'는 이러한 상황을 풍자한다. "국민학교도 왜 일찍 방학을 하나요?"(꼬마) "그건 날씨도 춥고 기름도 절약할 겸……"(아빠) (손가락질을 하며) "이러지를 마세요!!"(꼬마) "도매금이라는 거쯤은 나도 알고 있어요!"(꼬마)

그해 겨울, 반유신체제운동의 횃불이 타올랐다. 12월 24일엔 개헌 청원 1백만인 서명운동이 터져나온다. 박정희 정권은 "국가 기본 체제에의 도전" 운운하는 담화문으로 겁을 주다가 이듬해인 1974년을 맞자마자 개헌 언동을 비상군법회의에 회부하는 긴급조치 1, 2호를 선포(1월 8일)한다. 그리고 개헌 청원 서명을 이끌었던 장준하, 백기완, 김경락, 이해학, 김진홍, 인명진 씨 등을 구속한다. 그리고 4월 3일. 무시무시한 긴급조치 4호!

학원 데모 징역 5년~사형
소속 학교 폐교까지도
박정희 대통령은 3일 하오 10시를 기해 학원 사태에 관한 대통령 긴급조치 제4호를 선포, '전국민주청년학생총연맹'과 이에 관련되는 제 단체를 조직하거나 또는 이에 가입하는 등 일절의 행위, 학생의 정당한 이유 없는 출석, 수업 또는 시험의 거부 등 및 학교 내외의 집회, 시위, 성토, 농성 기타 일절의 개별적, 집단적 행위를 금하고 이에 위반하거나 이 조치를 비방한 자는 사형, 무기 또는 5년 이상의 유기징역에 처하며 15년 이하의 자격정지를 병과할 수 있다고 발표했다. (하략)

《〈한국일보〉 1974년 4월 5일자》

시위하려고 어깨동무하면 죽는다. 스크럼 짜고 친구들과 교정을 돌면 최고 사형이다. 소름이 끼치는 담화문인네, 왠지 웃기려고 작정한 개그 프로의 대사같이 느껴진다. '정당한 사유 없이 결석이나 시험 거부 행위'를 해도 사형이란다. 이 긴급조치의 빌미는 '전국민주청년학생총연맹'(민청학련)이었다. 민청학련이란 1974년 4월 3일 총궐기 시위를 기획

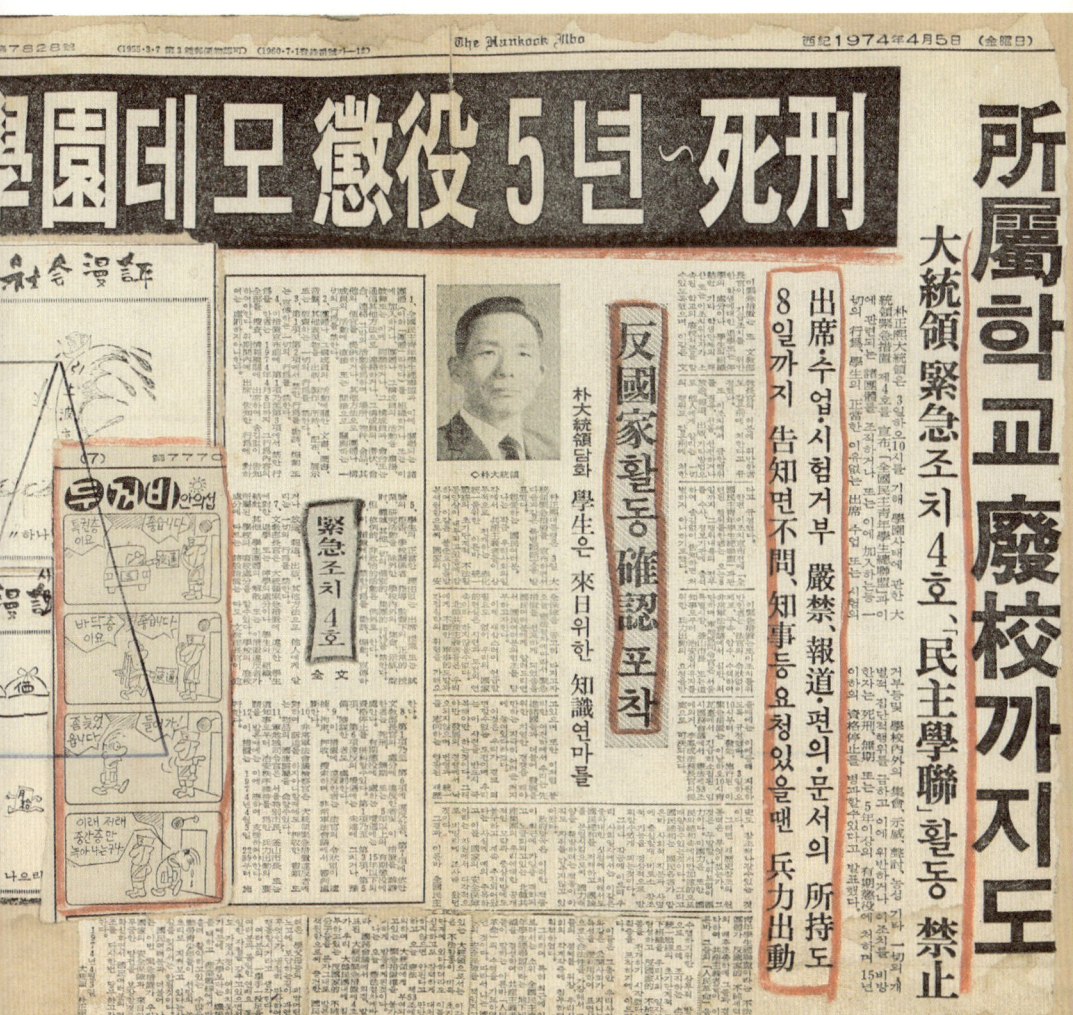

데모하면 사형, 데모하면 사형, 데모하면 사형…. 근엄하신 박정희 대통령 각하에게 귓속말로 딱 한마디만 던지고 싶다. "장난하니?"

했다가 무산된 학생들이 유인물에 편의상 붙인 호칭이었다. 중앙정보부
장 신직수는 4월 25일 민청학련에 무시무시한 배후가 있는 양 발표했다.

시위를 전하는 1단 기사는 자취를 감추었다. 그해 4월은 봄이었으
되, 겨울이었다. 6월 28일엔 해경 경비정 863호가 북한 함정 3척의 공격
을 받고 침몰했다. 경비정에는 28명의 승무원이 타고 있었다. 8월 15일
엔 육영수 여사가 광복절 기념식에서 저격당해 운명했다. 각계의 '북괴
만행 규탄 운동'이 연이어 조직되면서, 개헌 운동은 끼어들 틈이 없었다.

여름이 끝나가던 8월 22일에야 판이 벌어질 기회가 생겼다. 김영삼
씨가 신민당 새 총재로 선출됐다. 4월 28일 유진산 총재 별세 후 4개월
만에 열린 전당대회였다.

김영삼의 공약 중 하나는 유신을 해체하는 '개헌 투쟁'이었다. 김영
삼 총재가 선출된 다음 날 긴급조치 1호(개헌 언동 관계), 4호(민청학련 관
계)가 해제됐다. 9월 24일엔 원주 원동성당에서 지학순 주교의 구속에
항의하는 3백여 명의 신부들이 '정의구현전국사제단'을 발족했다. 지학
순 주교는 두 달 전인 7월 민청학련 사건 관계자에게 자금을 지원했다는
명목으로 구속 기소된 바 있다. '지학순 주교 석방'의 소망이 묻은 1단
기사 제목들이 신문 지상에 서서히 떠오르며 다시 스크럼을 짰다.

기독교회관 기도회

공동기도문 발표

**함석헌·천관우 씨
한때 연행됐다 귀가**

2명 추가 연행
법대생 낙산제 관련

천주교 신도 등
천여 가두행진
지 주교 석방 등 결의

한국신학대 교수
공개결의문 마련

(《한국일보》 1974년 9월 28일, 29일, 10월 4일자)

　시위대들의 결의문은 대략 ①민주 헌정 회복 ②긴급조치 무효화, 구속중인 지학순 주교를 비롯한 성직자·교수·학생 등의 즉각 석방 ③언론·보도·집회·결사의 자유 보장 ④서민 대중의 최소한의 생활복지 보장 등이었다. 결국 가장 근본적인 화두는 민주 헌정 회복, 즉 개헌을 통한 유신헌법 철폐였다.
　11월 15일엔 신민당 의원총회를 마친 김영삼 총재 등이 의사당 정문 밖으로 나와 개헌 시위를 벌이려다가 미수에 그쳤다. 같은 날 광주일고생 7백 명은 1교시 수업이 끝나자마자 스크럼을 짜고 "구속 학생 석방" 등을 외치며 교문을 박차고 나가 충장로까지 가서 데모를 벌였다. 18일엔 '자유실천문인협의회' 회원 30여 명 등의 문인들이 "유신헌법 철폐" 등의 구호를 외치며 가두데모를 하려다가 제지당했다. 1단 시위 기사는 쉼 없이 이어진다.
　이 작은 1단 기사를 지켜내기 위해 기자들은 마음고생을 했다. 시위

기사 한 줄 넣기도 아슬아슬했다. 기관원이 신문사 편집국 안에 무시로 드나들었다. 신문 제작과 관련해 트집을 잡힌 신문사 간부들은 중앙정보부에 수시로 불려 갔다. 신문 기자들도 머리띠를 묶었다.

그 백미는 〈동아일보〉 백지 광고 사건이다. 아버지의 스크랩북 9권 맨 마지막 장은 다음과 같은 광고로 장식돼 있다.

대광고주들의 큰 광고가 중단됨으로 인하여 광고인으로서 직책에 충실하기 위하여 부득이 아래와 같은 개인 정당 사회 단체의 의견 광고, 그리고 본보를 격려하는 협찬 광고와 연하 광고를 전국적으로 모집하오니 전 국민의 적극적인 성원을 바랍니다.

동아일보사 광고국장 김인호

1975년 새해와 함께, 아버지는 스크랩북 제10권을 새로 시작했다. 아버지는 그즈음까지 〈한국일보〉만 정기 구독했는데, 이때부터는 〈동아일보〉를 함께 구독한 것으로 보인다. 스크랩북엔 〈동아일보〉의 백지 광고가 등장한다.

〈동아일보〉는 편집국·출판국·방송국('동아방송') 기자 결의를 통해 가장 먼저 '자유언론실천선언'을 채택한 언론사였다. 1974년 12월 16일부터 1975년 1월 23일까지 〈동아일보〉 광고의 98퍼센트가 이유 없이 떨어져나갔다. 〈동아일보〉 광고국장 김인호는 주거래 광고 기업체 간부들과 면담한 자리에서 광고 탄압이 중앙정보부 지시에 따른 것이었음을 알게 됐다.

그로부터 10년 뒤인 1985년 4월, 나는 대학 입학 직후 학보사에 수습기자로 들어갔다. 2학년 선배들로부터 '동아일보 백지 광고 사건'에 관해 알아 오라는 숙제를 받았다. 아버지의 스크랩북에 있던 백지 광고는 까맣게 몰랐다. 인터넷 검색도 없을 때였다. 서울 세종로 동아일보사까지 찾아갔다. 고향에 있는 아버지한테 전화만 했어도 쉽게 알았을 텐데. 1975년 1~2월에 〈동아일보〉 광고란을 채운 독자들의 자발적 '격려 카피'를 하나만 읽어보자.

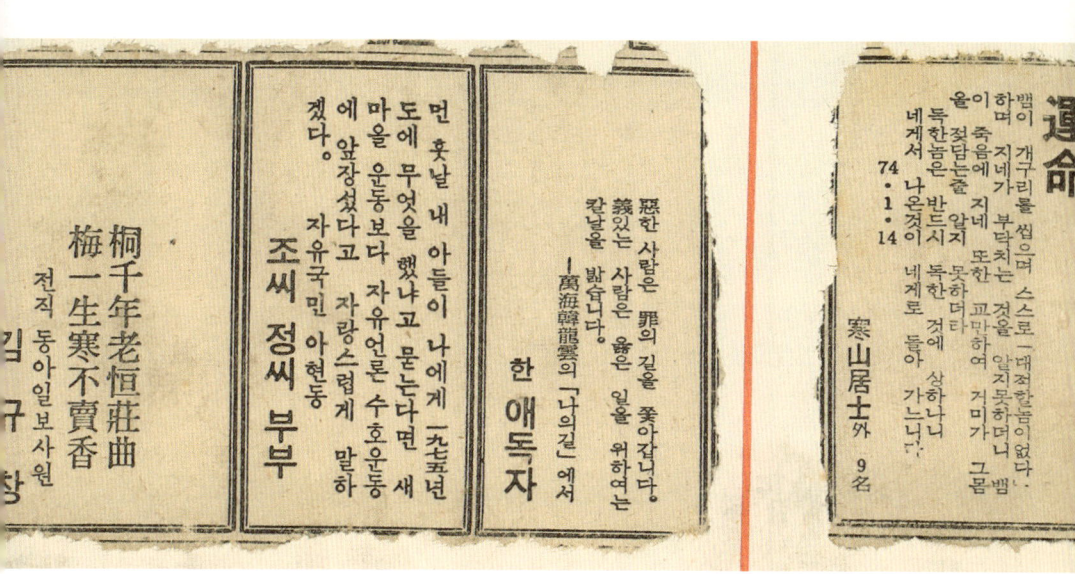

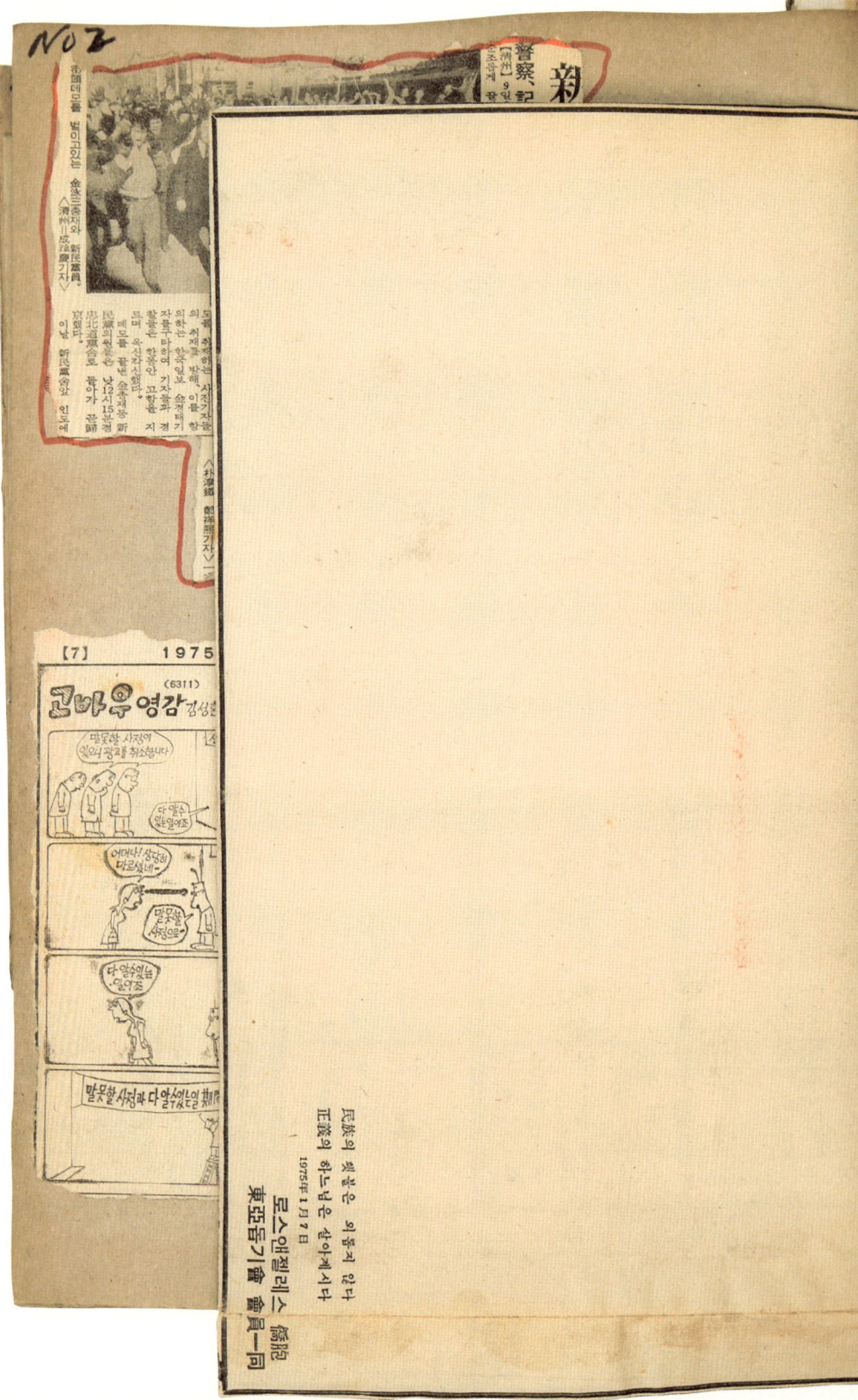

民族의 빛불은 외롭지 않다
正義의 하느님은 함에 계시다
1975年 1月 7日
로스엔젤레스 僑胞
東亞日報기者 會員一同

운명

뱀이 개구리를 씹으며 스스로 '대적할 놈이 없다'하며 지네가
부닥치는 것을 알지 못하더니 뱀이 죽음에 지네 또한 교만하여
거미가 그 목을 젖담는 줄 알지 못하더라
독한 놈은 반드시 독한 것에 상하나니
네게서 나온 것이 네게로 돌아가느니라

75. 1. 14
寒山居士 외 9명

"독한 놈은 반드시 독한 것에 상하나니"라는 말이 좋다. 민심은 역류하는 듯했다. 박정희는 반전을 시도했다. '유신헌법 찬반 국민투표'라는 승부수를 급조해 실시 일을 1975년 2월 12일로 발표했다. 투표 일주일 전이었다. 신민당의 김대중과 김영삼 총재, 통일당의 양일동 당수는 투표 거부를 호소했다. '민주회복국민회의' 등 14개 단체 역시 투표를 거부한다는 공동성명을 냈다. 정부는 국제 여론을 만회하고 전세를 역전시켜야 했다. 투표를 밀어붙였다.

아버지는 과연 투표를 했을까? 기사 옆에 적힌 시가 중요한 단서다.

국민투표의 진의

유신헌법을 소경이 읽는다
유신체제를 새로운 색시가
웃으며 좋아한다
역사의 회전 —

슬픈 기록들이 춤을 춘다
눈감고 박수를 쳐라

세월과 인생 −
거부와 찬성
네 양심대로 죽어라

세상과 영웅 −
역설적인 진리
무조건 대답하지 말라

"무조건 대답하지 말라"고 했다. 그래, 거부가 답이다. 아버지는 거부를 실천했을까? 에이, 그러지 않았다는 쪽에 걸겠다. 투표 불참 사실은 기록으로 남는다. 아버지는 당시 타향인 전북 시골에 살았다. 잘못하면 찍혀서 요시찰(要視察) 인물이 될 수 있었다. 그럼 투표소에선 은밀하게 '반대'란에 찍었을까. 알 수 없다.

2월 12일 유신헌법 찬반 국민투표 결과는 투표율 79.84퍼센트에 찬성 73.1퍼센트, 반대 25.1퍼센트였다. 각종 부정선거 의혹은 묻혔다.

박정희는 기분이 좋았겠다. 2월 15일 긴급조치 위반 구속자를 석방했다. 재야 세력은 끈기를 발휘했다. '민주회복국민회의'는 삼일절 56주년을 맞아 '민주국민헌장'을 발표하며 투쟁을 이어갈 것을 천명했다. 아버지는 이런 글을 적었다.

입을 모아 왜치며 발을 둥둥 굴러라

손을 모아 웨치며 발을 흔들며 뛰어라
눈을 모아 웨치며 발을 크게 넓게 나가라
민주의 행열 — 생명의 행열 — 승리의 행열
대행진의 물결은 파도처럼 넘실거린다
바람이 거세면 거셀수록 노성(怒聲)은 운다

"바람이 거세면 거셀수록 노성은 운다." 그렇다. 바람은 더욱 거세어졌다. 한 달 뒤인 4월 8일 '인민혁명당(인혁당) 재건위 사건'[1] 관련자 8명의 사형이 대법원에서 확정되었다.

이날 고려대에서 대대적인 시위가 벌어지자 긴급조치 7호가 발동됐다. 다음 날인 9일 상오 서울구치소에서 인혁당 관련자들의 교수형이 집행됐다. 대한민국 사법사에 치욕으로 길이 남을 전대미문의 사건이었다. 이 사실을 전하는 신문은 4월 11일자다. 그날 수원의 서울대 농대 교정에서는 김상진 군이 '대통령에게 드리는 공개장'을 낭독한 뒤 등산용 칼로 배를 그어 자결했다. 5월 13일엔 헌법에 대한 논의를 금지하는 긴급조치 9호가 공표됐다. 그럼에도 5월 22일, 서울대생 1천여 명은 김상진 추도식을 거행한 뒤 대규모 시위를 벌였다. 일명 '오둘둘 사건'이다. 경찰 병력은 시위를 진압하기 위해 관악 캠퍼스 안까지 쳐들어갔다. 언론

---

[1] 1964년 '대한민국을 전복하라는 북한의 노선에 따르는 반국가단체'로 체포되어 한 차례 유죄를 선고받았던 이들은 1974년 민청학련의 배후로 다시 지목되어 23명이 국가보안법 위반 등의 혐의로 구속되었다. 이 중 8명이 사형을 선고받고, 나머지 15명은 무기징역에서 징역 15년까지 선고받았다. 그후 2002년 9월 '의문사진상규명위원회'는 이 사건을 고문에 의해 조작된 것으로 발표했고, 같은 해 12월 '인혁당 재건위 사건'의 유족들이 서울중앙지법에 재심을 청구했다. 2005년 12월 재심이 시작되었고 2007년 1월 23일 선고 공판에서 사형이 집행된 우홍선 등 8명에게 무죄가 선고되었다.

人革黨系 8명 死刑집행

9일 上午 서울拘置所서

일 刑確定이어

民青學聯관련자, 刑確定으로

執行停止處分 새로 받을듯

12명을 다시 收監

◇都禮鍾
◇徐道源
◇河在完
◇李銖秉
◇宋相振
◇金鐘元
◇禹洪善
◇呂正男

韓國 自體防衛力 긴
美, 방위條約「空約化」

유엔外交官들 관측

再收監者 死刑집행

현장에선 3월부터 5월까지 〈동아일보〉 기자 113명과 〈조선일보〉 기자 32명이 거리로 쫓겨났다.

　스크랩북 10권 맨 앞에 놓인 시는 〈고독한 길〉이다. 어깨동무를 하면 덜 고독하다. 동무들과 스크럼을 짜면 용기가 솟는다. 언제 처음 해봤던가. 어린 시절 사진첩을 꺼내 본다. 흑백사진 속에서 초등학생인 나는 친구들과 어깨를 겯고 촌스러운 차려 자세로 어색한 웃음을 흘린다. 이건 어깨동무인가, 스크럼인가.

　《어깨동무》는 1967년 창간해 1987년 종간한 어린이 종합 잡지의 이름이기도 하다. 재단법인 육영재단이 중간에 흡수해 발행했던 매체로, 1974년 육영수 여사가 비명에 스러진 다음부터 맏딸 박근혜가 발행인이 되었다. 그랬구나, 그래서 1970년대에 《소년중앙》보다 《어깨동무》가 재미가 없었나? '어깨동무'란 잡지 이름이 '스크럼'이었다면 어땠을까? 유신과 긴급조치 1~9호 아래서 '건전한 어깨동무'는 얼마든지 해도 됐다. '불온한 스크럼'을 짜면 경찰이 달려들었다. '어깨동무'와 '스크럼'의 하늘땅 어감 차이가 당시의 어두운 시대상을 우스꽝스럽게 보여주는지도 모르겠다.

1975년 4월9일, 대한민국 민주주의가 숨을 멎던 암흑의 순간. '데모하면 사형'이라고 협박하던 유신 정권은, 인혁당 재건위 사건 관련자 8명에 대한 사형을 정말 장난처럼 집행해버렸다.

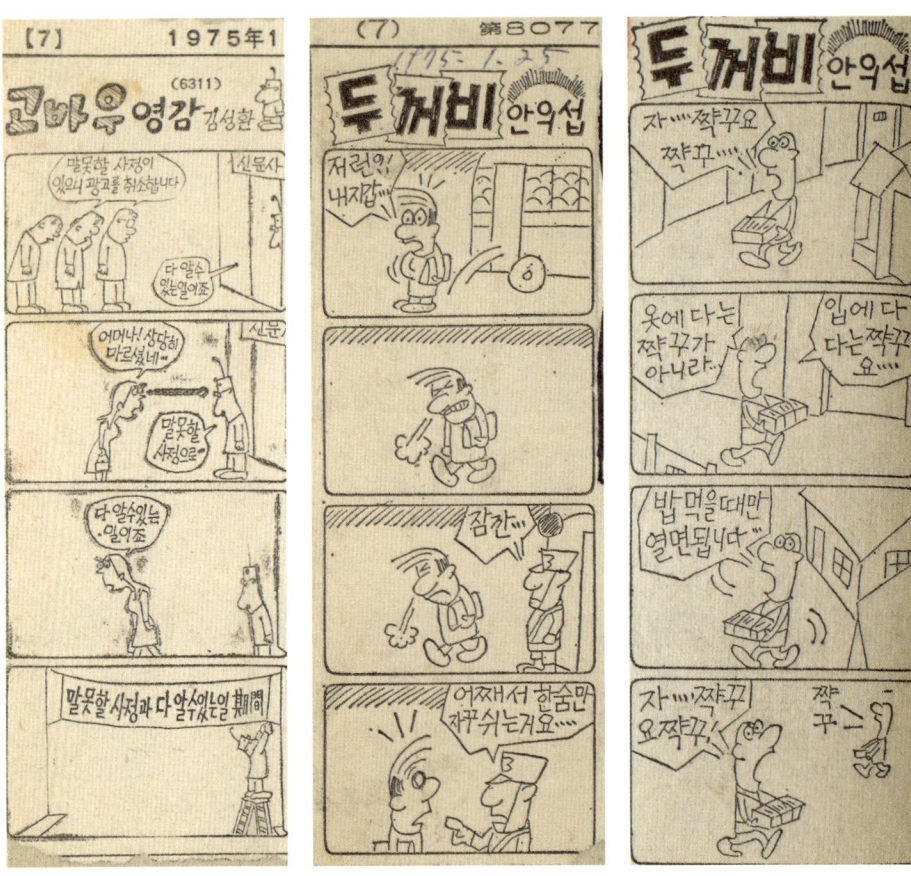

두꺼비 만화에 나오는 '짝꾸'는 무엇일까. '지퍼'의 일본식 발음인 '자크'의 변형이다. 입에 지퍼를 단다는 것은 찍소리 못한다는 뜻이다. 그래서일까. 두꺼비는 툭하면 아무도 없는 동네 뒷산에 올라 소리치곤 했다.

壹仟九百八拾九年度

現實과 終末

보기종은 寫眞帖을 보았느냐
　그러나 어디 사진첩만 가지고 행세할수 있느랴
보기종은 밝시대를 보았느냐
　그러나 어디 고기없는 물에서 행세할수 있느랴

보기종은 교회건물 보았느냐
　그러나 어디 교인없는 건물을 행세 할수있느랴

二律背反的인 비극을 보았느냐
二律背反的인 無常한 終未을 보았느냐
歷史의 흐름은 뜬구름처럼 虛無하다
歷史의 非情은 흐르는 물처럼 맘이없다
무질서한 自慢과 孤狼의 終末을 보았느냐
무질서한 倫理와 孤狼한 독재자를 보았느냐
肉으로 난것은 肉이요 성령으로 난것은 靈이니
육체의 所欲은 성령을 거스리고
성령의 所欲은 肉体를거스리나니

카터 방한
기념우표의 비밀

미군, 철수냐 안 철수냐

어쩌면 좋은가. 1년 새 할아버지가 돼버렸다.

박정희 대통령의 초상이 담긴 우표들을 찬찬히 살펴본다. 총 9장이다. 맨 아래 있는 게 가장 오래됐다. 1967년 7월 1일 발행된 제6대 대통령 취임 기념우표다. 7원이다. '청년'이라는 느낌이 들 정도로 팔팔해 보인다. 만 50세였다. 시가 적힌 가운데 공간을 넘어 수직으로 올라가면 가장 가까운 곳에 1971년 우표가 보인다. 제7대 대통령 취임 기념이다. 3원 올랐다. 10원. '3선개헌 덕분에 가능했던 대통령 자리'라는 보충 설명이 필요하겠다. 이때의 얼굴 사진은 4년 전 우표와 같다. 이번엔 왼쪽 가운데 우표로 눈을 돌려본다. 1974년 제럴드 포드 미국 대통령 방한 기념이다. 역시 10원. 박정희의 얼굴이 조금 노숙해졌다. 그 오른쪽에 있는 1978년 제9대 대통령 취임 기념우표에 이르면 완숙미가 더 느껴진다. 값은 20원으로 두 배나 올랐다.

문제의 우표는 맨 오른쪽에서 가운데 것이다. 1년 지났다. 1979년 지미 카터 미국 대통령 방한 기념우표다. 우표 속의 박정희는 훌쩍 늙어버렸다. 아니, 갑자기 노인이 된 느낌이다. 이전의 우표에선 반질반질했던 피부까지 거칠어지고 생기를 잃었다. 발행일은 1979년 6월 29일이다.

그 바로 위 우표도 같은 해다. 세네갈공화국 레오폴 세다르 셍고르 대통령 방한 기념으로, 두 달 전인 4월 22일에 발행됐다. 이 우표 속에도 젊은 박정희가 있다. 그렇다면 2개월 만에 급격히 노화가 진행됐단 말인가? 나는 그 비밀을 안다. 이 모든 건 우표 속에 나란히 있는 카터 미국 대통령을 향한 무언의 시위다. 카터, 당신이 마음고생 시켜 늙어버렸다는 항의성 메시지!

이 아홉 장의 우표들은 아버지의 스크랩북 제12권(1979년) 첫 장에 모여 있다. 시의 제목은 〈현실과 종말〉. 그러고 보니 '종말'을 맞이한 대통령을 기념하는 듯하다. 맨 왼쪽에 있는 '박정희 대통령 추모 우표'는 그 결정판이다. 1979년 10월 26일 박정희가 자신의 심복이었던 김재규 중앙정보부장에게 피격당해 목숨을 잃은 지 1백 일째 되던 1980년 2월 2일, 대한민국 체신부는 박정희 대통령 추모 우표를 발행했다. 중학교 1학년 끄트머리의 겨울방학이었던 그날 아침, 나는 추위에도 아랑곳 않고 추모 우표를 사기 위해 동이 트기도 전 동네 우체국 앞에 나가 줄을 섰다. 어린이와 청소년들 사이에 우표 수집이 한창 유행일 때였다. 영정사진 속의 박정희는 도로 젊어졌다. 가격은 또 올라 30원.

박정희가 카터로 인해 엄청난 스트레스를 받았음은 알려진 사실이다. 그 궤적을 아버지의 스크랩에서 확인해본다. 1977년과 1978년치 신문 기사가 담긴 스크랩북 제11권을 편다.

불가침협정 체결되면
미군 철수 반대 않겠다
박 대통령, 연두기자회견

박정희 대통령은 12일 "북한 공산주의자들의 적화통일 망상 포기 의도를 확인키 위해 우리가 전에 제의한 남북한상호불가침협정안을 북한 당국이 받아들일 것을 다시 한 번 제의한다"고 밝히고 "이 협정이 정식으로 체결된 연후에는 주한 미군의 철수에 반대하지 않을 것이며 이 제의에 대한 북한 당국의 성의 있는 회답을 기대한다"고 말했다. (하략)

《한국일보》 1977년 1월 13일자

주한 미군은 대소 견제에 중요 역할
박 대통령 외신 회견 "NATO와 2대 근간"
지상군의 계속 주한 요청은 않겠다

【서울UPI동양=본사 종합】 박정희 대통령은 22일 자신은 미국에 대해 주한 미 지상군을 계속 주둔시킬 것을 요청할 의사는 없다고 말하고 그러나 주한 미군과 '유럽'의 북대서양조약기구(NATO)군이 미국의 대소 견제에 2대 근간이 되고 있으며 특히 주한 미군은 중공의 대소 견제에도 정치적으로 유익한 영향을 주고 있다고 지적, 미국 정책 수립자들은 주한 미 지상군의 중요성과 전략적 가치를 보다 높은 차원에서 고려할 것을 촉구했다. (중략)

박 대통령은 "주한 미 지상군을 단계적으로 철수한다는 미국 정부의 정책이 공식화돼 있으므로 더 이상 미군을 주둔시킬 것을 요청할 의사는 전혀 없다"고 말했다.

박 대통령은 주한 미 지상군은 미국의 세계 전략과 관련 막중한 중요성을 갖고 있으며 미국의 국가 이익에 기여하고 있다고 말했다. (하략)

《동아일보》 1977년 4월 22일자

철수가 괴롭혔다. '철수와 영희'의 그 철수가 아니다. 미군 철수. 박정희에겐 꿈에라도 들릴까 두려운 말이었다. 한데 위의 두 기사에서 박정희는 의연해 보인다.

철수가 시작된 건 1971년부터다. 그해 3월 27일 주한 미군 제7사단 2만 명이 한국을 떠났다. 단계적 추가 철수안도 발표됐다. "아시아 방위의 일차적 책임은 당사국이 져야 한다"는 닉슨독트린이 발표된 지 2년 만이었다. 주한 미군 철수를 둘러싼 한-미 간의 줄다리기와 물밑 거래가 시작됐다.

1976년 12월 대선에서 당선한 카터 대통령이야말로 '철수계의 저승사자'였다. 그는 민주당 대선 후보 시절이었던 1976년 6월부터 '주한미 지상군 철수'를 공약 중 하나로 내걸었다. 1977년 1월 20일 대통령 취임 연설에서는 "우리가 자유민이라는 이유로 다른 곳에서 일어나는 자유의 운명에 대해 무관심해서는 안 된다"고 밝히며 박정희의 심사를 긁었다.

카터의 화두는 '인권'과 '양심'이었다. 한국은 그 중요한 시험 무대였다. 베트남전 철수 이후 미국인들은 자국의 젊은이들이 이국의 전쟁터에서, 그것도 남한 같은 1인 군사독재 국가를 위해 피 흘리는 걸 원치 않았다. 기사로만 보면 박정희는 '쫄지' 않았던 것처럼 보인다. 반미주의자들에게는 '의외의 자주적 모습'으로 비쳤을 수도 있겠다. 아버지로서는 우려스러운 일이었다. 아버지 눈에는, 박정희가 조심스럽지 않게 미국에 대드는 것처럼 보였던 모양이다.

> 과욕의 자신은 과대망상의 비극을 만들 수가 있다
> 더욱 계산하고 더욱 조사하고 더욱 연구해야 한다

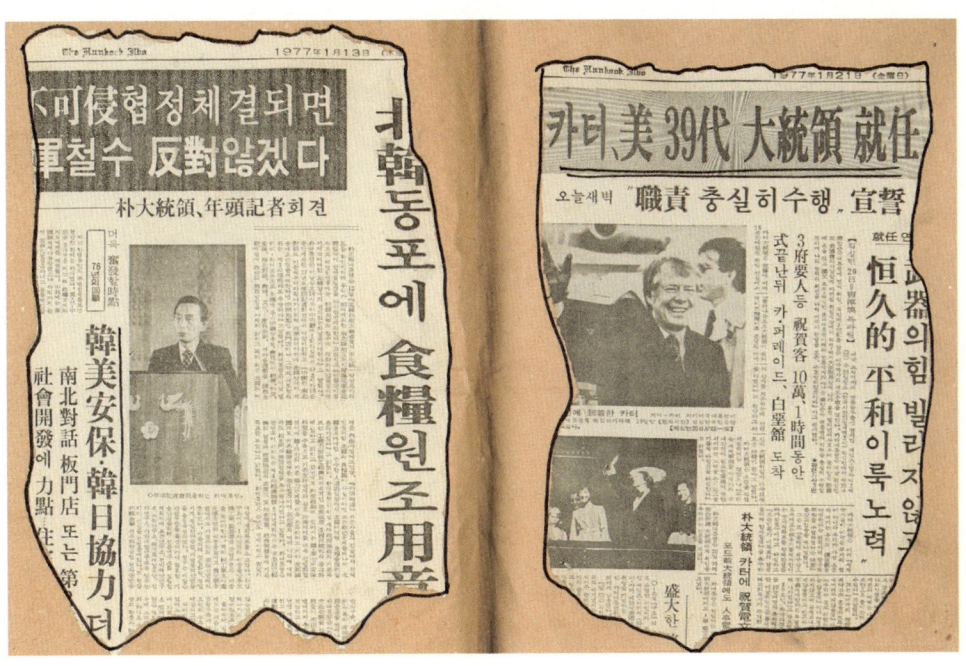

군인의 사명은 국운의 영광을 본다
역사는 조종사에게 물어보리라
무언의 신만이 알고 있을 것이다

"과욕"이라는 말을 쓴 것을 보면, 신문 기사 속 박정희의 말을 곧이 곧대로 믿은 것 같다. 박정희 밑에서 6년간이나 중앙정보부장을 했고 나중에 미국으로 망명했던 김형욱도 그랬다.

나를 더 격발시킨 것은 주한 미군은 철수해도 좋다는 식으로 정부 대변인을 시켜 다분히 감정적인 반발을 보이고 있던 박정희의 태도였다. 앞서 몇 차례 밝힌 바 있지만 나는 박정희의 사상 동향에 대해서 의구심을 가지고 있다. 해방 전과 정부 수립 이전의 그의 경력은 말할 것도 없고 1972년 유신 선포를 전후하여 김일성과 비밀 흥정을 벌였을 때만 해도 나는 박정희가 김일성과 무슨 비밀 거래를 교환했는지, 그 내용에 자못 의구심을 가지고 있었다. 그는 때때로 반미 발언을 서슴지 않았고 "미국놈들은 꺼져야 해"하고 말한 적이 있었다. 주한 미군이 철수해도 좋다는 박정희의 발언을 전문하면서 나는 불현듯 그가 겉으로는 다분히 감정적인 반발을 하는 척하면서도 내심으로 사실은 차제에 미군이 한반도에서 철수하는 것을 노리고 있지나 않나 하는 의혹이 번개처럼 나의 뇌리를 때렸다. 그렇게 되면 어떻게 되는 것인가? 박정희와 김일성의 야합이 사실상 얼마든지 가능하지 않는가 말이다.

《김형욱 회고록》 제3권 중에서)

'정통 반공주의자'를 자처한 김형욱은 늘 '전향한 공산주의자'였던 박정희에 대한 의심을 거두지 않았다. 초기 중앙정보부장 시절에도 박정희의 사회주의 활동 경력과 관련한 비밀 보고서를 몰래 읽으며 고뇌에 빠지기도 했던 터였다. 철수 이야기는 계속된다.

"발언 내용에 유감 없다"

【뉴우요오크 로이터 합동】'지미 카아터' 미국 대통령의 주한 미 지상군 철수 계획을 실책이라고 비난하여 대통령으로부터 백악관에 출두해서 그 발언을 해명하라는 소환령을 받은 주한 미군 참모장 '존 싱글러브' 소장은 20일 자신의 발언이 물의를 일으

킨 데 대해 대통령에게 사과하겠으나 '워싱턴 포우스트' 지와의 인터뷰에서 한 이야기를 고수하며 발언 내용에 아무 유감이 없다고 말했다.

《동아일보》 1977년 5월 21일자

존 싱글러브 주한 미군 참모장은 〈워싱턴 포스트〉 1977년 5월 9일자 인터뷰에서 카터의 주한 미 지상군 철수 계획을 비판했다. 내용은 이렇다. "카터의 철군 계획은 2~3년 묵은 군사 정보에 바탕을 두고 있으며 지난 12개월 동안 북한 군사력은 훨씬 강력한 것으로 평가되고 있다. 남한에서 미 지상군을 모두 빼 가면 남북한 모두에게 미국이 한반도에서 손을 떼는 것으로 인식되어 전쟁이 날지도 모른다." 화가 난 백악관이 소환령을 내렸다. 그는 "물의를 일으킨 데 대해 대통령에게 사과하겠으나…… 발언 내용에 아무 유감이 없다"고 맞섰다.

이른바 '싱글러브 항명 사건'이다. 이는 미국 역사상 두번째 항명 사건이라고 한다. 첫번째 항명 사건의 주인공은 유엔군 사령관 맥아더였다. 그는 1951년 4월 만주 폭격 등을 둘러싸고 트루먼 대통령과 대립하다 해임됐다. 미국 언론은 싱글러브를 '제2의 맥아더'라고 치켜세우기도 했다. 며칠 뒤 미국은 한국에 특사를 보낸다.

철수냐 안 철수냐. 얼마나 지겨웠으면 〈한국일보〉의 '두꺼비'가 엉엉 운다. "하도 재미가 없어서……" "신문이……" "몇 해를 두고 철군 문제만 밤낮……" 〈동아일보〉의 '고바우 영감'에선 한 사내가 신경과를 찾아간다. 그의 이름은 '철수'다. 의사에게 "온통 세상 사람들이 내 얘기만 하는데……"라고 하소연한다. 텔레비전에선 "철수, 철수"라는 말이 계속 흘러나온다. 철수 타령은 계속된다. 이번엔 카터가 등장했다.

카아터의 한국 관계 회견 내용

▲ 문=한국에서 미군을 철수시키려는 귀하의 계획은 톱뉴우스가 되고 있다. 주한 미군 철수가 일본과 한국 자체와 그리고 중공에 미칠 수도 있는 영향과 비교해서 그러한 철군에서 얻어지는 이득

은 무엇인가.

▲ 답=우리는 상당한 지상군 병력을 배치한 채 25년 이상 한국에 주둔해왔다. 나의 여러 보좌관들도 동의하고 있는 내 자신의 생각은 앞으로 4~5년간에 걸쳐 매우 조심스럽고 질서 있게 수행될 철군은 한반도의 군사 균형을 변화시키지 않을 것이라는 점이다. 우리도 한국에 충분한 공군 및 해군 지원과 지상 정보 지원 및 공군에서 필요한 일을 처리할 일부 군대를 유지할 것이다. 이것과 함께 한국군의 전투력이 증강될 것이다. (중략)

그것은 군사적 정치적으로 확고한 공약이다. 본인은 이것이 한반도의 안정에 도움이 될 것으로 생각한다. 지상군의 계속 주둔이 합당치 않는 시기가 오게 되는데 바로 그 시기가 지금 온 것이다. 한국은 일부는 우리의 군사 및 경제 원조에 힘입었으나 주로 한국민의 자력에 의하여 활기 있고 강력하고 다양한 경제를 건설했으며 본인은 그들의 지상군은 우리의 해공군력과 함께 북괴의 어떤 전쟁 야욕이 있을 때 그들 자신을 방위하는 데 적절하고도 남음이 있을 것으로 생각한다.

▲ 문=미 지상군의 철수는 북괴의 남침 시 미국이 한국을 보호하기 위해 필요하면 전술 핵무기를 사용할 용의가 있다는 암시를 수반하는 것인가.

▲ 답=핵무기를 사용하는 첫번째 나라가 전 세계의 힐책을 받게 될 매우 중대한 조치를 취하게 되는 것임을 누구나 인정하고 있는 것으로 나는 생각한다.

그러나 서태평양과 '유럽' 등 핵무기가 배치되어 있는 지역에서 그리고 우리의 본토를 방위하기 위해서 핵무기 배치는 필요할 경우 그 가능성을 시사하는 것이다.

> 본인은 우리가 원자 무기로써 전략적 엄호를 하고 재래식 한국
> 군사력을 이에 결부하면 적절하다고 생각한다. 그러나 이 두 개
> 가 나 자신의 계획에서 꼭 결부되어 있다고는 말할 수 없다.
>
> 《동아일보》 1977년 5월 30일자

카터는 주한 미 지상군을 단계적으로 철수하되 공군 및 해군 지원은 계속하겠다고 말했다. 한국의 지상군과 미국의 해·공군이 결합하고 이 모두가 미국 핵무기의 우산 아래 있다면 재래식 전쟁 억제는 충분하다는 이야기다. 아버지는 쓴웃음을 지었는지 "어디 두고 보겠다 (……) 약속을 지키는가 말이다"라는 투로 글을 썼다. 그동안 박정희를 비판했던 아버지가, 박정희를 염려하는 분위기다.

핵무기가 나왔으니, 박정희의 핵 이야기를 해보자. 박정희는 1969년경 핵 구상을 했고, 1972년 핵 개발에 착수했으며, 의지의 지속 여부와 관계없이 1978년경 핵 개발을 중단했다는 게 정설이다. 국방과학연구소에 '백곰' 미사일 개발 팀을 두어 해외에 있는 한국인 과학자들을 대거 불러들였다는 등의 단편적인 소식들은 박정희가 핵을 민족주의의 무기로 사용하려 했던 양 부풀려졌다. 이는 "81년 국군의날 원자탄을 공개한 뒤 하야할 계획"이었다거나, "핵무기 개발 의지 때문에 미국의 사주를 받은 김재규에 의해 암살당했다"는 전설로 와전되기도 했다.

박정희에겐 또 다른 핵무기가 있었다. 바로 '로비'였다. 1976년 10월 24일 〈워싱턴 포스트〉는 "한국 정부, 미국 정치인들에 수백만 달러 뇌물 제공"이라는 기사를 내보냈다. 주인공은 박동선. 이 사건은 "코리아게이트"로 불렸다.

10만 달러 바꾸어
파우치 편에 보내

김형욱 씨는 10만 달러를 암시장에서 바꿔 외교 파우치로 송부한 사실 등 박(박동선—필자주) 씨의 '조오지 타운 클럽' 설립과 운영을 지원한 내용을 설명했다. 이 밖에 '해너' 전 하원의원과 박 씨의 부탁을 받아 박 씨를 쌀 수입 중계인으로 결정하도록 67년 당시 조달청장 김원희 씨에게 영향력을 행사했다고 김형욱 씨는 증언했다. 이날 증언한 한국인은 이근팔 씨(70년에 사임한 전 주미 대사관 직원), 유재신 씨(박동선 씨 회사 고용원) 등이었다. 이 씨는 박동선 씨가 양두원 주미 공사를 자주 방문하는 등 무척 가까운 사이였다고 증언했다.

그는 한때 김동조 주미 대사가 박동선 씨를 가리켜 "주미 대사의 영역을 침범하는 거만한 젊은이"라고 몹시 불평을 한 일이 있다고 말했다. 윤리위 조사관은 9월 30일자로 작성된 '박동선 활동의 결과'라는 박 씨 사무실에서 발견된 장문의 문서를 제시하자 유재신 씨는 이 문서가 "서울에 송부된 것으로 믿는다"고 말했다. 이 문서의 내용은 박 씨 활동의 상황 수단 방법 자금 사용 내역 활동 결과 분석 평가 등 항목으로 나누어 박 씨의 활동을 성공적인 것인 양 표현한 것이었다.

이 문서는 박동선 씨 '영향하'에 있는 사람이 상하 양원에서 1백20명 행정부 관리 및 기타 30명 도합 1백50명이며 박 씨를 "미국 정계와 폭넓은 접촉을 가졌고 독신자라 활동 시간을 많이 가질 수 있으며 상류사회에 찬란한 설득력과 좋은 인상을 심어주는 사람"이라고 평가했다.

이 문서는 총 평가 부분에서 박 씨가 로비를 개시한 지 6개월 만에 미국의 대한군수에 관련, 상하 양원 의원과 행정부 관리 및 백악관 보좌관 등을 자신의 영향력하에 포섭할 수 있었다고 격찬했다. (하략)

(《동아일보》 1977년 10월 22일자)

당시 뉴욕에 망명중이던 김형욱 전 중앙정보부장은 1977년 2월부터 한미 관계 조사를 위해 가동되었던 프레이저 청문회의 증인으로 출석해 박정희가 듣기 싫어할 소리만 골라 했다. 미국과 한국 사이의 쌀 중개업자인 박동선을 지원하기 위해 10만 달러를 암시장에서 바꿔 외교 파우치(행낭)로 송부한 사실을 털어놓았다. 기사 속 문서에 따르면 박동선의 영향 아래 있는 사람이 상하 양원 120명, 행정부 관리 및 기타 30명, 도합 150명이었다고 한다. 박동선이 지녔다는 "상류사회에 찬란한 설득력"이라는 말이 인상적이다.

박동선은 쌀 중개로 미국의 쌀 수출 기업으로부터 막대한 중개료를 챙겼다. 1978년 2월 박동선의 미 상·하원 윤리위원회 증언에 따르면, 박동선은 한국에 대한 쌀 판매로 약 920만 달러를 벌어 이 중 8백만 달러를 로비 활동 등에 지출했다. 같은 해 4월 청문회에선 하원의원 리처드 해너 등 32명의 전·현직 의원들에게 약 85만 달러의 선물과 금품을 제공했다고 고백했다. 1972년 대통령 선거 때는 공화당 후보 닉슨에게도 2만 5천 달러를 제공했다고 한다. 왜 이렇게 로비를 했을까. 다 철수 때문이다. 어떻게든 반한(反韓) 여론을 잠재우려 했고, 주한 미군 철수에 대응하려 했다. 주한 미군 철수가 불가피해지면, 대신 미국 의회의 예산 승인이 필요한 군사원조라도 받아야 했다. 미국 의회를 돈으로 설득하려 했다.

78.3.23

한국로비活動, 71年 키신저에 보고

下院프레이저委

FBI 機密메모를 공개

〖워싱턴22일=實淳煥특파원〗존·미첼前美법무장관은 美연방수사국(FBI)이 자신에게 한국요원의 對美의회로비활동에 관해 보고해왔으나 자신의 보좌관들은 이를 기소할만한 근거가 없는것으로 판단했었다고 21일 下院국제관계小委에서 증언했다.

미첼은 이날 1시간에 걸쳐 공개증언하는 자리에서 한국요원이 칼·앨버트前하원의장을 위해 일하고 있다는 FBI정보에 따라 지난 71년 10월 14일 앨버트의 집을 직접방문했으나 앨버트당시 하원의장은 수지·朴·톰슨의 한국교섭을 흡족하여 인으로『전혀 문제될것이 없다』는 답변을 들었다고 말했다. 한편 프레이저小委는 이 ...

野黨는 또『대통령후보문제는 즉시 철회하고 조속히 대화의 문을 열것』을 촉구했다.

野黨는 또『대통령후보지명을 제쳐놓고 政黨의 受權태세의 지를 나타낼 최고의 문제』라면서『집권자의 威勢를 의식한 나머지 이 문제마저 기피한다는 것은 자기모독이며 政黨의 자살행위』...

朴東宣씨가 미국인변호사「헌들리」씨와 함께 문장으로 가기위해 엘리베이터를 타고있다

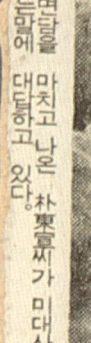

며칠을 마치고 나온 朴東宣씨가 미대사관들에서 내외기자들에 둘러싸여 둘…

박동선은 1977년 9월 22일 뇌물 제공과 선거 자금 불법 제공 등의 혐의로 미국 검찰에 기소되었다. 박동선의 소환을 거부하던 한국 정부는 한국에서의 검찰 공동 심문을 받아들였고, 면책 특권을 받는다는 조건으로 1978년 2월 미국 의회 윤리위원회와 청문회에 박동선을 출석시킨다.

철수, 철수 하던 언론은 이번엔 박동선, 박동선 타령으로 선회했다. '고바우 영감' 속 라디오는 '박동선'만 읊어댄다. 박동선은 '철수 억제제'가 아니라 '철수 촉진제'로 작용했다. 다음 기사들은 여기에 맞서려는 여론전처럼 보인다. 또 철수, 철수, 철수, 아니 철수 반대, 철수 반대, 철수 반대다.

"북괴 서울 기습 점령 가능"
카터 철군 계획을 재고

【워싱턴 7일=조순환 특파원】 세계 군사력 균형에 관한 미 정부 보고서는 북괴의 기습공격으로 한반도에 전쟁이 나면 서울을 점령당할 수 있다고 경고했으며 이에 따라 카터 행정부는 주한 미 지상군의 철수 계획을 재고하고 있다고 뉴욕타임즈 지가 6일 보도했다. 뉴욕타임즈 지는 이날 1면 톱기사에서 한반도에서 전쟁이 재발할 경우 미국은 ▲ 5대의 항공모함 ▲ 2개 해병 여단 ▲ 1개

지상군 사단과 ▲ 24개 전투비행대대(1개 대대는 보통 18대)를 동원하여 한국을 지원할 것이라고 이 보고서를 인용 보도했다.

《한국일보》 1978년 1월 8일자

북괴 남침 땐 즉각 개입
브라운 미 국방 의회서 보완 거부면 철군 보류
【워싱턴 23일=조순환 특파원】 해롤드브라운 미 국방장관은 22일 의회 증언에서 (중략) 철군 기간 동안 북괴의 전투력이 한국을 능가하게 되고 호전적인 양상을 띠게 된다면 철군 계획은 재검토될 것이라고 밝히고 철군보완군원법안 승인과 철군 추진은 "뗄 수 없는 한 묶음"이라고 강조, 의회가 대한(對韓)보완군원법 승인을 거부할 경우에는 철군 자체가 보류될 것임을 시사했다. (하략)

《한국일보》 1978년 2월 22일자

카터는 왕따였다. 미 정부 보고서는 미군 철수에 불리한 조사 결과물을 뱉어냈다. 위 기사에서 보는 것처럼 해럴드 브라운 미 국방장관도 철수에 불리한 이야기들을 쏟아냈다. 기본적으로 군부와 CIA는 주한 미군 철수에 부정적인 입장이었다. 미국에서도 국방·안보 기득권 세력은 완고했다. "미군 철수를 위해선 대한보완군원법 승인과 철군 추진은 뗄 수 없는 한 묶음"이란다. 대한보완군원법 승인 없이는 미군 철수도 없다는 이야기다.

'대한보완군원법'이란 '미군 철수 보완을 위한 특별국 제안보 원조법안'이다. 한국 방위력이 주한 미군 철수로 약화되지 않도록 매년 2억 7천5백만 달러 규모의 군사원조를 해야 한다는 것인데, 의회 승인을 받아야 하는 사안이었다. 의회의 승인이 떨어지지 않자 미 지상군 철수 계획도 차츰 미뤄졌다. 그리고 도청 사건이 다시 터졌다.

역시 카터는 왕따였다. 그는 결국 1979년 2월 "주한 미군 철수를 잠정 보류한다"는 발표를 하고 만다. 해럴드 브라운 국방장관뿐 아니라 사이러스 밴스 국무장관, 즈비그뉴 브레진스키 국가안보보좌관, 윌리엄 글라이스틴 주한 미 대사 등 참모들 중 철수에 찬성한 이는 아무도 없었다고 한다. 1979년 6월 29일 한국을 방문해 박정희와 어떻게든 양국 현안에 관해 담판을 지어야 했던 카터는 결국 '조건부 철수 계획 재고'에 동의했다. '조건'이란 남한 군사력 증강과 87명의 반정부 인사 석방이었다. 그리고 2년 6개월간의 우여곡절 끝에 주한 미군 철수 계획은 1개 전투대대 674명의 철수만으로 마무리 지어졌다.

그렇다면 "주한 미 지상군을 계속 주둔 요청할 의사가 없다"는 박정희의 말은 진심이었을까? 아무래도 '정치적 수사(修辭)'였을 가능성이 높다. 1977년, 박정희는 버림받을까 봐 불안해했다. 미국은 1975년 베트남에서 완전히 발을 뺐다. 남베트남은 세계지도에서 사라졌다. 박정희 자신이 남베트남의 티우 정권 꼴이 나지 말라는 법은 없었다. 오래 사귀던 애인과 싸우다 삐친 사람처럼 이렇게 큰소리쳤던 건 아닐까? '좋아, 그렇게 헤어지고 싶으면 헤어져! 헤어지자고!'

1979년 6월 29일, 카터가 한국에 온 날을 또렷이 기억한다. 아버지는 약간 들떠 있었다. 카터는 아버지와 같은 침례교 기독교인이었다. 7월 1일 카터는 정동 미 대사관저에서 김수환 추기경, 한경직 목사, 강원룡 목사 등 교계 지도자들과 환담을 나눴다. 카터가 후일 미국에 있던 김장환 목사를 박정희에게 보내 '전도'를 시도했던 것처럼, 아버지 역시 박정희가 카터에게 종교적 감화를 받기를 바랐다.

박정희는 미군 철수 논란과 박동선 게이트의 와중에 99.9퍼센트의 압도적 지지로 제9대 대통령에 당선(1978년 7월 6일)했다. 애초의 철수안이 거의 백지화되었음에도 카터에 대한 분노가 누그러지지 않았으리라. 이미 심신이 미약해질 대로 미약해지지는 않았을까. 술 없이는 하루도 지탱할 수 없었기에 밤마다 궁정동에서 연회를 열었고, 이것이 결국 10·26의 비극으로 이어졌다는 게 나의 과도한(!) 추론이다.

다시 박정희와 카터가 함께 있는 우표를 들여다본다. 왜 카터하고 있는 사진만 이렇게 늙고 추레한 얼굴일까. 우연치고는 묘하다. 세상을 떠나기 전 박정희가 숨기지 못한 마지막 근심이 이 우표 한 장에 담겨 있다.

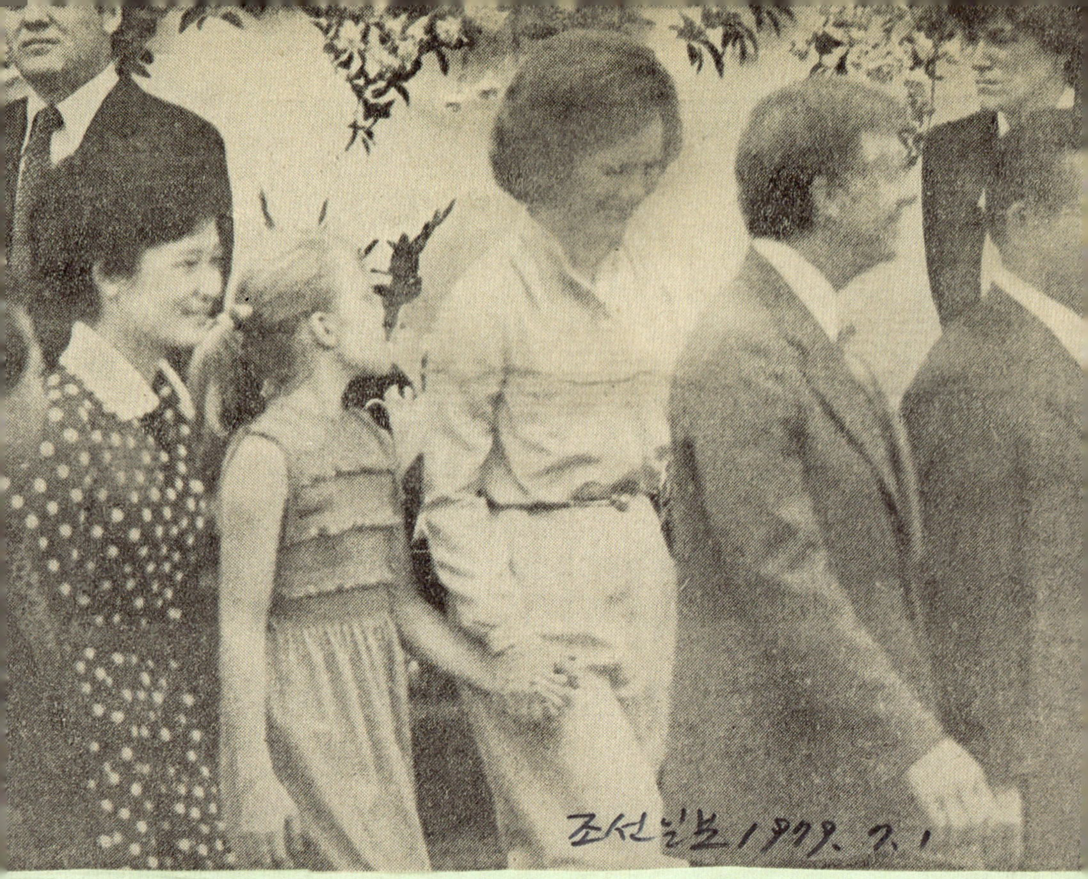

조선일보 1979. 7. 1

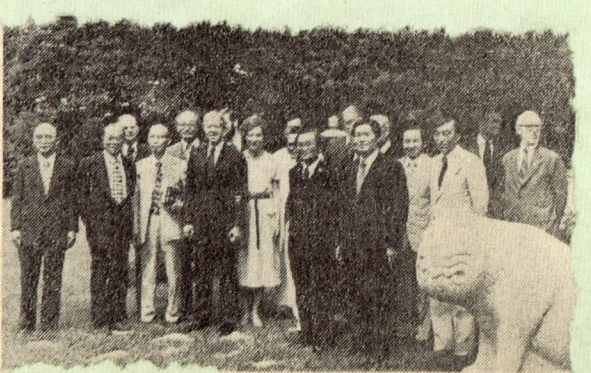

◇한국 종교계지도자와 만난 카터 대통령。카터 대통령은
1일 상오 貞洞미대사 관저에서 한국종교계지도자 12명
과 간담회를 가진후 관저 정원에서 이들과 기념촬영을 했
다。(카터 대통령 왼쪽이 韓景職목사, 그뒤 안경을 쓴 사람이
[illegible]觀錫목사, 카터 대통령부인 오른쪽이 金海得구세군 사령
[illegible], 오른쪽에서 세번째가 姜元龍목사, 네번째가 金[illegible]煥목사,

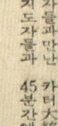

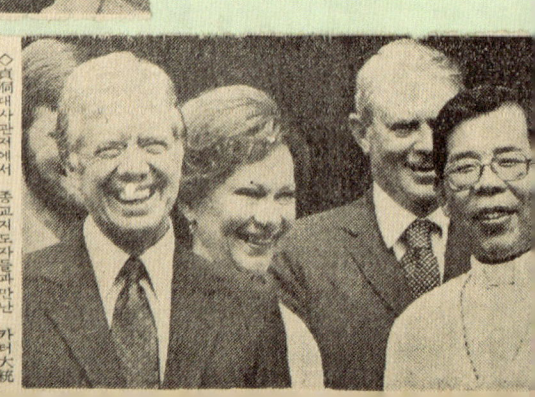

◇貞洞대사관저에서 종교지도자들과 만난 카터大統
領。金壽煥추기경㊨등 12명의 지도자들과 45분간에
걸쳐 얘기를 나눴다。

카터 방한 기념우표의 비밀 – 미군, 철수냐 안 철수냐

"카터, 당신 곁에만 서면 내가 늙는다 늙어." 그러거나 말거나 당시 초중고 생들은 카터 대통령 방한 기념우표 시트를 구입하기 위해 새벽부터 동네 우체국 앞에 줄을 섰다. 나도 그 아이들 중 한 명이었다. 8개월 뒤엔 박정희 추모 특별우표 시트를 사기 위해 추운 겨울 새벽에 집을 나섰다.

주여 왜 그에게
레임덕을 주셨나이까

망명, 그리고 10·26

'철야 농성'보다는 '철야 기도'가 많았다.

대학에 다닐 때 시국과 관계된 철야 농성을 해보았지만, 중·고등학생 때 참여한 '철야 기도'에 비하면 새 발의 피다. 내가 다니던 교회의 중·고등부 학생회에서는 한 달에 한 번 다 같이 밤을 새우며 합동 기도회를 했다. 토요일 밤마다 교회 교육관에서 불을 끈 채로 목이 쉬도록 찬송가를 부르고 기도를 했다. 저녁 8시쯤 시작된 기도회는 그다음 날 4시의 새벽 기도회 출석과 함께 끝났다.

그렇다면 그 많은 시간, 기도의 주제는 무엇이었던가. 내 공부를 위해, 가족의 건강과 안위를 위해, 친구들과의 우정을 위해, 교회의 부흥을 위해, 그 시점에 걱정되는 특정 이슈나 인물을 위해 기도했다. 그러고도 주제가 떨어지면? 국가와 사회를 위해 기도했다. "자비로우신 주님, 불철주야로 나라를 돌보시는 박정희 대통령 각하를 위해 기도합니다." 중등부에 들어가 철야 기도회를 시작한 지 1년도 안 돼 내용이 바뀌었지만. "고인이 되신 박정희 대통령을 위해 간절히 바라옵기는……."

어린 시절 수많은 시간을 들여 그분의 건강과 지혜를 위해 목 놓아 기도했다는 점은 밝혀두고 싶다. 교계 용어로 말하자면, 그 기도가 '하늘에 상달되지 못하여' 대통령은 죽음을 당했다.

1979년 10월 27일 아침의 조회 시간을 떠올려본다. 선생님은 "박정희 대통령 각하께서 서거하셨다"고 짤막하게 입을 연 뒤 한동안 말을 잇지 못했다. 교실 분위기는 찬물을 끼얹은 것 같았다. '앞으로 우리나라는 어떻게 되지?' 뒤숭숭한 불안감으로 팔뚝에 소름이 돋을 지경이었다. 그 시절을 돌아보며 아버지의 스크랩북 제11권(1977~1978년)과 제12권(1979년)을 펼친다.

강신명 목사 영결식 기도

인간의 생사화복을 주장하시는 전능하신 하나님 아버지, 우리는 지금 지나간 18년 동안 이 나라 이 백성을 위하여 심혈을 기울여가며 많은 일을 하시다가 가신 고 박정희 대통령의 영구 앞에 모여 이 세상에서 마지막 길을 보내고자 합니다.

하나님 아버지, 저 공중을 나르는 참새 한 마리도 당신의 허락이 없이는 땅에 떨어지지 않는다고 하셨기에 우리는 이 뜻하지 아니한 일에 뜻을 몰라서 안타까워합니다. (중략)

사랑의 하나님 아버지, 몇 해 전에 어머니의 참변을 당한 그 아픈 흔적이 채 아물기도 전에 또다시 자상하신 아버지를 갑자기 잃게 된 상주 지만 군과 영애 근혜와 근영이, 삼남매의 아프고 쓰린 마음을 사랑의 손길로 어루만져주시고 저들의 눈에서 흐르는 눈물을 씻겨주시옵소서. (중략)

그와 함께 이 나라를 지키기 위하여 편성된 한·미 연합군 사령관을 비롯하여 모든 지휘관들에게는 지혜를, 모든 병사들에게는 믿음과 용기를 주셔서 그들의 임무를 잘 수행할 수 있도록 도와주시옵소서.

은혜로우신 하나님, 오늘 이 장례식에 참례한 모든 사람들과 텔레비전과 라디오를 통하여 국장을 지켜보는 모든 국민들이 영도자의 가심을 슬퍼하는 데 멎지 말고 그의 뜻을 받들어 잘사는 나라로 만드는 데 일심단합할 수 있도록 인도하여주시옵소서. (중략) 끝까지 이 장례식이 어려움 없이 진행할 수 있도록 도와주시옵소서.

부활과 생명의 주 되신 예수님의 이름으로 기도하옵나이다. 아멘.

스크랩북 제12권 표지를 열자마자 등장하는 글이다. 1979년 11월 3일 아침 10시 중앙청 광장에서 거행된 영결식에서 기독교 대표로 강신명 목사가 읽은 기도문이다. 일간신문에 실리진 않았다. 아버지가 구독하던 기독교계 신문의 하나로 추정된다.

강신명 목사는 6년 뒤 내가 대학에 입학했을 때 그 학교의 총장이었다. 대학 1학년 여름방학 중에 세상을 떠났다. 영결식 날 교문 앞에 도열해 영구차를 보내던 기억이 새롭다. 대한예수교장로회 통합 쪽의 대표 인물이었던 그는 '조찬 기도회'로 학생들 사이에서 악명이 높았다. 앞에서 나는 '철야 농성'보다 '철야 기도'를 훨씬 많이 했다고 밝혔다. 생전에 강신명 목사는 내가 참여한 '철야 기도회'보다 훨씬 많은 횟수의 '대통령 조찬 기도회'를 뛰었다.

이번 장의 주제는 대통령을 위한 기도들이 왜 먹히지 않았는가 하는 것이다. 중딩 시절의 내 철야 기도가 있는가 하면, 조찬 기도회 자리에서 강신명 목사가 한 '국가 지도자를 위한' 기도도 있다. 신은 기도를 져버리고, 죽·여·버·렸·다. '박정희의 레임덕(lame duck)'이라 할 수 있는 1970년대 후반의 기사를 읽으며, 왜 신이 그 기도에 응답하지 않았는지 의문을 풀어본다.

최덕신 씨 美 망명

【동경 외신연합】 5·16 혁명 직후 외무장관을 지낸 최덕신 씨(63)가 18일 해외에서의 반정부 활동에 가담하기 위해 미국으로 망명하겠다고 밝혔다.

최 씨는 이날 동경에 있는 반한 단체 한민통 본부에서 기자회견을 갖고 이같이 밝히고 지난해 미국에 망명 요청을 한 뒤 최근 영주권을 얻었다고 말했다.

한국의 전직 각료가 해외로 망명한 경우로는 처음인 최 씨는 예비역 육군 중장이며 정전 회담 대표 주서독, 월남 대사 천도교 교령 통일원 고문을 지냈다. (하략)

《동아일보》 1977년 11월 19일자)

최덕신이 망명하자 주일 한국 대사관의 유지호 수석공보관은 "조국과 민족을 배반한 인격 파탄자의 언동에 아무도 현혹되지 않을 것"이라는 담화를 발표했다. "민족을 우롱하는 매국적 행위"라는 말도 했다. '박정희를 우롱'했다면 모를까 웬 민족 타령? 박정희로서는 자기 휘하의 사람들에게 자꾸만 '우롱'당한다는 피해의식 때문에 신경질이 늘어가던 시점이었다. 최덕신의 망명은 전직 각료로서는 처음이었다. 그는 한국전쟁 때 사단장으로 빨치산 토벌에 앞장섰고 군사 정전 회담 때는 한국군 대표였다.

박정희는 이미 김형욱의 미국 망명 후 행각 때문에 극도로 예민한 상태였다. 최덕신의 망명 5개월 전의 기사를 보자.

"박동선은 공작원… 내가 조종"
재미 김형욱 씨 미 회견서 주장

【뉴우요오크 합동】 '뉴우요오크 타임즈'는 지난 5일 김형욱 전 중앙정보부장이 박동선은 중앙정보부 공작원이었으며 그가 직접 박을 지휘했다고 말한 것으로 보도한 데 뒤이어 '워싱턴 포우스트'는 6일 김형욱 씨가 75년 10월부터 미 연방수사당국에 박동선 사건에 관해 첩보를 제공해왔다고 소식통을 인용 보도했다.

NYT · WP 지 회견 내용 서로 달라
남북 대화엔 북괴 주장 지지 발언도

김 씨는 '뉴우요오크 타임즈'의 '리처드 헬로란' 기자와의 회견에서 박동선은 한때 한국 중앙정보부의 공작원이었으며 문선명 역시 중앙정보부를 위하여 이따금 일했으나 중앙정보부는 그를 신임하지 않았었다고 말했다.

김 씨는 이 회견에서 "박동선은 내가 정보부장으로 있을 때에 나의 공작원으로 일했다"고 말하고 "내가 당시에 그를 조종했다"고 말했다.

또한 김 씨는 남북 대화에 언급, "박 대통령이 72년부터 북한과 대화를 함에 있어서 북한을 기만했다"고 주장하면서 남북평화조약의 체결과 관련, 북한의 입장을 지지하는 등 해괴한 발언을 일삼았다. (하략)

《동아일보》 1977년 6월 8일자)

김형욱은 최덕신보다 4년 전인 1973년 4월 미국으로 망명했다. 대만 중화학술원에서 초청한 명예박사 학위 수여식 참석을 구실로 대만에 갔다가 일본을 거쳐 돌아오는 길에 비행기 티켓을 바꿔 미국으로 내뺐다. 1969년 중앙정보부장직에서 물러난 그는 1971년 5월 전국구 의원으로 국회에 진출했지만 유신 직후인 1973년 3월엔 '유정회(유신정우회)' 명단에서 빠져 야인이 되었다. 박정희에게 '팽'을 당했다고 여긴데다, 천하를 호령하던 수경(수도경비사령부) 사령관 윤필용 등이 쿠데타 모의 혐의로 하루아침에 군법회의에 넘겨지는 것을 보며 자신도 안전하지 않다고 판단했을 법하다.

뉴욕에서 3년간 조용히 지내던 그는 1977년부터 활발하게 움직인다. 앞의 기사에서처럼 〈뉴욕 타임스〉의 리처드 헬로란 기자와 만나, 한국에서는 기밀 취급당할 이야기를 거침없이 폭로한다. 양궁으로 치면, 박정희의 가슴에 10점 화살을 쏜 사건이다. 연달아 쏠 화살도 많이 남아 있었다.

김형욱의 옆엔 또 한 명의 망명자 김상근이 있었다. 미주 지역 중앙정보부 책임자로 미국 언론에서 '동양의 제임스 본드'라 불리기도 했는데, 1976년 11월 김형욱의 도움으로 망명에 성공했다. 그는 망명 직전 '백설작전'이라 불리던 비밀공작의 주역이었다. '백설작전'은 '불국사 주지'(공작명) 박정희를 최고 사령탑으로 하고, 중앙정보부장 신직수를 참모장으로 하여 재미 공사 양두원-재미 교포 김한조의 특수 루트로 연결되는 대미 공작이었다. 미국 내 한국에 대한 여론을 유리하게 조작하기 위해 유력 정치인과 언론인, 학자들을 포섭하는 작전이었다. 김상근은 박동선에게 자금을 받아 김한조에게 전달하는 역할을 맡았는데, 이 과정에서 김한조의 자금 착복 등 여러 문제가 생겼다. 중앙정보부 내 파워 게임에서도 밀렸던 그는 본국 소환령을 받고 신변의 위기를 직감하자, 감시자들을 따돌리고 김형욱이 거처하던 뉴욕에 찾아와 상의를 한다.

"부장님, 저는 어떻게 하면 좋겠습니까?"

---

l _유신헌법 제40조는 대통령이 국회의원 정수의 3분의 1을 통일주체국민회의에 일괄 추천하여 후보자 전체에 대한 찬반을 투표에 부쳐 선출하도록 했다. 형식적으로는 간선 의원이지만 사람들은 '관선의원'이라 불렀다. (중략) 유신정우회(약칭 유정회)는 이렇게 선출방식도 다르고 임기도 절반밖에 안 되는 73명의 '여권' 의원들이 모인 교섭단체였다. (〈한겨레〉 2012년 7월 28일자 '한홍구의 유신과 오늘')

"가지 않는 게 좋겠다."

"저도 사실은 그럴 결심으로 여길 왔습니다만, 부장님께서 어떻게 좀 도와주실 수 있겠습니까?"

"날더러? …… 그럼 우선 한 가지 묻지. 잘 알겠지만 정치적 망명이란 괴로운 것이다. 숱한 비난을 감수해야 하고 어떤 때는 자기의 과거의 잘했던 일들까지도 심지어 자신의 인격까지도 발기발기 찢어서 여론의 제물로 바쳐야 할 비장한 각오가 필요하다. 고국에 돌아가고 싶은 향수에 찌들리고 고독하고 소외되고 정신 생활이 말할 수 없이 비참해진다. 그 모든 것을 각오하고 있나?"

"각오하고 있습니다. 아무렴 하다못해 한국에 돌아가서 맞아 죽는 것보다야 낫지 않겠습니까? 정보부 사람들이 저를 절대로 가만두지 않을 겁니다. 그 사람들은 자기들의 체면을 위해서는 선량한 요원 하나쯤 없애버리는 것은 손바닥을 뒤집듯이 쉽게 생각할 테니까요."

《김형욱 회고록》 제3권 중에서)

김상근에 따르면, 망명하는 편이 한국에 돌아가 맞아 죽는 것보다 나았다. 이 점은 김형욱도 마찬가지. 두 사람은 한국에서라면 맞아 죽을 행동과 발언을 미국에서 서슴없이 해나간다. 1977년 6월부터 10월까지 열린 프레이저 위원회 청문회가 그 무대였다. 이로 인해 한미 관계는 최악의 위기로 치달았다. '미운 놈' 김형욱은 결국 1979년 10월 파리에서 실종된다.

실종! 김형욱의 실종에서 죽음의 냄새가 난다면, 영화배우 최은희의 실종에선 공작의 냄새가 난다. 1978년 1월 14일, 홍콩에서의 일이다. 6개월 뒤인 7월 19일엔 신상옥이 같은 장소에서 실종된다.

검찰, 최은희 씨 납북 결론

검찰은 20일 영화계의 최은희 씨 실종 사건과 관련, 반공법 위반 등 혐의로 구속 기소된 김규화 피고인에 대한 결심공판에서 실종된 최 씨는 북괴의 납북 지령을 받은 홍콩 교포 이상희 여인에 의해 납치됐다고 밝혔다. 지난 1월 14일 홍콩에서 실종된 최 씨는 그동안 현지 경찰의 수사 결과에 따라 북괴로 납치됐으리라는 심증이 굳혀져 있었는데 이날 검찰이 김 피고인에 대한 논고를 통해 최 씨의 실종이 북괴의 납북 지령에 의한 것이라고 공식적으로 밝힌 것이다.

《한국일보》 1978년 9월 21일자

검찰은 "최은희가 북한에 의해 납치됐다"고 밝혔다. 그리고 6년 뒤인 1984년 4월 2일엔 국가안전기획부(중앙정보부의 후신)가 "신상옥 최은희 부부(1978년 당시엔 이혼)는 납북되었다"고 공식 발표를 했다.

여전히 미스터리다. 신상옥의 경우엔 스스로 북한행을 택했을 개연성도 충분하다. '최은희를 구한다'는 명분도 있었다. 박정희 정권 초기, 신상옥은 정부의 정책적 지원과 혜택을 받으며 영화사 '신필름'의 규모를 키우지만, 1972년 유신 선포 이후의 강화된 검열 체제 아래서 쪼그라들고 심지어는 등록 취소까지 당한다. 신상옥의 친구이자 〈죽음의 다섯 손가락〉 등 홍콩 영화감독으로 유명했던 정창화는 2011년 8월 〈한국일보〉에 연재하던 회고록에서 이런 이야기를 들려준다. 실종 직전 홍콩에서 만나 주고받은 대화 내용이다.

(상략) 귀국을 권유했다. "한국으로 돌아가서 그들에게 사과해. 그

리고 기회를 한 번 달라고 애원해봐. 몇 달 고생하면 기회가 올 것 아냐? 군사정권 실권자에게 맞서봐야 자네가 상처를 받지. 승산 없는 싸움은 안 해야지 자네와 신필름을 키워준 사람들이잖아. 안양 촬영소까지 쥐가면서 말이야. 그들은 자네 보고 배은망덕하다고 생각하고 있을 거야."

그랬더니 "나 못 간다! 안 갈 거야!"라며 절대 돌아가지 않을 뜻을 비쳤다. 그 이상의 심각한 문제가 그들 사이에 있는 것 같았다.

"안 가면 어떻게 할 건데? 자네 무일푼이잖아."

"은희한테 갈 거야."

"뭐? 지금 뭐라고 했지? 이북으로 간다고? 자네 끔찍한 소리 하고 있네. 자네 화가 나서 하는 소리로 나는 듣겠어. 자네 성격을 내가 잘 아는데 자네같이 자유분방하고 자기 생각대로만 사는 자가 어떻게 그 체제 하에서 견딜 거야. 나 자네 심정 잘 알아. 지금 한 말 속이 상해서 한 것으로 듣겠어." 그리고 우리 둘은 헤어졌다.

(〈한국일보〉, '정창화 감독의 액션 영화에 바친 60년' 제23회 중에서)

신상옥은 '망명'을 했는지도 모른다. 그는 자신의 영화적 재능을 자유롭게 펼칠 만한 마당이 필요했을 뿐이다. 그는 김정일의 파격적인 지원 아래 북한에서 영화를 만들다가, 1986년 다시 탈북을 한다.

김형욱, 김상근, 최덕신, 그리고 신상옥…… 박정희 자신도 '망명'하고 싶었을 것만 같다.

이란 왕정 종식
팔레비 왕, 미에 망명

【테헤란 16일 외신=연합】 지난 38년간 중동 회교국 이란을 통치

檢察、崔銀姬씨 拉致

金奎華에 無期징역

1978年 9月 21日 (木曜日)

檢察論告가 밝힌 崔銀姬씨 拉致행위

李像姬 "崔씨 北으로 데려오라는 指示받았다
金奎華 내立場 곤란하게 하지말라 잠못이뤄

서로 깊은관계 이별의 釜山정거장 부르며 惜別…두 女人 택시태워보내

○崔銀姬씨

○金奎華피고

○李像姬

崔德新씨 美亡命

第17271號

【東京특파원】 5·16혁명직후 외무장관을 지낸 崔德新씨 (63)가 18일 海外에서의 反정부활동을 미국으로 망명했다고 밝혔다.

崔씨는 이날 東京에 있는 민단단부에서 기자회견을 갖고, 이같이 밝히고 月南에서 미국으로 망명, 최근 영주권을 얻었다고 말했다.

韓國의 전직각료가 海外에서 반정부활동을 벌이다가 미국으로 망명한 것은 처음인데 崔씨는 예비역 육군중장이며 駐西獨, 越南대사 天道敎領 統一院장을 지냈다.

崔씨의 82歲노모와 장남이 서울에 살고있으며 그의 부인은 西獨에 거주하고 있는 것으로 알려졌다.

崔씨는 "民主民族統一海外韓國人聯合"의 회장이라고 발표했다.

지난 10일 日本에 도착했는데 駐韓美軍철수와 美國의 對韓원조중단을 요구하기도 했다.

"祖國 民族을 배반"
駐日大使館 성명

【東京=聯】駐日한국대사관은 18일 이 柳秀錫공사관을 통해 崔德新씨는 민족을 우롱하는 反動분자로 民團을 배반한 자라고 비난했다. 崔씨는 18일 오후 8시 30분 「캐나디언 패시픽」 P 항공편으로 東京을 떠나 미국으로 떠났다.

"祖國 民族을 배반"

박정희는 측근과 전직 각료들의 망명에서 외로움과 배신감을, 최은희의 납북에선 질투심을, 이란 팔레비의 망명에선 두려움을 느꼈을지도 모르겠다. 팔레비의 수족이었던 이란 정보기관 '사바크' 책임자들이 참혹한 대가를 돌려받은 사실을 전해 듣고 김재규가 '거사'를 일으켰다고 보는 시각도 있다.

해온 전제군주 모하마드 레자 팔레비 국왕(59)이 78년 1월부터 시작된 이란 국민의 1년여의 반국왕 데모에 굴복, 16일 하오 이집트를 거쳐 미국으로 영구 망명길에 오름으로써 사실상 왕권의 막을 내렸다. 출국에 앞서 예정된 기자회견은 취소됐으며 그 이유는 밝혀지지 않았다.

흐느끼는 측근들에 "짐은 쉬러 갈 뿐이다."

〈한국일보〉 1979년 1월 17일자

"짐(朕)은 쉬러 갈 뿐이다"라는 말이 인상적이다. '짐'이란 왕이 자신을 가리킬 때 쓰는 1인칭 대명사다. 아버지의 뒤를 이어 1941년 권좌에 올라, 중간에 외국 망명을 한 3년(1951~1954년)을 포함해 38년간 집권했던 팔레비 국왕이었다. 자신을 '짐'이라 스스럼없이 표현했으나, 그는 이란 인민들에게 '짐'이 되는 존재였다. 결국 호메이니가 이끄는 이슬람 근본주의 혁명가들에 의해 이집트로 쫓겨났다.

측근과 각료, 예술인들의 잇따른 망명과 '독재자 친구' 팔레비의 추락을 보며 '멘붕'을 일으켰을 만도 한데, 박정희는 꿈쩍도 하지 않았다. 무서운 파국이 서서히 다가오고 있었다.

여공 한 명 손목 동맥 끊어 사망
의원·기자에도 마구잡이 폭행

11일 새벽 2시경 YH무역 여공들이 농성중인 서울 마포구 도화동 신민당사에서 서울시경 산하 1천여 명의 정사복 경찰관들이 들어가 4층 강당에서 지난 9일 오전 9시 반부터 40여 시간 동안 계속 농성을 벌여온 여공 1백72명과 여공의 연행을 제지하려던 신민당원 26명을 끌어내 미리 대기시켜놓은 경찰 버스에 싣고 서울 시내 7개 경찰서에 연행, 수용했다. (하략)

《동아일보》 1979년 8월 11일자)

경찰 진입 소문 듣고
여공들 '결사총회'

경찰의 당사 진입에 앞서 10일 밤 10시 40분께 농성중인 여성 근로자들은 경찰이 당사에 난입 자기들을 연행할 것이라는 소문을 듣고 흥분하기 시작 '긴급결사총회'를 열고 경찰이 강제 해산을 시키려고 할 때는 모두 "투신자살 하겠다"는 내용의 결의문을 채택한 후 ▲정부는 장용호 회장을 즉각 소환할 것 ▲조흥은행은 YH무역을 은행 관리 기업으로 인수할 것 등을 요구했었다.

농성 여성 근로자들은 결사총회 후 '투신자살조'와 '할복자살조'로 나뉘어 사이다 병을 들고 비명을 지르며 4층 창살에 매달려 "정부는 우리를 어떻게 하겠느냐"고 울부짖다가 4~5명이 실신, 인근 녹십자병원으로 옮겨지기도 했다. 이때 2층 총재실에 앉아 있던 김 총재는 신민당 의원들과 함께 4층으로 뛰어올라가 "경찰이 신민당사에는 절대로 들어오지 못한다. 나와 30여 명의 신민당 의원들이 여러분을 지키고 있으니 걱정 말라"며 이들을 설득했고 밤 11시 30분께 여성 근로자들은 강당 바닥에 누워 불을 끄고 잠을 청했다.

여성 근로자들이 진정되자 김 총재는 "당사 밖에 몰린 경찰을 보고 여성 근로자들이 흥분하니 모두 몰아내라"고 지시한 후 당사 밖으로 나와 당사 주변을 서성거리던 마포서 보안과장 김준기 경정의 따귀를 때렸고 사복경찰이 이를 제지하자 청년 당원들이 달려들어 김 경정의 옷이 찢어지기도 했다.

4층에서 농성하고 있던 김경숙 양은 11일 새벽 2시 30분께 높이 15m의 창문 아래로 떨어지면서 당사 뒤편 지하실 입구의 철제 쓰레기통에 부딪친 듯 허리를 몹시 다치고 머리 정수리 부분에 3cm의 깊은 상처를 입은 채 발견됐다.

경찰은 김 양의 손목에 깊이 1cm, 길이 3cm의 예리한 칼로 벤 자국을 발견, 경찰의 진입 전후 자해를 가한 후 창문을 통해 뛰어내려 숨진 것으로 보고 있다. 김 양은 인근 녹십자병원으로 옮겨졌으나 곧 숨졌다. (하략)

《동아일보》 1979년 8월 12일자

3부작이라 칭하겠다. 'YH 농성 진압'은 '김영삼 제명'과 '부마사태'로 완결되는 박정희 자폭 3부작의 제1부였다.

'YH무역'은 미국에 가발을 수출하는 업체였다. 1966년 설립되어 한때는 종업원이 4천여 명에 이를 정도였다. 여공들의 요구는 소박했다. 미국 시민권을 가진 사주 장용호가 물건만 가져가고 대금을 결제하지 않았다. 임금 체불이 계속됐다. 폐업 통보까지 받았다. 사기성이 역력했다. 여공들에겐 약값과 학비를 부쳐야 할 고향의 부모와 동생들이 있었다. 밀린 임금을 받아야 했다. 살아야 했다.

YH 노조에 문제가 있다면, 70년대에 드물게도 어용노조가 아니었다는 점이다. 그녀들은 정치권에 문제 해결을 호소하기 위해 신민당사로 들어가 농성을 했다. 신민당 총재 김영삼은 '호소할 만한 존재'였다. 기사에서 보듯 "당사 밖으로 나와 당사 주변을 서성거리던 마포서 보안과장 김준기 경정의 따귀"를 때린다. 이때가 '정치인 김영삼'이 가장 빛나던 시절이 아닌가 싶다. 박정희는 YH 여공들을 박살냈고, 여공들을 보호하려던 김영삼도 가만 놔두지 않았다. 제2부 김영삼 제거!

김영삼 총재 의원직 제명
신민의원 단상 점거 농성 속
경호권 발동, 법사위선 40초 만에 처리

국회는 4일 하오 4시 20분 본회의에서 공화·유정 등 여당 의원들만이 참석한 가운데 신민당의 김영삼 총재를 제명했다. 이날 김 총재의 제명은 백두진 국회의장의 경호권 발동으로 본회의장을 옮겨 1백46호실에서 여당측 의원만이 참석한 가운데 재석 1백59명 전원의 찬성으로 결정되었다. 헌정 30년 사상 처음으로 국회의원, 특히 야당 총재를 국회에서 제명한 이날 투표에는 와병중인 김성환 의원(유정) 한 명만을 제외한 여당 의원 전원이 참석, 단 15분 만에 처리되었다.

오열·통곡으론 울분 못 풀어
신민당 대변인 성명

신민당 정재원 임시 대변인은 4일 하오 성명을 통해 "오열과 통곡으로도 분노를 풀 길 없는 오늘의 폭거를 당하여 우리는 침통한 심정으로 이 땅에서 꺼져버린 민주주의에 장송곡을 울릴 뿐"이라고 말하고 "여당이 민주주의의 마지막 보루여야 할 국회에서 사상 초유의 변칙을 자행하고 불법을 저질러 그들 스스로 법질서를 파고 유린하여 민주주의와 의회주의 원칙을 자폭시키고 말았다"고 주장했다. (하략)

《〈한국일보〉 1979년 10월 5일자》

10, 9, 8, 7, 6, 5, 4, 3, 2, 1···. 박정희의 명을 재촉하는 카운트다운이 시작됐다.

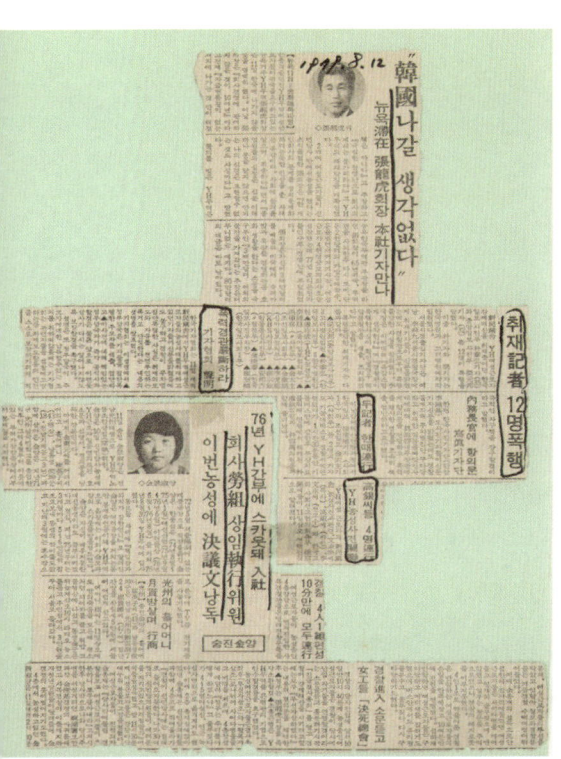
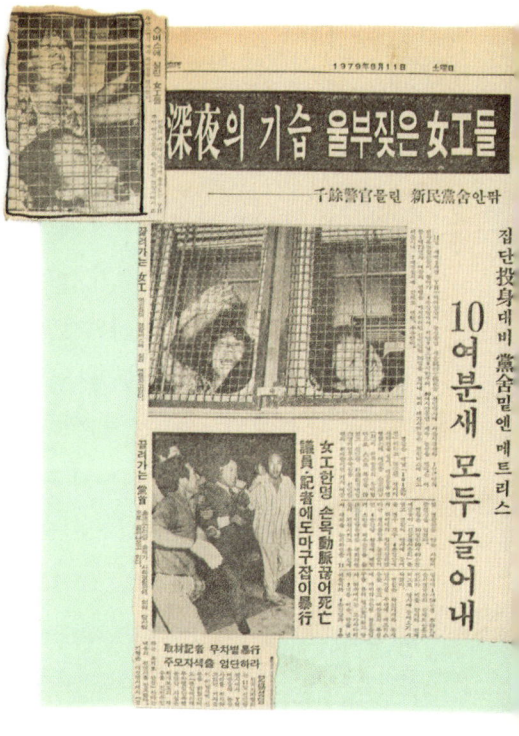
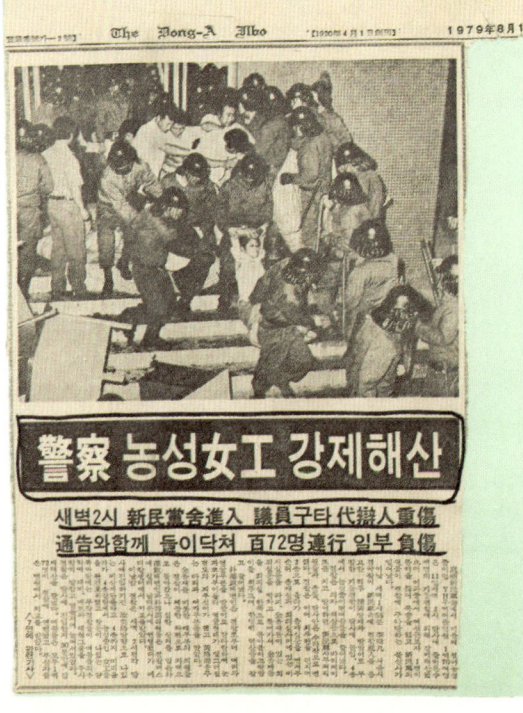
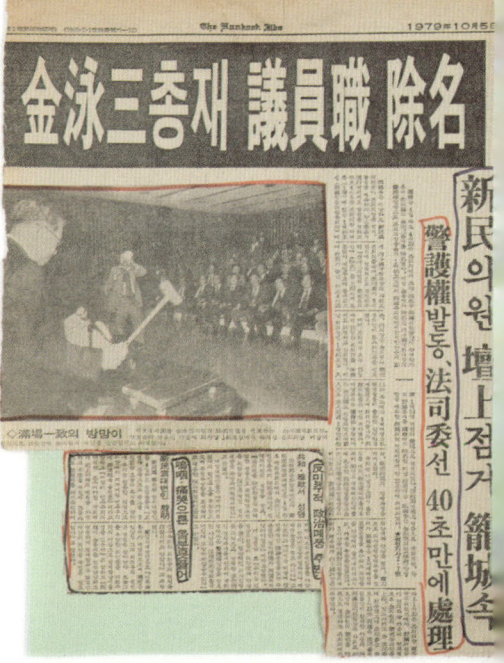

○壇上의 亂鬪劇

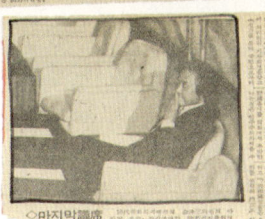
○마지막 議席

除名 영원히 承服못해
"나의 信念과 所信은 바꿀수 없다"

與단독 本會議場 옮겨 15분만에

金泳三 "순간에 살기위해서 永遠히 죽을수 없다"
"이나라 主人인 國民이 불쌍하다 오늘은 TV화면에도 나가겠지, 차분한 表情에 여유도"

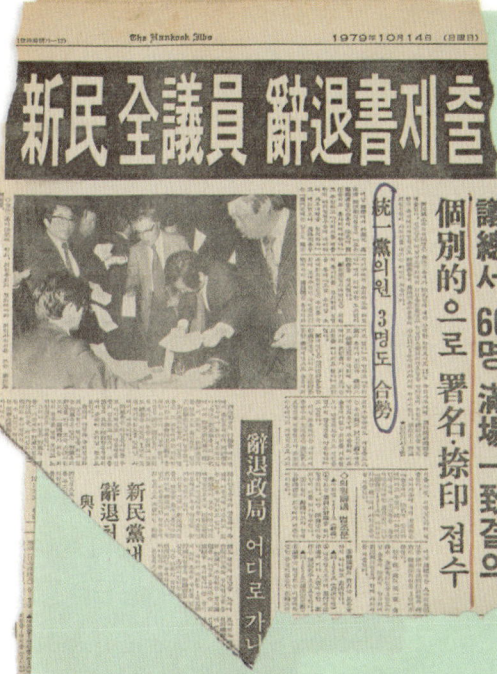
新民 全議員 辭退書제출
議總서 66명 滿場一致의 個別的으로 署名·捺印 접수
統一黨의원 3명도 合勢
辭退政局 어디로 가나

학생등 3千餘 연이틀 亂動
21개 派出所파괴 또는 放火
釜山에 非常戒嚴令
學生소요로 어제 子正기해
言論검열·通禁 밤 10時부터
朴大統領특별담화 社會혼란 造成 개탄

馬山에 衛戍令
데모隊주위 群衆 依法措置
學生등이 放火·파괴로 騷
私製銃·화염병써 暴動化
馬山署長발표 이를계속·不純세력介

보복이었다. 김영삼은 1979년 9월 10일 기자회견에서 '박정희 하야'를 요구하고, 9월 15일 〈뉴욕 타임스〉와의 회견에서 "카터는 박정희 정권에 대한 지지를 철회하라"고 주장했다. 이를 문제 삼은 민주공화당과 '유정회(유신정우회)'는 10월 4일 국회에 징계동의안을 제출한다.

10여 분 만에 변칙 통과. 그리고 2주 뒤 부산과 마산이 들썩거린다. 제3부 부마사태!

마산에 위수령
조병직 사령관 담화문 발표

【마산】 경남 마산 지역 위수작전사령관 조병직 육군 소장은 김성주 경남지사의 요청에 따라 20일 정오를 기해 마산지구(창원출장소 포함) 일원에 위수령을 발동한다고 발표했다. 조 사령관은 육군참모총장의 승인을 받아 취해진 위수령 발동에 즈음한 담화를 발표 "우리 군은 마산시 일원의 일부 학생과 불순분자들의 난동, 소요 사태로 치안 유지가 곤란하여 병력 출동을 요청받고, 마산시의 안녕과 질서를 유지하고 시민의 생명과 재산을 보호하기 위해 치안 유지에 적극 노력하겠다"고 밝히고 "우리 군은 데모대 주위의 모든 군중을 시위 군중으로 판단하고 전원 의법 조치하겠다"고 경고 "시민들은 시위 군중에 끌려 시위를 구경함으로써 주동자 체포나 질서 확립에 지장을 초래케 하고 데모 군중으로 체포돼 피해를 당하지 않도록 유의해달라"고 당부했다.

《한국일보》 1979년 10월 21일자

10월 16일 부산엔 5만여 명이 모였다. 10월 18일부터는 마산으로, 10월 20일부터는 마산과 창원으로 시위의 불길이 번졌다. 중앙정보부장 김재규는 10월 19일 부산으로 내려가 시위 현장을 눈으로 확인했다. 그는 정부에 대한 불신이 사태의 근본 원인이라 파악했다. 박정희에게 민심 수습책을 건의했다. 부마사태가 전국으로 확산될지 모른다고 했다. 박정희는 화를 냈다. "앞으로 부산 같은 사태가 생기면 이제는 내가 직접 발포 명령을 내리겠다. 자유당 때는 최인규나 곽영주가 발포 명령을 하여 사형을 당했지만 내가 직접 발포 명령을 하면 대통령인 나를 누가 사형시키겠느냐." 옆에 있던 경호실장 차지철도 거들었다. "캄보디아에서는 3백만 명 정도를 죽이고도 까딱없었는데 우리도 데모 대원 1백만~2백만 명 정도를 죽인다고 까딱 있겠습니까"(1980년 1월 28일, 김재규 중앙정보부장의 '항소보충이유서' 중에서). 1979년 10월 26일로부터 며칠 전이었다.

　신은 더 간절한 자의 기도를 들어주셨다. 박정희 대통령을 위한 나의 기도는 관념적이었다. 불타는 신앙심과 좌표 없는 애국심만 있을 뿐, 무엇이 옳고 그른지 판별하는 눈은 없었다. 대통령에게 축복을 한 강신명 목사의 기도도 그랬다. 힘센 자에게 계속 은혜와 사랑을 베풀어달라는 요구. 나와 강신명 목사의 기돗발을 능가할 정반대편의 다른 기도가 있지 않았을까. 그 기도의 볼륨이 훨씬 크고 내용이 절절하지 않았을까. 박정희 군사정권에 두들겨 맞거나 가족을 잃거나 거지가 된 이들의 눈물 젖은 기도. "주여, 제발 저들을 벌하여주시옵소서."

　아버지는 인생을 기도로 보낸 분이다. 병상에 누워 계시던 때를 제외하고는 평생 단 하루도 새벽 기도를 거르지 않았다. 시골 촌구석과 소도시의 새벽 정적을 때리던 교회 종소리(나중엔 차임벨)를 잊을 수 없다. 그 소리는 날마다 새벽녘 꿈결 속으로 찾아와 희미하게 젖어들곤 했다. 아버지는 주섬주섬 옷을 입고 교회로 향했다. 아버지는 기도 중에 박정

朴正熙후보 9대 大統領당선

2期 國民會議개회 2,577票획득 無效 1票

국민회의 의장자격으로 개회사를 하는 朴大統領

朴議長개회사
"民族文化의 開花이룰터"

代議員「任務성실」선서
奬忠체육관서

國力배양만이 平和의 길

6일의 2代국민회의 첫集會. 9대 대통령선출을 위한 투표가 진행되고 있다.

희를 언급했을까? 했다면 무어라 했을까?

　1979년이 담긴 스크랩북 제12권은 건조하다. 첫 장의 서시를 제외하고는 단 한 편의 시도 없다. 이때부터 아버지는 손수 만든 수제 스크랩북이 아니라 비닐에 종이를 끼우는 이른바 '면장철'을 사용했다(재미가 없으셨는지 13권부터는 다시 수제 스크랩을 만들었다가 14권부터는 계속 시중에서 파는 스크랩북을 사용했다). 박정희의 죽음을 알리는 여러 기사에 대해 아무런 시도 남기지 않았다. 박정희 생전에 쓴 마지막 글을 찾아보았다. 스크랩북 제11권에 있다. 1978년 7월 6일자인 "박정희 후보 9대 대통령 당선" 기사 밑이다. 이때 박정희는 제2기 '통일주체국민회의' 대의원들의 총 2,578표 중 2,577표를 획득했다. 1표는 무효였다. 최후를 맞기 열다섯 달 전.

체념과 동정

만성병이 되면 약을 쓰지 않는 법이다
좋은 약이라고 써봤자
효험도 없고 약 먹느라고 고생만 한다
좋다고 다 좋은 것이 아니다
좋은 것이 쌓이면 나쁜 것이 될 수도 있다는
교훈을 잊지 말아야 할 것이다

　그렇다. 이미 약을 쓸 수 없었다. 약 먹느라 괜히 고생만 한다. 그는 약을 먹지 않고, 총을 맞고 갔다. 내 기도는 헛수고였다. 주여~.

제3부

잔혹 드라마

서울에 北傀武裝間諜

治安局발표 五名射殺·一名을 生捕

二十一日밤 十시경 서울시내 (鍾路區 청운동·西大門區 홍제동 등)에 三十一명의 北傀 무장간첩단이 침입, 軍警合同수색대는 交戰끝에 二十二日 오후 六時현재 그중 一名을 生捕하고 五名을 射殺, 나머지는 北으로 달아났는데 軍警은 이를 추격중이다.

蔡元福治安局長은 二十二日오전, 전투지휘하던 서울鍾路警察署長 崔圭植警務官이 龍頭洞에서 戰死하였고 民間人 李봉선(三二·후계洞)씨등 六名의 우리측 民間人이 희생되었고 警官 三名이 軍警의 誤射로 간첩과 격투하다가 승진 民間人 李봉선(三二·후계洞)씨등 (상보는 三面에)

〈生捕된〉 金은 「靑瓦臺」를 기습하려고 했다」고 발했다.

生捕한 北傀遊擊隊員

지금은 아무렇게나 處理해도 좋다

交戰現場

1968년 남북한·미·월의[1] 상호 따귀 때리기

1·21 / 2·12 / 3·16 사건

영화 〈1968〉을 보고 싶다. 소설 《1968》을 보고 싶다(《1Q68》이어도 좋겠다). 만화 〈1968〉을 보고 싶다. 뮤지컬 〈1968〉을 보고 싶다. 장르에 관계없이 〈1968〉이라는 예술작품을 막연히 상상해본다. '1968'이라는 숫자가 붙는다면 그 어떤 내용이든 숨 막히게 드라마틱하고 스펙터클하며 의미심장하리라는 믿음이다. '1968'은 홍행의 보증수표일 것 같다. 닥치고 1968!

1968년 자유와 해방, 반전을 외치며 유럽과 미국을 들었다 놓은 '68운동'의 이미지 탓이다. 1968년에 한반도를 연달아 강타했던 비극적인 대형 사건들을 연상했기 때문이다. 더불어 중요한 한 가지! 내가 2000년에 직접 취재했던 어떤 끔찍한 1968년도 사건의 영향 탓이다. 오늘은 아버지의 스크랩과, 아버지가 전혀 알 수 없었던 아들의 스크랩이 만나 하

---

[1] '월남(越南)'은 베트남의 한자식 이름이다. 1975년 4월 베트남 통일 이전에는 북위 17도선 이북의 북베트남(베트남민주공화국)을 '월맹'으로 부르는 대신 이남의 남베트남(베트남공화국 혹은 자유월남)만을 '월남'이라고 칭했다. 지금은 베트남을 통칭하는 단어로 '월남'을 사용한다. 남베트남의 수도 '사이공'은 통일 이후 '호찌민'으로 바뀌었고, 통일 이후 베트남의 수도는 북쪽의 '하노이'가 되었다.

나의 이야기를 이어간다. 뒤에서 자세히 밝히겠지만, 이는 한국과 미국, 베트남이 하나의 벨트로 얽혀 돌아간 잔혹 역사극이다.

아버지의 스크랩북 제6권(1967년 1월~1968년 12월)에서 1968년도의 첫 장을 찾아 펼친다. 역시 다르다. 무시무시한 뉴스가 튀어나온다. 암흑 같은 순간에 질려버린 아버지의 시 두 편과 함께.

치안이 불안한 이라크의 바그다드나 아프가니스탄의 카불, 시리아의 다마스쿠스에서나 벌어질 법한 일이 서울 시내 한복판에서 벌어졌다. 1968년 1월 21일이었다. 북한산에서 내려온 무장 괴한들이 청와대 쪽으로 향하다 정체가 탄로 나자 진로를 막던 최규식 종로경찰서장을 향해 기관단총을 난사하고 지나가는 시내버스에 수류탄을 던졌다. 이로 인해 무고한 시민들이 생명을 잃었다.

북한 민족보위성 정찰국 소속 124부대 무장 게릴라 31명이었다. 청와대를 습격하기 위해 휴전선을 넘어 북한산 자락을 타고 서울 세검정 고개까지 침투한 그들이 1968년 스크랩의 첫 장을 연 주인공이다. 이른바 '1·21 청와대 습격 기도 사건'(또는 '김신조 사건').

서울에 북괴 무장간첩단
21일 밤 청운동서 31명과 교전
종로서장 전사·6명 피살
  21일 밤 10시경 서울 시내(종로구 청운동·서대문구 홍제동 등)에 31명의 북괴 무장간첩단이 침입, 군경합동수색대는 교전 끝에 22일 오후 6시 현재 그중 1명을 생포하고 5명을 사살, 나머지는 북으로 달아났는데 군경은 이를 추격중이다.

채원식 치안국장은 22일 오전, 대간첩사건을 진두지휘하던 서울 종로경찰서장 최규식 총경이 적탄에 맞아 전사한 것을 비롯, 간첩과 격투하다 숨진 민간인 이용선(31·홍제동) 씨 등 6명의 우리 측 민간인이 희생되었고 경관 2명이 중상을 입었다고 발표했다.

22일 오후 6시 현재, 1명을 생포하고 5명을 사살했다. 이제 31명 중 25명이 남았다. 작전에 실패한 그들이 돌아가야 할 곳은 북한 땅. 북한 산을 다시 올라 군경의 방어망과 살을 에는 추위와 배고픔을 뚫고 수풀과 바위를 헤치며 북쪽 군사분계선 철책을 넘어야 했다. 그러나 쉬우랴.

불 뿜는 총 앞에 맥없이
추위와 굶주림 지쳐 제대로 몸 못 가눠

【서부전선】육군 ○○사단 75연대 3대대 12중대(중대장 신석곤 대위)는 25일 밤 양주군 백성면 기산리 앵무봉 북쪽 기슭 '안고령' 마을 어귀에 잠복, 북상 루트를 차단하고 있었다. 밤 9시 15분, 중대 CP 초소에 잠복중이던 송세철(29) 상병의 눈앞에 시커먼 그림자 하나가 어른거렸다.

20미터 전방, 송 상병은 옆에 있던 중대장 신 대위의 옆구리를 쿡 찔렀다. 선뜻 비쳤던 그림자는 다음 순간 찰싹 고목에 가리워졌다.

그때 마침 부근 상공을 선회중이던 C46 수송기에서 조명탄을 발사, 대낮처럼 밝아진 눈앞에 개울을 따라 뛰어가는 북괴 특공대원 1명의 모습이 똑똑히 부각됐다. "드르륵" 중대장 신 대위의 불을 뿜는 카빈 M2 앞에 북괴 특공대원은 맥없이 개울 바닥에 나동그라졌다.

밤 9시 20분, 지칠 대로 지친 끝에 사살된 북괴 특공대원은 무기를 모두 버리고 일제 때 만든 10만 분의 1 낡은 지도 한 장과 나침반 하나를 지니고 있었고 오른쪽 주머니 속에는 생엿 봉지와 배추 시래기 한줌이 나왔고 오른손에는 생무우 한 개가 쥐어져 있었다.

노획된 지도 선상에 서울부터 문산까지 도로에 붉은 줄이 그어져 있는 걸로 보아 사살된 북괴 특공대원은 운전조일 것으로 보인다.

○…이보다 1시간 반 뒤인 이날 밤 11시 50분경 양주군 광적면 비암2리 '전진바위' 부근 물레방아계곡 입구에 잠복중이던 동 연대 2대대 7중대 1소대 김석수(22) 일병은 북괴 특공대원 1명이 계곡을 빠져 개울을 건너는 것을 발견, 카빈의 방아쇠를 당겼다.

가슴에 실탄을 맞고 개울 얼음판 위에 쓰러졌던 북괴 특공대원은 순간 수류탄을 뽑아 들고 던질 자세로 잠복 초소를 향해 뛰어들었다.

그러나 기진한 북괴 특공대원은 잠복 초소 1m 앞 논두렁에 몸을 걸치면서 수류탄이 폭발, 머리가 산산조각이 나면서 절명했고 김 일병과 함께 잠복중이던 전재춘(23) 상병이 왼쪽 팔에 파편을 맞아 경상을 입었다.

시체 보고 이름 계급 밝혀
김신조 "듣기보다 남한 자유롭다"

【의정부】25일 오후 2시 생포된 북괴 특공대원 김신조(27·북괴군 소위)는 대간첩작전군사령부인 의정부 부근 O군 기지 O군단 CP에서 동 작선 지역 내에서 사살된 북괴 특공대원 시체 14구 중 13구(1구 미도착, 총 사살 19명 중 5명은 서울에서 사살)에 대한 이름·나

이·계급 등 신원을 하나하나 확인했다.

이날 국군 작업복 상의와 검은 바지에 농구화를 신고 말끔히 이발까지 하고 나온 김은 천막 속에서 시체를 꺼내어 올 때마다 이름과 나이 계급 등을 태연한 자세로 하나하나 밝혔는데 그중 1구는 수류탄 폭사로 머리가 날아가 신원을 확인하지 못했다.

"동료들의 시체를 본 느낌이 어떠냐"는 기자들의 질문에 대해 김은 "나 혼자 살아남았다"고 중얼거리며 "북한에서 듣던 것과는 달리 남한은 자유스럽다"고 말했으나 "자신의 행동을 아직까지는 후회하지 않는다"고 버티었다. 이날 김이 확인한 북괴 특공대 사살체 13구는 모두 북괴 124군부대 군관으로 중위 6명, 소위 6명으로 24세부터 38세까지였는데 그 명단은 다음과 같다.²

《동아일보》 1968년 1월 26일자〉

이는 1968년 1월부터 3월까지 음미하려는 5가지 대형 사건 중 제1탄에 해당한다. '따귀1'이라 명명해보겠다. 따귀를 맞은 사람은 박정희. 청와대 앞마당까지 북한의 괴한들이 와서 총격전을 벌이다니…… 이보다 더 모욕적일 수 없다. 이틀 뒤 '따귀2'에 해당하는 사건이 곧바로 터진다. 피해자는 미국의 린든 존슨 대통령. 스크랩에는 "북괴, 미 함 푸에블로 호 납"이라는 제목이 붙어 있다(맨 끝 단어가 '납북'인데 '북'은 찢

---

2 _김신조(69·현재 서울성락침례교회 목사)를 제외한 나머지는 대부분 북으로 돌아가던 중 추격 사살됐다. "김신조를 제외한 나머지 30명을 모두 사살했다"는 군 당국의 발표는 사실과 달랐다. 2~3명은 군의 포위망을 뚫고 기어코 북으로 갔다. 2000년 9월 김정일 위원장이 한국 내 각계 인사에게 보내는 송이버섯을 들고 서울을 방문했던 북한 조선인민군 총정치국 선전 담당 부총국장 박재경(71·현재 북한 조선인민군 대장)이 그중 1명인 것으로 나중에 밝혀졌다.

감히 '모가지'를 노렸다. 감히 미국의 코털을 건드렸다. 북한의 무모한 도발은 박정희에게 '적대적 공존'의 아슬아슬한 재미를 주기 시작했다. 슈퍼 울트라 초 적대적 공존은 유신의 발판으로 대한민국 병영화를 더욱 굳건하고 체계적으로 구축하는 빌미를 줬다.

어지고 '납'만 남았다). 많이 알려진 것처럼, 1968년 1월 23일 미국 첩보함 '푸에블로' 호가 한반도 동해상에서 북한 초계정에 끌려갔다. 영해 침범이 이유였다. 자국 첩보함이 나포된 일은 미 해군 역사상 처음이었다고 한다.

미 해군은 푸에블로 호 납치에 맞서 핵 항공모함 '엔터프라이즈' 호를 한반도 동해상에 긴급 파견했다. 스크랩된 기사에 따르면 "핵 항공모함 엔터프라이즈 호는 언제든지 행동할 수 있도록 만반의 태세를 갖추고 명령을 기다리도록 지시를 받았다"고 한다. 보복 공격을 암시한다. 눈을 씻고 스크랩을 찾아봐도 보복을 전하는 다음 뉴스는 없다. 무려 11개월 간 어쩌지 못하고 발만 구르다, 교전중에 사망한 1명을 제외하고 82명의 승무원을 돌려받았다. 이건 크리스마스이브 날 아침의 기사로 스크랩 끄트머리에 붙어 있다.

남한의 박정희도, 미국의 존슨도 끝내 북한의 따귀를 때리지 못했다. 박정희는 '1·21 사건' 뒤 주한 미 대사인 윌리엄 포터와 존슨 대통령의 특사인 사이러스 밴스를 잇따라 만나 구체적인 목표 지점까지 제시하며 선제공격을 하자고 했다. 일거에 거절당했다. 미국은 당시 베트남 전쟁 하나만으로도 피곤했다. 전쟁을 한반도까지 확대하고 싶지 않았다. 그해엔 미국 대통령 선거도 있었다.

박정희도 미국을 상대로 쓸 만한 카드가 있긴 했다. "베트남의 한국군을 철수시킨다"는 으름장이었다. 그러나 다음과 같은 미국의 카드를 과감히 무시할 수 없었다. "베트남의 한국군을 철수하면, 한국에 있는 미군을 철수할 거야."

청와대를 노린 북한의 도발은 베트남과 깊은 관련이 있다. 북한은 왜 이렇게 무리수를 썼을까. "세계 혁명의 대의를 실천하려는 방편이었다"고 주장하는 역사학자들이 있다. 피델 카스트로와 함께 쿠바 혁명에 성공한 아르헨티나 출신의 체 게바라가 콩고에 이어 볼리비아에 가서 혁명 세력을 도왔듯이, 북한의 김일성은 당시 베트남전에 참전한 남한의 수도를 공격함으로써 북베트남 정규군과 남베트남 혁명 세력을 측면 지원했다는 해석이다(1966년부터 북한에는 게릴라 훈련 센터가 만들어져, 아시아·아프리카·라틴아메리카 등 25개국 2천여 명의 젊은이들이 훈련을 받았다고 한다).

이에 보답이라도 하듯, 베트남은 1월 30일 구정 대공세로 미국을 구석에 몬다. 베트남이 북한을 도와준 셈이다. 푸에블로 호 사건 일주일 만이었는데, 미국은 거기에 신경 쓸 겨를이 없었다. 이건 남한과 미국이 함께 맞은 '설 특별 따귀'라고 해야 할까. 음력설에 사이공을 비롯한 베트남 전역에서 북베트남군과 남베트남민족해방전선(베트남 코뮤니스트 조직인 이른바 '베트콩')이 대대적으로 공격하는 바람에 미군은 1천 명 넘는 전사자를 기록한다. 사망 군인들이 유골이 되어 가족들에게 돌아가면서 반전 분위기는 미국 전역에 급속도로 퍼져나간다.

자, 이제부턴 '따귀'의 반대급부다. '따귀1'에 맞서는 '화풀이1'이라 이름 붙여보겠다. 이 사건은 1968년 당시엔 그 어떤 국내외 신문도 보도한 적이 없다. 당연히 아버지의 스크랩엔 존재하지 않는다. 아들의 스크랩에만 있을 뿐이다. 1999년부터 2001년까지 시사 주간지 〈한겨레21〉에서 베트남전에 관해 취재를 하고 기사를 썼는데, 그 주요한 내용들을 한 권의 스크랩에 모아놓았다. 신문 스크랩이 아닌 잡지 스크랩이다. 아래 기사는 그중 일부다.

청룡여단은 1968년 1월 30일부터 2월 29일까지 여단 규모로 이른바 '괴룡 1호 작전'을 벌였다. 이 작전은 68년 1월 30일 월맹

군과 남베트남민족해방전선의 구정 대공세에 맞선 것으로 '구정 공세 반격 작전'으로도 불렸다. 당시 월맹군과 베트콩이 청룡여단의 주둔지 호이안 시는 물론 디엔반 현 등을 공격하자 전 여단이 나서 베트콩 수색 소탕전을 시작한 것이다. 사건이 일어난 것은 1968년 2월 12일. (중략) 그날 1중대는 1, 2, 3소대 순으로 1열 종대를 지어 퐁니 촌 측면을 통과하고 있었다. 위치상으로 보면 다낭에서 남쪽으로 20여km 떨어진 쿠앙남성 디엔반 현 디엔안사 부근. 하노이와 호치민을 잇는 1번 국도에서 서쪽으로 1~2km 정도 떨어진 독립 부락. 1중대는 애초 퐁니 촌으로 진입할 계획이 없었다. 그런데 갑자기 마을로부터 선두 1소대 병력 쪽을 향해 총알이 날아왔다. 순간적으로 모든 소대원들이 수풀 바닥에 엎드렸다. 누군가 한 명이 총에 맞아 부상한 듯했다. 최영언 소대장은 중대장 김석현 대위에게 긴급히 무전을 쳤다. 중대장의 응답은 마을을 공격하라는 것이었다. 1소대와 2소대가 방향을 왼쪽으로 틀고 총을 쏘며 마을에 진입했다.

《《한겨레21》 2000년 5월 4일자, '양민 학살, 중앙정보부에서 조사했다' 중에서)

장소: 꽝남(Quang Nam) 성 디엔반(Dien Ban) 현, 퐁니(Phong Nhi)·퐁넛(Phong Nut) 마을

상황: 한국 해병 2여단 1대대 1중대가 마을 주변을 일렬종대로 지나던 중 저격받자 마을을 공격. 앞 소대에서 민간인들을 후송시켰으나 뒤에서 대부분 사살됨.

희생과 손실: 79명(또는 69명)의 베트남 여성과 어린이들이 칼에 찔리기나 총에 맞아 죽음. 한국 해병 1명 부상.

《《한겨레21》 2000년 11월 23일자, '잠자던 진실, 30년 만에 깨어나다' 중에서)

퐁니·퐁넛 촌 사건 1년 뒤인 1969년 2월, 피해자 가족과 친척 35명이 남베트남공화국 의회 의장에게 탄원서를 돌려 배상을 요구했다. 그들은 이렇게 말했다. "아 슬프도다. 시민의 권리를 갖고 있고 4천 년의 문명을 지닌 67명(숫자는 주장하는 이에 따라 조금씩 다르다)의 베트남 사람들이 일개 곤충 취급을 받았다. 우리는 더 이상 기다릴 수 없다······."

《한겨레21》 2000년 11월 23일자, '끝없이 벗겨지는 제2의 밀라이' 중에서)

1·21 사건으로부터 22일 만이었다. 푸에블로 호 사건으로부터 불과 20일 만이었다. 구정 대공세로부터 13일 만이었다. 베트남 중부 지방인 꽝남 성 디엔반 현 근처 1번 국도를 정찰하던 해병 2여단 1대대 1중대 병력이 기습 저격을 받고 부상병 1명을 후송한 뒤 서쪽 1킬로미터 인근 퐁니·퐁넛 마을로 진입했다. 한국군이 모종의 작전을 마치고 빠져나간 뒤 마을에서는 79명(또는 69명)의 여성과 노인, 어린이가 시신으로 발견됐다. 가슴이 잘려 덜렁거리는 20세 여성도 있었다. 불에 탄 노인도 있었다.

나는 이 사건을 세 차례에 걸쳐 보도했다. 첫번째는 2000년 5월. 1968년 2월 12일의 작전에 참여했던 소대장들의 인터뷰를 실었다. 이 사건이 한국과 남베트남 정부 간에 문제가 되어 나중에 중앙정보부로부

---

3 _이 사건이 문제가 되면서 주월 미군 사령관 웨스트 몰랜드는 주월 한국군 사령관 채명신에게 공문을 보내 전쟁범죄의 존재 여부를 묻는다. 이 조사는 주월 한국군 사령부 해병 제2여단 헌병단 조사계가 맡았다. 당시 조사계장이었던 성 아무개 씨가 2000년 5월 〈한겨레21〉에 제보를 하는데 그 내용은 다음과 같았다. "당시 헌병대장이 내민 지침에 따라 '베트콩이 한국군 위장복을 입고 꾸민 소행이며 한국군은 양민 학살을 한 적이 없다'는 거짓 조서를 꾸몄다." 수십 년이 흐른 뒤 해병 장교 출신 아들을 암으로 잃은 뒤부터 그는 무고하게 죽은 베트남 민간인들에 대한 죄책감을 느끼기 시작했다고 고백했다.

터 조사를 받았다는 내용이었다. 브라질로 이민을 간 중대장과는 국제 전화로 이야기를 나누었다. 그들은 모두 "한국군이 사건을 저질렀다"는 사실을 부정하지 않았다. 두번째는 2000년 11월. 워싱턴의 미 국립문서 보관소에서 기밀 해제된 관련 자료에 관한 기사였다. 당시 주월 미군 사령부 감찰부가 작성해 주월 미군 사령관과 군부 고위 장성에게 보낸 보고서엔 이 사건의 조사 결과와 사진들이 첨부되어 있었다. 약 10여 장의 흑백사진엔 총격을 받아 사망한 시신들이 떼로 누워 있었다. 세번째는 2001년 4월. 그 시신 사진들을 들고 베트남의 사건 현장을 찾았다. 사진 속 주인공들의 유족들이 나와 울먹이며 사진 속 인물들의 이름과 나이를 밝히고 증언했다.

문제의 지역은 남베트남 정부가 공인한 '안전 마을'이었다. 미군 부대와 자매결연을 했을 정도로 베트콩과는 거리가 있었다. 이건 화풀이라고 볼 수밖에 없었다. 전투부대와 교전을 했다면 7백 명, 아니 7천 명의 사상자가 날 수도 있다. 그런데 사진 속 시신은 어린이와 부녀자와 노인들뿐이었다. 의도하지는 않았으나 결과적으로, 베트남에서의 '2·12 사건'은 '1·21 사건'의 복수가 됐다. 종로(청운동)에서 뺨 맞고 월남에서 화풀이한 셈이다. 북한 무장 게릴라에게 당했으니 베트콩 게릴라에 대한 보복이라면 그나마 말이 될 텐데, 애꿎은 민간인들을 향해 '묻지마 살인'을 하고 말았다.

미군이 한국군을 따라 한 '화풀이2'도 그렇다. 미군이 한국군보다 뒤늦게 했지만 일찍이 세계적으로 유명해졌다. 규모 면에서도 비교가 안 된다. 역시 '아버지의 스크랩'엔 없다. 당시엔 보도가 되지 않았고 1년 반이 지나서야 진실이 밝혀졌다. 바로 '미라이(밀라이) 학살'이다. '2·12 사건' 한 달 뒤인 1968년 3월 16일의 일이다. 윌리엄 켈리 중위가 지휘하는 미 육군 11보병부대인 찰리 부대가 베트남 중부 지방인 꽝응아이 성 숀텐 현 손미 마을의 미라이 촌 등에서 민간인 560명 이상을 죽였다. 소녀들을 강간하기도 했다. 이 역시 결과적으로 푸에블로 호 납치와 구정 대공세에 대한 '묻지마 화풀이'는 아니었을까.

'미라이 학살'이 벌어진 3월부터 유럽과 미국에서는 제2차 세계대전 이후 최대 규모의 시위가 거리를 휩쓸었다. '68운동'의 거대한 물결이었다. 그 주요한 이슈 중 하나는 '베트남전 반대'였다. 유럽과 미국의 청년들은 "호! 호! 호찌민!"을 연호하며 그에 대한 존경심을 표했다. 기득권 세대의 권위주의와 전체주의를 비판했고 성 해방과 흑인·여성을 비롯한 모든 소수자 차별에 반대했다. 상상력과 창의력을 찬양했다. 이런 흐름은 대학에서의 평등한 사제 관계 정착 등 권위주의 타파라는 일상 문화의 혁명으로 이어졌다.

한국은 정반대였다. '1·21 사건'은 사회를 깊은 권위주의의 수렁에 빠져들게 했다. '위기'는 좋은 명분이었다. 4월에 향토예비군이 창설됐고, 5월에 주민등록법 개정안이 통과됐으며, 세종로에 이순신 동상이 서고, 학생들은 "우리는 민족 중흥의 역사적 사명을 띠고 이 땅에 태어났다"로 시작하는 '국민교육헌장'을 달달 외기 시작했다. 청와대 습격 기도는 박정희를 떨게 했지만, 동시에 남북 긴장을 명분 삼아 장기 집권의 틀을 닦을 수 있는 절호의 기회이기도 했다.

아버지의 1968년 스크랩북은 빈약하기 짝이 없다. 아니 실망스럽다. 얇기도 하고 미국과 유럽의 68운동에 관한 주요 기사들 대부분이 빠져 있다. 흑인 인권운동 지도자 마틴 루서 킹 목사 피살(4월 4일)과 존 F. 케네디 전 미국 대통령의 동생이자 민주당의 유력한 대선 후보였던 로버트 케네디의 암살(6월 6일), 닉슨 미국 제37대 대통령의 당선(12월 6일) 기사만 외롭게 붙어 있다.

　1968년, 아버지는 고향 강원도를 떠나 생면부지인 경상도 소읍에서 셋방살이를 하며 고생하고 있었다. 먹고살기 바빠 스크랩할 시간을 내지 못했으리라는 추론을 해본다.

　아버지와 아들의 스크랩이 만나 역사의 퍼즐을 맞춰보았다. 그 퍼즐의 조각의 조각의 하나라도 좋다. 1·21이건 1·23이건 2·12건 3·16이건 아무거나 골라 시나리오를 써도 드라마틱한 작품이 나올 것 같다.

단군과 세종대왕은
어떤 국제뉴스를 좋아할까

격동의 세계사와 포항 석유

베트남 남쪽에서 서서히 북상을 한 적이 있다. 호찌민(사이공)에서 냐짱(나트랑)으로, 냐짱에서 뚜이호아로, 뚜이호아에서 꾸이년으로, 꾸이년에서 꽝응아이로, 꽝응아이에서 호이안으로, 호이안에서 다낭으로, 다낭에서 하노이로 올라갔다. 먼 거리는 비행기로 날았고, 짧은 거리는 렌터카를 빌려 달렸다. 엉뚱하게도, 기억에 가장 선명하게 남아 있는 것은 호텔 객실 미니바의 캔맥주 가격이다. 다낭까지 올라갈 때마다 가격은 내려갔다. 냐짱에서 캔당 1만 동(우리 돈 약 5백 원)이었다면, 뚜이호아에선 8천 동이었고, 꽝응아이에서는 7천 동이었으며, 다낭쯤 가서는 5천 동으로 내려갔다. 물론 북쪽 하노이에 도착하자 남쪽 호찌민보다 더 비싼 1만 2천 동쯤으로 올라갔지만.

아버지의 스크랩에서 베트남을 만났다. 마치 호찌민의 호젓한 카페 골목에서 우연히 아버지를 맞닥뜨린 기분이다. 스크랩북 제9권(1973년 1월~1974년 12월)을 열자마자 베트남전 휴전협정을 말하는 아버지의 글귀를 읽는다.

　　조인식은 끝났다

전쟁은 끝났다. 근세 역사상 가장 지리하고 참담했던
전쟁은 끝난 것이다. 바로 조인식이 끝난 것이다.
인류의 최악으로 일컬어지는 월남전은 멀리는 프랑스의
식민 지배에 대한 저항에서 又한 월남 정권에 대한
도전에서 그의 기원을 찾을 수가 있다

　　(중략)

승자도 없고 패자도 없이 지리한 세월을 외면한 채
그 막을 내렸으니 전쟁은 무상한 것이리라

명분도 실리도 찾을 수 없는 이전투구의 싸움은 끝났다
그러나 포성이 멎었다고 평화가 온 것은 아니다
오직 '미지의 불안 속에서' 세월은 더 방황할 것이다

'민족의 화해'도 아무것도 실속은 없으니―
보이지 않는 전쟁은 더 계속될 것이 뻔하다
전쟁은 끝났다― 다만 조인식이 끝났다는 것이다
전쟁은 미치광이의 놀음―
우리나라 형편을 생각하니― 더욱 불안하구나

1973년이면 국민학교(초등학교)에 들어가던 해다. 그해 어느 날의 풍경이 떠오른다. 여느 때처럼 학교를 파한 뒤 책가방을 메고 논둑길을 지나 20여 분을 걸어 집까지 돌아왔다. 점심나절이었다. 창호지를 바른 미닫이문을 드르륵 열며 "엄마" 하고 불렀으나 답이 없었다. "아빠" 하고 불러도 마찬가지였다. 정적이 집 안을 감쌌다. 예고 없는 부재가 서먹하고 수상했다. 드문드문 떨어져 있는 농촌 마을의 주택이었다. 열 번을 넘게 불러도 반응이 없자, 어린 마음에 무서움이 몰려왔다. 울음이 터져 나오려는 순간이었다. 옷장 속에서 엄마와 아빠가 "짠" 하고 나타났다. "놀랐지" 하면서 환하게 웃었다. 아버지의 천진스러운 장난이 기억나는 건 딱 그 무렵까지다. 스크랩에 적힌 글은 아버지의 생소한 이면이다. 전쟁의 무상, 민족의 화해…… 마치 대학 신입생이 '1973년 베트남전 휴전에 관하여 논하시오'라는 제목으로 보고서를 쓴 듯하다. 소재가 된 신문 기사를 보자.

월남전은 끝났다
평화협정 역사적 조인

파리국제회의센터서 【파리 27일=정종식 특파원】

미국사상 최장의 전쟁이며 동서 진영의 신예 무기의 실험장이 되어오기도 했던 월남전을 끝맺기 위한 역사적인 월남전휴전협정이 27일 상오 11시 6분(한국 시간 하오 7시 6분) 전쟁 당사자인 미·월남·월맹·'베트콩'의 외상들에 의해 '파리' 개선문이 바라보이는 국제회의 '센터'에서 18분 만에 조인을 끝냈다. (중략) 27일 1차 조인식에서 '윌럼·로저스' 미 국무장관, '트란·반·람' 월남 외상, '구엔·두이·트린' 월맹 외상, '구엔·티·빈' '베트콩' (월남임시혁명정부) 외상은 총 9장 23조로 된 협정문과 "휴전합동군사위" "포로·정치범 석방" "국제휴전감시위원단" 등 3개의 부대 의정서에 서명함으로써 길고 지리했던 월남전과 4년 8개월간의 험난했던 '파리' 협정의 막을 내렸다.

또한 이날 하오 3시 45분(한국 시간 하오 11시 45분)에 거행된 2차 조인식에는 '로저스' 미 국무장관과 '트린' 월맹 외상만이 제4의 부대 의정서인 "기뢰 봉쇄 해제에 관한 의정서"에 조인했다. (중략)

조인식과 때를 같이하여 월맹 측은 미국 측에 미군 포로 명단을 수교했다.

조인식을 끝낸 4당사자 측 외상들은 '샴페인'을 나누면서 서로를 치하했다. 제2차 조인식에는 미국과 월맹만이 서명했는데 월

맹은 '베트콩'의 동의를 얻어, 미국은 월남의 동의를 얻어 각각 서명하는 절차를 택한 것이다.

〈〈한국일보〉 1973년 1월 28일자〉

이제 베트남과 캄보디아와 중동을 공부할 시간이다. 왜 하필 이 세 나라일까. 아버지의 스크랩북 9권과 10권(1973년 1월~1976년 10월)에 있는 국제 뉴스 중에서 가장 눈에 띄기 때문이다.

1973년은 베트남전이 파리 휴전협정으로 중대한 쉼표를 찍고, 종전 국면으로 치닫던 고비다. 베트남에서 한 발짝 물러난 미국은 그 옆에 있는 캄보디아에서만은 변함없이 '전쟁 놀이'를 즐기고 있었다. 공산 저항군 크메르루주에 매운맛을 보여주기 위해 2월부터 B-52기로 고성능 폭탄을 마구 투하했다. 하루 평균 81회 출격하며 6개월간 25만 7천 톤을 쏟아부었다는 기록이 있다. 이때부터 크메르루주는 독이 오르기 시작했다. 중동에서는 10월 6일 제4차 중동전쟁이 일어났다. 시나이 반도와 골란 고원을 둘러싸고 이집트-시리아 2개국과 이스라엘 간에 육해공 전면전이 벌어졌다. 미국이 이스라엘을 지원하자 이에 격분한 아랍석유수출국기구(OPEC)가 석유 생산량을 4분의 1로 줄였다. 미국으로의 석유 선박 출항도 전면 금지했다. 1973년 한 해 동안 기름 값이 4배로 뛰었다. 1차 오일쇼크다. 이제 베트남, 캄보디아, 중동 순으로 뉴스를 훑어본다. 각각 3가지씩 요점 정리를 해본다.

먼저 **베트남**. 파리에서 열린 베트남전 휴전협정은 1972년에 본격화한 미-소, 미-중 화해 분위기의 결과물이었다. 파리 휴전협정을 통해 미국은 남아 있는 병력을 60일 이내로 철수할 것을 약속했다. 북베트남은 수백 명의 미군 포로를 석방했다. 제2차 세계대전 때의 두 배인 7백만 톤의 포탄을 베트남에 퍼부었지만, 국내외 반전 여론에 부딪친 닉슨 행정부는 이 전쟁을 계속 끌고 갈 수 없었다. 미국은 소련의 후원을 얻어 휴전협정을 성사시켜야 했다. 8년간 총인원 32만 명(전투 병력은 5만 명)을 파병한 한국군도 철수했다. 1973년 3월 21일자 신문은 파월 장병들의 귀국 풍경을 사진으로 전한다. 따뜻한 환영 물결이다. 별 세 개 달린 아빠의 볼에 여고생이 뽀뽀하는 사진은 눈에 익다. 설명을 보니 "주월 군사령관 이세호 중장의 2녀 이진희 양(16·중경고 1)"이다.

휴전을 했으나 남베트남은 안에서 들끓었다. 북베트남도 가만히 있을 리 없었다. 맨 앞에서 나는 10여 년 전의 베트남 북상 경험을 적었다. 북베트남군과 남베트남민족해방전선(베트콩)은 휴전 2년 뒤인 1975년 3월 10일부터 남하를 시작했다. 호찌민에서 다낭으로 북상했던 나와는 정반대 방향으로.

월(越) 데모 유혈화

【사이공 31일 로이터 합동=특약】 월남 가톨릭교도의 '반부패운동'을 중심으로 하는 반정부 시위자들은 31일 사이공 중심가로 행진해 들어가던 도중 이를 저지하던 수백 명의 경찰들과 2시간 동안의 충돌을 벌여 40여 명이 중경상을 입었고 이 충돌에서 가톨릭 반부패운동 지도자인 트란 후 탄 신부와 도 심 투 의원도 부상했다고 반부패운동 대변인이 이날 밝혔다.

이날 일찍 약 5천 명의 가톨릭교도들은 사이공 교외에 있는 한 교회에 운집했으며 트란 후 탄 신부는 교회에 모인 2천 명의 군중 앞에서 티우 대통령은 사임하고 국민에게 권력을 이양하라고

越南정부 無條件항복

獨立宮에 베트콩旗

越盟軍, 민大統領 連行

放送중단·官廳마다 白旗

★관련기사 2·3·7면

【사이공 30일=外信綜合】越南정부는 30일 共産軍에 무조건 항복했다. 곧이어 蘇製탱크를 앞세운 共産軍은 사이공에 입성, 越南大統領官邸인 獨立宮을 점령軍으로서 사이공城, 越南大統領官邸인 獨立宮에 靑紅色베트콩旗를 게양했다. 이로써 越南정부는 고·딘·디엠前大統領의 공화국 선포이후 20년만에 멸망했고 30여년간에 걸친 인도차이나의 大量殺戮劇도 막을 내렸다.

두옹·반·민越南大統領은 30일상오 11시(한국시간)두옹·반·민越南大統領은 越南정부의 무조건항복을 발표하고 政府軍에게 전투를 중지하라고 명령하면서 평화적인 정권인수문제를 협의하기 위해 베트콩측을 기다리겠다고 말했다.

사이공철수용 美空軍헬리콥터가 사이공의 한 건물옥상에 착륙, 미국인과 외국인을 철수시키기 위해 승무원이 사다리를 타고 올라오는 철수피난민을 도와주 【사이공29日IP연합=本紙】

5분간에 걸친 짤막한 放送에서 민大統領은 평화, 민족 의 단합, 국민의 생명을 보전 하고 유혈사태를 방지하기 위해 베트콩에게 적대행위를 중지하라고 촉구했다. 곧이 어 越南정부軍 合參議長대리 구엔·후·칸大將은 방송을 통해 모든 越南軍장병들에게 민大統領의 명령을 이행하라 촉구하면서 越南軍는 모두 그들의 무기를 유엔군에게 인계하라고 명령했다.

시간에 20여대의 蘇製탱크 2 포함, 24시간전부터 사이 공을 포위해온 越南정부군에 진입을 끝으로 放送을 중단 했다.

민大統領 降伏연설 全文

"모든 越南軍 戰鬪행위 中止 秩序 整然한 權力 移讓대기"

요구했다. (하략)

(《한국일보》 1973년 11월 1일자)

다낭 실함(失陷)으로 북반부 상실
월남 최대 위기에

【사이공 30일 로이터UPI=종합】월맹군을 주축으로 한 공산군은 29일 밤 월남 제2의 대도시이자 월남군의 유일한 북부 거점 다낭시를 마침내 완전 점령 입성하여 중부 고지대에 이어 북부 해안 지대마저 석권, 월남 북반부를 모두 장악함으로써 이제 티우 대통령의 월남 정부 관할지는 수도 사이공 일원과 메콩 삼각주의 일부 지역으로 크게 축소되어 월남 정부 자체의 존립이 위기에 처했다.

탱크를 앞세운 월맹군과 베트콩은 계속 여세를 몰아 남쪽의 퀴논과 나트랑을 공략하기 시작함으로써 월남 정부의 운명을 최악의 위기에 몰아넣었다. (하략)

(《한국일보》 1975년 4월 1일자)

다낭을 함락한 뒤 호이안으로, 호이안에서 꽝응아이로, 꽝응아이에서 꾸이년으로, 꾸이년에서 뚜이호아로, 뚜이호아에서 냐짱으로, 냐짱에서 호찌민으로 내려갔다. 그때의 캔맥주 값은 얼마였을까. 남으로 내려갈수록 더 싸졌을 거다. 술 마실 틈도 없이 도망가는 이들이 많았을 테니. 남베트남 정부는 1975년 4월 30일 '무조건 항복'을 선언했다. 사이공이 함락되었다.

박정희 정부는 사이공 함락을 반공 체제 강화의 계기로 활용했다. 스크랩엔 1975년 5월 11일자 〈한국일보〉의 "백40만의 함성… 서울 시

민 안보 궐기 대회"라는 제목의 기사가 붙어 있다. 한국인들에게는 '공포'가 학습되었다. TV에선 바다를 떠도는 보트피플의 영상이 무한 반복되었다. 월남 패망의 교훈은 곡해되어 유포됐다. '국민의 신임을 얻어야 정권이 유지된다'가 아니라 '말 안 듣고 까불면 저렇게 된다'였다. 베트남을 3가지로 요점 정리해본다.

1. '떡'

베트남전은 대한민국의 '떡'이었다. '횡재'였다는 뜻이다. 미국은 1966년 3월 '브라운 각서'를 통해 방위 협조는 물론 군사 장비 현대화, 차관 제공과 대월남 물자 및 용역의 조달 등을 한국 측에 약속했다. 연인원 32만 명을 파병한 피의 대가로 한국은 해외 전투 수당과 지원금을 받았고, 각종 현지 공사의 입찰권을 따냈다. 그 결과 베트남전이 끝난 1975년을 기점으로 남한의 경제력이 북한을 추월했다. 물론 진짜 '떡'은 박정희가 챙겼다. 대군을 파병하는 충성심을 과시함으로써 3선과 긴급조치 등의 집권 연장 과정에서 미국으로부터 그 어떤 견제도 받지 않았다.

2. '보호'가 아니라 '공격'

미국 언어학자인 노엄 촘스키는 대략 이런 말을 한 적이 있다. "사람들은 미국이 아프가니스탄을 '침공'했다고 말한다. 그러나 베트남전에선 미국이 남베트남을 '보호'했다고 말한다. 미국은 남베트남을 '공격'했다." 본질을 흐리는 언어의 함정에 관한 예리한 지적이다. 한국의 베트남전 파병도 마찬가지다. 이를 통해 과연 남베트남을 '보호'했다고 말할 수 있을까? 부패한 기득권 세력만을 '보호'한 것은 아닐까?

베트남 정치국에서 나온 '전쟁범죄 조사 보고서—남부 베트남에서의 남조선 군대의 죄악'에 따르면, 이 지역에서 5천 명에 이르는 민간인이 한국군에 의해 희생당했다. 한국군은 남베트남을 '공격'했다.

3. '속물주의'

베트남은 전쟁으로 인해 처참히 파괴됐다. 세계은행 자료에 따르면 2010년 기준 한국의 국내총생산(GDP)는 2만 757달러, 베트남은 1천 224달러로 20배 차이다. 베트남 이주 노동자들은 한국에 건너와 3D 업종에서 일한다. 한국 남성과 베트남 여성의 혼인율은 중국 다음으로 많다. 한국 남성들은 베트남을 얕잡아본다. 흔히들 말한다. "세계 최강국 미국을 이겼다고? 그러면 뭘 해. 그래서 지들이 우리보다 잘살아?" 이 말은 속물주의의 백미다. 베트남은 한국인들의 속물주의를 비추는 거울이다.

이제 **캄보디아**로 넘어간다. 캄보디아의 수도 프놈펜은 베트남의 수도 호찌민에서 육로로 6시간이면 갈 수 있다. 베트남은 자주 갔지만, 캄

共産캄보디아 1年…드러난 秘密殺戮

2단계로 60萬虐殺…다시 肅清선풍

총알 아까와 곡괭이로 ◇탄약을 절약하기위해 크메르·루즈가 곡괭이로 한 농민을 처형하고 있다. 왼쪽끝에 총을든 크메르·루즈가 도망가지 못하게 지키고있다. 【파리·마치誌】

불도저 生埋葬도

家族단위로 沒殺

男子 31歲·女子 25歲까지 結婚금지

脫出한 避難民들 慘狀 처음 폭로

캄보디아는 「革命의 노래」 德語로 덮였고, 大衆가요는 이별을 슬퍼한다는 理由로 禁止됐다.

銃劍을 앞세운 강제移住로 부분的 核心분자들이 대 거 숙청을 당했고, 일반국민 들에게는 프놈펜에서 「人民 法院」이란 이름으로 전국에 강제이주가 강행되고있다. 2년 전까지만 해도 7백만명이 던 프놈펜인구는 약 70만명 이 되었고, 지금은 겨우 4만 명 정도밖에 안된다. 口實은 「죽음의 공포에서 벗어나 진정한 共産匪들 진정한 크메르」는 32세, 여자는 25세까지 결

지난해 4월17일 캄보디아를 장악한 共産匪들의 자들이 외부세계와는 철저 하게 차단된 이 나라 일부 피난민들의 증언으로 서서히 드러나고 있다. 本社 파리 駐在원 姜漢求특파원이 報告. 本 紙와 프랑스 週刊誌 「파리· 마치」誌 4월26일字 표 제기사로서 공산캄보디아의 참상을 보도했다. 이들 報道 를 모아 共産캄보디아 1년 의 殺戮面面을 소개한다.

캄보디아를 장악한 共産 匪들의 일방적 政策執行으 로 탈출해온 파리의 外交官들의 目擊談을 통해 최근들 어 점차 드러나고 있다. 파리·마치誌 최근호는 일가족 몰살 위기사이카 공수해온 무럭, 生埋葬된 친척 및 公開처형 등 크 캄보디아 人口의 약 12分 의 1에 해당하는 50만명내 지 60만명이 정치 경제적 으로 숙청됐다고 보도했다. 이들은 프랑스의 有力인사 들로 알려졌는데, 전문가처 럼 죽음의 공포속에서 생명을 걸고 전통으로 도망쳐나 본 것이다.

「루즈」10대 핵심분자들이 대 부분 강제이주로 프놈펜의 비인간적인 고발, 일반국민 에게는 강간약탈같은 신의가 없었지만 부분 인구의 부분 처형은 일반국 민 가운데도 실행되고 있다. 혁명에 끝까지 反對하는 전통분자들은 가족단위로 철저히 몰살하는 것이고, 남자는 32세까지, 여자는 25세까지 결

1975~1979년 크메르루주의 '제2기 킬링필드'에 대한 대대적 선전은, 1969~1973년 미국의 공중폭격이라는 '제1기 킬링필드'를 잊게 하는 데 훌륭한 구실을 했다.

보디아 땅은 밟아보지 못했다. 캄보디아는 한국인들에게 '킬링필드'와 '앙코르와트'로 기억된다. 전자는 정치적 관광 상품, 후자는 비정치적 관광 상품이다.

'킬링필드'는 고약한 기억이다. 아버지의 스크랩에도 고약한 제목으로 붙어 있다. 딱 2페이지에 걸쳐서다.

공산 캄보디아 1년… 드러난 비밀 살육
2단계로 60만 학살… 다시 숙청 선풍
지난해 4월 17일 캄보디아를 장악한 공산주의자들이 외부 세계와는 철저하게 차단한 채 1년 동안 잔혹한 대학살을 자행해온 끔찍한 사실이 최근 피난민들의 입을 통해 잇달아 드러나고 있다. (중략) 이들 보도에 의하면 공산화 이후 캄보디아 전 인구의 약 12분의 1에 해당하는 50만 내지 60만이 정치적 보복과 질병, 기아로 죽어갔다.

탈출한 피난민들 참상 처음 폭로
캄보디아에는 '혁명의 노래나 표어도 없고' 대중이 따라갈 혁명의 목적과 이념을 설명해주는 재교육기관도 없는 가운데 과거 정권과 사소한 관련이 있는 사람은 물론이고 강제 이주 명령에 조금이라도 주저하는 사람이면 누구나 가차 없이 학살하고 있다.
이달 초 사아누크공을 밀어내고 국가원수직에 오른 키우 삼판(44)에 의해 주로 진행되어온 캄보디아의 대량 살육으로 지난해 6월에 이어 12월까지 각각 2단계 집단 처형을 끝내고 현재는 3단계 숙청 선풍이 휩쓸고 있는 것으로 전해졌다.
피난민들은 캄보디아 공산주의자들의 잔혹한 처형 방식에 대해 특히 몸서리를 치고 있는데 그들은 가족 단위로 몰살을 하는가 하면 탄환을 아끼기 위해 나무 곡괭이로 타살하거나 불도저로 생매장까지 했다. (하략)

《한국일보》 1976년 4월 23일자

사진 효과가 출중하다. "파리-마치誌"로 출처가 적힌 이 사진은 "총알 아까워 곡괭이로"라는 제목을 달았다. 설명을 보자. "탄약을 절약하기 위해 크메르루주가 곡괭이로 한 농민을 처형하고 있다. 왼쪽 끝에 총을 든 크메르루주가 도망가지 못하게 지키고 있다."

이 사진은 진짜일까. 〈한겨레21〉에 근무하던 2001년이었다. 베트남-캄보디아 분쟁에 관한 기사를 편집하면서 바로 앞쪽의 사진을 사용했다가 필자에게 항의를 들었다. 나는 이 사진을 캄보디아 킬링필드를 가장 상징적으로 보여주는 작품으로 생각했다. 국제분쟁 전문 기자였던 그 필자는 "장난이 심한 조작 사진"이라고 단정했다. 1976년이면 국경 난민촌에서 유엔의 인도적인 구호품 보급까지 차단하며 크메르루주 정권을 압박하던 CIA와 MI5(영국 정보기관)가 조작 사진을 뿌려댈 시점이라고 했다. 캄보디아 내부에서도 가장 심각한 상황이 벌어지던 시절이라 현장에 종군기자가 들어간 바가 확인된 적 없다는 주장이었다.

1976년 4월은 크메르루주가 프놈펜을 점령한 지 딱 1년째 되는 때였다. 1975년 4월 17일, 크메르루주는 미국을 등에 업고 쿠데타로 집권했던 론 놀 정권을 뒤엎었다. 북베트남이 사이공을 점령하기 보름여 전이었다. 아버지의 스크랩에는 프놈펜 점령에 관한 기사는 전혀 등장하지 않는다.

앞의 기사에 따르면, 1년 만에 50만~60만 명이 죽었다. 크메르루주는 1979년 1월의 베트남군 침공에 의해 물러나기까지 총 3년 7개월 간 집권했다. 이 기간의 참상을 보여주는 여러 통계가 있다. 1백만 명 이 상이 처형과 고문, 굶주림, 강제 노동으로 죽었으며 그중 50만 명이 처 형당했다는 추정이 있다. 심지어 진 라코처라는 사람은《이어 제로(Year Zero)》라는 책에서 2백만 명 이상이 학살당했다는 주장을 펼쳤다. 캄보 디아 3대 요점 정리로 바로 직행해본다.

1. 너네가 더 죽였어 인마

미국이 더 죽였을까, 크메르루주가 더 죽였을까.

크메르루주가 집권했던 1975~1979년 기간의 킬링필드 앞에는 '제 2기'라는 수식이 붙어 마땅하다. '제1기 킬링필드'가 따로 있다는 말이 다. 1969~1973년의 일이다. 미군은 이 기간에 캄보디아를 지나는 베 트콩들의 물자 보급로인 호찌민 루트를 봉쇄한다는 이유로 대대적인 폭 격을 감행했다. 캄보디아에 5년 동안 투하한 폭탄 53만 9,129톤은 제 2차 세계대전 당시 미국이 일본에 투하한 16만 톤의 3배에 달하는 양이 었다. 캄보디아 폭격은 미국 내에서도 비극을 불렀다. 1970년 5월 4일 폭격을 반대하며 사흘간 거칠게 시위를 하던 오하이오 주 켄트 대학 학 생들에게 주방위군이 총격을 가해 4명이 숨지는 사고가 발생했다.

캄보디아 연구자인 데이비드 챈들러와 마이클 비커레이는 1969~ 1973년 사이 40만~80만 명의 캄보디아 민간인이 폭격으로 죽었다고 추산한다. 핀란드 정부 조사 보고서의 추산은 60만 명이다. 챈들러와 비 커레이는 미국의 이러한 제1기 킬링필드에 이어, 크메르루주가 자행한 제2기 킬링필드 때 처형당한 인원을 각각 10만 명과 15만~30만 명으로 추산한다. 기아·질병·중노동으로 사망한 이들은 75만 명이다.

크메르루주에게 죄가 없지는 않다. 다만 미국과 책임을 나눠 가져야 공정하다. 2007년 11월부터 법정 심리가 열리기 시작한 크메르루주 국제전범재판소의 피고석에 미국 쪽 인사(예를 들면 키신저 당시 대통령 안보고문)도 섰어야 한다는 이야기다.

2. 크메르루주는 역대 최고의 '소개팅 정권'

프놈펜에 입성한 크메르루주 병사들은 집집마다 돌며 "2~3일 내로 프놈펜을 떠나라"고 시민들에게 명령했다. 250만 명이 넘는 시민들이 어디로 가는지도 모르고, 의료 시설과 교통수단, 식량 지원에 대한 보장도 받지 못한 채 혼잡한 도시 밖으로 모조리 소개(疏開)되었다. 재앙의 시작이었다.

'소개'는 폭격을 피한다는 명분이었다. 더불어 크메르루주가 꿈꾸던 이상사회와도 맞닿아 있었다. 크메르루주 지도자인 폴 포트가 이끈 캄푸치아 공산당은 완전히 '새로운 공산주의자'를 만들어내려고 했다. 마오쩌둥의 문화대혁명이나 북한의 인간 개조는 비교가 될 수 없었다. 당시 폴 포트가 내세운 대통령 키우 삼판은 이렇게 말했다고 한다. "여러분의 머릿속에 들어 있는 지식도 정신적 사유재산입니다. 여러분이 진정한 혁명 세력이 되려면 머릿속을 깨끗이 청소해야 합니다."

도시에서 소개시킨 인민들을 지방의 집단 농장에서 일하게 하면서 정신노동과 육체노동의 차이를 완벽하게 없애려고 했던 정권. 그 과정에서 수많은 사람들을 기아와 질병으로 죽게 하거나 처형한 정권. 그들은 최악의 '소개팅'(?) 정권이자 극단적인 '청소 정권'이 아니었을까.

3. 친중반소와 전 세계 진보 진영의 분열

캄보디아는 전통적으로 베트남의 숙적이었다. 크메르루주는 크메르 순혈주의에 기반한 반베트남 인종주의 정책을 펼쳤고 이로 인해 1975~1979년에 2만여 명이 넘는 베트남인들이 죽음을 당했다. 이는 캄보디아에 대한 베트남 침공의 중요한 원인이 되었다.

캄보디아에 쳐들어와 10년간 머문 베트남 정권이 소련의 후원을 받았다면, 크메르루주의 친구는 중국이었다. 중국은 10년 동안 크메르루주에 10억 달러어치의 군사 물자를 지원했다. 중국에게 캄보디아는 베트남과 소련의 권력 팽창을 막아줄 유일한 나라였다. 캄보디아-중국의 연대는 미국으로까지 이어졌다. 1970년대 말, 미국은 크메르루주를 비난하면서도 그들이 유엔에서 의석을 유지할 수 있도록 외교적 지원을 다했다.

같은 사회주의권인 베트남과 캄보디아의 분쟁은 전 세계 진보 진영의 논쟁을 불렀다. 친베트남공산당계와 친캄보디아공산당계로 갈려 설전을 벌였다. 한쪽에선 "미국도 나쁜 놈이지만 크메르루주도 정말 나쁜 놈"이라는 데 반해 또 다른 한편에선 "베트남이 캄보디아에 몹쓸 짓을 했다"고 맞섰다.

마지막으로 **중동**이다. 중동 국가는 한 번도 가보지 않았다. 중동 하면 이슬람 국가의 이미지가 먼저 떠오른다. 이슬람 국가 중에선 동남아에 있는 말레이시아를 여행해봤다. 이 장을 시작하면서 언급한 캔맥주 이야기를 이어가자면, 이슬람 신자들이 운영하는 레스토랑에선 결코 술을 팔지 않는다. 대신 "밖의 슈퍼마켓에서 사다가 먹으라"고 안내해준다. 그들의 친절함과 순박함을 떠올리면 슬며시 웃음이 나올 정도다.

중동전 전면전… 공방 치열
埃·시리아 선공 이스라엘 반격

【베이루트7일 로이터·AFP·AP·UPI=종합】'이집트'-'시리어'와 '이스라엘'은 6일 하오 1시 30분(한국 시간 하오 8시 30분) 육·해·공군을 동원, 전면전쟁에 돌입했다. 지난 1967년의 이른바 '6일전쟁' 이후 6년 만에 재발된 중동전쟁은 전투가 개시된 지 40여 시간이 지난 8일 하오 현재 '이스라엘'측과 '아랍'측 쌍방이 각각 약 1백 대의 전투기와 1백여 대의 '탱크' 및 수척의 군함을 상실한 가운데 '시나이'반도, '골란'고원, '수에즈' 운하에서 치열한 공방전을 계속하고 있다. 전투는 '탱크' 4백 대를 앞세운 '이집트'군이 '수에즈' 운하를 도하, '시나이' 반도의 '이스라엘'군 기지로 진격하고 '시리어', '모로코' 연합군이 역시 '탱크' 1천 대와 항공기를 투입, '이스라엘' 점령의 '골란' 고원으로 진출함으로써 시작됐다. (하략)

《한국일보》 1973년 10월 9일자)

이 기사 옆에는 아버지의 다음과 같은 메모가 적혀 있다. 기독교인으로서, 무릎 꿇고 두 손 모아 기도한 뒤에 쓴 글 같다.

1973. 10. 6 하오 1시 30분 중동전쟁(한국 시간 하오 8시 30분)
숙적의 밀회 – 전쟁은 파멸이요 지옥이다
수천년래의 원한이 폭발된 사막
코란과 – 성경의 싸움이다
팬텀과 – 미사일의 싸움이다
힘과 – 지혜의 싸움이다

엘리야의 기도가 이루어지기를 고대하는 싸움이다

엘리야는 '기돗발' 세기로 유명한 구약 시대의 위대한 선지자였다. 이 땅의 기독교인들이 합심하여 두 손 모아 이스라엘의 승리를 간구하면 그 기도가 이루어지리라는 말처럼 들린다. 그 기도의 힘이었을까, 아니면 미국의 후원 덕분이었을까. 이 싸움에서 이스라엘이 승리한다.

중동전쟁은 이스라엘이 독립을 선언한 1948년 5월 15일에 터진 '1차'를 시작으로 2차(1955년)와 3차(1967년)를 거쳐 4차까지 이어졌다. 이 과정을 통해 미국과 이스라엘의 특별한 유대는 끈끈해졌다. 여기에 맞서는 팔레스타인인들의 저항운동은 팔레스타인해방기구(PLO) 등을 통해 조직화되면서 납치와 비행기 하이재킹 등 과격한 양상을 띠었다. 아버지는 이스라엘 편을 들었지만, 이스라엘의 승리는 한국인들을 곤혹스럽게 했다.

이스라엘을 미워하는 중동 국가들은 석유 생산을 줄이고 가격을 올렸다. 세계경제가 휘청거렸다. 당연히 국내 기름 값도 뛰었다. 그 유명한 '오일 쇼크'였다. 이 유류 파동의 영향으로 1974년 물가는 42.4퍼센트나 뛰었다. 거리의 가로등과 상점의 네온사인은 물론 각 가정마다 절전운동이 대대적으로 벌어졌다. 내 기억에도 아버지를 비롯해 그 세대의 어른들은 불필요한 전등을 찾아 끄는 데 귀신이었다. 기름, 기름, 기름, 기름 전쟁이었다.

스크랩에 붙어 있는 만평들은 기름에 목을 맨 서민들의 상황을 잘 드러낸다. 박정희 정부도 오죽했으면 이런 외무부 성명을 발표했을까.

정부, 이 점령지 철수 촉구

정부는 15일 중동 사태에 관해 "'이스라엘'은 67년 전쟁 시 점령한 영토로부터 철수해야 한다"는 입장을 천명했다. 외무부 대변인이 이날 밝힌 '대한민국 정부의 중동 지역 평화 성취에 관한 입장'은 다음과 같다.

① 국제분쟁은 무력에 의해서가 아니라 평화적인 협상을 통해 해

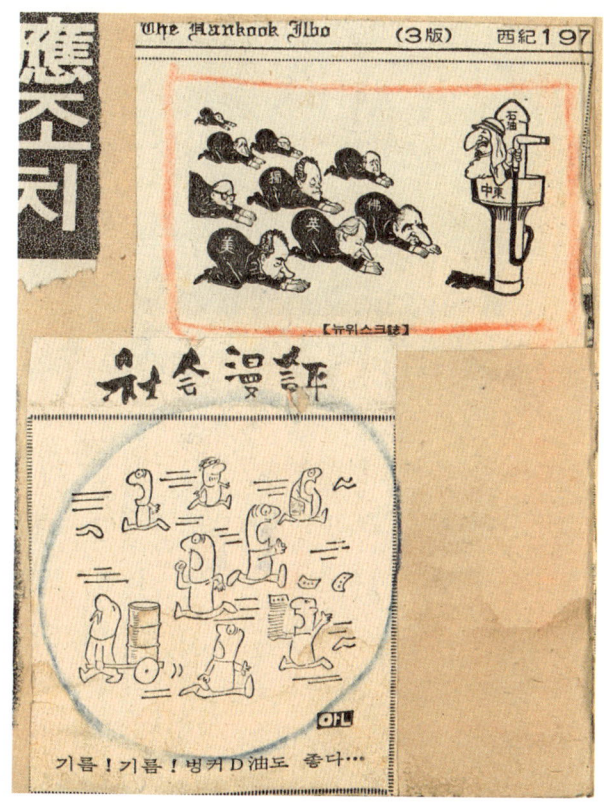

중동석유에 바짝 엎드린 나라엔 한국도 있었다. 존재하지 않는 벙커D유까지 찾는 다급한 처지에 몰리자, 이스라엘의 눈치를 봐야 하는 친미국가의 기본 사명마저 던져버렸다.

결돼야 하며 무력에 의한 영토 획득은 용납되어서는 안 된다.
② '이스라엘'은 67년 전쟁 시 점령한 영토로부터 철수해야 한다.
③ '팔레스타인'인의 정당한 주장은 존중돼야 한다.
④ 모든 국가는 그 독립 영토 보존과 생존권이 인정되고 보장돼야 한다.

〈〈한국일보〉 1973년 12월 16일자〉

친미 국가인 대한민국이 언제부터 이스라엘에 반하는 팔레스타인 편이었단 말인가. 희귀한 기사가 아닐 수 없다. 중동의 복잡한 정치 구도는 생략한다. 인류의 생존이 달린 석유 문제로 좁혀 요점 정리를 해본다.

1. 다 그놈의 '석유' 때문이다

제4차 중동전쟁은 미국에게, 석유가 풍부한 이슬람 국가들을 건드리면 어떤 결과가 오는지 보여주었다. 미국의 석유 생산은 1970년에 정점에 도달했다. 미국의 전쟁터는 60년대 인도차이나에서 70년대 중동으로 급이동했다. 바야흐로 석유 전쟁 시대의 도래였다.

미국의 모든 외교적 선택은 석유와 결부되어 있다. 2001년 9·11 이후 테러와의 전쟁도 그랬다. 아프가니스탄을 침공해 탈레반을 카불에서 축출하고 허수아비 정권을 세운 목적도 중앙아시아의 석유와 천연가스 통제였다. 사우디아라비아·이란에 이어 석유 매장량 3위인 이라크를 침공한 것도, 이란을 '깡패 국가'로 비난하며 괴롭히는 속내도 결국은 석유다. 친미 연합 전선을 중심으로 중동 질서를 재편해 중앙아시아의 원유 수송로를 안전하게 확보하려는.

2. 그놈의 석유, 이젠 펑펑 안 나온다

석유는 유한한 자원이다. 우리는 그 석유를 펑펑 쓰는 시대에 사는 행운을 누린다. 전 세계 액체 상태 석유 매장량은 약 2조 배럴로 추정된다고 한다. 이 중 상당량이 지난 50년 동안에 소비되었다. 한 해의 소비량을 270억 배럴 정도로 본다면, 남은 석유는 세계가 겨우 37년만 쓸 수 있다는 게 미국의 사회비평가 제임스 하워드 쿤슬러의 견해다.

반세기 남짓 석유 노다지의 시대를 산 사우디아리비아인들은 현대에 이런 속담을 만들어냈다고 한다. "내 아버지는 낙타를 탔고, 나는 롤스로이스를 타고, 내 아들은 제트기를 타고, 아들의 아들은 낙타를 탈 것이다."

일주일에 한 번밖에 안 타는 승용차지만, 가끔 주유소에 들를 때마다 마음이 무겁다. 비싸다, 비싸다, 비싸다. 희망은 접는 게 좋겠다. 싸다, 싸다, 싸다, 그런 노래를 부를 시대는 다시 오지 않는다.

3. 그래서 어쩌자고?

자동차를 포기해야 하나, 유류세가 비싼 항공기도 타지 말아야 하나, 한 달에 20만 원이 넘게 나오는 아파트 난방을 포기해야 하나, 폴리에틸렌 같은 석유화학 섬유 제품은 입지 말아야 하나, 현대식 농업 시스템으로 생산된 농산물을 먹지 말아야 하나. 일상에서 쉽게 실천할 수 있는 일은 '내복 입기' 정도뿐일까. 석유로 돌아가는 자본주의 시대에 석유와의 이별은 쉽지 않다. 아, 구차하게 이러지 않아도 된다. 좋은 방법이 있다. 한반도 근해에 숨어 있을지도 모르는 석유를 채취하면 된다. 그럴 뻔한 적도 있다.

양질의 석유 발견

박 대통령 연두회견

박정희 대통령은 15일 연두기자회견에서 "작년 12월 초 영일만 부근 지하 1천5백m에서 우리나라에서는 처음으로 우리의 기술진에 의해 양질의 석유가 발견되었으며 앞으로 4~5개월 후면 매장량과 경제성을 알 수 있다"고 말했다. 박 대통령은 이날 상오 10시부터 중앙청 제1 회의실에서 최규하 국무총리 서리를 비롯전 국무위원과 이효상 공화당 의장, 백두진 유정회장 등 여당 간부들이 배석한 가운데…… (하략)

《한국일보》 1976년 1월 16일자)

대한민국 역사 최고의 스타들이 총출동했다. 신문 만평 안의 군중 속에서 단군과 세종과 이순신이 웃고 있다. "배달민족이 이렇게 웃기는 이번이 처음…"이란다. 4컷 만화 속의 밤손님은 불을 켜놓고 밤을 새워 '석유'꽃을 피우는 사람들 때문에 도둑질을 할 수가 없다. 기사 밑에 아버지는 "불신의 세계에 태어난 미련 때문에 오늘도 우리는 산다"고 썼다. 거짓 보도에 흥분하지 않았다. 눈치를 채셨을까? 포항에서 석유는 나오지 않았다.

다시 맨 앞으로 돌아간다. 대학생 보고서 같은 베트남전 휴전 소감을 작성하던 아버지의 그 진지한 표정을 그려본다. 이 복잡한 국제 상황들을 한 줄로 정리하면 무엇이 될까. 아버지의 시 속에 그 정답이 있다.

역사는 조용히 용솟음치고
세계는 울며 달린다

被拉 JAL 機
金浦空港에 착륙

西紀 1970年 4月 1日 (水曜日)

"여기는 평양、안심하고 내려라"

"金日成 초상화 가져 오라"

너의 무대는 공항이냐 다방이냐

적군파의 하이재킹과 다방 인질극

괴이하다. 거참 괴이하다.

영화에나 나올 법한 일이다. 이 사건의 성격을 무어라 정의하면 적절할까. 고심을 하다가 3가지 영어 단어를 조합해보았다. 블록버스터 새드 코미디(Blockbuster Sad Comedy). 동경(도쿄)-후쿠오카-서울-평양 4개 도시를 거치며 승객 1백여 명의 목숨을 담보로 잡은 '하이재킹(비행기 공중 납치)'이었다는 점에서 스케일이 장대한 블록버스터였다. '분단국가'라는 특수 상황에서 벌어진 위장 촌극이었다는 점에서 '슬픈 코미디'이기도 했다. 사건의 구체적인 정황에 포커스를 두고 다시 정의해본다. 복잡한 조합이지만 다음과 같다. '일본 적군파' 인질 비행기 김포공항 경유 사건.

피랍 JAL기 김포공항에 착륙
여기는 평양, 안심하고 내려라

JAL기가 서자 비행기 문이 열리고 몇 명이 내려서더니 고개를 갸웃하고는 도로 기내로 사라졌다.

이 모양을 지켜보던 공수단원들은 북괴군을 가장, 비행기에 접근했다.

조종사석 쪽 문을 연 납치범에게 "평양이니 내리라"고 종용했다. 그러나 납치범들은 "평양 같지 않고 서울인 것 같다"면서 내리기를 거부 평양이란 걸 증명할 때까지 내리지 않겠다고 버티고 있다.

북괴군을 가장한 공수단원 등 6명은 기체로 다가가 조종사석 쪽 문을 열고 납치범들에게 비행기에서 내리도록 종용했다.

공수단원=평양이다. 환영한다. 모두 내려라.

납치범=평양 같지 않다. 김일성의 초상화는 왜 없느냐.

공수단원=우리도 많이 발전했다.

납치범=비행기는 왜 이렇게 많으냐. 평양 시가도나 김일성 초상화를 가져오라.

공수단원=우리나라도 국제선이 많이 날아온다.

납치범=어쨌든 평양이란 증명을 할 수 있는 물건을 가져오라. 그 때까지 내리지 않겠다.

하오 3시 30분께 JAL 김포 사무소 차장 '야마모도'가 납치된 비행기에 접근 "나는 아사히 신문 평양 특파원인데 수고 많았다" "곧 버스가 도착할 테니 내려라"고 말을 건넸다.

납치범들은 창문에 머리를 내보이며 "북괴 깃발과 김일성 초상화를 갖고 와라"고 요구, 비행기 문을 열지 않았다.

이 동안 납치 비행기 주위엔 '범퍼' '넘버' 등을 지운 지프, 버스 등 7, 8대의 헌차들이 돌면서 급히 만든 북괴 깃발을 흔들었다.

《《한국일보》 1970년 4월 1일자》

김포공항은 '김포공항이 아닌 것처럼' 행세했다. 승객을 구출하려는 선의의 '꼼수'였다. "여기는 평양"이라며 납치범들에게 빨리 내리라고 종용했다.

납치범 15명 공수단원과 대치
승객 못 내린 채 평양 위장 유도… 눈치 챈 듯

31일 상오 일본항공의 '보잉 727'기(기장 石田眞二)가 동경(東京)-복강(福岡, 후쿠오카—필자주) 비행중 일본 좌파 학생들에게 피랍, 북한으로 향하다 기수를 돌려 이날 하오 3시 13분 납치범을 포함한 승객 1백8명과 승무원 7명을 태운 채 김포공항에 내렸다.

어제 하오 3시 13분 조종사 기지로 기수 돌려

당국은 김포를 북괴 비행장으로 위장, 승객들을 구출하려 했으나 납치범들은 이에 불응, 위장 전술을 눈치 챈 것 같아 하오 7시까지 긴장 속에 대치를 계속하고 있다. (하략)

《한국일보》 1970년 4월 4일자》

인질극에 관해 쓴다. 아버지의 스크랩북 제7권과 제8권을 꺼내, 1969~1972년 국내외 관련 사건들을 추려보았다.

세계정세는 극도로 험악했다. 미국은 종반으로 치닫는 베트남전의 수렁에서 허우적거렸다. 세계의 좌파들은 곳곳에서 결정적 승기를 잡으려 기회를 엿보았다. 국내에서는 박정희의 종신 집권 프로그램이라는 '큰 독재'가 성공적으로 진행됐다. 공장과 학교 등 생활공간 구석구석에선 '작은 독재'가 시스템으로 뿌리박혔다. 사람들은 웅크린 채 언제 터질지 모르는 분노의 폭탄을 하나씩 품고 있었다. 아버지의 스크랩북 제 7권부터 빈번하게 등장하는 인질 사건은 그러한 국내외 정세를 반영한다. 앞의 사건은 폭탄 중에서도 핵폭탄급이다.

일본에서는 짧게 줄여 '요도(Yodo) 호 사건'이라 부른다. '요도'는 적군파 요원들에게 납치된 일본항공(JAL) 351편의 또 다른 이름이었다. 이 사건으로 일본은 북한에 아직까지 '납치 국가'라는 오명을 씌우고 있다. 129명의 승객을 태운 JAL 351기는 1970년 3월 31일 오전 7시 10분 도쿄 하네다 공항을 출발해 후쿠오카 이타즈케 공항으로 가던 중이었다. 적군파 요원들은 나고야 상공에서 기장에게 평양으로 가라고 했지만, 국내선이라 기름을 주유한 뒤 가야 한다는 이유로 후쿠오카 공항에 기착한다. 여기서 일본 당국은 납치범들 제압에 실패한다. 비행기는 다시 평양으로 가는 척하다 기장이 머리를 써 김포공항에 도착한다. 평양이라고 속였지만, 상황을 눈치 챈 적군파 요원들은 내리지 않았다.

납치 계획은 성공했다. 협상 끝에 적군파 요원들은 탑승객 전원을 김포공항에서 풀어줬다. 대신 야마무라 신지로 일본 운수성 정무차관을 인질로 삼아 김포공항 착륙 71시간 만에 북한으로 떠났다. 납치범들은 4월 3일 평양에 도착해 북한 당국에 망명을 요청하고 눌러앉았다. 요도 호 기체와 기장, 인질로 잡혔던 일본 운수성 정무차관은 4월 4일 귀환했다. 북한은 일본의 납치범 인도 요구를 거절했다. 납치범 9명 중 4명은 지금도 북한에 살고 있다고 한다. 이는 일본 최초의 항공기 공중 납치 사건이다.

당시 남한 당국은 요도 호의 북한행을 두고 볼 수만은 없었다. 세 달 전의 뼈아픈 기억 때문이었다. 1969년 12월 11일, 강릉발 서울행 대한항공(KAL) YS11A기가 승객을 가장한 간첩들에게 납치되어 원산비행장에 착륙했다. 승무원 4명과 승객 47명이 납북됐다. '평양방송'은 "두 조종사에 의한 자진 입북"이라고 주장했고, 남한 경찰도 일부 인정했다.

북한은 1970년 2월 14일 KAL기 기체와 탑승자 51명 중 승무원 4명 (기장 2명, 여성 승무원 2명)과 승객 8명 등 12명을 제외한 39명만을 귀환시켰다. 북한에 남은 승무원과 승객의 남측 가족들은 '납북 KAL 미귀환자 가족회'를 만들어 송환 촉구 활동을 벌이기도 했다.

1년에 한 번꼴이었다. 1969년 12월 KAL기 납북 사건과 1970년 3월 JAL기 김포공항 경유 납북 사건에 이어 1971년에도 속초에서 김포로 가던 KAL기를 납북하려는 시도[1]가 있었다.

뇌관은 친구 집서 얻어

【속초=이성준·윤창형 기자】 KAL기 납북 미수 사건에 대해 현지 수사반은 25일 범인 김상태 집 사랑방에 세든 정재식 군(20)이 김에게 폭발물 제조법을 가르쳐주는 것을 보았다는 정 군의 어머니 심순덕 씨(56)와 김의 가족들의 진술을 듣고 정 군을 공범 용의자로 전국에 수배했다. 68년 문산고등공민학교를 졸업한 정 군은 작년 12월 말 김의 방에서 이번 범행에 사용된 것과 같은 깡통과 대나무통에 선박 시동용 화약을 넣은 뒤 밀폐하여 만드는 폭발물 제조법을 그림을 그리며 가르쳤다고 한다.

《한국일보》 1971년 1월 26일자

---

[1] 1971년 1월 23일 낮 1시 7분, 승객 55명과 승무원 5명을 태우고 속초에서 김포로 가던 KAL F27기 안에서 괴한 1명이 수류탄을 들고 여승무원들을 위협해 기수를 북으로 돌릴 것을 강요했다. 기장은 교신을 통해 공군기 2대의 엄호와 유도를 받아 낮 2시 20분 고성군 현내면 초도리 해안 모래밭에 불시착, 범인은 착륙 뒤 3분 만에 갖고 있던 수류탄을 터뜨려 자폭했다. 승객 2명이 사망하고 3명이 중상, 11명은 경상을 입었다.

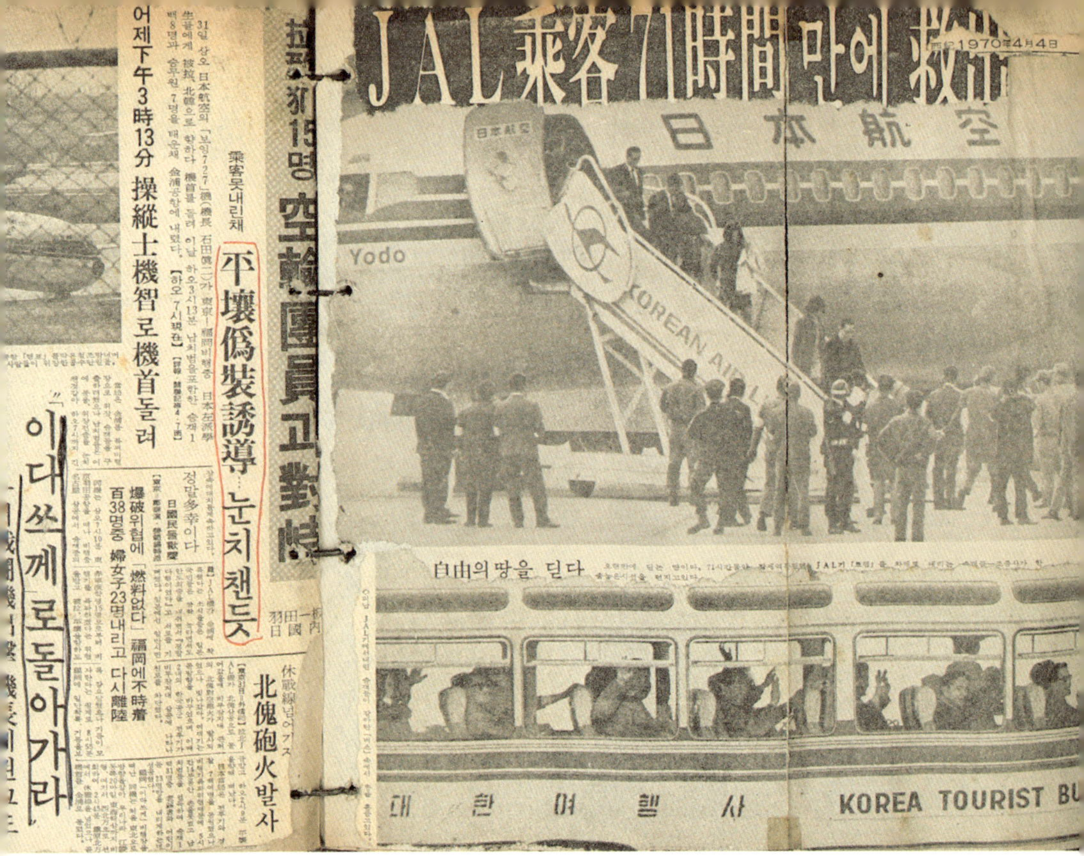

西紀1970年4月4日

JAL 乘客 71時間 만에 救出

日本航空

拉致 第15日

空輸團員고對峙

乘客웃내리채

平壤僞裝誘導…눈치챘다

어제下午3時13分 操縦士機智로機首돌려

"이대쓰꼐"로 돌아가라

爆破威脅에 "燃料없다" 福岡에 不時着 百명中 婦女子 23명 내리고 다시 離陸

北傀砲火발사

Yodo

KOREAN AIR

自由의 땅을 딛다

대한여행사 KOREA TOURIST BU

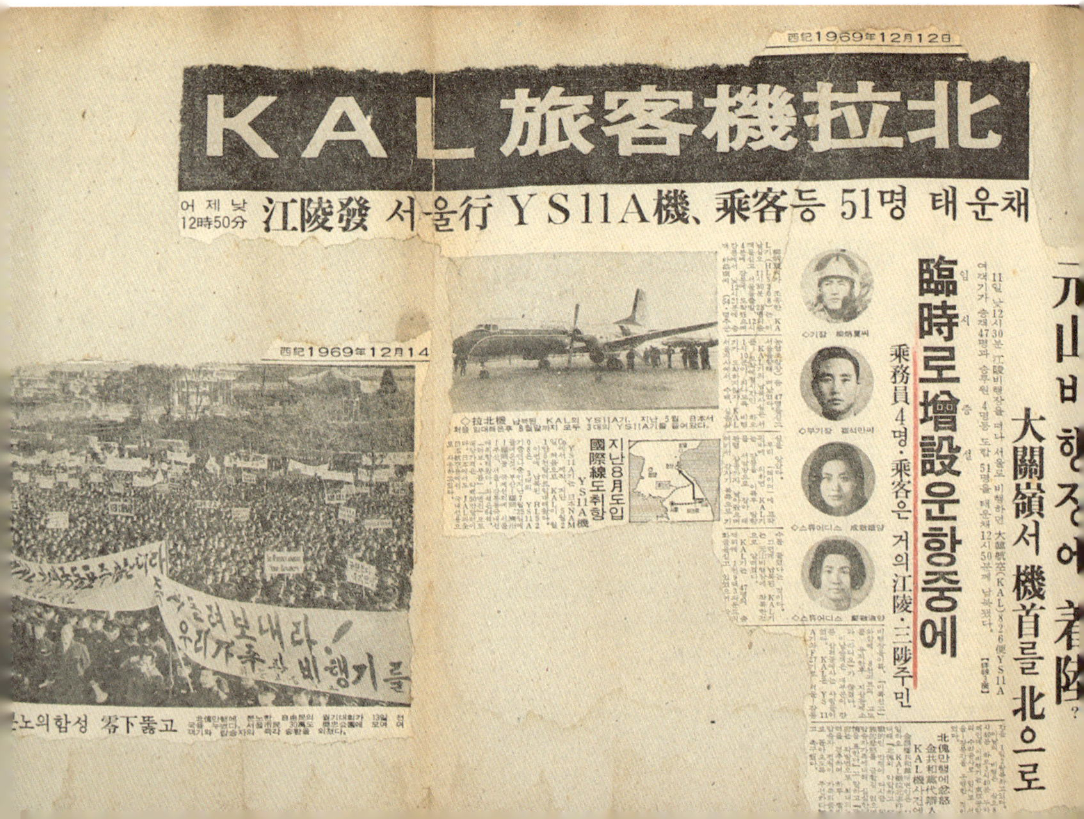

西紀1969年12月12日

KAL 旅客機 拉北

어제낮 12時50分 江陵發 서울行 YS11A機、乘客등 51명 태운채

西紀1969年12月14日

○拉北機 나타낸 KAL의 YS11A기, 지난 5월, 日本

臨時로 增設運航중에

乘務員 4名・乘客은 거의 江陵・三陟주민

元山방향으로 着陸

大關嶺서 機首를 北으로

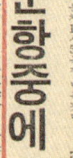

KAL機拉北

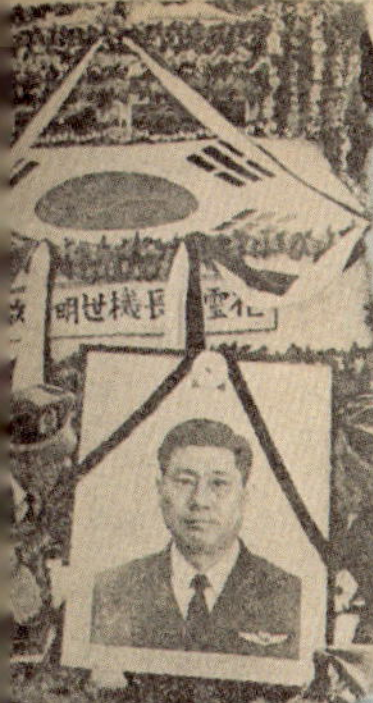

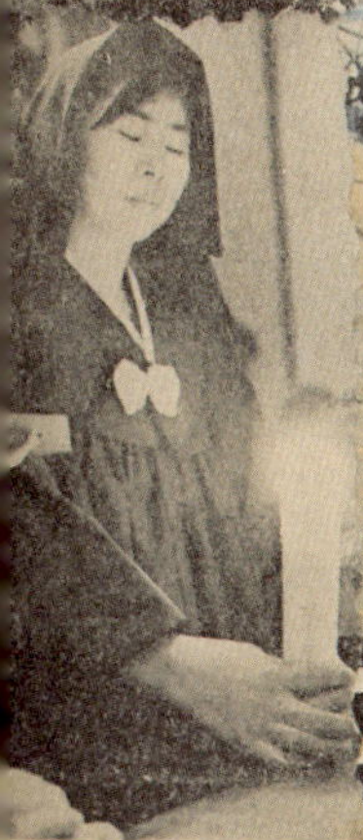

◇夫君의 冥福비는 未亡人

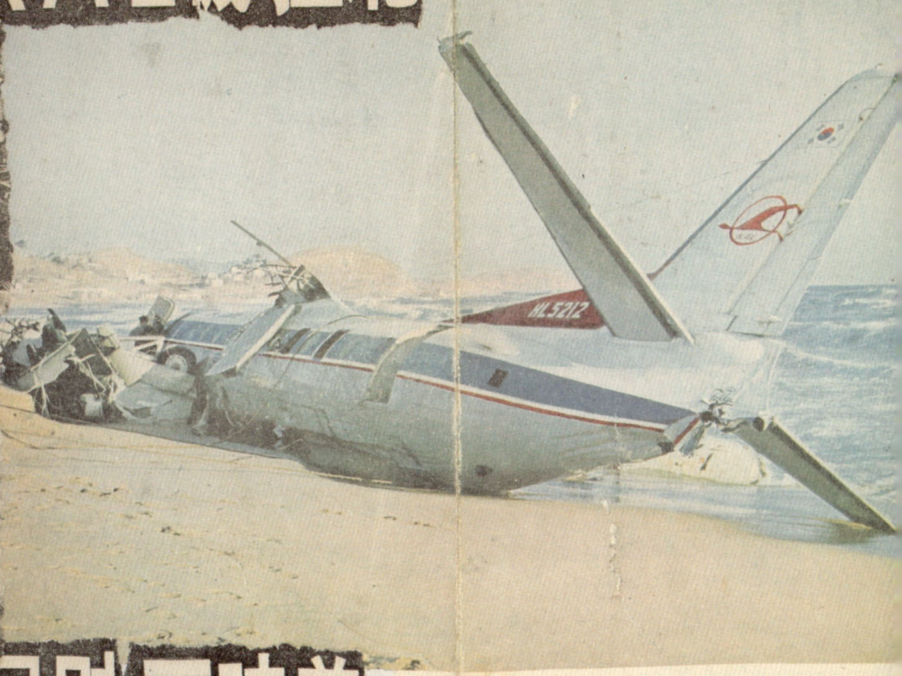

으면 不時着

◇아슬아슬 自由지킨 海邊의 非常着陸

【金云榮기자 찍음】

西紀1969年12月16日

主犯은 固定간첩 蔡憲德

KAL機拉北 趙昶熙·崔石滿(副操縱士) 3人組

患者假裝 병원서접촉

65年부터계획 下手人趙 권총所持

主犯 蔡憲德

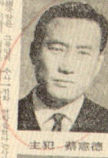

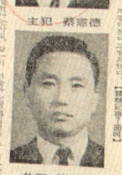

共犯 崔石滿

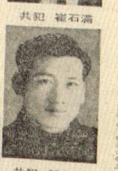

共犯 趙昶熙

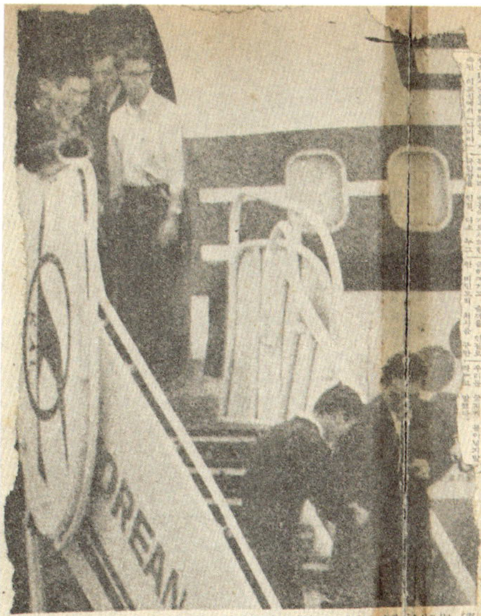

◇마지막 승객과 握手

人質로 平壤가겠다

犯人 面談엔 社會黨議員 배석을

山村 次官

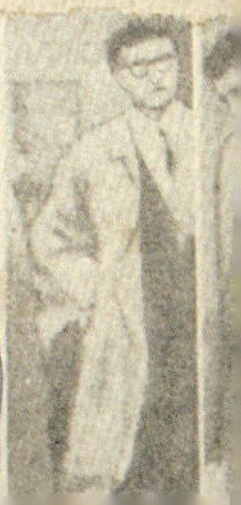

비행기에 오를때의 拉致犯 모습

당시는 하이재킹의 전성시대였다. 한 통계에 따르면 전 세계적으로 1969년 한 해에 82건이 발생했다. 1968~1982년 총 684건이 벌어져 평균 8일에 한 건씩이었다. 1968~1973년은 그중에서도 절정기였다. 하이재킹의 중심엔 적군파가 있었다.

적군파란 한마디로 세계 혁명을 꿈꾼 좌파 군사 조직이다. 일본 적군파와 서독(1990년 동독과 통합하기 전 서쪽 독일) 적군파가 가장 유명하다. 공교롭게도 두 조직의 수장은 모두 여자다(일본은 시게노부 후사코, 서독은 울리케 마인호프. 서독 적군파 이야기는 〈바더 마인호프〉(2009)라는 독일 영화를 참고하시라). 공항과 대사관 등 공공기관을 습격하거나 여객기를 납치하고 유명 인사를 살해했다. 서독 적군파의 하이재킹으로는 1977년 10월 13일 루프트한자 여객기 납치 사건을 들 수 있다. 범인들이 다치거나 죽지 않고 평양에 날아간 1970년 JAL기 납치 사건과는 달리, 서독 적군파 범인 4명은 특공대에 의해 소말리아 모가디시오 공항에서 전원 사살당했다.

일본, 서독과 더불어 2개의 적군파를 추가해본다. 북한은 국가 자체가 적군파였다. 그들의 항공기 납치는 앞에서 본 대로다. 팔레스타인 해방기구(PLO)에 거점을 둔 '아랍 적군파'도 있다. 아버지의 스크랩엔 그들이 일으킨 1972년 뮌헨 올림픽 인질극도 나온다.

국내로 눈을 돌려보자. 이념이나 국제분쟁과 관계없이 인질을 잡고 세상을 총으로 위협한 '작은 적군파'들이다.

무장 군경과 대치 35시간 만에
M1 든 탈영병 피체(被逮)

【진주=백학준·곽상구 기자】진주시 장재동 '새밋골'에서 애인

을 인질로 가둬놓고 발사 위협을 했던 무장 탈영병 이판이(李判伊) 일병(23)은 군경과 대치한 지 35시간 만인 19일 하오 6시 애인과 함께 민가를 빠져나와 진주시 계동 성림다방에 들어간 것을 헌병대가 체포했다.

한때 진주 시내를 공포 분위기로 몰아넣었던 이 일병은 체포되어 39사단 헌병대에 연행되기까지 갖가지 위협과 3발의 총까지 쏘았지만 인명 피해는 없었다.

체포 직후 이 일병은 "약혼까지 한 사이인 애인 김숙자 양의 가족들이 결혼을 반대한 데 초조한데다가 애인과 함께 조용히 하룻밤을 지내려고 한 고종사촌형 집에 갑자기 무장 군경들이 달려들어 반사적으로 위협을 느껴 대항한 것뿐, 처음부터 이런 일을 저지르려고 한 것은 아니다"라고 말했다.

진주시에서 6km 떨어진 '새밋골' 고종사촌형 서도수 씨(31) 집 문간방에서 무장 군경과 대치하던 이 일병이 집 밖으로 나온 것은 19일 하오 4시 47분. 때마침 쏟아지는 소나기를 맞으며 이 일병은 서 씨와 어머니 김귀순 씨의 끈질긴 자수 권고를 받고 약혼녀 김 씨를 앞세우고 집을 나왔다.

이때 이 일병은 진한 옥색 '투피스' 차림의 약혼녀보다 3m쯤 떨어져 총을 앞으로 겨눈 채 서 씨 집 앞 논두렁길을 걷기 시작했다. 얼굴이 몹시 상기된 채 비를 맞으며 15m쯤 나온 이 일병은……

(하략)

《중앙일보》 1970년 8월 20일자）

이판이 일병은 육군 제2사관학교 사격 훈련 기간병이었다. M1 1발과 실탄 64발을 사격장에서 훔쳤는데, 워낙 사격술이 뛰어나 군경이 함

1970年8月20日 木曜日

② 李1병이 총을 거눈채 孫양을앞세우고 논길을 걷너고있다.

銃겨눈 「어머니와의 對話」 범인 李1병이 애인 孫양을 앞세우고 진주시로 들어가다 길가에 나온 李1병의 어머니 金씨와 무언가 말을 주고받고있다.
〈宋永學기자찍음·본사 HL 1024機공수·李永(伯조종)〉

武裝軍警과 對峙 35時間만에
M1든 脫營兵被逮

외딴집서 나와 茶房에 들어갔다가

③ 飛鳳山 마루에서 현병과기자들에게 「빗속의 「데이트」를 방해하지말라」며 李1병은 보위협사격을했다.

④ 밀어닥치는 자주기닐덕다는 飛鳳山 오솔길에서 李1병은 孫양에게 「나는 깁잡다 새사람을 만나러 미우...

부로 달려들지 못했다. 이 일병은 사건이 일어난 해 봄에 결혼하려 했으나 양가 부모가 극심하게 반대했다고 한다.

　이 일병은 인질극 현장에서 애인 김 양에게 "형기를 마치고 나올 때까지 변심하지 않겠다"는 각서를 쓰라는 요구도 했다. 부슬비가 내리는 가운데 이 일병은 김 양을 비봉산 기슭으로 끌고 다녔으며 따라오는 헌병대와 경찰을 향해 "김 양과 자주 만났던 성림다방에서 차 한 잔 마시게 해달라"고 요구했다. 결국 '성림다방'에서 차를 시키기도 전에 무기력하게 체포된다. 〈중앙일보〉 해설 기사는 그를 '카르멘'에 견준다.

　　진주의 탈영병 사건은 현대판 '카르멘'을 연상하게 만든다.
　　불 작가(佛 作家) '메리메'의 소설 '카르멘'엔 '돈 호세'라는 기병 하사가 등장한다. 이 청년은 '세빌리이'의 한 연초 공장에서 경비를 맡고 있었다. 어느 날 '카르멘'이라는 '집시' 여자에게 매혹되어 탈영을 한다. 그러나 이들의 사랑은 순탄하지만은 않았다. '카르멘'이 한 밀수입자를 숨겨준 것에 질투를 품고 '호세'는 그 남자를 죽여버린다. 사랑의 풍랑 끝에 '루카스'라는 사내도 등장한다. 그는 '카르멘'의 연적이 된다. 투우사인 '루카스'는 투우장에서 심한 중상을 입는다. 그 사이에 '호세'는 '카르멘'을 납치하여 산중으로 도망간다. 하지만 이들의 연사(戀事)는 '해피 엔딩'은 아니었다.
　　진주 사건은 이것의 개작(改作)이라고나 할까. 이 일병은 약혼녀를 만나지 못해 귀대 날짜를 어긴다. 그는 어쩔 수 없이 탈영병이 되어 애인을 납치한다. 그리고는 산중의 한 초옥(草屋)으로 도망을 간다. 이 일병은 무기를 들고 있었다. 무려 35시간을 대치하게 된다. 약혼녀를 만나지 못했던 것에 대한 항거였다.
　　　　　　　　　　　　　　　　　　　　　《중앙일보》 1970년 8월 20일자)

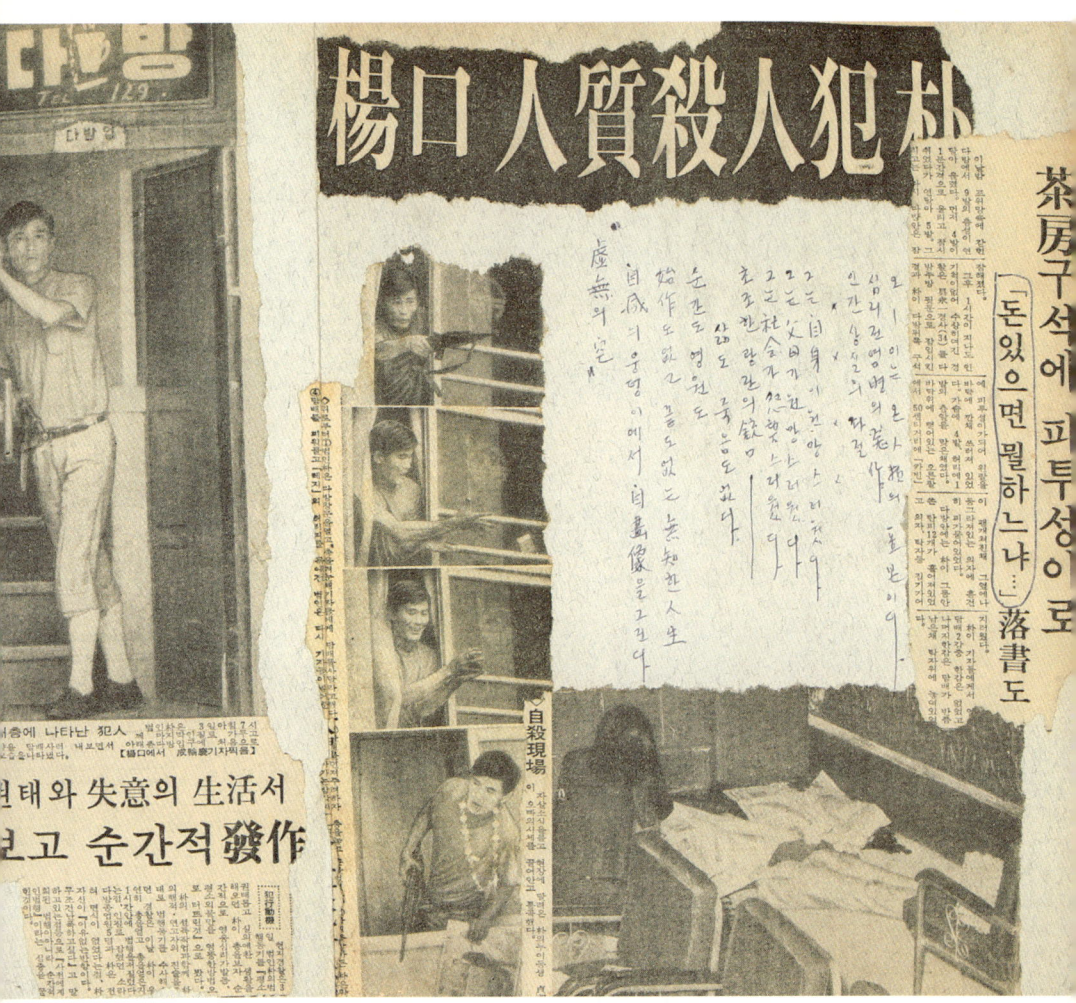

제임스 딘이 출연한 영화 〈이유 없는 반항〉이 나온 것은 1955년. 15년 뒤 대한민국 강원도 양구의 소라다방에서 인질극을 벌이다 자살한 박추수도 '이유 없는 반항'이라고 말했다. 정말 이유 없는 반항이었을까. 이유가 있다면 무엇이었을까.

한 달 뒤인 9월 2일엔 강원도 양구에서 인질극이 벌어진다. 양구군 양구면 상리 '소라다방'에서 박추수(朴秋秀·27)라는 인물이 여종업원 5명을 인질로 삼고 경찰과 대치하다 36시간 만인 3일 밤 12시경 자기 가슴에 5발의 총탄을 쏘아 자살했다는 내용이다.

**"권태와 실의의 생활서
총 보고 순간적 발작"**

(상략) 범행 동기-현지 경찰은 3일 범인 박의 범행 동기를 "평소 권태롭고 실의에 찬 생활을 해오던 박이 총을 보자 순간적으로 영웅 심리가 발동, 평소의 불만을 엉뚱한 방법으로 터뜨린 것"으로 봤다.

박의 설득 작업과 함께 박의 행적·연고자의 진술을 토대로 범행 동기를 수사해오던 경찰은 이날 박이 우연히 총을 얻고 총을 얻은 지 1시간 안에 범행을 저질렀다는 점, 인질로 잡혔던 소라다방 종업원 5명과 박은 전혀 면식이 없었다는 점, 박 자신이 "이유 없는 반항이다. 무조건 난폭하고 싶다"고 말하고 있는 점 등으로 "사전에 계획된 범행이 아니라 순간적인 범행"이라는 심증을 굳힌 것이다.

《《한국일보》 1970년 9월 5일자》

그는 다방 앞에 정차중인 군 지프에서 M2 카빈총을 훔친 것으로 드러났다. 인질극 도중엔 현역 경찰 1명이 박추수의 총탄에 맞아 목숨을 잃었다. 그는 "무조건 난폭(반항)하고 싶다"는 수수께끼 같은 말을 남겼다. 전화 통화를 하면서는 "형과 형수를 만나고 싶다"고 울먹이기도 했다. 신문 기사 중에는 "따뜻한 회유 작전을 폈더라면 쉽게 끝났을 텐데 경찰이 무리하게 지연작전을 폈다"는 비판도 나온다. "순간적 발작"이라는 표현이 애처롭다. 그렇다. 충동이고 발작이었다. 아버지는 "심리전 염병의 발작"이라고 했다.

일주일도 안 되어, 양구 인질범 모방 사건이 목포에서 일어난다. 9월 9일 스물한 살 젊은이의 수류탄 인질극이었다. 숙모를 볼모로 잡고 50여 명의 군경과 대치했다. 진주와 양구 사건에 비하면 평화적으로 끝났지만.

목포 숙모 인질범 체포-
대치 3시간 만에

【목포=이상문·김수영·박희서 기자】목포 '서울' 다방에서 숙모와 조카 등 3명을 인질로 수류탄을 들고 군경과 대치하던 이명진 군(21·해남군 화원면 산호리)은 대치 3시간 반 만인 9일 밤 8시 50분께 체포됐다.

"진학 못해 비관"

범인 이(李)는 경찰에서 진학을 못해 비관하고 있었으며 아버지의 심한 꾸지람에 살맛을 잃은 데다 양구 인질 사건을 듣고 일을 저질렀다고 범행 동기를 털어놨다. (중략)
이(李)는 8일 상오 아버지 이한배 씨(42)로부터 일은 하지 않고 빈둥거린다는 꾸지람을 듣고 다음 날 목포로 나와 산정동 숙부 집을 찾았다.

수류탄은 숙부 집서

숙부 집 쌀 주위에 있던 수류탄 3개를 보자 자폭하고 싶은 충동에 3개를 훔친 뒤 근처 시장에서 빵, 감, '박카스', 담배 등을 샀으며 동생 하숙에서 '트랜지스터 라디오'도 가지고 나왔다. 수업 중인 우진 군(15·목포 문태중2)에겐 급히 할 말이 있다고 꾀어 다방으로 함께 갔다. 이때가 하오 3시 15분께. 이(李)는 '코피'를 마시면서 양구 사건이 실린 모 주간지를 읽었다.

전화로 숙모 불러
4시께 전화로 오뚜기만화점의 숙모 김영심 씨(25)를 다방으로 나오게 했다.
4시 반께 조카 은경 양을 업고 숙모 김 씨가 나타나자 세상이 싫어 못 살겠다며 가정에 대한 불만을 털어놓고 숙모와 다퉜다.
김 씨가 계속 귀가를 종용하자 5시 15분 이(李)는 양구 사건이 실린 주간지로 탁자를 치면서 "나도 이놈같이 한바탕 해치우겠다"며 가방에서 수류탄 2개를 꺼내 "안 나가면 터뜨리겠다"고 위협 다방 종업원과 손님 8명을 몰아냈다. (하략)

〈한국일보〉 1970년 9월 10일자〉

목포의 인질범 이명진은 인질극 현장에서 목포 라디오방송국을 연결해 노래를 신청했다. 〈심야의 블루스〉였다. 1988년 10월 인질극을 벌이다 비지스의 〈할리데이〉를 틀어달라고 한 지강헌을 떠올리게 한다.[2] 〈심야의 블루스〉는 1960년 10월 개봉된 영화 〈심야의 부르스〉 주제가로

---

2 _지강헌 사건에 관해서는 제5부 5장 "'비참한 말로'에도 등급이 있나-조세형, 지강헌, 신광재" 참조.

주연배우 중 한 명이었던 문정숙(남자 배우는 김진규, 최무룡)이 직접 불렀다. 가사를 찾아보니 이렇다. "사랑아 그리운 그 이름이여 나를 울게 하고 가버린 그대여/ 사랑아 애달픈 그 이름이여 나를 다시 웃게 하여주려나/ 이 가슴에 맴도는 설움 뉘라서 알리요 나이여/ 외로운 이 밤을 홀로 지새는 슬픈 나의 노래 심야의 블루스."

이명진은 평소 주벽이 심한 아버지의 학대에 괴로워했다고 한다. 고등학교를 졸업했으나 아버지의 반대로 대학에 들어가지 못하고 집에서 농사일을 거들었다. 그러던 중 평소 허물없이 지내던 숙모에게 사연을 털어놓고 수류탄으로 자폭하려 했다는 사연이다. 아버지는 '유행병'이라는 이름을 붙였다.

유행병

병들고 시들은 물고기
뜨거운 태양이 물감을 빤다
여자도 없고 돈도 없고 명예도 없는 방
젊은 냄새가 무대 위에서 화장을 한다
제기랄 것 ---------------
관중이 없다

진주, 양구, 목포 찍고 이번엔 1년 후 서울이다. 연령대도 20대에서 10대로 대폭 낮아졌다. 서울에 처음 올라온 '겁대가리 없는 열여섯 살 소년'들이었다. 국민학교(초등학교) 때 우등생이었다는데 왜 이토록 난폭해졌을까. 다방 안에서 실탄 1백여 발을 난사하고 2명을 쏴 죽였다. 간

담이 서늘해진다.

10대 2명 다방 점거 카빈 난사
경관 등 2명 피살 4명 총상

17일 밤 10시 40분께 서울 영등포구 영등포동 4가 2 한일은행 영등포 지점 옆 제일라사 2층 대호다방(주인 朴東根·42)에서 훔친 '카빈'을 든 김진호(金鎭昊) 군(16·강원도 영월군 수주면 운학리)과 친구인 박상준(朴相俊) 군(16·同)이 1백여 발의 실탄을 난사하여 다방 주인 등을 인질로 다방을 강점, 출동한 영등포경찰서 중앙파출소 소속 정윤종(鄭允鍾) 순경(41)과 행인 김봉주(金奉周) 씨(30·영등포구 신광동 188) 등 2명을 쏴 죽이고 행인 한병호(韓丙鎬) 씨(34·영등포구 봉천동 101) 등 4명에게 총상을 입히는 등 광태를 부렸다. 이들 두 소년은 다방 안과 길거리에 멋대로 '카빈'을 난사했으며 광란 3시간 만인 18일 새벽 1시 45분 다방에 걸려온 전화를 받다가 인질로 잡혀 있던 세 시민에 의해 격투 끝에 잡혔다. 이 사건으로 한밤중 영등포 일대는 시가전을 연상케 할 만큼 긴장과 공포에 싸였고 구경 나온 주민 수천 명이 몰려 부산했다.

무기

범인들은 '카빈' 2자루와 실탄 4백48발을 지난 16일 밤 11시께 범인들의 고향인 영월군 수주면 운학리 3반 예비군 무기고에서 훔쳤다. 이날 밤 이들은 동네 동쪽 산 밑에 있는 무기고에 침입했는데 이때 경비하던 예비군 2명이 숙직 방에서 깊은 잠에 빠진 것을 확인하고 김 군은 10센티가량의 대못을 두들겨 만든 쇠꼬챙이로 자물통을 열었다.

김 군은 무기와 탄창 28개를 가지고 한동네 사는 친구 김 모 군 (16) 집에 가서 30분 동안 박 군에게 탄창 끼는 법, 총기 사용법을 가르쳐줬다. (중략) 횡성-원주까지의 버스 검문소에서는 이들이 검은 보자기에 총을 쌌으나 이를 검문·검색하지 않았으며 원주-청량리 간 열차 속에서도 공안원에게 검색당한 적이 없었다.

범인 중 김 군은 주머니에 50원밖에 없다고 박 군에게 "찻값을 내라" 말하고는 '카빈'이 든 보따리를 들고 다방을 나와 2층 입구서 기다렸다. 5분쯤 기다리다 다방으로 다시 들어간 김 군은 "찻값도 없냐"고 신경질을 부리며 중구 충무로 2가 52의 6 백향사 세탁소에 종업원으로 있는 조카 김 모 양(15)에게 전화, "돈 좀 갖고 나오라"고 했으나 "어딘지 모르겠다"는 대답만 듣고 전화를 끊고 다시 다방에 주저앉았다.

맥이 빠진 듯 5분쯤 앉아 있던 김 군은 검은 보자기를 풀어 장전된 '카빈'을 꺼내 2, 3분 주물럭거리더니 느닷없이 천장을 향해 2발을 발사했다. 이때가 10시 40분께.

또다시 2발을 창문을 향해 쏜 김 군은 "남자들만 나가라"고 하더니 "모두 서라"고 외쳤다.

이때 주인 박 씨와 손님 4, 5명은 뛰쳐나왔지만 4명의 손님과 박 씨의 처 김귀숙 씨(37) 등 박 씨 일가 7명, 여종업원 2명 등 13명은 빠져나오지 못했다.

범행

김 군이 보자기를 풀고 총을 꺼내는 것을 발견한 주인 박 씨는 밤 10시 36분 "총을 가진 거동 수상자가 나타났다"고 112에 신고했다. (중략)

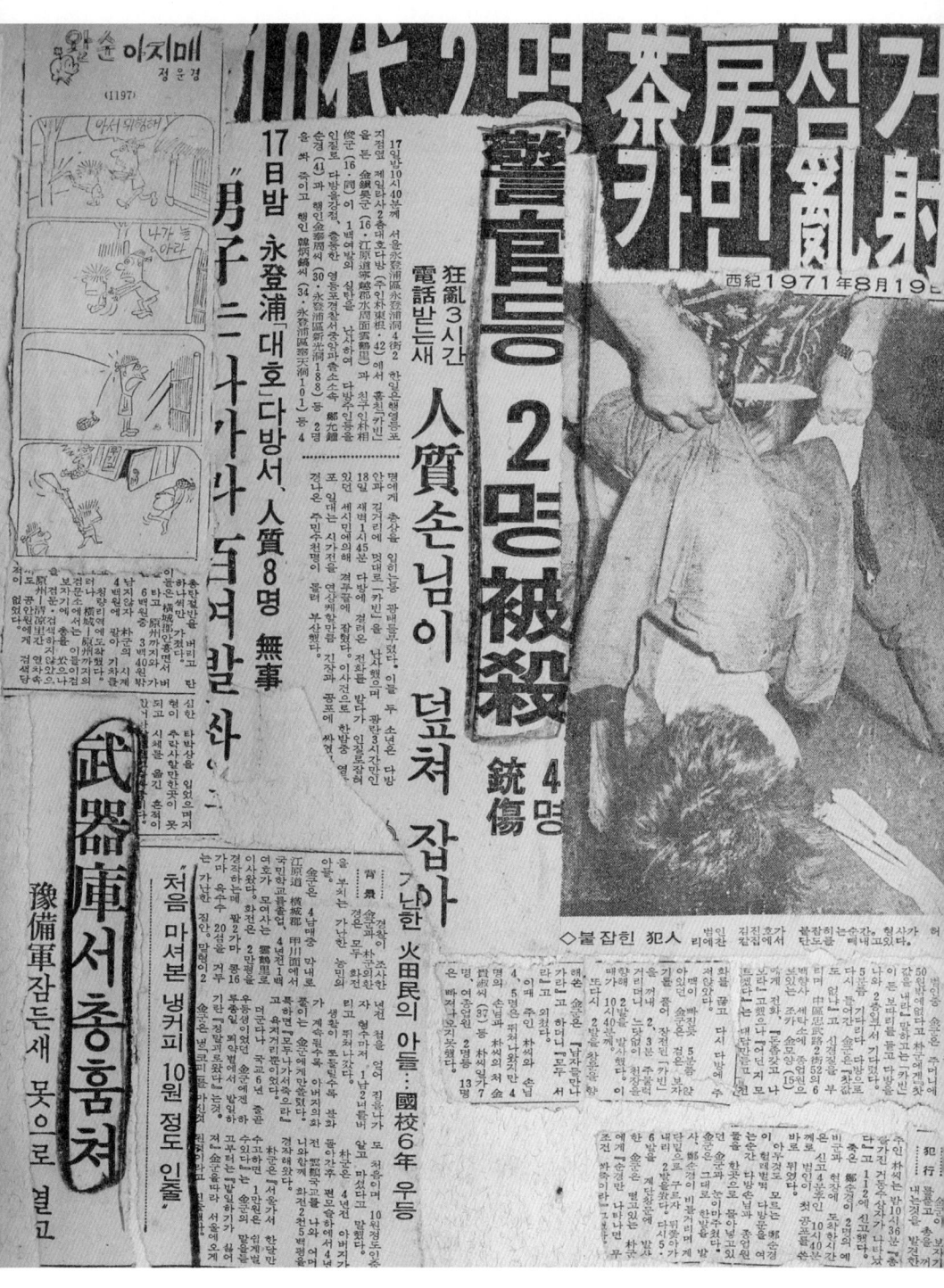

겁대가리 상실한 10대. 이 사건은 아마 대한민국 정부수립 이후 최초이자 최후의 소년 다방점거 및 총기 난사 사건으로 기록될 법하다.

아무것도 모르는 정 순경이 헐레벌떡 다방 문을 여는 순간 다방 손님과 종업원들을 한곳으로 몰아넣고 있던 김 군과 눈이 마주쳤다. 김 군은 그대로 한 발을 발사, 정 순경이 비틀거리며 계단 밑으로 구르자 뒤쫓아가 내리 2발을 쐈다. 다시 5, 6발을 계단 창문에 발사한 김 군은 떨고 있는 박 군에게 "순경만 나타나면 무조건 쏴 죽이라"고 했다. (하략)

《한국일보》 1971년 8월 19일자

생략된 기사에 따르면, 그들은 가난한 화전민의 아들이었다. 김 군의 경우엔 초등학교 6년 내내 우등생이었다. 그러나 하루 종일 뙤약볕에서 밭일을 해야 했다. 밭일도 괴로운데, 툭하면 아버지가 때리기까지 했다. 김 군은 같은 형편이었던 박 군을 꼬드겼다. "서울 가서 한 달만 수고하면 1만 원은 쉽게 벌 수 있다"고. 커피를 한 번도 마셔보지 못한 그들은 커피 값이 모자라는 걸 알고 양구 사건처럼 '순간적 발작'을 일으켰다.

1971년 9월 28일자 신문엔 "총기 사건-허약한 방탄"이라는 제목의 기사가 등장한다. 다방 인질극에 더해 무장 간첩과의 도심 교전도 심심찮게 터지던 때였다. 9월 25일엔 서울 성동구의 한 여인숙에서 경찰 검문에 걸린 무장 간첩 박춘도가 군경과의 8시간 총격전 끝에 생포됐다. 이 과정에서 전우옥 경장이 총탄 2발을 맞고 사망했다. 전우옥 경장은 장비가 없어 솥뚜껑을 들고 진압 작전에 나섰다고 한다.

적군파의 납치가 공항을 무대로 했다면, 국내 인질범들의 주 무대는 다방이었다. 진주의 이판이 일병은 '성림다방', 양구의 박추수는 '소라다방', 목포의 이명진은 '서울다방', 서울 영등포의 김진호와 박상준은 '대호다방'이었다(아버지의 스크랩북 9권에 있는 1974년 신문을 봐도 인질극의 무대는 계속 다방이다. 동대구역 2층 구내 '다실', 서울 명동의 '유네스코 다방'······). 고뇌와 실의에 찌든 표정으로 한 손엔 총을 들고 또 한 손엔 담배 한 개비를 들고 담배 연기를 내뿜는 인질범. 커피 한 모금을 마신 뒤 실탄을 장전한다. 인질로 잡혀 부들부들 떠는 여종업원들. 기나긴 대치, 짧은 총격전. 세상을 향한 저주의 발악. 범인은 사살당하거나 자살하며 비극적 최후. 아니라면 자수와 항복.

억눌린 이들의 아우성이 한꺼번에 터져나오던 시대였다. 아버지의 스크랩에서 1971년 7~9월의 주요 사건 기사만 보자. 7월엔 사법부 길들이기와 검찰의 표적 수사에 항의해 서울형사지방법원 판사 37명을 필두로 150명의 법관이 사표를 냈다. 이른바 '사법 파동'이다. 8월 10일엔 서울 청계천 판자촌에서 쫓겨난 광주대단지 주민 4만여 명이 폭동을 일으켜 도시 전체를 공포에 떨게 했다. 8월 23일엔 실미도의 북파 부대원들이 비인간적 대우를 참지 못하고 기간병을 살해한 뒤 청와대로 향하다 자폭했다. 8월 26일엔 부평 진흥자유시장 노점상인 5백여 명이 노점 단속에 항의하며 단속 차를 뒤집고 경찰을 폭행했으며 인천북구청에 난입해 구청장실 문짝과 집기 등을 닥치는 대로 부쉈다. 9월 15일엔 '한진' 파월 기술자들로 구성된 '미지불임금청산투쟁위원회' 회원 160여 명이 서울 남대문로 KAL 빌딩에 몰려와 밀린 임금 149억 원을 내놓으라며 호텔 정문 유리창을 부수고 KAL 국제선 매표소에 불을 질렀다.

철권통치의 반작용이었고, 산업화 무한 질주의 그늘이었다. 조직된 이들은 데모를 했고, 이마저도 할 수 없는 개인들은 다방에서 총질을 하며 화를 풀었다. 타임머신을 타고 날아가 그들의 인질이 되고 싶다. 다방에 앉아 따뜻한 물 한 잔을 건네며 같잖은 위로라도 베풀고 싶다. 희망을 잃지 말라고.

　아버지는 희망을 말하지 않는다. 역시 주조는 '허무'다. 스크랩북 제7권(1969년 1월~1970년 12월) 맨 앞의 시도 그렇다. 쓸쓸하다. 읽다 보면 자꾸만 입에서 맴돈다. 인질범들에게 바치고 싶지만, 맨 마지막 문장에 기분 나빠할 것만 같다.

　　　흩어진 종이조각에 세월을 적는다
　　　그림자처럼 낙엽처럼 흘러간 추억
　　　산새는 울고 있는데 묘비는 말이 없구나
　　　인생은 빗물처럼 처량하구나
　　　인생은 피다 만 꽃송이에 슬픈 냉가슴
　　　하얀 꽃송이 속에 사랑을 묻어라

　　　이 세상은 침 뱉는 운동장
　　　위대한 인물도 추한 인물도―
　　　무덤을 짊어진 고행 나그네

　　　벌거벗은 뒷산에 메아리 울고
　　　나는 왜 창도 없는 방에서 웃고 있는가
　　　차라리 기분 나쁘게 목을 매어라

돌쇠는 이렇게
피투성이가 되었다

대연각 화재 등 육해공 참사

어느 날 돌쇠가 모처럼 기차를 탔다.
돈도 없어 무임승차했노라고 숨어서 발차하기만 기다리고 있었다.
어쩌면 운명이 숨어서 낚싯밥을 드리우고 있었다.
함정이 파 있는 곳에서 즐겁게 앉아 있었다.
온통이 눈보라치고 온 누리는 흰눈으로 덮여 있었다.
그런데 어쩌면 이상하다. 누구는 죽고 누구는 죽잖을까.
돌쇠는 다리를 찡기우고 피투성이가 되었다
그것은 별안간 꽝하고 소리 지른 함성이 있은 뒤였다.
인생이란 잠깐 동안에 성공하기도 하고 잠깐 동안에 실패하기도 한다

오늘의 주인공은 돌쇠다. 돌쇠는 딱 한 번 등장하지만, 이 글을 쓰는 내내 머릿속에선 돌쇠가 떠다녔다. 돌쇠는 시외버스도 타고 고속버스도 탄다. 특급 청룡열차도 타고 완행열차도 탄다. 나룻배도 타고, 여객선도 탄다. 종합 상가에 들러 쇼핑하기도 하고, 호텔에 투숙하기도 한다. 판잣집에서 자기도 하고 신식 아파트에 묵기도 한다. 마치《월리를 찾아라》의 월리처럼 돌쇠는 사고 현장마다 숨어 있는 그림이라고 해두자. 자기 운명을 모르고 죽음의 낚싯밥에 다가서는 수많은 돌쇠들. 두더지 게임기의 두더지처럼 사신은 불쑥불쑥 머리를 내민다. 그리하여 당신도 돌쇠처럼 피투성이가 된 적이 있는가. 이 글을 읽고 있다면 성공했다. 요리조리 잘도 피해 다녔다. 살아남은 당신은 축하받아 마땅하다. 아버지의 스크랩북 제7권(1969년 1월~1970년 12월)과 제8권(1971년 1월~1972년 12월)을 편다.

1969~1972년은 박정희가 종신 집권을 위한 3선개헌안 날치기 통과와 유신헌법 공포에 성공했던 시기다. 이때 발생한 '비정치적 대형 사

고'들만 모아보았다. 정치와 비정치의 경계를 나누기는 쉽지 않다. 따지고 보면 상당수의 사고들이 박정희의 정치적 과욕과 무관하지 않다. 부실시공과 규정 위반에 따른 사고들은 결국 목표 달성만을 추구한 고도성장과 산업화의 자식이다. 따라서 그냥 '재난 특집'이라고 해두자. 크게는 세 종류다. 육해상 교통사고, 화재, 그리고 붕괴. 이것만 해도 한가득이다. 7, 8권에 스크랩된 대형 사고 기사들을 모두 세어보았다. 해외 사례 1건을 포함해 총 20건이다. 꼼꼼했던 아버지를 칭찬해드리고 싶다. 생활이 안정적이던 때였다. 죽을 고생을 하던 타향 경북의 소읍을 떠나 또 다른 타향인 전북의 시골에 안착하여 비교적 순탄하던 시절이었다.

맨 앞의 '돌쇠'가 등장하는 시는 제7권 첫 장에 붙어 있다. 관련 기사는 1969년 1월 31일의 천안 열차 추돌 사고다. 2010년 7월 23일 중국 저장성 원저우에서 발생한 고속철도 사건처럼, 가만히 서 있는 열차를 뒤에서 달려오던 열차가 들이받았다.

천안서 열차 추돌 대참사
41명 사망·백8명 중경상

【천안=임시취재반】 31일 낮 11시 57분 천안역 남쪽 8백 미터 지점(서울 기점 98.2킬로)에서 부산발 서울행 특급열차 청룡호(기관사 이규태·44·대전 기관차 사무소 소속)가 청신호를 기다리며 서 있던 남원발 서울행 102 완행열차(기관사 최영훈·49)를 뒤에서 들이받아 승객 41명이 죽고 50명이 중상, 58명이 경상을 입었다.

조사 결과 청룡호 기관사 이 씨는 천안 쪽 1.6킬로 지점에서 자동폐색 신호기에 붉은 정지신호가 켜 있는 것을 보고도 시원(時速) 84킬로로 돌진, 폐색 신호기 전방 8백60미터에 서 있던 102 열차의 뒤를 받은 것으로 밝혀졌다.

이로 인해 102 열차 맨 끝에 달렸던 '보일러'차는 충격으로 퉁겨지고 바로 앞에 달린 2등간이 3등 7호차 위로 튀어올라 3등간의 철판 지붕이 무너지면서 박살이 나 2등간이 3등간을 절반가량 덮쳤다. 사상자들은 거의 모두 3등 7호차 승객들이었는데⋯⋯ (하략)

《한국일보》 1969년 2월 1일자)

41명이 죽었다. 108명이 중경상을 입었다. 기사 옆에는 부상자에 대한 이런 끔찍한 사진 설명도 있다. "열차가 충돌하자 손과 다리가 눌려 빠져나올 수 없어 자기 손을 칼로 잘라 목숨을 건진 전상진(田商鎭) 씨가 천안도립병원에 입원 가료중이었다." 이들 대부분은 설을 앞두고 고향으로 가던 승객들이었다.

나는 고등학생 때까지 열차를 타본 적이 없다. 1984년까지는 단 한 번의 승차 기록도 갖고 있지 못하니, 1969년의 돌쇠보다 훨씬 지독한 촌놈이었다. 고속버스를 타볼 기회는 있었다. 시골에서 살던 유년 시절, 2~3년에 한두 번꼴로 고향에 가기 위해 '동부고속', '중앙고속'이라는 로고가 새겨진 버스에 올라탔다. 그때마다 극도로 흥분해 두근거림을 주체하지 못했다. 동네 형들은 "고속버스에선 물 컵을 놓아도 흔들리지 않는다더라"며 환상을 부추겼다. 그 고속버스는 열차와 함께 비극의 주인공으로 자주 등장한다.

고속버스 첫 대참사
25명 죽고 22명 부상

【추풍령 사고 현장=임시취재반】"차가 떨어진다"―. 처절한 비명

과 함께 쾌적한 '고속 여행'은 끝이 났다. 47명의 목숨을 태운 버스는 '공중잡이'를 하듯 세 바퀴 굴러 41.7미터 아래 개울가에 처박혔다. 21일 밤 8시 15분께. 이날 밤따라 안개마저 낀 추풍령 고개마루에서 눈 깜짝할 사이 일어난 참사였다.

〈사고 순간〉 사고 버스는 시속 70킬로로 추풍령휴게소를 향해 질주하고 있었다.

차 안의 '카 스테레오'는 가요 '추풍령'을 틀고 있다. 휴게소가 보이는 마루턱에 들어서자 "곧 추풍령휴게소에 도착합니다"고 차장 이상옥 양(19)이 '아나운스'했다.

이때 갑자기 운전사가 '룸 라이트'를 켰다.

손님들의 시야에 앞에 황토와 자갈이 쌓인 공터가 드러났다. 차는 공터에 바짝 붙어 갔다.

"한 두어 바퀴 굴렀을까요." 차장에겐 이 순간 차가 덜컹 소리를 내며 어디론지 내려가는 기억이 남았을 뿐이었다.

이 순간을 김천경찰서 추풍령지소 고 순경이 목격했다. 갑자기 '라이트'가 언덕 아래로 사라졌다. 고 순경은 꽝 소리를 듣고야 사고를 직감했다.

버스는 42미터 높이를 세 번 굴렀다. 병원에서 맨 처음 의식을 찾은 김인영(金仁永) 군(23)은 왼쪽 가운데 좌석에 있었다. 시야가 빙그르 돌며 몸이 뒤틀렸다. "꽝 하는 바위 부딪치는 소리와 함께 의식을 잃었다" "두 번 굴렀다고 생각합니다"는 김 군의 말이다.

그러나 뒷좌석 중간에 앉았던 장종원(張鍾遠) 소령(39·2군관리참모처)은 "그때 졸고 있었다"며 자신이 '시트' 밑으로 들어가 있었던 것과 '시트' 밑에 왼쪽으로 누워 있었던 것으로 미루어 버스는 "세 번 굴렀다"고 말하고 있다.

장 소령의 기억엔 버스가 뒷부분부터 추락, '콘크리트' 바닥에 떨어지면서 한 바퀴를 돌고 계곡으로 떨어질 때 왼쪽에서 오른쪽으로 바닥에 닿을 때 또 한 번 오른쪽으로 돈 것 같았다.

《한국일보》 1970년 8월 23일자〉

내 기억에도 90년대 초반까지 고속버스엔 말끔한 유니폼을 입은 여차장이 있었다. 수시로 버스 안을 오가며 스튜어디스처럼 서비스를 했다. 멀미를 하는 이들을 위해 비닐봉지도 나눠 주었다. 문제의 추풍령 구간이 완공된 것은 1970년 7월 7일이다. 경부고속도로 최종 준공 기간과 일치한다. 이 사고는 1970년 8월 21일 일어났으니, 완공 45일 만의 대참사였고 고속버스의 첫 사고로 기록됐다. 사진 설명을 보면 당시 고속버스가 얼마나 고급 교통수단이었는지 알 수 있다. "220만 달러의 호화판 고속버스는 완전히 제 모습을 잃어버렸다. 찌그러진 창살엔 살점이 다닥다닥 끼었고 '시트'엔 붉은 선혈이 낭자했다."

사고 순간 버스 안에서는 가요 〈추풍령〉이 흘러나왔다고 한다. 다음 사고도 사고 순간 노래가 흘러나왔다는 점에서 같다. 꼬마들의 흥겨운 합창이었다.

소풍 버스·열차와 충돌
무인 건널목 스승 없이
경서중생 참변 상보

【온양=임시취재반】 즐거운 수학여행이 눈 깜짝할 사이에 '죽음의 길'로 변했다. 흥겨운 귀로의 합창은 순식간에 불더미에 싸여 아비규환이 됐다. 경서중 3년생 45명을 희생시킨 '이내' 건널목

참사는 지켜주는 간수도 없이 보살펴주는 스승도 곁에 하나 없이 내팽개쳐진 채 꽃다운 나이들을 떼죽음 시키고 말았다. (하략)

(1970년 10월 15일자 신문)

이 사고 뒤 3일 만인 10월 17일엔 원주터널 입구에서 청량리발 열차와 제천발 열차가 정면충돌해 경주로 수학여행을 가던 교사와 학생 등 14명이 또 죽었다. 원주 열차 참사를 전하는 기사 옆엔 〈조선일보〉 4컷 만화 '두꺼비'가 붙어 있다. 말풍선은 하나도 없다. 첫 칸에서, 두꺼비는 신문을 보다 운다. 꽃다발을 들고 어디론가 가며 계속 운다. 마지막 칸에서는 철길 건널목 위에 꽃을 던지고 또 한없이 운다. 육상 시리즈에 이어 다음엔 수상 시리즈다.

1970년 11월 5일, 춘천의 섬 중도에서 농사일을 해주고 뭍으로 오던 부녀자 29명이 떼죽음을 당했다. 함께 탄 암소 3마리가 똥을 누자 승객들이 한쪽으로 몰렸고 배가 기우뚱하다 뒤집어졌다. 다음 달인 12월 15일엔 부산-제주 간 정기여객선 '남영'호가 거문도 부근 남해상에서 침몰했다. 아버지의 스크랩엔 사고를 알리는 제목 활자만 한 페이지다. 승객이 335명이었는데 323명이 죽었다. 최종 생존자는 12명뿐이었다. 이들 중 8명은 침몰 7시간 만에 사고 해역에 접근한 일본 어선에 의해 구조되었다고 한다. '타이타닉'이 따로 없다. 구사일생의 '특혜'를 입은 그들의 말을 들어보자.

뒤집힌 배에 백50여 명 매달렸지만…
승객들의 증언

▲ 구조된 승객 양순철(梁順哲) 씨(26·북제주군 구좌면 연평리 947)=

포개진 客車 틈에 生地獄

— 南原驛 열차충돌

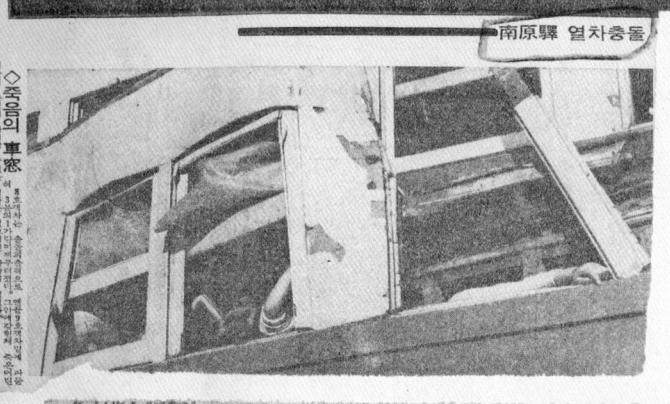

◇죽음의 車窓

社說
暗夜行路

◇물상자에 매달려 기적의 救助 순간

貨物 2배이상 過積
事故原因 船倉비좁아 甲板위에까지

◇引揚되는 屍體

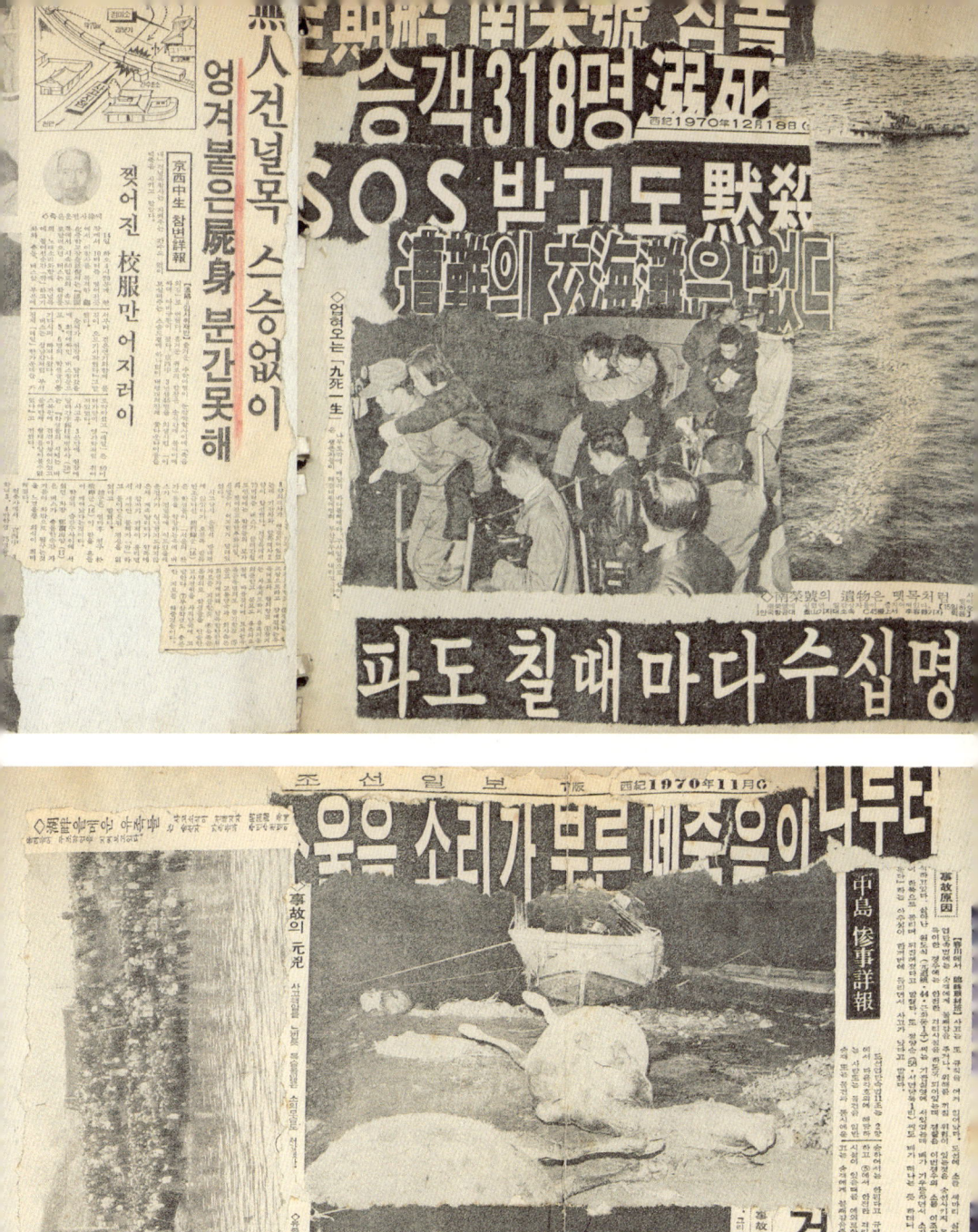

성산포에서 해삼 3백 통을 싣고 배를 탔는데 선실이 만원이어서 오른쪽 갑판 가운데쯤에 타고 있었다.

밀감 상자는 대부분 뱃머리 부분 갑판에 실려 있었다. 배가 갑자기 왼쪽으로 기우뚱하면서 뒤집혔다. 처음 뒤집힌 배 위에 1백50여 명이 배를 붙들고 있었는데 배는 시시각각 가라앉았고 파도가 한 번씩 칠 때마다 수영 못하는 사람은 10여 명씩 바다 속으로 빠져 들어갔다.

생존자들은 거의가 다 밀감 상자를 붙들고 살아났다.

나도 얼떨결에 붙잡힌 판자쪽을 붙들고 8시간을 표류하다 일본 어선에 구조되었다. (하략)

《한국일보》 1970년 12월 16일자

5개월 뒤인 1971년 5월 10일엔 가평 청평호에서 버스가 '전락(轉落·추락)'했다. 굴러떨어질 때 버스 안의 창살이 사고를 키웠다. 안전을 위해 설치한 창살이 승객들을 오히려 밖으로 탈출하지 못하게 막아버렸다. 그해 8월엔 폭우로 인해 부여에서 14명이 익사했고, 10월 13일엔 남원역 열차 충돌로 19명이 치여 죽었으며, 11월 28일 북한산 인수봉에선 7명이 얼어 죽었다.

그리고 12월 25일 성탄절 아침……

아라비안 나이트의 옛 전설처럼
요를 타고 하늘을 날으는 기적의 요술
사지를 향하여 낙엽의 행렬이 꿈을 이룬다
아— 이럴 줄이야 누가 알았으랴
밤사이 포근했던 침실이 통곡을 한다

'대연각'이 불타올랐다. 아버지는 투숙객이 침실의 매트리스를 안고 날아가는 사진에 위의 시를 적어놓았다. 정말로 《아라비안나이트》의 요술 같다. 구름을 타고 나는 손오공처럼 신비하다. 그러나 과연 계속 날기만 했을까? 살기는 했을까?

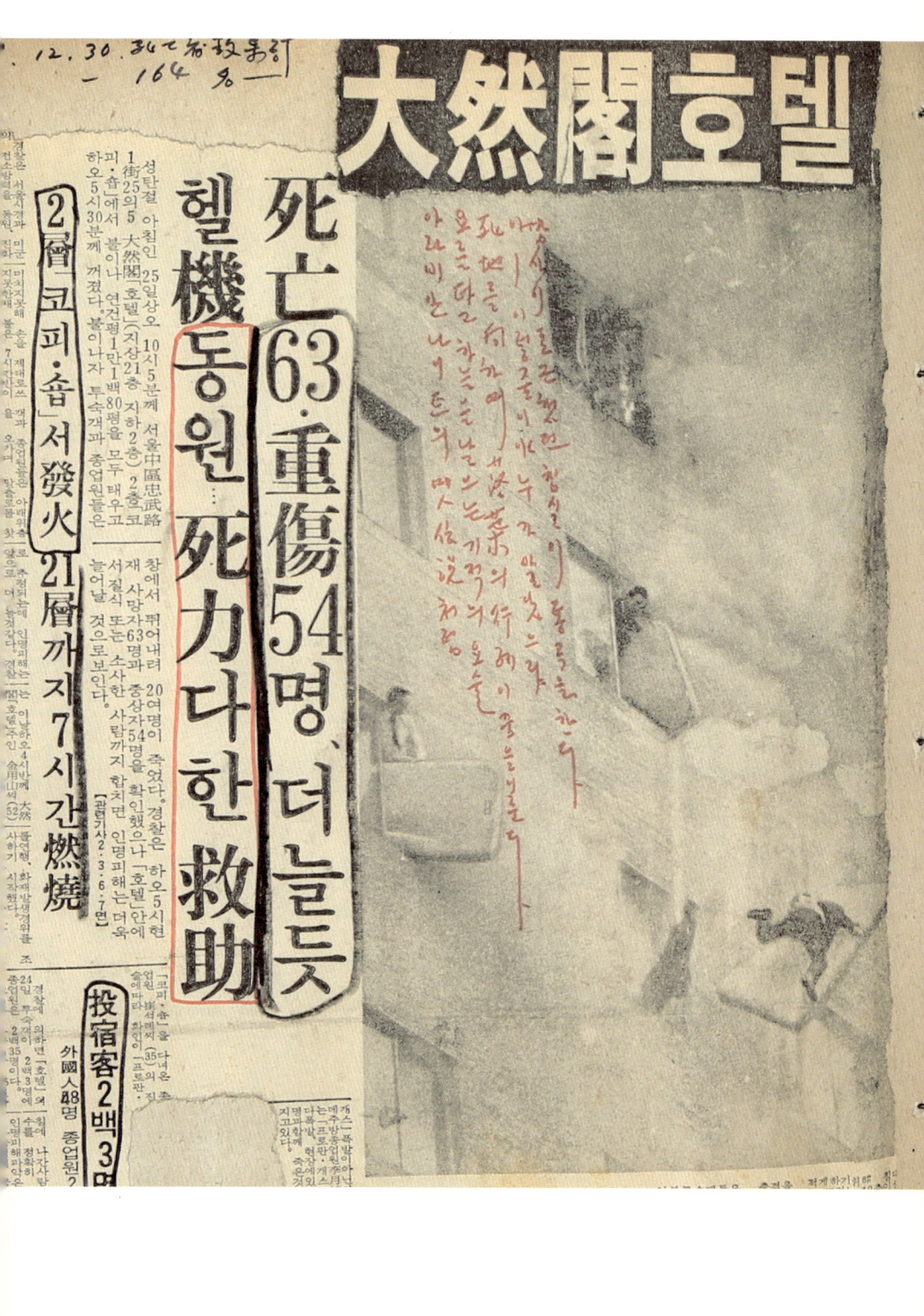

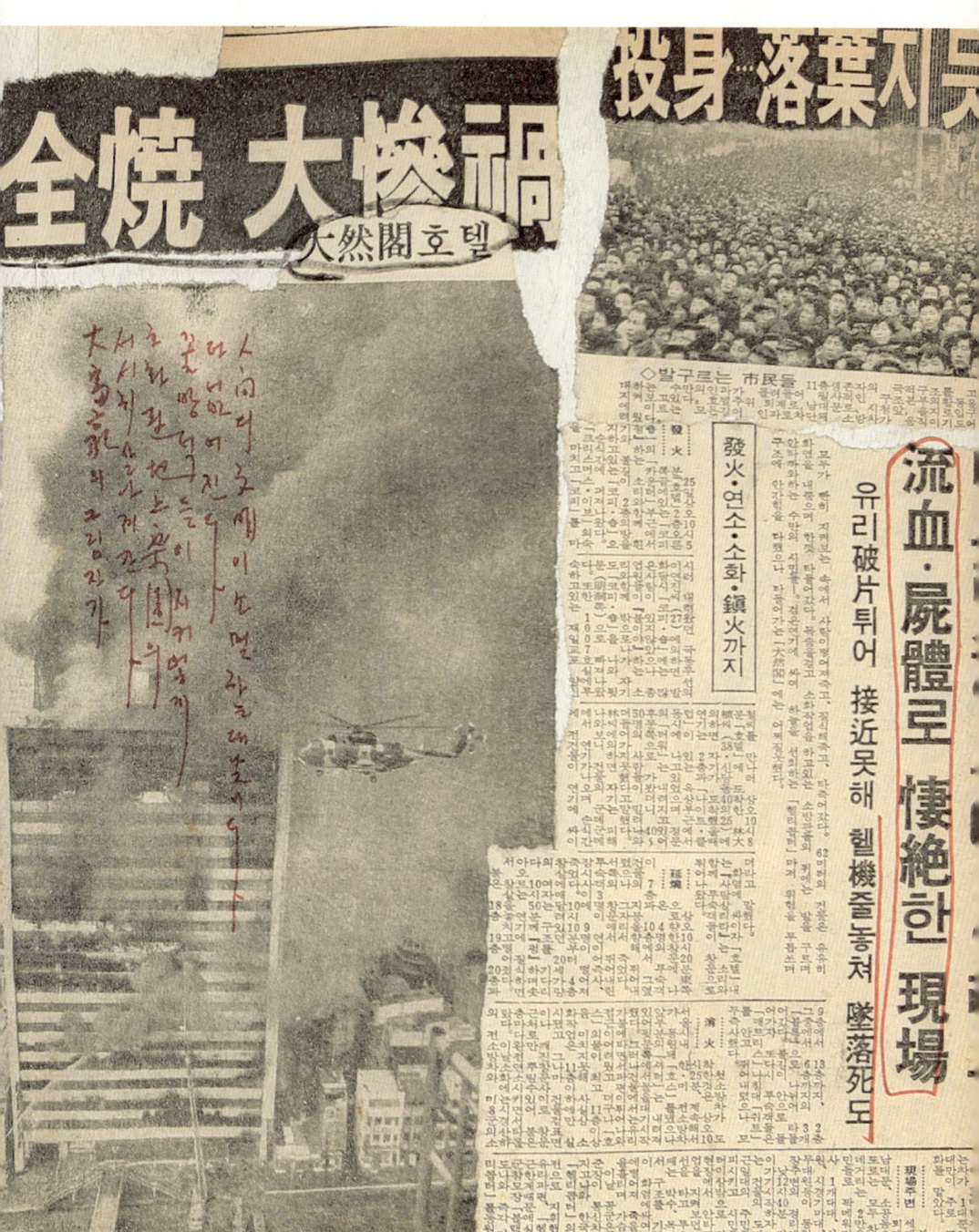

연기로 휩싸인 하늘, 살려달라는 절규와 투신, 귀를 찢는 헬리콥터 소리. 크리스마스 아침에 벌어진 대연각 호텔 참화를 전하는 아버지의 스크랩은 한 편의 재난영화 같은 장엄한 스펙터클마저 보여준다.

성탄절 아침인 25일 상오 10시 5분께 서울 중구 충무로 1가 25의 5 대연각 '호텔'(지상 21층 지하 2층) 2층 '코피 숍'에서 불이 나 연건평 1만 1백80평을 모두 태우고 하오 5시 30분께 꺼졌다. 불이 나자 투숙객과 종업원들은 창에서 뛰어내려 20여 명이 죽었다. 경찰은 하오 5시 현재 사망자 63명과 중상자 54명을 확인했으나 '호텔' 안에서 질식 또는 소사한 사람까지 합치면 인명 피해는 더욱 늘어날 것으로 보인다.

《한국일보》 1971년 12월 26일자

"대연각 호텔 전소 대참화"라는 주먹 활자 밑에 시커먼 화염에 휩싸인 호텔 전경 사진이 놓였다. 호텔 꼭대기 근처에선 헬기가 날고 있다. 아버지는 마치 사진 에세이처럼 여러 장의 사진을 장마다 붙여놓고 사진 안에다 시를 적어놓았다.

한 남자가 점프를 하는 사진도 있다(293p). 신문 편집자가 곁들인 사진 설명은 다음과 같다. "당황한 일부 투숙객들은 무모하게 그냥 뛰어내려 생명을 잃었고 재빠른 일부 투숙객들은 침대 '쉬트'를 찢어 '로프'를 만든 후 암벽을 타듯 기어 내려와 무사했다. '쉬트 로프' 사이에 그냥 뛰어내리는 남자의 모습이 보인다."

산 사람도 있었다. 12월 25일 밤 새벽 6시 반께 친구와 함께 6층에 투숙한 최영희(당시 23세) 씨는 목욕을 하다가 연기가 들어오는 것을 발견하고 '시트'를 뒤집어쓴 채 그냥 뛰어내렸다. 불길이 밑에서 자꾸 올라와 죽기는 마찬가지라고 판단했다고 한다. 그녀는 발만 약간 다쳤다. 15층에 투숙했던 박성호(당시 44세) 씨는 불이 난 것을 알고 침대 시트 2장을 묶어 아래층으로 내려오는 것을 되풀이해, 7층까지 내려온 뒤 옆 건물 3층 옥상에서 경찰이 던진 로프를 타고 지상에 내려왔다. 최종 사망자는 164명이었다.

1971년 성탄절 아침의 대연각 호텔 화재는 한국전쟁 뒤 한국에서 일어난 재난 중 최악이었다. 또한 가장 문제적이었다. 희생자의 수 탓이 아니다. 투숙객들의 생과 사를 가르는 순간이 백주 대낮에 서울 중심부에서 생중계되었다는 점 때문이다. 구름처럼 몰린 시민들이 두 눈 똑바로 뜨고 7시간 넘게 현장을 목도했고, 그렇지 못한 이들은 텔레비전으로 시청했다. 이 '스펙터클한' 비극은 스티브 매퀸과 폴 뉴먼이 출연한 1974년 영화 〈타워링〉의 모티브가 되었다.

1970년 4월 8일자엔 와우시민아파트 붕괴를 알리는 기사가 있다. 유명한 사건이다. 33명이 희생됐는데, 4년치 대형 사고들을 훑고 나서 다시 보면 싱겁게 느껴질 정도다. 이 20건의 대형 사고로 죽은 사람을 합산해보니 1,229명이다. 유일한 외신 기사인 일본 백화점 화재를 제외하면 한국에서만 1천1백12명이다.

한국이 경제협력개발기구(OECD)에 가입하며 선진국에 들어섰다는 90년대 이후라고 다를 게 없다. 사망자 수로 치면 더 살벌하다. 1993년 서해 '훼리'호 침몰로 292명이 죽었다. 1995년 4월 28일엔 대구 가스폭발 사고로 101명이 죽었다. 1995년 6월 29일 삼풍백화점 붕괴로 501명(한국전쟁 뒤 단일 사건 최고 수치)이 죽었다. 1997년 8월 6일 괌으로 가던 대한항공 801편이 추락해 228명이 죽었다. 1999년 6월 30일 화성군 '씨랜드' 청소년 수련원 화재 사고로 23명이 죽었다. 1999년 10월 30일 인천 인현동 호프집 화재 참사로 52명이 죽었다. 2003년 2월 18일엔 대구 지하철 화재 참사로 192명이 죽었다. 그리고 또 죽었다…죽었다…죽었다…죽었다…죽었다…죽었다…죽었다…죽었다…죽었다…죽

었다…죽었다…죽었다…죽었다…죽었다…죽었다…죽었다…
죽었다…죽었다…죽었다…죽었다…죽었다…죽었다…죽었
다…죽었다…죽었다…죽었다…죽었다…죽었다…죽었다…죽
었다…죽었다…죽었다…죽었다…죽었다…죽었다…죽었다…
죽었다…….

오늘도 언제 어디서 부딪치고, 무너지고, 침몰하고, 떨어질지 모른다. 승용차에서, 전철에서, 시내버스에서, KTX에서, 여객선에서, 항공기에서…… 또는 회사에서, 가족과 마주 앉은 안락한 집에서조차 안심할 수 없다. 하늘에서 떨어지는 우주선 쓰레기에 맞아, 뒤틀린 해양 지각판이 몰고 올 지진과 쓰나미에 휩쓸려 한순간 훅 갈 수도 있다. 심술쟁이 운명은 휴일 없이 우리의 급소를 노린다. 생과 사는 아무 데서나 가위바위보 게임을 한다. 아버지는 '내일 일은 난 몰라요'라고 이야기하고 싶었던 모양이다.

그러니까 돌쇠야, 피투성이가 되지 않으려면 어떻게 해야 하겠니.

그저…… 오늘도 무사히!

돌쇠는 이렇게 피투성이가 되었다 - 대연각 화재 등 육해공 참사

〈표〉 아버지의 스크랩에 수록된 1969~1972년 대형 사고 일지

일시	사고	발생 지역	피해
1969년 1월 31일	천안 열차 추돌	충청남도 천안시	41명 사망, 108명 부상
1969년 7월 3일	화천 산사태	강원도 화천군	61명 사망
1969년 12월 17일	청계 판자촌 화재	서울시	8명 사망, 이재민 1,381명
1970년 4월 8일	와우아파트 붕괴 참사	서울시	33명 사망, 39명 부상
1970년 4월 12일	동대문구 용두동 판잣집 360채 전소	서울시	1명 사망, 5명 화상, 이재민 4,200명
1970년 8월 21일	추풍령 고속버스 참사	경상북도 김천시 봉산면	25명 사망, 22명 부상
1970년 10월 14일	온양 무인 건널목 수학여행 참사	충천남도 아산시	46명 사망, 30명 부상
1970년 10월 17일	원주 수학여행 참사	강원도 원주시	14명 사망, 57명 부상
1970년 11월 5일	소양호 나룻배 전복 참사	강원도 춘천시	31명 사망, 암소 3마리 떼죽음
1970년 12월 15일	남영호 침몰 사고	전라남도 여수시 근해	323명 사망
1971년 5월 10일	청평호 버스 추락 참사	경기도 가평군	80명 사망
1971년 7월 26일	부여 폭우, 탁류 기습	충청남도 부여군	14명 사망
1971년 10월 13일	남원역 열차 충돌	전라북도 남원군	19명 사망, 44명 부상
1971년 11월 28일	북한산 인수봉	서울시	7명 사망, 16명 부상
1971년 12월 25일	대연각 호텔 화재	서울시	164명 사망, 64명 부상
1972년 5월 15일	일본 오사카(大阪) 천일백화점 화재	일본 오사카	117명 사망, 49명 부상
1972년 8월 1일	의암호 버스 추락 참사	강원도 춘성군	24명 사망, 12명 부상
1972년 8월 5일	대왕코너 화재	서울시	6명 사망, 62명 부상
1972년 8월 19일	중부지방 폭우, 산사태	전국	463명 사망, 91명 실종, 624명 부상, 이재민 57만 명
1972년 12월 2일	서울시민회관 화재	서울시	52명 사망, 76명 부상

"후하하 죽였다" vs. "지문 채취 열심히 해보슈"
연쇄살인자들과 수사반장

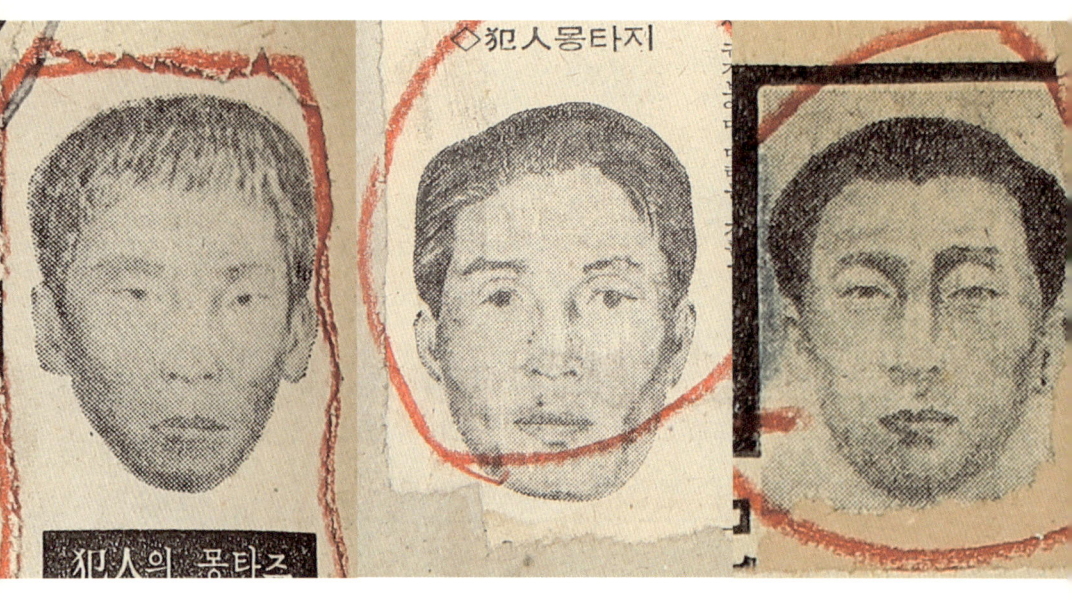

수배 몽타주로 본 이 장의 주인공들. 왼쪽부터 1975년 10월 외딴집 연쇄살인 사건의 김대두, 1975년 8월 미제 유괴 살인 사건의 범인, 1973년 8월 구로공단 총기 사건 범인 이종대. 실물과 많이 다른 몽타주도 있다.

"살인이 제일 쉬웠어요."

그에게 가장 어울릴 법한 말이다. 총기는 전혀 사용하지 않았다. 주로 칼과 망치를 이용했다. 때로는 낫과 돌과 절굿공이를 썼다. 1975년 8월 13일부터 10월 7일까지 55일간 외딴집만 골랐다. 17명을 죽였다. 주로 힘없는 노인과 부녀자, 어린이들이었다. 당시엔 '외딴집 연쇄살인 사건'으로 불렸다. 범인은 그 유명한 '김대두'다. 살인 사건 분야의 한국 신기록 보유자로 오래도록 이름을 남긴 인물이다. 1982년 4월 26일 경남 의령군 궁류면에서 우범곤 순경이 4개 마을을 돌며 총기를 난사해 56명을 죽이기 전까지 7년 동안. 비총기 분야로 한정하자면, 2004년 7월 유영철이 칼과 망치로 부유층 노인과 여성 등 20명을 8개월간 죽인 사실이 밝혀질 때까지 29년 동안.

아버지의 스크랩북 9권, 10권(1973년 1월~1976년 10월)을 편다. 이번 주제는 '수사반장'이다. 70년대 '문화방송' 드라마 제목을 댄 것은, 강도·살인 사건으로 좁혀서 살펴본다는 뜻이다. 70년대 중반 스크랩에 나오는 살인극은 70년대 초반 다방 인질극에 비하면 훨씬 계획적이고 치밀하다. 인정사정 봐주지 않는다. '범죄의 세계'가 한 단계 업그레이드되고 있음을 느낀다. 때는 바야흐로 유신의 절정기였다. 유신 시대 공권력을 농락했던 3가지 살인 사건+알파를 말하고자 한다. 도합 4가지 사건 주인공들의 결말은 제각기 다르다. 먼저 사법 보복으로 끝난 김대두 사건.

외딴집 연쇄살인범 검거
청량리서 범행 9차례 17명 살해 자백

연쇄살인사건의 범인이 잡혔다. 서울 청량리경찰서는 8일 하오 3시 10분 서울 동대문구 전농 2동 588의 92 청량리역 광장 옆 광명세탁소에서 세탁 맡긴 피 묻은 바지를 찾으러 온 김대두(26·일명 김영태·전남 영암군 학산면 은곡리 167·폭력 전과 2범)를 검거, 지난 55일간 전남 무안군 광산군 및 경기도 일원과 서울에서 9차례에 걸쳐 17명을 살해하고 3명을 난행한 범행 일체를 자백받았다.
(중략)
김은 "돈을 벌어 멋있게 살아보려고 범행을 시작했다"고 말하고 일가족을 모두 죽인 것은 "얼굴을 기억할 것 같아서였다"고 태연히 말했다.
고향에서 국민학교를 졸업한 김은 목공, 염직공 등으로 떠돌아다니다가 2건의 폭행 사건으로 복역했고 지난 5월 17일 수원교도소에서 출감했다. (하략)

찌질하다. 다음의 표를 근거로 김대두가 살인을 통해 얼마의 돈을 뜯어냈는지 계산해보았다. 두번째 범행 250원＋네번째 범행 2,500원＋다섯번째 범행 2만 1천 원＋여섯번째 범행 1,500원＋일곱번째 범행 180원＋여덟번째 범행 1,450원. 모두 더하니 총 2만 6,880원이다. 이 돈을 얻으려고 그렇게 무자비한 살상을 벌였다는 말이냐. 지금 화폐가치로 아무리 비싸게 계산해봤자 1백만 원도 안 된다. 희대의 살인마는 바보였단 말인가. 아니면 사이코패스?

김대두는 국선변호인에게 이런 말을 했다. "남산 위에서 내려다보면 불빛은 많은데 내 것은 하나도 없었다." "있는 사람들은 배불리 먹고, 우리 같은 사람들한텐 무관심뿐이었다." 아버지는 〈살인마〉라는 시를 남겼다.

〈표〉 김대두의 9건 범행 일지

범행 날짜	범행 장소	범행 내용	강탈품
1. 8월 13일	전남 광산군 임곡면 백룡리 연동부락 외딴집	안종현 씨(62)를 낫으로 살해 안 씨 부인 박귀순 씨에게 중상 검은 복면 사용	낫 1개
2. 9월 7일	전남 무안군 몽탄면 당호리 2구 신흥부락 외딴집	공범 김창운과 박헌공 씨(55) 집에 침입 박 씨와 부인 서귀순 씨(56) 손자 기봉 군(6) 살해 칼, 절구공이 사용	현금 250원 플래쉬 1개
3. 9월 11일	서울 동대문구 면목 4 동산 77 움막촌 외진 집	최정용 씨(60) 칼로 찔러 살해	없음
4. 9월 25일	경기도 평택군 송탄읍 지산리 산 164 건지부락 외딴집	최옥임 씨(70·여) 손자 양성호 군(7) 호진 군(5) 칼과 쇠망치로 죽이고 손녀 미정 양(11) 움막으로 끌고 가 옷 벗기고 묶어놓은 후 망치와 칼로 살해	현금 2,500원 고추 30근 쇠망치 1개 쌀 한 말
5. 9월 27일	경기도 양주군 구리읍 아천 2리 204 한강변 외딴집	변대규 씨(40) 부인 손영자 씨(37) 차남 정수(3) 등 3명 쇠망치로 때려 살해 장녀 혜영 양 등 2명 중상	현금 2만 1천 원
6. 9월 30일	경기도 시흥군 남면 부곡 1리 산 87 속칭 박석고개 숲 속	윤향렬 씨(28) 난행한 후 옷 벗긴 채 묶어놓고 칼로 찔러 죽이고 생후 3개월의 윤 씨 딸도 칼로 찔러 살해	현금 1,500원 화장품 수건
7. 10월 2일	경기도 수원시 우만동 28의 315 외딴집	노재덕 씨(39) 쇠망치로 살해 노 씨 부인 전명순 씨(38) 숲 속으로 끌고 가 난행 후 옷 벗긴 채 묶어놓고 칼로 살해	노 씨 이웃 함옥남 씨 두레박 끈 180원
8. 10월 2일	경기도 성남시 하산운동 남서울 컨트리클럽 부근 산속	캐디 이 양(21) 칼로 위협 빈집으로 끌고 가 난행, 살해 미수	현금 1,450원, 손목시계 캐디 잠바
9. 10월 7일	서울 도봉구 방학동 산 69의 5 우이동 유원지 산속	길에서 유인한 23세가량 청년을 칼로 찌르고 돌로 때려 살해	가짜 금반지 블루진 상·하의 1벌 지갑 1개

(《한국일보》 1975년 10월 10일자)

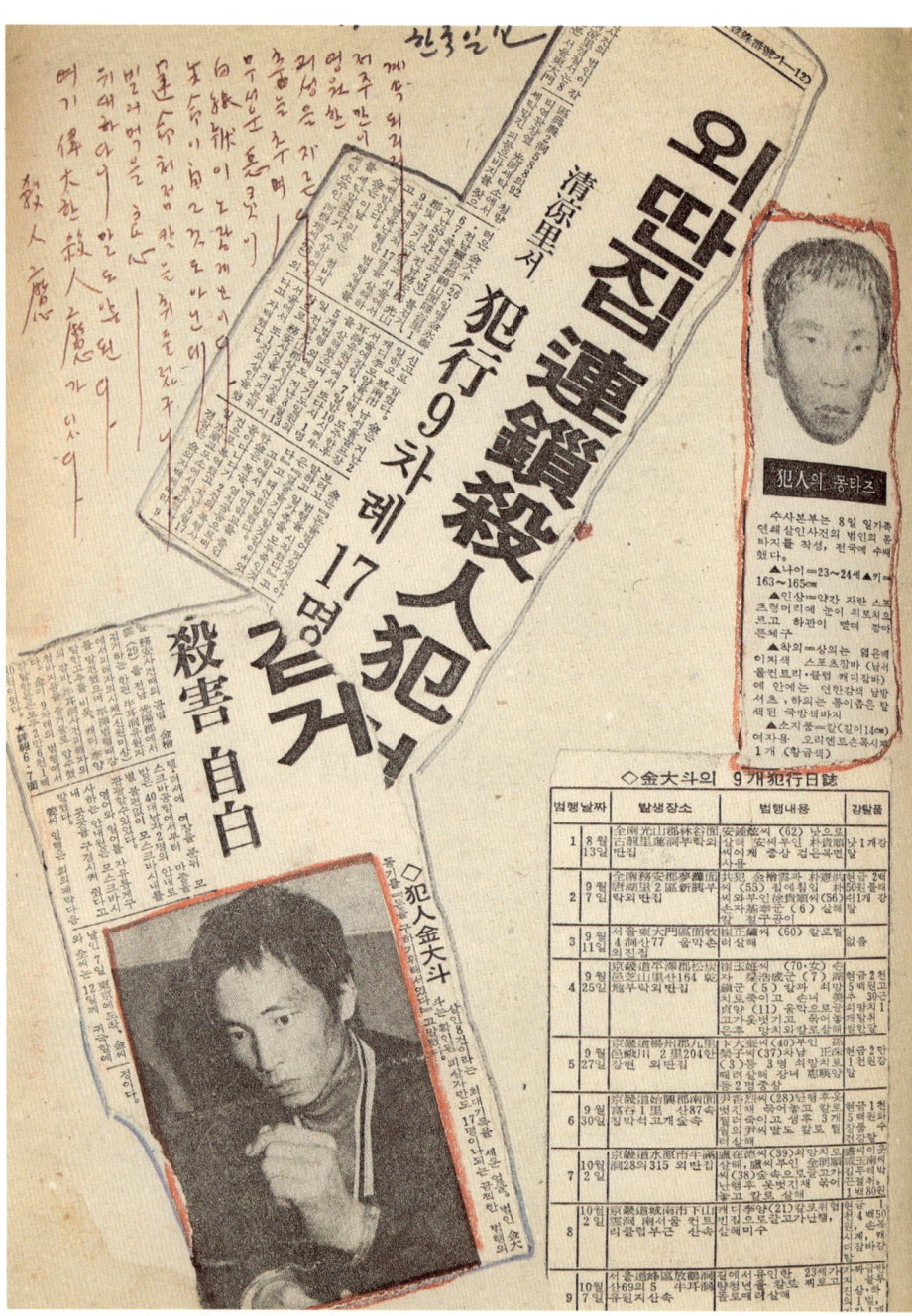

김대두만 '살인마'였나?

그해 4월 9일 이른바 '인혁당 재건위 사건' 관련자 8명에 대한 사형 집행이 있었다. '살인마 김대두'를 저주하는 목소리가 터져나오기 직전, "살인마 박정희는 천벌을 받으라"는 인혁당 사건 유족들의 저주가 대한민국 하늘에 메아리치고 있었다. 공권력이 눈에 불을 켜고 애꿎은 유신 반대 세력을 때려잡고 있을 때 김대두도 애꿎은 사람을 죽이고 다녔다. 그 삼엄했던 경비와 감시 체제 아래 범행을 하면서도 단 한 번도 검문을 받은 일이 없었다.

김대두의 최후는 '사형'이었다. 1976년 12월 28일이 집행일이었다. 화장되어 경기도 벽제의 기독교 공원묘지에 묻혔다. 그는 죽기 전 종교에 귀의했고, 한 마리의 양처럼 변신했다. 교화위원들에게 여러 장의 편지도 남겼다. "사회의 전과자들을 좀 더 따뜻하게 대해주셔서 갱생의 길을 넓게 열어주시기 바랍니다"라는 유언장도 썼다.

'비상' 비웃는 '어린이 수난'
부산서 또 10세 여아 유괴 폭행

【부산】현정 양과 준일 군의 연쇄 유괴 살해 사건에 앞서 부산에서 동일범의 소행으로 보이는 어린이 유괴 살인 미수 및 유괴 미수 등 2건의 강력 사건이 지난 18일과 24일에 일어났으며 또한 연쇄 유괴 사건이 터진 후 경찰 수사망이 철통같았던 25일 상오에는 10세 소녀가 숲 속에서 30대 괴한에게 강제 추행을 당하는 제3의 강력 사건이 또다시 발생, 경찰을 긴장시키고 있다. 시민들은 이젠 경찰을 믿고만 있을 수 없다며 불안에 떨고 있다. (하략)

《한국일보》 1975년 8월 27일자

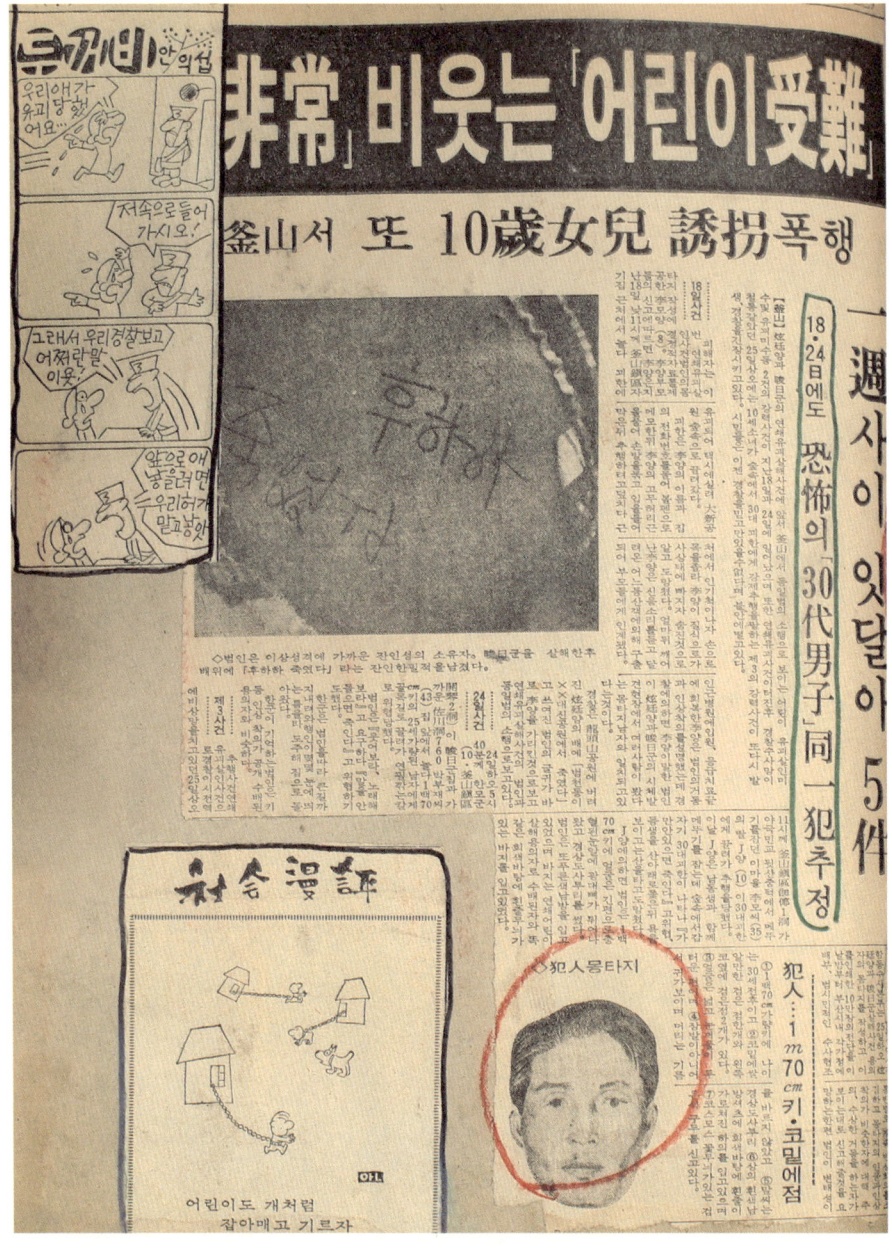

김대두 사건 두 달 전의 보도다. 어린이 현정 양과 준일 군이 연쇄 유괴 살해되었는데, 이미 그에 준하는 살인 미수와 유괴 미수 사건이 하나씩 총 2건 있었고, 거기에 덧붙여 여아 추행 사건이 발생했다는 내용이다. 모두 한 주 안에 잇따라 벌어진 사건이라 경찰엔 비상이 걸렸다. 가장 충격적인 것은 사진이다. 지금 같으면 실리지 못할 주검의 모습이다. 설명은 이렇다. "범인은 이상 성격에 가까운 잔인성의 소유자. 준일 군을 살해한 후 배 위에 '후하하 죽였다'라는 잔인한 필적을 남겼다." 기사에 따르면 현정 양의 배에다가도 "범천동 이xx 대신 공원에서 죽였다"는 필체를 남겼다니 질색할 일이다.

굳이 이름 붙이자면 '볼펜 낙서 유괴 살해 사건'. "후하하 죽였다"라니. 범인은 누구였을까. 잡혔다는 기록이 없다. 36년 전이니 이젠 공소시효도 지나 처벌도 불가능하다. 사건의 주인공은 다음에 또 비슷한 짓을 저질렀을까? 꼬리를 잡히지 않기 위해 범행 대상을 어린이가 아닌 다른 연령층으로 물색하지는 않았을까? 이 사건은 나에게 도를 더해가던 범죄의 흉포함과 그 공포를 시각적 장치로 최대화해 보여주었다. 어린이 대상의 유괴나 살인 사건이 벌어질 때도 난 아버지의 스크랩 속 어린이의 배에 적힌 여섯 글자를 상기하곤 했으니.

이제 세번째 사건이다. 첫번째 사건이 사형으로 끝나고, 두번째가 미제로 남았다면, 세번째는 처절하게 비극적인 라스트 신을 보여주었다. 이 글에서 가장 하이라이트가 되는 사건이기도 하다. 시계를 1~2년 전으로 돌려보자. 아버지의 스크랩엔 두 번에 걸쳐 기사가 등장한다. 하나는 1973년 8월이며, 또 하나는 1974년 7월이다. 그 첫번째 기사.

이 '얼굴'을 잡아라
수사본부 구로공단 카빈 강도 전국에 몽타주 수배

25일 상오 11시 35분께 서울 영등포구 구로동 산 189의 2 구로 수출공업단지 안 한국 '호꾸리꾸' 주식회사(사장 곽태석·52) 정문 앞에서 27, 28세가량의 괴한이 개머리판 없는 '카빈'으로 동사 경리사원 전기호 씨(24)의 하복부에 1발을 쏴 중태에 빠뜨리고 전 씨가 이웃 중소기업은행 구로지점에서 찾아오던 사원들에게 줄 봉급 3백78만 1천5백 원을 보자기째 모두 뺏어 대기중인 검정색 승용차를 타고 달아났다. 신고를 받은 경찰은 동사에 수사본부를 설치하고 무장경찰을 풀어 경부고속도로 등 범인의 퇴로를 차단, 추격중이다. 경찰은 이 사건을 2명 이상의 범인들이 봉급날을 노려 계획적으로 저지른 특수 강도 상해 사건으로 단정, 범인이 가진 '카빈'에 아직도 실탄이 남았을 것으로 보고 경계를 강화하고 있다. (하략)

《한국일보》 1973년 8월 28일자

이 사건은 "당시로서는 드물게 총기와 차량을 함께 사용하였고, 치밀성과 대담성, 기동성을 갖춘 선진형 범죄를 보여주었다"는 언론의 평가를 받았다. 사진 설명에 적혀 있는 범인의 쪽지 메모도 범인들이 뭔가 심상치 않은 족속임을 은밀히 암시하고 있다. "성산동에 버려진 범행 코티나. '넘버'를 떼어버린 차 속에는 '지문 채취 열심히 해보슈'란 쪽지가 남겨져 있었다." 경찰은 범행 단서에 대해 어떤 감도 잡지 못했다. 지문 채취도 하지 못했다. 그걸 확신한 듯한 한마디. "지문 채취 열심히 해보슈". 사건 실화에 기반한 소설 《지구인》의 해당 대목을 보자.

"갑시다."

도석이가 운전석에서 문을 열고 나섰다.

"잠깐."

종대가 주머니에서 볼펜을 꺼냈다. 그리고 개천변에 굴러다니고 있는 더러운 휴지를 주워 들었다. 그 종이 위에 종대는 볼펜으로 뭐라고 썼다.

"뭘 하고 있소? 일기라도 쓰는 거요?"

도석은 고개를 내밀어 종대가 뭘 하고 있는가 기웃거려보았다. 종대는 종이에 다음과 같이 썼다.

'지문 채취 잘해보슈.'

"뭘 하는 거요?"

이해가 가지 않는 얼굴로 도석이가 물었다.

"편지다."

"편지?"

갸우뚱거리면서 도석이가 말을 받았다.

"뭔 편지요? 누구한테 쓰는 편지요?"

"누구긴, 경찰 아저씨들이지."

종대가 쿡쿡거리면서 어깨로 웃었다. "갑자기 그 자식들을 놀리고 싶은 생각이 들어서 한마디 적어놓고 가는 거다. 어떠냐?"

종대가 쓴 메모지를 도석에게 내보였다. 도석은 국어책을 읽듯 한 자 한 자 읽어보았다.

"지문 채취 잘해보슈. 힛히히, 자식들, 이걸 보면 눈깔이 뒤집힐 걸."

(최인호, 《지구인 3》, 문학동네, 2005)

The Hankook Ilbo

카빈 2人組, 李正洙씨 拉致…

1974. 7. 27

한국일보

亂動끝에 아들쏴죽이

李鍾大

(3版)　(第3種郵便物認可)

비참한 末路

○仁川집에 들어온 李鍾大는 방안에서 포위한 경찰에 카빈으로 대응하는 경찰관이 포위하자 카빈 6발을 발사, 가족을 죽인것으로 경찰

▶崔憲弦씨의 暗葬 3일 ... 장터면 崔憲弦씨의 시체가 발굴된 江울면 이일대는 아낙네 들이 울 돌다. 【山淸=釜山支社발】 金義鳳

1974. 7. 27

犯人 文과 李와 죽기전에 言爭

"끝장이다" "헤어지자"

文永詰자살하고

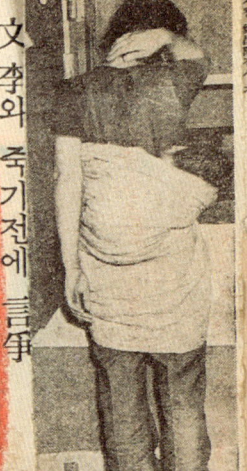

▶郭씨는 세상을 바로 볼수가 없다며 얼굴을 가린 채 아빠의 미친듯한 총격에 상처남은 군은살밖으로 눈물 흘리는 죽은상은 군은살밖으로 눈물을 흘리고 있다.

너무나 냉혹하고, 동시에 너무나 뜨거웠던 범죄자들. 미국의 2인조 갱 보니와 클라이드를 연상시키는 이종대와 문도석은 치밀하고 대담하게 총기 강도짓을 하다. 각자의 가족들과 함께 비극적으로 생을 마감했다.

범인들의 이름은 이종대, 문도석이다(구로공단 총기 사건의 경우 이종대의 단독 범행이지만, 차량 유기 땐 문도석이 함께 있었다). '카빈 2인조 강도'로 불렸던 이들은 자신만만한 척 메모를 남겼지만, 실제로는 초조한 상태였다. 이들은 1972년 7월 27일 상업은행 용산지점에서 학교 공금 55만 260원을 찾아 나오던 김영근(53·상명국교 용원)을 납치해 돈을 빼앗았다. 납치라는 모험 치고는 액수가 성에 차지 않았다. 제대로 한탕 하고 싶었다. 그러려면 총이 필요했다. 결국 두 달 뒤인 1972년 9월 6일엔 평택군 팽성면의 예비군 무기고에서 카빈총 3정과 실탄 120발을 훔쳤다. 총은 그들에게 최고의 이상이요 최대의 희망이었다. 가급적 인명을 해치지는 않겠노라 다짐했지만, 뜻대로 되지 않았다. 1972년 9월 12일 국민은행 아현지점에서 66만 원을 찾아 나온 이정수를 검은색 '코티나' 차량에 실어 납치했다. 그 과정에서 예기치 않은 반격을 제압하다가 문도석은 이정수를 쏴 죽이고 만다. 사람까지 죽였다. 산에 묻었다. 손에 들어온 것은 고작 66만 원. 그들에겐 돈이 더 필요했다. 전과자였기에 안정적인 직업을 못 잡았던 터라 생활고에 시달렸다. 처자를 먹여 살려야 했다. 범죄는 습관처럼 몸에 박혀 있었다.

"형님, 내 소원이 뭔 줄 아시오? 이 상자 속에 카빈총을 악기 대신 넣어 갖고 전국 팔도 돌아다니며 은행이란 은행은 모조리 털어서 살아 있는 동안만큼은 배불리 멋지게 살고 싶소. 형님, 우리 한탕 뜁시다. 멋있게 한번 해치웁시다. 트럼펫은 이제 더이상 못 불겠고. 형님, 아새끼가 내일모레가 백일이오. 먹일 게 없어 분유 대신 쌀뜨물이나 먹이고 있소. 에미년이 젖이 나와야 먹일 게 아니오…… (중략)"

(최인호, 《지구인 3》, 문학동네, 2005)

두 사람의 의기투합은 아슬아슬했다. 때로는 죽일 듯이 싸웠다. 그러다가 돈이 궁했던 이종대가 혼자 구로공단 총기 사건을 벌여 탈취한 돈이 3,750,500원. 이 사건을 계기로 이종대와 문도석은 다시 하나가 되어 새로운 범죄를 꿈꾼다. 차와 운전사를 빌려 마산 수출자유지역을 털러 가던 그들은 경부고속도로에서 '크라운' 승용차의 차주 겸 운전사인 최덕현을 목 졸라 죽인 뒤 죽미령 고개에 암장한다. 마산 수출자유지역이 여의치 않자 이종대는 다시 구로공단을 털자고 제안한다. 이에 대한 문도석의 반론, 둘의 다툼, 경찰의 검문, 예기치 않은 승용차 고장, 사소한 실수와 신원 노출, 그리고 경찰의 추적…….

　아버지의 스크랩에서 결말을 보자. 이종대와 문도석은 모두 자살했다. 문도석은 6세 장남 상훈이만 쏴 죽인 뒤 자살했고, 이종대는 부인과 두 아들을 모두 쏴 죽인 뒤 무려 17시간 30분을 대치하다 자신의 심장을 마지막으로 쏘았다. 만약 경찰이 이종대와 긴 대치를 하면서 궁금한 점을 캐묻지 않았다면, 사건의 진상 중 많은 부분이 미궁에 빠졌을지도 모른다.

이종대와 일문일답

대치중 이종대가 경찰과 나눈 일문일답은 다음과 같다.

-인천동부서장(김성천 총경)이다. 문도석이가 다 뒤집어썼으니 죄 될 것도 별로 없을 것이다. 자수하라.

이=웃기지 마라. 내 죄는 내가 안다.

-무슨 죄가 있는가.

이=평택군 팽성면 무기고의 카빈 탈취 사건, 용산 상은지점 김영근 납치 사건, 이정수 사건, 구로공단 카빈 강도 사건은 모두 내

가 저지른 것이다. 내가 주범이다. (중략)

―이 씨의 시체는.

이=용인군 안양 컨트리클럽 쪽 저수지 근처 길 옆에 묻었다. 대전으로 도망쳤다가 다음 날 서울로 와 봉천동에 차를 버렸다. 검문을 한 번도 받지 않았다.

―돈은 어떻게 썼나.

이=문도석과 나누어 썼는데 나는 술을 못하기 때문에 주로 여자들과의 유흥비로 나갔다. 명승지와 유원지를 돌아다니며 놀다가 재범할 때 서울에 오곤 했다. (중략)

―이번 사건 얘기 좀 하자.

이=구로공단 사건과 똑같은 방법으로 해치우려 했다. 문도석이가 더듬해서 실패했다.

―크라운 차 운전사 최덕현 씨는.

이=구례에서 최 씨가 수상히 생각하는 눈치를 보여 차를 세우고 문과 둘이서 목을 졸라 죽였다. 시체는 트렁크에 넣고 호남―남해 고속도로를 거쳐 산청으로 빠졌다.

산청 입구 첫 검문소에서 박 모 순경으로부터 예비군 수첩이 없다고 검문을 받았다.

박 순경은 내가 좀 봐달라고 말하자 서울에 긴급 조회하겠다고 으름장을 놔 주머니에서 1만 원을 줬다.

이때 박 순경은 "적다"면서 되돌려줘 2천5백 원을 보태 1만 2천5백 원을 주니 통과시켜줬다.

검문당할 때 뒤 트렁크에는 최 씨의 시체가 들어 있었는데 박 순경이 자동차를 수색하려 했으면 죽이려 했다. 그 친구 운이 좋다. 최 씨의 시체는 검문소에서 3km 떨어진 산기슭에 묻었다. (하략)

《한국일보》 1974년 7월 27일자

그렇다면 이종대와 문도석은 누구인가. 어떻게 만나 범죄 콤비를 이루게 되었을까. 이들의 역사를 알고 싶다면 앞에서 두 차례 인용한 최인호의 장편소설 《지구인》 1, 2, 3권을 읽어보기 바란다. 최인호는 1974년 7월 이 사건이 일어나고 3~4년 뒤에 우연히 이종대의 이복동생 이종세를 만나 친해지면서 이 소설을 썼다. 소설 속에선 정읍에서 계모 슬하에 어린 시절을 보내다 가출해 나름의 순정으로 세상과 대화하려 했으나 결국 범죄 세계로 빠져드는 이종대와 1950~1970년대 하류 인생들의 세계가 드라마틱하게 펼쳐진다.

이종대는 1958년 군산교도소에서 '7·29 탈옥 사건'을 주도했던 인물이다. 이에 비해 문도석은 상대적으로 덜 알려졌다. 소설 《지구인》에 따르면, 문도석은 인천이 고향으로 전쟁통에 부모를 잃었으며 원래 성은 이 씨였다. 고아원에 있을 때까지 이 씨로만 알려졌는데, 네 살 때 한 집안에 입양되면서 새로운 성과 이름을 갖게 되었다. 나이는 이종대보다 일곱 살 어린 1942년생이다. 해병대에 근무하다 탈영해서 불명예제대를 한 것을 필두로 폭력, 업무상 과실치상, 횡령죄 등 갖은 죄목의 전과를 골고루 섭렵했다. 온몸이 문신투성이였다고 한다.

흥미롭게도 둘 다 비상하고 풍부한 예술적 감수성을 지녔다고 한다. 이종대는 그림에 천재적인 조예가 있었다. 부대(부산 미군 부대)에서도 그림을 그려 상관들의 총애를 받았다. 감옥에서도 교도관들의 초상화를 그려줘 환심을 샀으며, 이는 잠시나마 탈옥 성공의 결정적 계기가 되었다. 부산의 극장에서 간판 그림을 그려 밥벌이를 하기도 했다.

문도석은 악기 다루는 재능이 뛰어났다. 드럼, 기타, 트럼펫, 피아노, 심지어는 바이올린까지 다룰 줄 알았다. 이종대가 뒤늦게 출감한 뒤 문도석의 행방을 찾아낸 단서도 악사들이었다.

둘은 서로에게 끌렸지만, 성격은 판이했다. 이종대가 키가 작으면서도 다부졌다면, 문도석은 키가 크고 체구가 우람했다. 이종대가 침착하고 냉정했다면 문도석은 앞뒤를 가리지 않는 불같은 성격에 난폭하고 충동적이었다. 결국 성급한 행동으로 수사의 빌미를 준 것은 문도석이다. 먼저 자살한 것도 문도석이다.

문도석 자살 현장

범인 문은 25일 상오 7시 40분께 인천에 살고 있는 부인 곽근화 씨에게 전화를 걸어 11시까지 개봉국민학교 앞으로 나오라고 가족들을 불렀다.

범인 李와 함께 이의 매부 박조우 씨(40·영등포구 개봉동 354의 17) 집에 숨어 있던 문의 가족들이 온 것은 상오 11시께. 그전에 이의 가족들은 먼저 와 있었다. 가족들이 오자 이와 문은 곧 방으로 들어가 집주인인 박 씨와 셋이서 무엇인가 오랫동안 의논했다.

문은 이와 곧 언쟁을 벌였다. "이제 끝장이 났으니 죽어버리자"고 말하자 이는 침통한 표정으로 대구를 않다가 가족과 함께 방 안으로 건너갔다. 문은 한동안 생각에 잠겨 있다 죽기를 결심, 2통의 유서를 쓴 뒤 아내에게 "내가 죽은 뒤 읽어보라"고 건넸다.

하오 9시 20분께 다시 문은 이와 언쟁을 했다. 문은 "잡히게 되면 끔찍한 사건들이 탄로 날 게 아니냐"며 재차 죽자고 했다. 그러나 이는 "너는 수배를 받고 있지만 나는 아직 수배를 받고 있지 않다"며 "서로 헤어지자"고 했다. 이는 "지금껏 신혼여행 한번 못했는데 뒤늦게나마 신혼여행… 부산으로 간다"면서 가족들을 데리고 집을 나갔다.

하오 9시 30분 문은 "이에게 이용만 당했다"고 화를 냈고 부평에 있는 장모에게 전화를 걸어 "죄송합니다. 죽는 길밖에 없습니다"고 말한 뒤 전화를 끊었다.

문은 곧 옥상으로 통하는 계단으로 오르면서 큰아들 상훈 군(6)을 "올라오라"고 손짓만 했다. 부인 곽 씨가 아들에게 가지 말라고 말렸지만 문은 큰 소리로 "따라오라"고 소리쳐 상훈 군은 계단을 뛰어올라와 아버지 팔에 매달렸다.

곽 씨는 순간 남편이 가족 모두를 죽이고 자살하려는 것으로 생각, 재빨리 딸을 업고 현관문 쪽으로 피했다. 순간 1발의 총소리가 들렸고 조금 있다 다시 1발의 총소리가 났다.

곽 씨가 집 안으로 뛰어 들어가 보니 문은 아들을 왼손으로 껴안은 채 피를 쏟으며 계단 중간쯤에 쓰러져 숨져 있었다. 계단에는 아들과 남편이 흘린 검붉은 피가 흐르고 개머리판 없는 카빈은 계단 밑에 떨어져 있었다. (하략)

"자수하고 싶지만 이미 늦어"
문, 부모·부인에 유서 2통

문도석은 자살하기 전 부모와 부인에게 보내는 유서 2통을 남겼다. (중략)

아내에게

우리가 서로 만난 오늘까지 가난하게 살면서 무엇 하나 제대로 해주지 못한 이 못난 남편에게 무던히도 참고 따뜻하게 보살펴준 그 정이 괴로워집니다. 지금껏 거짓과 허세로만 살아온 남편을 그래도 끝내 믿어주고 함께 울어준 당신의 애정이 이 순간 눈물 속에 주마등처럼 스쳐 갑니다. 자수하고 싶었지만 이미 때가 늦었어요. 이 같은 범행을 저지르고 어찌 살겠다고 발버둥 치겠소. 내가 죽더라도 낙심 말고 좋은 남자와 재혼하여 굳세고 성실하게 살아주기 바라오.

부모에게
살인을 한 불효자식이 무어라고 변명을 드리겠습니까. 모두가 가난 때문에 이 같은 끔찍한 일을 저지른 것 같습니다. 이 불효자식이 저지른 죄 때문에 부모님이 치러야 할 멸시와 천대를 생각하면 가슴이 메입니다. 내내 오래도록 행복하게 사시기를 불효자는 두 손 모아 빕니다.

《한국일보》 1974년 7월 27일자

안양교도소에서 처음 만나 정을 나누고 함께 범죄를 저지른 두 사람이었지만, 죽기 전엔 결국 서로를 비난하고 원망했다. 문도석이 서울 개봉동에서 아들 상훈을 죽이고 자살한 지 1시간 만에 인천에 있는 자신의 집에 도착한 이종대는 경찰이 집을 포위하자 대치 4시간 만에 아내와 아들들을 죽이고 다시 기나긴 대치를 시작했다.

이종대 잔학한 최후 – 총탄 10발로
【인천=임시취재반】 장난감 기타를 안고 있었다. 그 밑에 피가 흐르고 가슴에 총을 맞은 어머니는 두 아들을 잡으려는 듯 팔을 뻗은 채 쓰러져 있었다. 인천시 주안 2동 688 범인 이종대의 2평 남짓한 방은 10발의 총탄으로 모든 것이 멈추어 있었다. 끝까지 잔인했던 아버지는 끝내 아내와 두 아들의 죽음을 강요했다. 흩어

진 장난감, 피로 물들여진 이불 위에 잠자듯 가지런히 누워 있는 4살 태양 군, 2살 큰별 군의 모습은 바로 쳐다볼 수 없는 참경이었다. 25일 밤 10시 40분 인천 집으로 돌아온 범인 李는 뒤따라 온 경찰과 26일 새벽 2시 30분부터 대치가 시작되자 아침 4시 20분 아내 황은경 씨(29)와 두 아들을 죽였고 가족들의 시체가 뒹구는 피비린내 나는 방에서 17시간 40분을 더 버티다 이날 하오 8시 2분 머리에 카빈 1방을 쏴 자살했다. (중략)

이가 자살하기 전 마지막 설득을 벌인 사람은 김영희(40·돼지타이어 주인) 씨였다. 김 씨가 7시 45분께 "종대야" 부르며 창가로 다가가 "배고프지 않은가, 밥을 먹어라"고 권유하자 이는 "수면제를 타 주려는 것이 아니냐. 어린애 장난이 아니다"고 반발했고 아이들의 안부를 묻자 죽은 후면 자연히 알게 될 것이라면서 "나는 이제 죽는다. 마지막으로 큰아들과 뽀뽀했다. 나 죽는 것이나 보고 가라. 심장 부근에 파스로 과녁을 붙여놨다"고 말했다.

경찰은 방 안에서 이와 부인 황 씨의 유서를 각각 발견했다. 이는 평소부터 유서를 써 가지고 다녔는데 이날 경찰과 대치중 쪽지에 또 써두었던 것. 부인 황 씨는 빨간색 그림물감으로 벽지에 "우리 네 식구를 함께 묻어달라. 이 유서를 묵살하면 죽어서라도 복수하겠다"고 썼다. (중략)

경찰은 하오 6시 30분까지도 이가 자수할 기미를 보이지 않자 철야 대치할 것에 대비, 집 밖에 전기까지 끌었다. 7시께 이는 경찰이 창문을 두드리자 "더이상 괴롭히지 말라"고 짜증을 부렸고 5분 후 또 1발의 공포를 쏘았다.

7시 50분께 김영희 씨가 또 설득에 나서자 이는 "큰 사건을 몇 개 치른 놈답게 떳떳하게 죽겠다"고 곧 자살할 것을 예고, 12분

후 총성이 들렸다. 17시간 30분간의 대치 속에서 10번째 터진 마지막 총소리였다.

"이 세상에 미련은 없다"
이종대 유서 남겨

주범 李가 캘린더 뒷면에 갈겨쓴 유서는 "아버지 나 먼저 갑니다. 아버지를 원망합니다. 저세상에 가서 가정을 이루렵니다. 이정수 씨는 반항했기 때문에 공범(문도석을 가리킴)이 당황, 저질러 숨진 것입니다. 이로 인해 피해자와 죄 없는 시민에게 대단히 죄송합니다. 우리를 사랑해준 모든 분께 정말 면목이 없습니다. 최선을 다해본 우리는 후회하지 않습니다.

최덕현 씨의 시체는 진주에서 산청으로 들어가는 검문소에서 산청 쪽으로 약 3km쯤 떨어진 강가에 묻었습니다. 태양아, 큰별아 미안하다. 여보! 당신도 용감했소. 너희들 뒤를 따라간다. 황천에 가서 집을 마련해서 호화롭게 살자. 이 냉혹한 세상 미련 없다."

이 유서는 남은 캘린더 6장 뒷면에 푸른색과 붉은색 크레파스로 쓴 것이다.

《한국일보》 1974년 7월 27일자)

이 사건의 역사성을 말해주듯 이종대와 문도석은 소설뿐 아니라 영화에도 등장했다. 박일과 이영호가 주연한 이장호 감독의 1982년작 〈그들은 태양을 쏘았다〉다. 이 영화 포스터엔 이런 광고 문구가 쓰여 있었다. "지옥행 티켓을 쥔 비정의 두 사나이". 1970년대 후반에 '문화방송'에서 방영한 〈수사반장〉의 4백 회 특집극 소재가 된 적도 있다. 연극판에선 〈등신과 머저리〉라는 작품으로 여러 차례 공연되었고, 가장 최근의 일은 2011년 11월이다. 2004년 영화 〈범죄의 재구성〉을 세상에 내놓았던 최동훈 감독은 당시 언론 인터뷰에서 "이종대, 문도석 사건을 다룬 영화를 차기작으로 만들겠다"고 밝히기도 했다.

이 사건은 미국의 아서 펜 감독이 만든 1967년 영화 〈우리에게 내일은 없다〉의 줄거리와도 유사하다. 이 영화의 원제는 〈보니와 클라이드(Bonnie & Clyde)〉다. 1930년대에 실존했던 남녀 2인조 갱 보니 파커(Bonnie Parker)와 클라이드 배로(Clyde Barrow)의 일탈적 범죄 행각을 통해 베트남전이 한창이던 그 시대 미국인들의 공감을 산 영화다. 문도석·이종대의 범죄는 한국판 '보니와 클라이드' 사건이었던 셈이다.

> 자유는 행동하는 순간에 획득되는 것이다. 자유는 영원히 소유할 수 없는 것. 단지 행동하는 찰나찰나에 자유는 조금씩 조금씩 얻어진다. 행동하라. 행동하는 순간에 너는 자유롭다. 행동하지 않으면 너는 이미 죽어 있는 시체에 불과한 것.
> (군산교도소 탈옥 직전의 이종대 내면을 묘사한 대목)

> 이것은 희극이다. 이것은 죄가 아니다. 이것은 장난이며 우스꽝스런 코미디다. 나는 죄를 저지른 것이 아니라 그를 속인 것뿐이다. 그리고 그가 가진 것을 나눠 가진 것뿐이다.
> (이종대가 강도 범죄를 저지른 뒤의 심리를 그린 대목)
>
> (최인호, 《지구인 2》, 문학동네, 2005)

소설가 최인호는 《지구인》의 2005년 개정판 서문에서 이렇게 말했다. "이른바 산업사회가 시작되던 1970년대 초, 두 사람에 의해서 저질러진 연쇄살인은 지금껏 우리나라에서 볼 수 없었던 가진 자와 못 가진 자와의 괴리 현상을 상징적으로 나타내 보인 사회범죄였다."

이제 3가지 사건에 덧붙이는 마지막 '알파'의 최후를 전할 시간이다. '박영복'을 아는가? 그는 앞의 3가지처럼 사람을 죽인 적이 없고, 그 대가로 사형을 당하지도 않았고, 수사망을 피해 가지도 못했고, 처참한 자살을 하지도 않았다. 그저 감방에서 오래 살다가 죽었다. 이종대, 문도석의 최후를 전하는 아버지의 스크랩 바로 앞 페이지엔 "박영복에 징역 15년 선고"라는 제목의 기사가 붙어 있다.¹ 1974년 7월 17일자다.

박영복은 당시 금융가를 발칵 뒤집어놓은 74억 원 부정 대출 사건의 주인공이다. 장영자, 이철희보다 앞선 대한민국 금융 사기의 원조다. 대검찰청은 수사 과정에서 중소기업은행장 등 관련 은행 간부들이 뇌물을 받은 사실과 중앙정보부 전 수사관 박태룡 등이 배후에서 부당 융자를 강요한 사실 등을 밝혀냈다. 이 사건 역시 바로 앞에서 소설가 최인호가 말한 대로 "가진 자와 못 가진 자와의 괴리 현상"을 당시에 가장 떠들썩하게 드러내준 사건이었다. 이로 인해 민심의 바다에선 상류층을 향한

---

1 _박영복은 대법원까지 가는 법정 공방 끝에 사기 및 사문서 위조 등이 모두 유죄로 인정되어 징역 10년을 선고받았다. 이후 1978년 1월 간염과 당뇨병 등을 이유로 형 집행정지로 가석방되어 서울대학병원 입원중에 또다시 유령회사를 설립하고 신용보증기금으로부터 수차례에 걸쳐 신용보증서를 발급받아 '대구투자금융' 등 8개 금융기관에서 2억 1천만 원을 부정 대출받고, 1981년 10월 타인의 대출금 중 1억 원을 편취한 것이 밝혀져 1982년 2월 11일 재수감되었다. 이 사건으로 징역 19년이 선고되었다. 박영복은 2001년 9월 29일 만기 출소했으나, 2005년 9월 29일 특정 버섯 분말의 위탁 가공무역 독점권을 가진 것처럼 행세하다가 유령 무역 다단계 회사 설립과 관련한 '특정경제범죄가중처벌등에관한법률' 위반 혐의로 그의 두 아들과 함께 구속되었다. 이 사건으로 그는 다시 징역 7년을 선고받았다. 2007년 7월 폐암으로 사망했다.

不正貸出사건 朴永復 조

심복 朴永五등 2명

檢察수사 用紙는 「홍콩사…

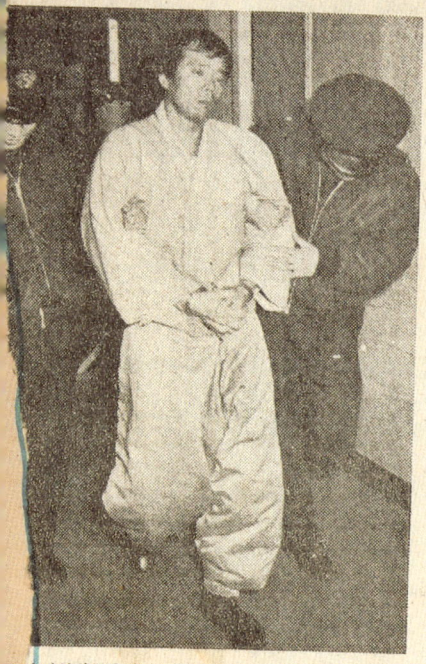

◇검찰심문을 받고 구치소로 돌아가는 朴永…
이례적으로 7명의 교도관이 호송해진 朴을
호송했다. 朴은 25일에이은 26일심문에서도 법…
을 부인, 담당검사와 팽팽히 맞섰다.

18億

朴의 진술

銀行곯린 擔保…집 9

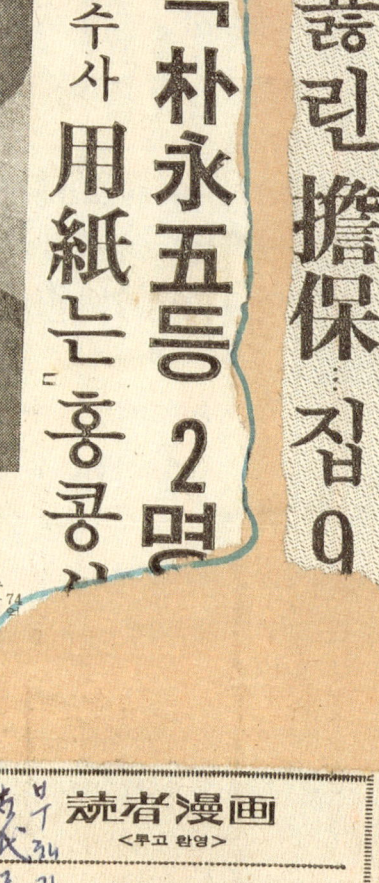

讀者漫畵
〈투고 환영〉

朴永復감방?

부패의 길을 하는 나 自身을 위…
호소를 핫라과 잇力주자…
〈서울·허풍〉

돈 맛을 알면
아데놈이 朴永復이 나오
속지 말라는 저주받은 人生
[史]의 변태성을 한눈을 본다
執力과 黃金—
여기안 짓궂은 벌레가 간다
黃金의 벌레

적개심이 부글부글 끓었다. 아버지는 박영복에 관해 일갈했다.

황금의 벌레

여기 또 징그러운 벌레가 간다
황금의 수레바퀴에 똥칠을 한다
권력의 황도(黃刀)—
역사의 변태성을 한 눈으로 본다
속죄도 없는 저주받을 인생
야 네놈이 박영복이냐
돈맛을 알면 필경엔 죽는 법이다
세대를 탓하자 권력자를 탓하자
부채질하는 나 자신을 미워한다

이종대와 박영복, 그리고 아버지는 모두 1935년생으로 동갑이다. 이종대를 박영복과 비교해본다. 대담했지만 어리석었구나. 박영복이란 인간은 사기를 쳐서 무려 74억 원을 갈취해냈는데 이종대가 납치 사건으로 손에 쥔 돈은 5백만 원이 채 안 됐다. 극단적인 베팅을 하며 산 두 범죄자와, 그럭저럭 살아온 평범한 아버지를 세워놓고 최선이 무엇일지 골라 보기를 시도한다.

모르겠다. 그저 "후하하 죽였다"의 주인공인 그놈, 그놈이 궁금하다. 이종대, 문도석, 김대두, 박영복, 나의 아버지, 다 이 세상 사람이 아니다. '그놈'만은 왠지 아직도 백발의 구부정한 노인이 되어 살아 있을 것만 같다. 대답해다오. 어디선가 "후하하 살았다"라고 말할 것만 같아 오싹하구나.

제4부

신기루와 절망투쟁

탈춤과 지랄춤,
칼춤의 시대

1980년 전두환의 봄

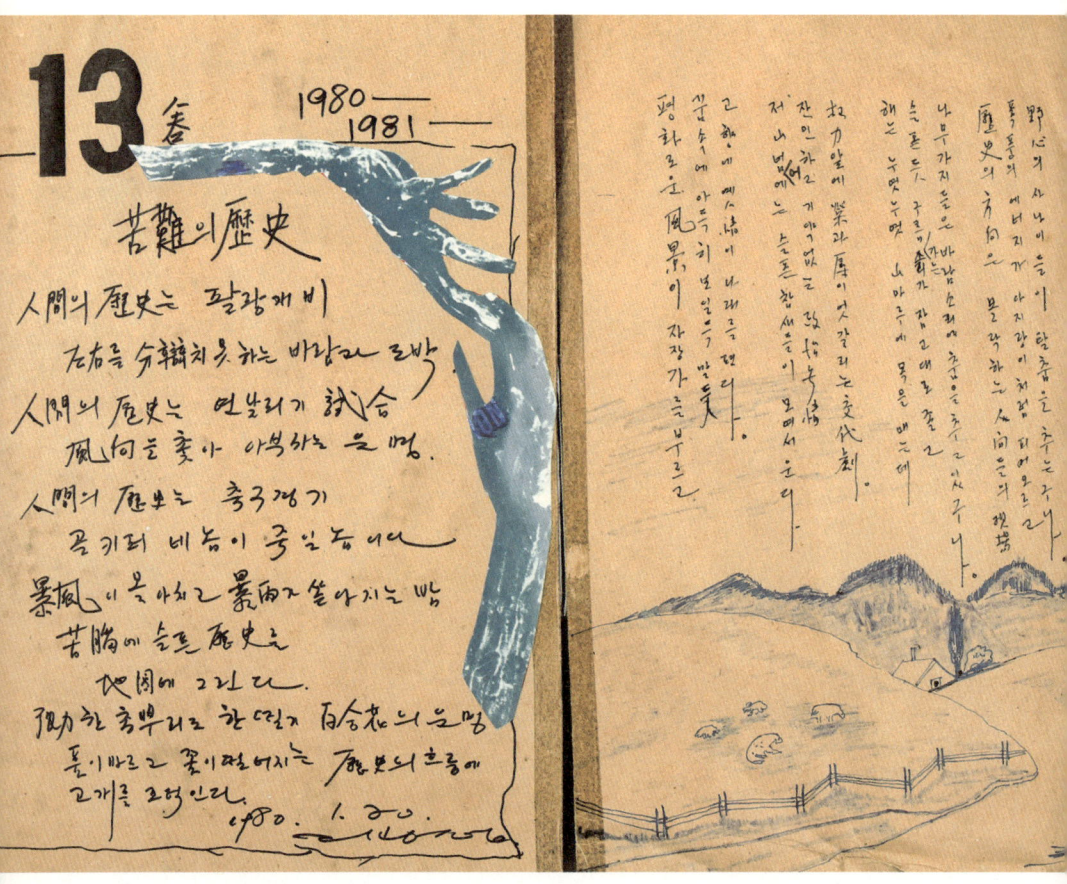

아버지와 나는 동갑이다.

아버지의 스크랩북 제13권을 편다. 첫 페이지에 서시가 나온다. 제목은 〈고난의 역사〉다. 쓴 날짜는 1980년 1월 20일. 둘째 아들인 내가 중학교 2학년에 올라가던 시점이었다. 이 글을 쓰는 2012년 4월, 나의 첫째 아이는 중학교 3학년이다. 1980년 아버지의 나이는 이 글을 쓰고 있는 2012년의 나와 정확히 같다.

'아버지와 동갑'을 먹는 기념으로 만만한 친구의 얼굴을 째려보듯 아버지의 글을 건방진 눈길로 훑어보려 한다. 동갑의 나이이기 때문만은 아니다. 스크랩 속의 무대는 1970년대를 떠나 바야흐로 1980년대 궤도로 진입했다. 1980년은 문제적 해였다. 아버지의 보수화 징후가 뚜렷하다.

첫 시의 제목은 거시적이다. 달리 말하면 추상적이다. 역사, 역사, 역사, 역사, 역사, 역사. 이 시에서만 여섯 번 나오니 한숨이 난다. 별다르게 의미심장한 내용이 있는 건 아니다. 바람과 도박, 폭풍, 폭우, 고난, 운명 등등의 단어들도 찡하지 않다. 세상을 보는 아버지의 시선이 자꾸만 같은 자리를 맴도는 듯해 안타깝다. 어떤 거대한 운명의 소용돌이, 그 속에서 가랑잎처럼 나뒹구는 인간사의 허무를 노래하고 싶은 마음. 아버지, 고정하시옵소서.

그래도 "골키퍼 네놈이 죽일 놈이다"라는 대목은 눈에 띈다. 역사를 판가름하는 한판의 축구 경기 같은 승부에서 불행의 결정타를 막지 못한 자들의 책임을 묻는다는 뜻일까? 그 옆에는 또 다른 시가 적혀 있다.

평화로운 풍경이 자장가를 부르고
꿈속에 아득히 보일 듯 말 듯

고향에 옛정이 나래를 편다

저 산 너머에는 슬픈 참새들이 모여서 운다
잔인하고 기약 없는 정치 무정
권력 앞에 영과 욕이 엇갈리는 교대극

해는 누엿누엿 산마루에 목을 매는데
슬픈 듯 구름 가는 소리가 잠꼬대로 졸고
나뭇가지들은 바람 소리에 춤을 추고 있구나

역사의 방향은 몰락하는 인간들의 현장
폭풍의 에너지가 아지랑이처럼 피어오르고
야심의 사나이들이 탈춤을 추는구나

　이건 앞의 시보다 훨씬 낫다. 상징과 서정이 살아 있다. 아버지는 그림까지 곁들였다. 산촌의 목가적 풍경. 부드러움 속에 시대를 비추는 긴장감이 숨어 있다. 맨 뒤의 두 문장이 가장 좋다. "폭풍의 에너지가 아지랑이처럼 피어오르고 / 야심의 사나이들이 탈춤을 추는구나".
　'야심의 사나이들이 탈춤을 추던' 1980년 봄의 이야기를 해보자. 사람들은 이때를 가리켜 "80년 서울의 봄"이라고 불렀다. 박정희의 18년 철권통치의 '겨울' 터널을 이제 막 빠져나와 얼음이 녹던 때였다. 1979년 10월 26일 중앙정보부장 김재규가 박정희를 총으로 쏴 죽인 뒤 1980년 5월 17일 비상계엄 조치가 전국으로 확대될 때까지 '봄'은 잠시 머물다 갔다. 만물이 생동했고, 대학 캠퍼스와 정치권의 화단엔 꽃이 피는 듯했다. 아지랑이가 넘실거렸다. 누구나 '야심'을 품고 '탈춤'을 추려 했다. 신군부의 리더였던 전두환도 마찬가지였다. 보안사령관이자 계엄사합동수사본부장이었던 그는 중앙정보부장 자리까지 꿰차며(4월 14일) '야심의 각본'을 착착 진행시키고 있었다.

강원도의 소도시에 살던 내가 감지한, 뭔가 변했다는 조짐은 딱 하나였다. 군대 신병처럼 빡빡 깎던 머리 스타일에 융통성이 생겼다는 점이다. 중학교 2학년이었던 1980년 봄부터 조금 긴 스포츠머리가 허용되었다. 덕분에 고등학생들의 난동에 관한 기사가 가장 먼저 눈에 들어왔다.

일부 고교생들
폭력 쓰며 요구

학원 자율화 바람을 타고 최근 일부 고교생들이 '머리를 기르게 해달라' '단화를 신게 해달라' '교복을 없애달라' '소지품 검사를 하지 말라' '술 먹은 학생 처벌을 철회하라' 는 등 갖가지 요구 조건을 내걸고 학교 기물을 마구 때려 부수는 집단 폭력을 행사, 교육계와 학부모들의 우려를 낳고 있다. 29일까지 10일 사이에 고교생들이 보인 '난폭 행동'의 사례는 서울에서 7개 교, 지방에서 3개 교가 발생, 심각한 사회문제가 되고 있는 형편이다.

학생들은 주로 숙직 교사 혼자 지키고 있는 밤중을 타 집단으로 학교에 몰려와 각목을 휘두르고 돌멩이를 던져 유리창, 흑판 등을 무더기로 깨뜨리는 등 야간 기습 성향을 보이고 있는데 해당 학교 당국은 대부분 자율적인 해결책을 강구 못한 채 눈치만 보고 있다. 교육 전문가들은 학생들의 이 같은 집단 난폭화 현상은 대학의 자율화 운동에 잘못 영향 받은 것으로 분석하고 학생들이 요구 조건 제시와 함께 우선 부수고 보는 사태는 자신들의 의사를 조리 있고 계통적으로 전달하는 민주 훈련을 오랫동안 방치해 왔기 때문에 생긴 것이라고 지적, 학교·학부모·사회가 협동으로 해결책을 세워야 할 것이라고 강조하고 있다.

한편 폭력은 휘두르지 않았으나 머리 기르기에 관련, 농성을 벌인 학교만도 그동안 부산에서 11개 교, 경북에서 2개 교, 서울에서 1개 교나 된다.

지난 18일 서울 강남구 B모 고등학교 야간부 학생 50여 명은 이날 낮 소풍에서 교사들이 소지품을 검사하고 소주병을 압수한 데 불만을 품고 밤중에 학교로 몰려와 각목을 휘둘러 학교 유리창 2백50여 장을 깨고 돌아갔다. 이날 밤 숙직을 하던 이 모 교사는 한 학생으로부터 "학생들이 학교를 부수러 간다"는 연락을 받고 교문을 걸어 잠갔으나 학생들은 담을 넘어 학교 안으로 들어왔다는 것이다. (중략)

이런 행동을 취하는 학생들한테 기물을 부수는 이유를 물으면 "그렇게 해야 학교에서 요구를 들어준다"든가 "다른 아이들이 하자고 해서 따라 나선다"고 얘기하는 경우가 대부분으로 뚜렷한 의식도 없다.

《한국일보》 1980년 4월 30일자

기사의 마지막 문장이 치사하다. "……뚜렷한 의식도 없다". 내가 볼 땐 이 기사를 쓴 기자야말로 '뚜렷한 의식'이 없다. 국가와 교육 당국과 학교가 '청춘'을 억압하던 때다. 한창 멋 부릴 나이에 패션과 사생활의 자유는 없었다. 학교가 아니라 병영이었다. 유리창 몇백 장 박살 난 것은, 그 한풀이와 저항의 결과치고는 귀엽다. 숙직을 하다 학생들의 기습을 받은 한 교사는 "학생들이 실컷 두들겨 부수고 돌아간 뒤 숙직실에 돌아와 혼자서 울었다"고 한다. 이 지경이 되기까지 누구 책임이 더 큰 지는 냉철히 따져봐야 한다. 당시 이 기사를 읽었던 중고생들은 가슴이 뻥 뚫리는 시원함을 맛보았으리라.

그 시절을 돌아본다. 내가 다니던 중학교엔 학년별로 11개 반이 있었다. 1개 반이 70여 명. 도합 8백 명에 가까웠다. 교감과 학생주임은 가끔 그 전체 학년 아이들을 운동장에 집합시켰다. 책가방을 들고 나오게 해 줄을 세운 뒤 가방 안에 든 것을 다 꺼내놓게 했다. 교사들이 소지품 검사를 한다며 샅샅이 뒤졌다. 칼 또는 담배 또는 '빨간책'(음란 도서) 따위를 적발한다는 이유였다. 귀싸대기를 그냥 때리지 않고 반드시 금반지를 낀 손으로 때리던 선생님도 잊을 수 없다. 유도선수 출신인 체육 선생님은 한 '문제 학생'을 교실에서 한 시간이 다 가도록 메다꽂기도 했다. 좋은 선생님도 적지 않았지만, 나쁜 선생님들이 너무 막강했다. 휴대폰 카메라 따위는 없었다. 동영상을 띄울 인터넷도 없었다. 아버지는 생각이 달랐다.

부러진 자유

꺾어진 화살은 쏠 수 없다
표적 없는 화살은 방향이 없다
목적 없는 화살은 살인 행위다
자율 바람이 폭풍처럼
집을 날리고 나무뿌리를 흔든다
각목 휘두르고 돌을 던지고

무섭다. 광부들은 갱도에서 말 그대로 막장 생활을 했다. 갱도에서 집으로 돌아와도, 역시 갱도 같은 막장이었다. 진실을 전하지 못하는 언론의 보도야말로 막장이었다. 신문기사만 읽으면, 당연히 광부들은 미친 폭도다.

화살을 입에 물고 지랄춤을 춘다
그래도 관객은 모여드니 재미있구나

'지랄춤'이다. '탈춤'에 이어지는 두번째 춤이다. 아버지는 "화살을 입에 물고 지랄춤을 춘다"고 원색적으로 비난한다. 중딩·고딩들의 지랄춤, 맞다. 다만 누가 더 거대한 지랄춤을 추었는지는 살펴볼 필요가 있다. 이번엔 '학교 습격' 보도 일주일 전에 벌어진 '탄광촌 습격 사건'이다.

광부(동원탄좌) 3천 명 난동
지서 습격 투석전, 경찰 사망 3·부상 40명

【사북 현장=임시취재반】 강원 정선군 사북읍 동원탄좌 사북광업소(소장 유환규·52) 소속 광부 3천여 명이 임금 인상과 노조 지부장 개선 등 6개 항의 요구 조건을 내걸고 연 4일째 집단 난동, 경찰관 지서와 기차역 등 읍 전체를 점거한 채 24일 상오 현재 무장 경찰관 1천여 명과 대치중이다. 전국 광산노조 동원탄좌 사북광업소 지부 산하 노조원들인 이들 광부들은 탄광 측이 노조 지부장 이재기 씨와 짜고 임금을 42.75% 인상해달라고 요구했던 것을 20% 선에서 결정했다는 사실이 알려지면서 항의 농성을 벌이다가 집단 난동을 벌였다.

이들은 임금 인상과 노조 지부장 개선 등을 요구, 광산 측과 대립하여 지난 16일부터 부분적으로 농성을 벌여왔었다.

경찰은 이들의 농성을 '불법 집회'로 단정, 해산시켰는데 다시 광부들이 낸 집회 허가가 '불허'가 되자 이를 따지기 위해 지난 21일 30여 명이 노조 지부 사무실에 모여 농성을 벌이다 50여 명의 무장 경찰관과 충돌한 것이 화근이 돼 쌍방간의 충돌이 격화됐다.

이때부터 5백여 명으로 불어난 광부들은 지서를 습격 때려 부쉈고 출동했던 이웃 장성 정선 영월 등 5개 경찰서 무장 경찰관들과 투석전으로 맞섰다.

이 충돌로 영월경찰서 이덕수 순경(33)이 숨졌고 장성서장 홍응수 총경이 늑골이 부러지는 등 중상을 입고 권총을 빼앗겼으며 9명이 중상 31명이 경상을 입었다. 광부들의 피해 상황은 자세히 알려지지 않았다. (하략)

〈《한국일보》1980년 4월 24일자〉

언론에서는 '사북 사태'라 불렀는데, 노동자들이 1980년 신군부의 공권력과 처음으로 정면충돌한 사건이다. 강원도 정선군 사북읍 지장산 산자락에 위치한 사북광업소는 당시 국내 최대의 민영 탄광이었다. 4천여 명의 광부들이 연간 160만여 톤의 무연탄을 캤다.

사북에서의 공공건물 습격은, 학교를 습격해 유리창을 깨고 도망간 고딩들과 차원이 달랐다. 기사에서 보듯 탄광 노동자들은 지서부터 습격했다. 1980년 4월 21일의 일이었다. 그들도 유리창을 깼다. 지서의 전화기와 책상, 난로, 집기와 비품도 닥치는 대로 부쉈다. 경찰서장이 광업소장과 함께 광업소 객실(일종의 외부 손님 접대 장소)에 모여 있다는 사실을 전해 들은 뒤엔 객실을 습격했다. 때마침 암 수술로 자리를 비운 정선경찰서장 대신 와 있던 장성경찰서장을 주먹과 발길질로 짓밟았다. 피투성이가 될 때까지 때린 뒤엔 계단 밑으로 굴렸고 다시 집단으로 폭행했다. 광업소 간부 사택과 광업소 사무실도 습격해 집기를 모조리 부쉈다.

다음 날 1천여 명의 광부들은 시내 입구에 바리케이드를 치고 외부인의 출입을 통제했다. 경찰이 진압을 시도하자, 거꾸로 경찰들을 진압해버렸다. 이 과정에서 1명의 경찰이 숨졌다. 시위대는 광업소의 통근버스와 트럭, 지프도 때려 부쉈다. 사북은 해방구가 되었다. 공수부대가 투입된다는 소문이 떠돌았다. 실제로 공수부대원들은 제1군사령부가 있는 원주에 대기중이었다. 광부들은 광업소 무기고와 화약고를 습격했다. 다이너마이트와 소총으로 군 병력에 대응하려고 했다. 무장투쟁 직전이었다.

스크랩 속 사진에는 한 여인이 두 손이 묶인 채 망연자실한 얼굴을 하고 있다. 도망간 '전국광산노동조합연맹(광산노련)' 노조 지부장 이재기 대신 붙잡힌 그의 부인 김순이다. 그녀는 4월 22일 오전부터 흥분한 광부들에게 끌려가 47시간 동안 감금당한 채 욕설을 듣고 얻어맞고 희롱당하며 끌려다녔다. 광부들은 김순이 씨에게 광부 옷을 입힌 뒤 이리 저리 끌고 다녔다. 경찰은 헬리콥터로 자제를 촉구하는 삐라를 뿌렸다. 통제 불능의 상황이었다.

> 영광도 없고 수치도 없고 미련도 없는 절망이 꽉 찬 인생들
> 처절한 구렁텅이 속에서 백병전을 한다
> 백성도 없고 시민도 없고 이웃도 없고 형제도 없다
> 쟤들이 옷을 벗고 냇가에서 물싸움을 한다
> 미친년들이 머리를 깎고 큰절을 한다
> 우스운 작난
> 눈물 없는 작난
> 항복 없는 전쟁이 자꾸만 계속된다

"개들이 옷을 벗고 냇가에서 물싸움을 한다"고 썼다. 그들은 개였다. 아버지는 '개같이 나쁜 짓을 했다'는 의미로 쓴 것 같다. 나는 '개처럼 비참한 생활을 했다'고 말하련다. 아버지의 섣부른 확신에 지적질을 해야만 할 것 같다. 탄광 노동자들이 지서를 습격한 것은 4월 21일이다. 신문에 이와 관련한 기사가 처음 실린 날은 4월 24일이다. 이틀 동안 보도 통제가 이뤄졌다. 계엄사령부의 허락이 떨어진 뒤에야 주요 일간지들은 이 사태를 보도했다. 신문이 탄광 노동자들의 평소 처지를 헤아려줄 리는 없다.

요즘 '막장 드라마'라는 말을 쉽게 쓴다. '막장'의 어원은 탄광에 있다. 갱도의 끝, 막장. 사북 사태 1년 전인 1979년에만 전국의 갱도에서 247명의 광부가 죽었다. 5천 명이 넘게 부상당했다. 가스 폭발이나 화재, 갱도 붕괴가 원인이었다. 전국의 광부 수가 5만 3천여 명일 때였다.

막장 밖 생활도 막장이었다. 고지대에 위치한 고한·사북 지역의 광부 사택 지대는 급수난까지 심했다. 하루 식수 공급이 1시간에 불과했고 목욕탕은 없었다. 공휴일은 한 달에 하루였다. 사택의 칸막이는 종이처럼 얇아 부부생활조차 하지 못했다. 전깃불만 들어올 뿐 문화적 혜택은 전혀 없는 원시적 삶이었다고 한다. 이런 상황에서 노조는 광업소의 하수인처럼 행동했다. 광부들에 따르면, 불법 논란 속에 재선에 성공한 노조 지부장 이재기는 재선거 요구를 묵살했다. 자기 멋대로 임금 협상을 벌여 임금 인상 폭도 절반 가까이 깎았다. 광부들이 이에 항의하는 과정에서 경찰이 개입했다. 잠깐의 충돌이 있은 뒤 한 형사가 지프차를 타고 도망가다 3명의 광부들을 치어 쓰러뜨렸다. 순식간에 분노의 불길이 타올랐다. 사북 사태의 첫 발화점이었다.

다행히도 광부들은 마지막 선을 지켰다. 끝내 다이너마이트와 소총으로 무장하지는 않았다. 강원도지사의 중재로 노사 간 협상을 진행해 사태를 평화적으로 수습했다. 그러나 얼마 안 가 계엄사령부와 경찰은 '보복 사냥'을 시작했다. '지역개발대책회의'를 미끼로 핵심 주모자를 불러 모아 체포했고, 뒤이어 시위에 참여한 광부들을 1백여 명 가까이 보안사령부와 경찰서로 끌고 가 끔찍한 매타작과 고문을 가했다. 광부의 부인들까지 성고문을 당했다. 28명은 군사재판에 회부되어 징역형을 살았다. 석방된 뒤에 고문 후유증으로 요절한 이들도 있었다.

사북 사태의 파장은 컸다. 서울의 '일신제강', '인천제철', '동국제강', '원진레이온' 등 수도권을 비롯해 전국으로 파업이 번졌다. 폭동에 가까운 투석전과 방화가 일어났다. 대학생들도 꿈틀거렸다.

학원 쟁점 '교외'(校外)로 확산
서울대 천오백 명 '시국 성토' 교내 시위

대학생들의 시위가 학내 문제를 벗어나 새로운 양상을 띠기 시작했다. 최근 있었던 일련의 정부 발표에 이어 문교부가 학생 군사 교육 개선안을 확정, 발표한 1일 하오부터 일부 대학생들은 이제까지와는 성격이 다른 '계엄 철폐' '민주화 투쟁' 등 구호와 요구 사항 등을 제시하며 학내 문제를 떠난 시국 성토 시위를 벌였다. 또 학생 군사 교육 개선안에 반대하는 시위가 격렬해져 일부 대학은 경찰과 투석전을 벌이며 거리에 뛰쳐나오기까지 했다. 서울대 학생들은 이날 낮 12시 30분께부터 민주화를 위한 시국 성토 대회를 열고 1시간 40분 동안 교내에서 비상계엄 해제, 정부 주도형 2원 집정제 철폐 등의 구호를 외치며 시위를 한 데 이어 2일부터 13일까지를 민주화 투쟁 기간으로 정해 평화적 방법으로 투쟁을 벌이기로 결정, 이제까지 각 대학에서 벌였던 시위·농

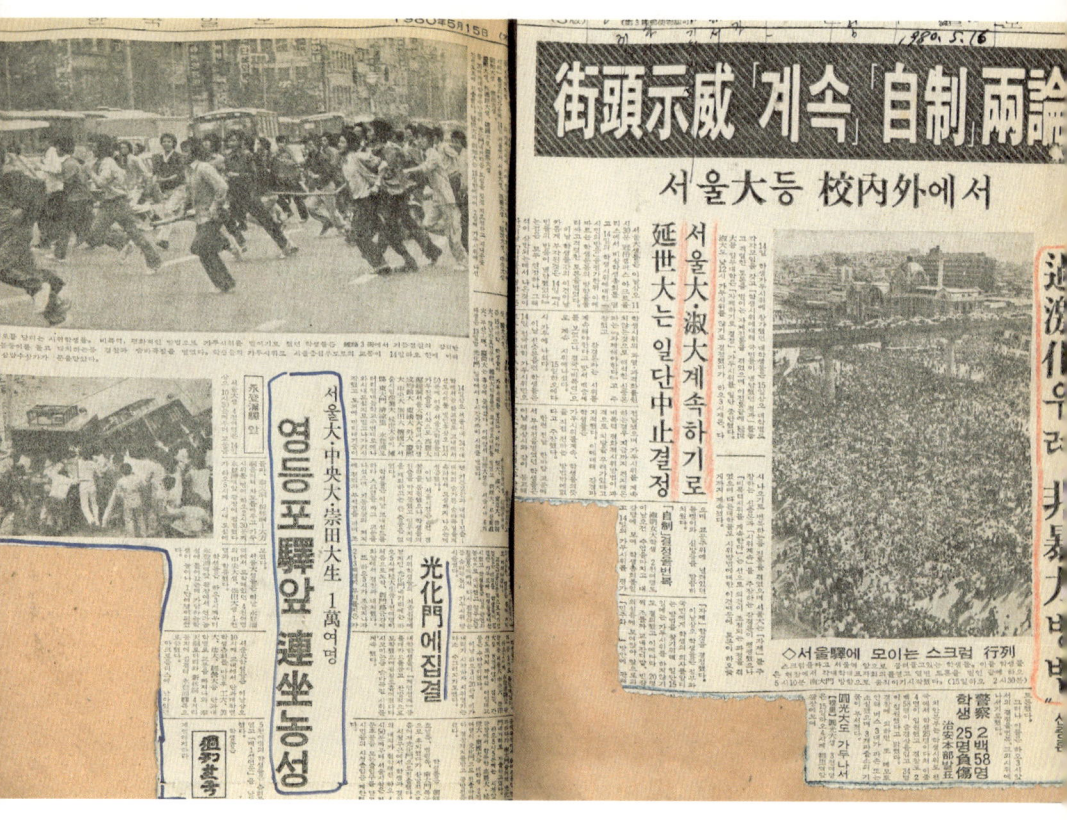

성과는 성격을 달리하는 시위를 폈다. (하략)

(《한국일보》 1980년 5월 2일자)

1980년 봄, 처음으로 대학 시위가 학내 문제와 군사 교육 거부의 차원을 넘어 시국 성토 시위로 발전했다. 학생들은 캠퍼스를 떠나 거리로 나섰다. 그래도 고딩과 광부들에 비하면 얌전한 시위였다. 경찰과 투석전을 벌이기도 했지만 우려할 만한 폭력의 양상은 아니었다. 아버지는 예쁘게 봐주지 않았다. 대학생들의 가두시위 기사마다 비판적인 시가 적혀 있다.

"자꾸만 좋다기에 나도 박수를 쳤다/ 자꾸만 사람들이 이상해진다". 첫째 연에선 군중심리를 야유한다. 둘째 연도 크게 다르지 않다. "역사의 흐름이 바로 내 것이라고 착각하지 말라." "거리의 횡포만이 슬기로운 자유가 아니다." 셋째 연에선 대놓고 욕한다. "자중하라 남의 젯상에서 덩달아 절하는 놈은 촌놈이요 불쌍한 놈이다." 아, 아버지는 어찌 이리도 잘난 척을 하신 걸까.

대학생들로 구성된 '촌놈, 불쌍한 놈'에겐 5월 15일이 고비였다. 이날 학생들은 시위를 계속할지 말지를 놓고 격론을 벌이다 결국 '자제' 쪽으로 돌아섰다. 그 유명한 '서울역 회군'이다. 서울 시내 27개 대학 총학생회 회장들은 16일 자정부터 상오 7시까지 고려대 학생회관에서 철야 회의를 열고, 일단 교내 및 가두시위를 중단하고 정상 수업에 들어가기로 결의했다. 학생들은 이해가 안 될 정도로 순순히 물러났다. 그러거나 말거나 이틀 뒤 파국이 쳐들어왔다. 호외다.

김대중 김종필 씨 연행 조사
계엄사 발표

계엄사령부는 18일 0시를 기해 전국 일원에 비상계엄령을 확대 실시하면서 "국민의 지탄을 받아오던 권력형 부정 축재 혐의자와 그동안 사회 불안 조성 및 학생·노조 소요의 배후 조종 혐의자 26명과 지난 14, 15일 학생 소요 직접 가담자 및 주동자도 연행 조사중"이라고 18일 하오 발표했다. 계엄사가 밝힌 연행 조사자 중 일부 명단은 다음과 같다. (하략)

《중앙일보》 호외 5월 18일자

5월 18일 0시를 기해 비상계엄이 전국으로 확대됐다. 새벽 2시경 무장한 육군 제33사단 병력은 국회를 점령했다. 검거 대상자 블랙리스트 8백여 명이 각 군과 경찰에 통보됐고, 이 중 6백여 명이 체포됐다. 나중에 '김대중 내란 음모 사건'의 주인공으로 엮이게 될 김대중, 예춘호, 문익환, 고은 등은 그중 거물이었다. 권력형 부정 축재자로 체포된 김종필, 이후락, 박종규 등등은 신군부의 '구시대 청산 의지'를 드높아 보이게 하는 일종의 구색 맞추기였다(명단에 김영삼은 포함되지 않았다). 그리고 광주.

金載圭 絞首刑

어제上午 서울拘置所서 집행

朴善浩·李基柱·柳成玉·金泰元도

檢察官·拘置所관계관·牧師·神父·僧侶등이 立會

◇金載圭의 最後陣술

絞首刑.
가 늘로 실에 목을묶고
매여버13에 꿈을 꾼다
스스로 일어섰고 기뻔일도없다
오직 끝이 것기때문이다.

歷史의호흡은 그렇게도
치나하나 냉혹한가
참으로 후자 목록한 일세

지나죠의 꿈은 작지를 마지
해록라 오네는 더국 슬트다
생명의 환희가 나비되어
날라간다. 비록이며 부여대 흄을 배려지안고 가

◇光復節行事 마지막으로...

過渡期
弊習물든 政治人배격

假名으로 발명을에 싸인글을쓴다
공正이 있는 古代
真實이 있는 現實
혼란고있는 社會

내서 사람이 사롱하고
소리가 진화로
눈물이 퇴화한것이다

敌力은 칼 이다
평화는 꽃이다
칼로꽃을 베는것은 自然의순서로
쉽리 다

멋후로 그럿즈리라
歷史의호흡에도
개의 비극이었다

가만히지 안고 지금 리지 말고
오반 하지로다 지금 해리고
알서가지 말고
지나치게 넘저되지말고
잠깐한 것으다지.

바로의 作동
바로 作전
바로 행동
빠르게 사전로

빠능수록 좋는것이 있다.
배운수록 더욱 좋은것이 많이 있다.
그런데 빨리 먹는 밥은 위장을축먹는다
그런데 빨리 먹는 말은 부려저지고 남어저게 한
그런데 빨리 먼는돈은 쉽게 얻느는 쉽게 두오낸다

民主의 1
福祉國家
正義社會
國民精神

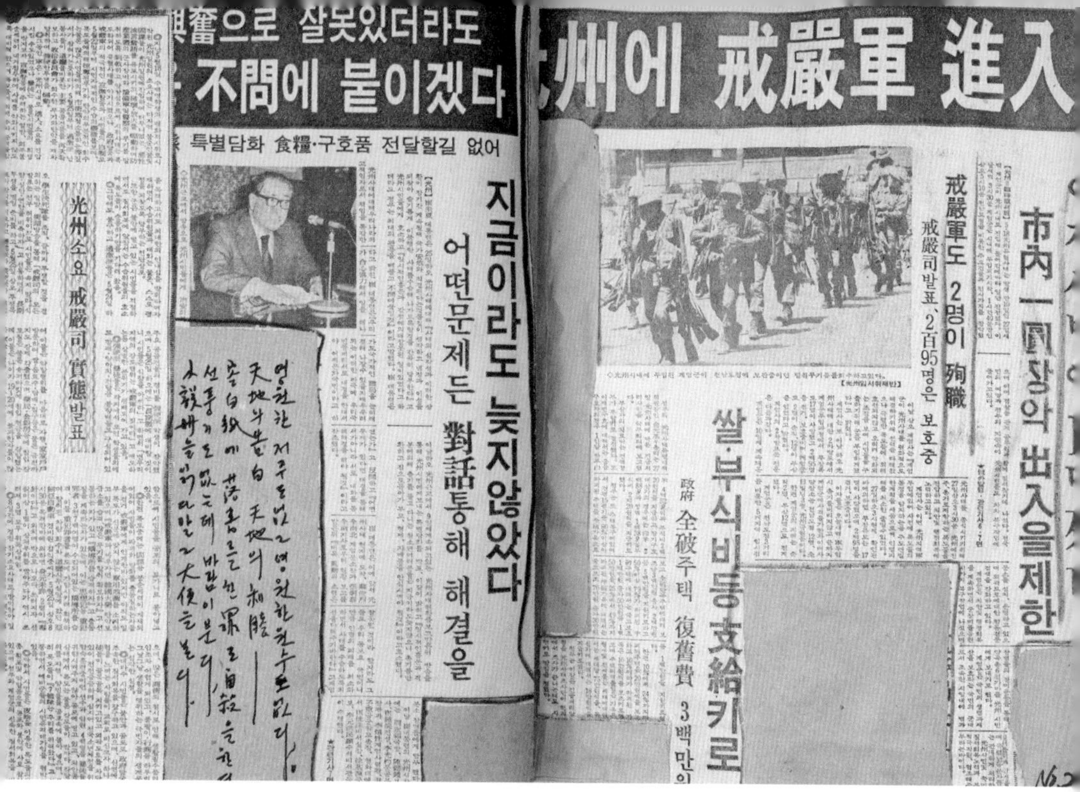

하버드대 교수 마이클 샌델은 2010년 《정의란 무엇인가》라는 책으로 한국사회 출판계를 뒤흔들었다. 1980년의 전두환은 '정의란 무엇인가'라고 묻지 않았다. 그게 뭔지 토론할 필요가 없었다. 자기 멋대로 '정의사회'를 구현하기 시작했다.

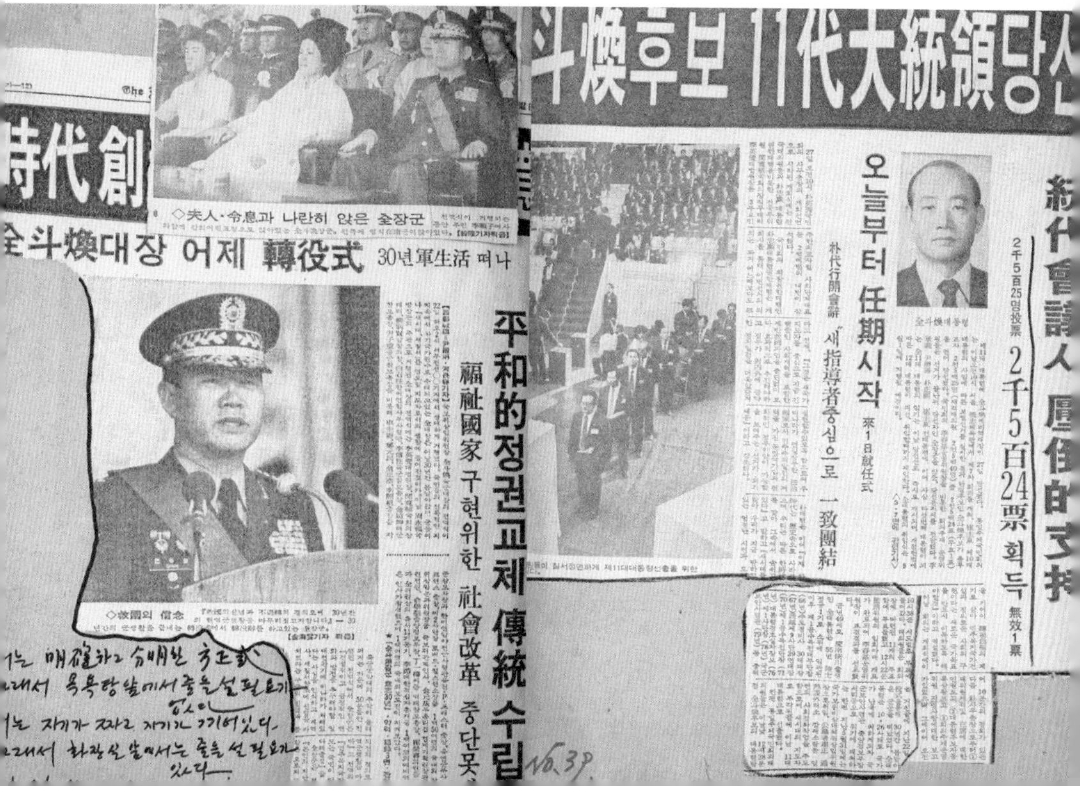

비극·처절한 광주시

【광주=임시취재반】 지난 18일 전남 광주 일원에서 시작된 시위는 과격한 충돌로 4일간 유혈 사태를 빚었으나 21일 하오 계엄군이 시 외곽으로 철수하고 광주 시내의 각계 인사들이 현지 계엄 당국과 대화를 틈으로써 일단 최악의 고비를 넘겼다. 18일 전남대생 2백여 명이 가두시위를 나서면서 시작된 시위는 '지역감정'을 자극시킨 소문 등이 기폭제가 돼 광주시 일원으로 확산됐으며 시위 시민에 끼어든 일부 과격한 사람들이 곳곳에서 무기고를 습격, 총과 실탄을 탈취하고 계엄군과 맞서는 극한 상황으로 치달았다. 이 사태로 광주시는 외부와의 통신과 교통이 일체 차단돼 고립됐고 시내의 치안과 행정은 완전 공백 상태가 돼버렸다. (하략)

《한국일보》 1980년 5월 23일자》

신군부가 도발한 5월 광주의 비극. 그 시작은 18일 아침이었다. 광주시 북구 용봉로 전남대학교 정문 앞에서 공수부대원들의 무자비한 구타와 살상이 시작되었다. 주요 일간지를 통해 첫 보도가 나간 것은 5일 뒤였다. 18일, 19일 미친 듯 광주 거리의 시민들을 향해 곤봉을 내리치고 대검을 찍은 공수부대원들의 만행은 언론에 일체 보도되지 않았다. 나중에 계엄사의 허락을 받고 광주 사태를 보도한 신문들은 하나같이 '과격해진 일부 시민들'을 탓했다. 아버지는 이렇게 썼다.

정치 부재의 비극

가슴 아픈 사람끼리 부둥켜안고 씨름을 한다
근심이 뭉쳐진 실타래를 끌어안고 길바닥에 뒹군다
총소리가 나고 찢어지는 비명 소리가 비빔밥이 되었다
모두가 방관하고 있다. 그리고 아무도 방관하지 않는다.

송아지새끼가 장가를 간다고
옷을 입었다
끝없는 광야도 아닌데
어디서 서부극 흉내를 낸다
그래서 이 민족의 비극은 자꾸만 무서워진다

미친 듯 소리치는 고양이의
울음소리는 밤만 되면 더욱
처량하다
피를 흘리며 도망치는 솔개는 없다
병아리새끼들이 가면을 쓰고 칼춤을 추고
하염없이 흐르는 눈물을 노인들은 모른다

신문 기사들 옆에 붙은 3가지 글이다. 송아지 새끼는 누구고, 고양이는 누구고, 솔개는 누구고, 병아리 새끼들은 누구인가. 난 모르겠다. 공수부대를 비난하는지, '폭도'들을 비난하는지 헷갈린다. '칼춤'이 누구를 향한 말인지도 알 수 없다. 아버지의 속마음이 난해하다.

5월 21일 오후 1시 광주 금남로에선 기어이 공수부대가 대치중인 시민들을 향해 M16 소총을 난사했다. 그날 저녁 군은 시민들에게 밀려

시 외곽으로 철수했다. 광주는 해방구가 되었다. 그 와중에 김재규가 처형됐다. 변호인단이 재심 청구를 한 상태였는데도 5월 24일 사형 집행이 강행되었다.

5월 27일 새벽 4시, 계엄군은 시민군이 점령한 전남 도청을 포위했다. 그들은 항복을 권유하는 최후통첩을 방송한 뒤 도청을 공격했다. 시가전, 무차별 살육. 스크랩의 신문 기사에 따르면 "계엄군 투입 과정에서 무장 폭도 17명이 사망"했단다. 두 주가 지난 5월 31일 계엄사령부는 "광주 사태로 민간인 144명이 죽었다"고 공식 발표했다. 그 말들을 믿을 광주 시민은 없었다.

1980년 5월 31일 '국가보위비상대책위원회(국보위)' 설치가 발표됐다. 의장은 최규하 대통령이었고, 상임위원장은 전두환 보안사령관 및 중앙정보부장 서리 겸 계엄사합동수사본부장이 맡았다. 의장은 허수아비였고, 실세는 상임위원장이었다. '전두환의 봄'이 왔다. 1980년 8월 16일 대통령 최규하가 취임 9개월 만에 하야했다. 6일 뒤인 8월 22일 전두환 대장 전역식이 열렸다. 5일 뒤인 8월 27일엔 박정희가 만든 '통일주체국민회의'에서 전두환이 99.9퍼센트의 지지로 제11대 대통령에 당선했다. 10월 27일엔 제5공화국 헌법이 '사상 최고의 투표율 95.5퍼센트와 90퍼센트 이상의 찬성률'로 발효됐다. 1981년 2월 25일엔 제5공화국 헌법에 따른 대통령 선거인단의 간접선거로 전두환 제12대 대통령이 당선했다. 득표율 90.23퍼센트.

    빠를수록 좋은 것이 있다
    빠를수록 더욱 좋은 것이 많이 있다
    그런데 빨리 먹는 밥은 위장을 좀먹는다

그런데 빨리 뛰는 발은 부러지고 넘어지기 쉽다
그런데 빨리 얻는 돈은 쉽게 얻는 돈—
쉽게 잃는 수도 있다

　　　　사상 최고로 수지맞은 장사

어부가 그물을 던질 때 몇 마리를
잡겠다는 계산을 하고 자신을
한다면— 그것도 웃읍다
물론 어항 속에 고기는 자기 마음대로
잡을 수 있고 놓아줄 수 있다면
놓아줄 수도 있다
그런데 모르는 비밀이 꼭
하나 있다
그것은 눈먼 고기가 있기 때문이다
우울하게 잡힌 고기는 반듯이 찔리고 아프게 하는 가시가 있어
맛이 없는 법이다.

　　아버지는 주춤주춤한다. 고딩들과 사북 탄광 노동자들과 대학생들의 시위엔 냉소를 날리거나 비난을 했다. 광주의 비극엔 뭔가 울먹거리는 모양새를 취했지만 명쾌하지는 않았다. 전권을 장악한 전두환에겐 긴가민가한 충고를 했다. "빨리 먹는 밥은 위장을 좀먹는다", "우울하게 잡힌 고기는 반듯이(반드시) 찔리고 아프게 하는 가시가 있어 맛이 없는

법"이라고.

　아버지의 글에서 3가지 '춤'을 골라본다. ①탈춤("야심의 사나이들이 탈춤을 추는구나") ②지랄춤("화살을 입에 물고 지랄춤을 춘다") ③칼춤("병아리 새끼들이 가면을 쓰고 칼춤을 추고"). 이건 뭐 병신춤 시리즈 3부작이란 말인가. 춤바람 나기 좋은 계절이었던 1980년의 봄. 탈춤, 지랄춤까지는 봐줄 만했는데 칼춤 때문에 나라가 엉망이 되고 말았다.

　그렇다면 나와 동갑인 아버지는? 무작정 대학생 시위를 비난했던 당신에게, 친구한테 던지듯 한마디만 하련다. "거참, 잘 알지도 못하면서……"

그 폭탄 테러는 누구 짓이었을까

6월 항쟁 전야 1986년 10대 사건

亞日報 1986年 12月 1日 月曜日

無차별 최루탄…마구잡이 連行

新民서울大會 봉쇄되던 날 곳곳서 市民들 항의 빗발

食堂·茶房손님까지 끌어가
藥사러 나왔던 市民봉변도
몇사람 모여도 최루탄세례
萬5千명 30여곳 산발示威

버스기다리던 市民 최루탄에 失明위기

1987년만 특별 대우 받았다.

아버지의 스크랩북은 보통 한 해에 한 권씩인데, 1987년만 유독 두 권이다. 격변기였던 6월 항쟁과 관련한 기사가 워낙 많이 쏟아졌으니 그럴 만하다. 1987년 7월의 적막하고 텅 빈 서울 변두리 사거리에서 환청처럼 들려오던 구호 소리를 떠올려본다. "호헌 철폐, 독재 타도, 호헌 철폐, 독재 타도, 호헌 철폐, 독재 타도, 호헌 철폐, 독재 타도······" 직선제 개헌 요구를 수용하는 노태우 민정당 대표의 6·29 선언 직후였다. 20여 일간 전쟁처럼 북적거리던 시위 인파가 감쪽같이 사라진 뒤였다. '데모할 리가 없는데 이상하다. 어디서 나는 소리지?' 주위를 두리번거려보았다. 스크럼 대열은 없었다. 한데도 저 아득한 도로 끝에서 무언가 윙윙거리는 소음이 내 귓속을 이명처럼 파고들었다. 당시 대학교 3학년생. 6월 내내 아스팔트 위에서 시위대의 함성을 과하게 흡수했던 청각기관의 일시적 장애였을까?

먼저 1986년에 접근한다. 1986년은 '폭풍 전야의 고요'와는 거리가 멀었다. 차라리 '쓰나미 전야의 폭풍'이라고 하는 게 맞겠다. 지키려는 기득권 세력과 뒤집으려는 저항 세력. 두 집단의 쉼 없는 쟁투 속에서 1986년 내내 폭풍이 몰려왔다 지나가기를 반복했다. 아버지의 스크랩북 제18권에서 단 한 권으로 정리된 '1986년 폭풍의 언덕'을 되돌아본다. 딱 10가지 키워드로 정리해본 폭풍들의 핵이다.

1. 개헌

"개헌 논의 89년에 가시화"

전 대통령 새해 국정 연설

전두환 대통령은 16일 "지금은 내외의 비상한 난국을 극복하고 초미의 국가적 과제를 성취하는 데 국력을 총 집중할 시기"라고 전제한 후 "대통령 선거 방법의 변경에 관한 문제는 평화적 정권 교체의 선례와 서울올림픽 개최라는 긴급한 국가적 과제가 성취되고 난 연후인 오는 89년에 가서 논의하는 것이 순서"라고 강조했다. 전 대통령은 이날 상오 청와대 대접견실에서 TV와 라디오를 통해 전국에 중계된 86년도 국정 연설을 통해 이같이 밝히고 "물론 법이나 제도는 시대의 변천에 따라 바꿀 수 있는 것이 사실이지만 헌법에 따른 평화적 정권 교체를 단 한 차례도 실현치 못한 현 단계에서 헌정 제도의 변경을 위한 논의에 골몰하는 것은 국민 여론을 분열시키고 국력을 분산시켜 난국을 자초하는 어리석은 일이 될 것"이라고 말했다. (하략)

《한국일보》 1986년 1월 17일자

당시 한국인들에겐 대통령을 뽑을 '한 표의 권리'가 없었다. 대통령은 선거인단의 간접선거로 뽑았다. 직선제는 박정희의 유신헌법 이후 사라졌다. 박정희는 유신으로 평생 대통령을 해먹으려고 했다. 그로 인해 제 명에 죽지 못했다. 전두환은 딱 한 번만 하겠다고 했다. 이를 헌법으로 못 박았다. 대신 임기는 7년으로 길었다. 전두환은 이를 가리켜 "평화적 정권 교체"라 불렀다. 겉으로만 그럴싸해 보였다. 전두환은 총칼로 집권했다. 주권자들로부터 정통성을 인정받지 못했다. 직선제 같은 자유로운 선거 환경은 그에게 위험했다. 다음 대통령 자리를 후계자에게 물려줘 자신의 안전을 도모하고 싶었다. 어쩌면 목숨이 걸린 일이었다.

전두환은 1986년 새해 국정 연설에서 개헌 논의를 1989년으로 미뤘다. '평화적 정권 교체'는 첫번째 명분이었다. 두번째는 88올림픽이었다. 이 국가적 과제를 앞에 두고 시시껄렁한 정쟁은 삼가자고 했다. 1986년은 개헌 불가로 시작했다. 끝날 때도 개헌 불가였다. 개헌의 '개'자만 떠들어도 개처럼 두들겨 패던 개 같은 시절이었다. 권력자들은 개싸움을 해서라도 개헌 논의를 차단해야 했다. 학생들이 시위중인 서울대

그 폭탄 테러는 누구 짓이었을까 – 6월 항쟁 전야 1986년 10대 사건

왜 위 만화들 중에 두꺼비는 없는가. 1986년 당시 〈한국일보〉에서 '두꺼비'를 연재하던 안의섭 화백은 그해 1월 안기부(현 국정원)에 끌려가 고초를 겪었다. 투병 중이던 도널드 레이건에 빗대어 생일을 맞은 전두환에게 "각하 만수무강하십시오."라고 빈정거렸다는 이유였다. 풀려난 후에도 1년 7개월간 만화를 그리지 못했다.

에 경찰 3천 명을 투입하고(2월 4일), 하룻밤을 정해 전국 114개 대학의 129개 캠퍼스를 일제히 수색했으며(2월 14일), 1만여 명이 참여한 신민당 개헌 추진 서울대회를 철저한 예비 검속으로 봉쇄했다(11월 29일). 다

개헌 목소리를 틀어막기 위한 것이었다. 1년 내내!

2. 전방

전방 입소는 대학생의 의무였다. 교련은 정규 과목이었다. 교련을 이수하기 위해선 두 번의 특별 군사 교육을 마쳐야만 했다. 하나는 경기도 성남에 있는 문무대에 일주일간 입소하는 병영 집체 훈련이었고, 또 다른 하나는 휴전선 인근의 전방 부대에 일주일간 입소하는 철책 경계 근무였다. 문무대는 1학년 때, 전방은 2학년 때 갔다.

특혜도 주어졌다. 한 가지 입소 훈련을 마치면 45일간의 병역 복무 감축 특혜가 주어졌다. 두 가지를 이수하면 90일. 당시 육군 현역 복무일이 30개월이었으므로, 문무대와 전방을 다녀온 사람은 군 복무 기간이 27개월로 줄어들었다.(18개월 방위 복무자는 총 21일의 감축 특혜가 주어졌다.)

당시 대학가엔 NL(민족해방) 계열의 운동권이 급부상중이었다. 한미 관계가 제국주의-식민지 관계와 다를 바 없다고 여긴 그들은 미국을 먼저 타도해야 할 주적으로 보았다. 국내 독재 정권은 미국에 복무하는 허수아비라고 했다. 반미 투쟁을 통해 주적에 대한 적개심을 고취해야 한다고 생각했다. 전방 입소는 그 적절한 기회였다. "양키 용병 교육 전방 입소 결사반대!"란 구호는 NL의 전유물이 아니었다. 반대 계열의 학생 운동 세력도 동참했다.

분신자살 기도 둘 중태
3층 건물 옥상서

분신// 서울대생 4백50여 명이 오전 9시 35분쯤 서울 관악구 신

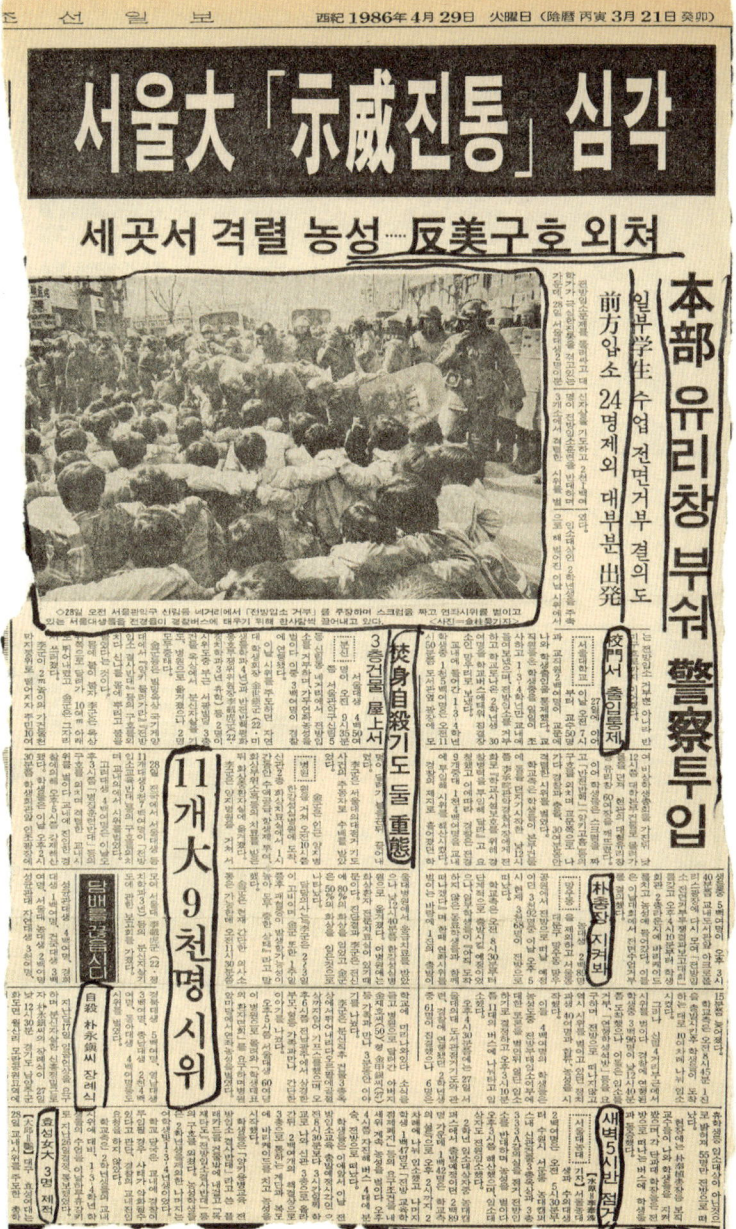

1986년은 학생운동 내부에서 NL(반미자주화)세력이 득세하기 시작한 때였다. '양키 용병교육'으로 규정된 전방입소를 거부하는 투쟁은 그 중요한 고리였다. 4월28일, 서울 관악구 신림동 사거리에서 스크럼을 짜고 "전방입소 결사반대"를 외치던 서울대생들은 보았다. 근처 빌딩 옥상에서 구호를 외치던 김세진과 이재호가 몸에 불을 붙이고 바스러지던 장면을.

림 5동 신림동 네거리에서 전방 입소를 거부하며, 가두 연좌 농성을 벌이다 이 중 3백여 명이 경찰에 연행됐다.

이날 시위를 주도하던 자연대 학생회장 김세진 군(22·미생물학과 4년)과 반전반핵평화옹호투쟁위 위원장 이재호 군(22·정치학과 3년 휴학) 등 2명이 시위 도중 부근 서광빌딩 3층 건물 옥상에서 분신자살을 기도, 병원으로 옮겨졌으나 2명 모두 중태다.

김 군 등은 빌딩 옥상 국기 게양대에서 "양키 물러가라" "전방 입소 결사반대" 등의 구호를 외치다 신나를 몸에 뿌리고 불을 붙였다는 것이다.

몸에 불이 붙자 이 군은 옥상 뒤쪽으로 달려가 10여m 아래로 뛰어내렸고 김 군은 그 자리서 쓰러졌다. 이 군이 2m 높이의 가건물 천막 지붕 위로 떨어지자 주민 10여 명이 달려가 불을 끈 뒤 끌어내렸다. 이 군은 서울대 의대 점거 기도 사건의 주동자로 수배를 받았었다. (하략)

《조선일보》 1986년 4월 29일자

서울대에서 '전방 입소 거부' 가두시위를 주동하던 학생 2명이 현장에서 자신의 몸에 불을 지르고 죽었다. 그 이름, 김세진 이재호. 대의를 위해 자신의 목숨을 초개같이 던지는 '애국 학생'들이 넘쳐나던 1980년대였다. '전방을 안 가면 안 가지, 왜 자살까지 해야 하나. 누구를 위해서?' 이렇게 생각하던 나도 당시 대학 2년생으로, 전방 입소 대상자였다.

미제의 용병 교육이라는 딱지를 붙이긴 했지만, 일주일간의 전방 입소 체험은 나름 재밌었다. 그때가 아니면 언제 휴전선 철책에 서보랴. 그때 만난 현역 군인 3명이 기억에 남는다.

하나는 병장이었다. 그는 편지를 구걸했다. 외로움을 호소했다. 새

까만 얼굴에 마른 체구였는데 며칠 굶은 북한 군인 같았다. 군 복무 기간이 얼마 남지 않은 병장이었음에도 학생들에게 과자 등으로 호의를 베풀며 사회로 돌아가면 편지를 해달라고 했다. '남학생들한테 편지를 받아 뭐하려고?' 하는 생각이 얼핏 들었다. 그의 메마른 표정은 아직도 내 머릿속에 남아 있다. 군대 내 왕따는 아니었을까?

또 하나는 상병이었다. 그는 나와 함께 철책 경계 근무를 섰다. 근무중에 흡연을 허락하는 등 친절하게 대해주다가도 가끔 부동자세를 강요하며 까칠하게 굴었다. "여기서 너 하나 죽이고 북쪽으로 도망가면 그만"이라는 등의 겁박으로 기를 죽인 뒤 "여자 한 명 소개시켜달라"는 썰렁한 요구를 했다. 매일 밤 철책에선 북한 초소의 확성기 선전과, 아군 상병의 '여자친구 소개' 강요가 뒤엉켜 되풀이됐다. 결국 아는 동기 여학생 한 명의 이름을 댈 수밖에 없었다.

나머지 하나는 일병이었다. 그는 하얀 얼굴에 적당히 살이 올라 '우량아'를 떠올리게 했다. 학생들에게 허세를 부리지도 않았고 꼬박꼬박 존댓말을 썼다. 그가 한 말, 아직도 기억에 남는다. "요새 데모 때문에 시끄럽죠? 아시안게임에 방해가 되면 안 되는데……" 한국이 처음 개최하는 86아시안게임은 9월 20일로 예정되어 있었다. 그 일병의 선하고 순수한 눈빛에 눌려 반박을 할 수 없었다.

3. 아시안게임

김포공항서 시한폭탄 폭발
5명 사망, 30명 중경상

14일 오후 3시 12분경 서울 김포공항 국제선 1층 청사 밖 5번과 6번 출입문 사이의 철제 쓰레기통에서 고성능 사제 시한폭탄으로 보이는 폭발물이 터져 전송객 부부 등 일가족 4명과 공항관리공단 전공 등 5명이 숨지고 30여 명이 중경상을 입은 폭발 참사가 발생했다.

치안 당국은 현장 상황과 수거한 폭발물의 뇌관선 철사 등을 분석한 결과 이 폭발 사건은 '아시아' 경기대회를 방해하기 위한 북괴의 소행이거나 북괴의 사주를 받은 불순분자들의 테러 행위로 본다고 밝혔다. 〈2·3·4·5·10·11면에 관련 기사〉 (하략)

《동아일보》 1986년 9월 15일자》

어쩌면 좋은가. 전방에서 만난 그 일병의 순수한 표정이 오버랩되는 중대 사건이었다. 학생 데모 따위와는 비교가 안 되는 폭탄 테러. 아시안게임은 6일 앞이었다. 5명이 죽고 30여 명이 중경상을 입었다. 치안 당국은 북한의 소행으로 추정했지만 증거는 없었고 잡힌 범인도 없었다. 23년 뒤인 2009년 3월 《월간조선》은 "이 사건이 북한의 청부를 받은 아랍 테러리스트 아부 니달의 소행"이라고 보도했다. 동독의 비밀 정보기관인 '슈타지(Stasi)' 22국의 보고서를 근거로 들었다.

'한국 1위'가 보인다

금메달 92-92. 한국이 중공과 동수가 됐다.

한국은 아시안게임 폐막을 하루 앞둔 4일 복싱 12 체급서 우승으로 휩쓸고 육상에서 3개, 배드민턴에서 2개, 레슬링에서 2개 등 모두 19개의 금메달을 따내 총 92개를 기록, 이날 7개의 금을 건진 중공과 극적인 타이를 이뤘다.

한국이 최종일(5일) 축구 결승전에서 사우디아라비아를 꺾어 금 하나를 추가하고 중공이 육상 5종목에서 1개의 금도 차지하지 못할 경우, 한국의 종합 우승도 가능하게 됐다.

27개국이 출전한 가운데 16일간 열전을 벌인 아시안게임은 5일 한국-사우디 축구 결승전에 이어서 하오 7시부터 잠실 주경기장서 폐회식을 갖고 막을 내린다.

《한국일보》 1986년 10월 5일자

더 이상의 테러는 없었다. 아시안게임은 순조롭게 진행됐다. 연일 한국의 승전보가 들려왔다. 내처 1위까지 할 뻔했다. 최종 결과는 중공에 이어 2위. 중공은 금메달 94개, 한국은 93개였다. 한국이 처음으로 일본을 앞질렀다. 1982년 뉴델리 아시안게임 때 금메달 28개로 중공, 일본에 이어 3위를 한 종합 성적에 비하면 장족의 발전이었다.

아시안게임 3주 전, 내가 다니던 대학 안에서 작은 집회 하나가 열렸다. 학보사 기자들이 학교 쪽의 부당한 원고 검열 철폐를 요구하는 평화적인 행사였다. 뜻밖에도 식순이 시작되자마자 무장한 전투경찰이 학내로 진입했다. 경찰은 "즉각 해산하라"고 종용하다가 이에 응하지 않자 최루탄을 쏘았다. 폭력 시위를 할 생각이 없던 학생들은 동요했다. 화염병을 만들려고 학생회관에 모아둔 빈 소주병을 가져와 경찰을 향해 던지며 저항했다. 아시안게임을 코앞에 두고 경찰은 모든 집회를 선제적으로 봉쇄하고 차단했다. 덕분에 아시안게임 동안 대학 캠퍼스는 강요된 평화를 누렸다.

4. 마르코스

박정희보다 3년 더 해먹었다. 18년이 아니라 21년이다. 필리핀 대통령이었던 페르디난드 마르코스 이야기다. 그는 1986년 2월 7일 대통령 선거 부정에 대한 대중의 저항을 거스르지 못하고 외국으로 꽁무니를 뺐다. 이승만처럼 미국 망명이었다. 그의 말로는 한국과 같은 독재국가 민중을 흥분시켰다. 빛이 안 보이던 개헌 서명운동 참여자들에게 희망을 주는 국제 뉴스였다.

마르코스 망명
20년 독재 정권 붕괴

'페르디난드 마르코스' '필리핀' 대통령은 25일 밤 마침내 사임, '코라손 아키노' 대통령에게 정권을 이양하고 망명했다. 이로써 20년에 걸친 그의 장기 독재 정권이 무너졌다. 한편 '워싱턴'에서 '조지 슐츠' 미 국무장관은 이날 밤 '마르코스' 대통령이 실각했음을 시인하고 미국은 '코라손' 대통령의 새 '필리핀' 정부를 공식 승인한다고 발표했다. '마르코스' 일가는 이날 밤 '말라카냥' 궁에서 4대의 헬기에 분승 '클라크' 미 공군기지로 갔다. 망명길에 오른 '마르코스' 전 대통령 가족과 측근인 '파비안 베르' 전 군 참모총장 부부를 포함한 일행 55명은 25일 밤을 '클라크' 미 공군기지에서 지낸 후 미 군용기 편으로 26일 새벽 남태평양의 미국령 '괌' 도를 향해 출발, 이날 오전 11시(한국 시간 오전 10시)경 '괌' 도에 도착했다.

《《동아일보》 1986년 2월 26일자》

한국에 김대중이 있다면, 필리핀엔 아키노가 있었다. 마르코스에게

박해를 받다가 1980년 미국 망명길에 올랐던 베니그노 시몬 아키노 전 상원의원. 필리핀 반독재 운동의 아이콘이었던 그는 1983년 8월 21일 귀국길에 마닐라 공항에서 괴한의 총격에 피살당하는 운명을 맞는다. 그를 대신해 1986년 2월 대선에 출마한 인물이 그의 부인 코라손 아키노. 마르코스의 망명 뒤 대통령직에 오른 그녀는 1992년까지 임기를 채웠다. 지금 필리핀엔 또 다른 아키노가 있다. 2010년부터 대통령인 베니그노 노이노이 아키노. 아들이다. 2대째 대통령을 하지만, 너그러운 마음이 든다. 최소한 독재자의 자식은 아니니까.

5. 스티커

KBS 시청료 거부 운동 확산
스티커 5만 장 불티⋯ 5만 장 추가 배부

한국기독교교회협의회가 각 가정집 대문에 'KBS TV를 보지 않습니다'라는 스티커를 붙여주는 등 각 교회를 통해 벌이고 있는 'KBS TV 시청료 거부 기독교범국민운동'이 크게 확산되고 있다. 'KBS TV 시청료 거부 기독교범국민운동본부'(본부장 김지길 한국기독교교회협의회 회장)는 지난 3월 22일 'KBS TV를 보지 않습니다'라고 인쇄된 스티커 5만 장과 KBS TV 시청료 거부 운동에 국민들의 참여를 권유하는 전단 3만 장을 제작 배포하기 시작, 스티커 5만 장이 10여 일 사이 모두 소화돼 운동본부 측은 오는 7일 스티커 5만 장을 추가 인쇄, 배포하기로 했다.

〈동아일보〉 1986년 4월 7일자〉

방송, 심했다. KBS와 MBC(당시 SBS와 케이블 TV는 없었다)는 관제 홍

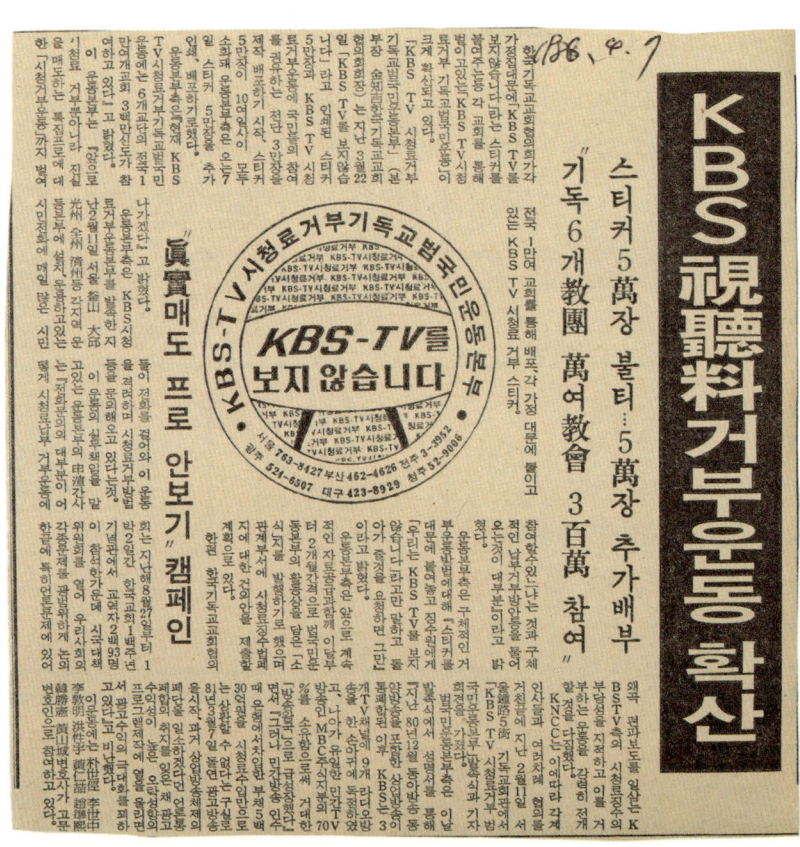

보 방송의 극치였다. "비싼 돈 내며 왜 거짓말 방송을 보냐"는 일종의 시청자 주권 선언이었던 이 운동의 불씨는 기독교계에서부터 퍼져갔다. 일반 대중에게 옮겨붙으면서는 횃불이 되었다. 1970년대에 〈동아일보〉 백지 광고 사건(1975년)이 있었다면, 1980년대엔 KBS 시청료 거부 운동이 있었다.

신문도 같은 제도권 매체로서 왜곡 보도를 일삼았지만, 방송에 비하면 덜했다. 옆의 만화를 보면 그러한 신문의 자부심이 읽힌다. 〈동아일보〉 4컷 만화 '나대로 선생'이다. 톡 쏘는 은유로 당시 꽤 쏠쏠한 인기를 누렸다.

하지만 신문도 궁극적으로는 믿을 수 없던 때였다. 신문과 방송보다 한 장의 스티커가 더 진실한 미디어로 통했다. 집집마다, 사무실마다, 대학 동아리방마다 '붙이기 운동'이 벌어졌다. "KBS TV를 보지 않습니다"라는 스티커 한 장!

6. 문귀동

문귀동이라는 이름을 기억하는가? 신문엔 "부천서 사건"이라고만 나온다. 정부가 그렇게 '지침'을 내렸기 때문이다. 이를 '보도 지침'이라고 한다. 청와대 정무 비서실 지휘 아래 있던 문공부 내 홍보조정실에서 각 언론을 통제하기 위해 내려보냈던 신문 보도와 편집의 가이드라인이다. '문귀동의 성고문 사건'을 반드시 '부천서 사건'으로 제목에 표기하게 했고, 신문사들은 이를 잘 지켰다. ('민주언론협의회' 기관지 《말》은 1986년 9월 호에서 잡지 한 권을 털어 보도 지침의 실상을 폭로했다.)

아버지의 스크랩엔 달랑 이 기사뿐이다. '검찰총장이 국회에서 부천서 사건에 대한 자료 제출을 요구해도 응하지 않을 것!'

부천서 사건 검찰 수사 기록
국회서 제출 요구해도 불응

서동권 검찰총장은 오는 5일부터 열릴 국회법사위에서 부천경찰서 성고문 사건에 대한 검찰의 수사 자료 제출 요구가 있어도 이에 응하지 않을 방침이라고 1일 밝혔다.

서 총장은 "국회법사위가 성 모욕 사건에 대한 수사 자료 제출을 요구할 것으로 예상되나 수사 자료 제출은 전례가 없으므로 이에 응하지 않겠다"고 말했다.

서 총장은 과거 이철희·장영자 사건 때도 검찰이 국회의 수사 기록 제출 요구에 응하지 않았음을 상기시켰다.

《한국일보》 1986년 8월 2일자

당시 시중에는 사건의 진상을 담은 얇은 소책자가 유포되었다. 이 사건의 변호인단이 성고문 피해자 권인숙(당시 서울대 의류학과 4학년)의 증언을 받아 기록한 팸플릿이었다. 권인숙은 부천경찰서 문귀동 경장이 조사 과정에서 어떠한 말과 행동으로 자신을 추행하고 모욕했는지를 있

'문귀동'과 '추행'이란 말이 큼지막한 제목으로 뽑혔다. 6월 항쟁 이후인 1988년이어서 가능했다. 2년 전인 1986년만 해도 '부천 서 사건'이나 '권양 사건'이라는 용어만을 쓰는 게 가능했다.

는 그대로 밝혔다. 내용을 읽다가 지나치게 상세히 묘사된 대목에 얼굴이 후끈거렸던 기억이 있다. 1986년 7월 3일 권인숙은 문귀동을 강제 추행 혐의로 인천지검에 고소했다. 진상 규명도 요구했다. 다음 날 권인숙은 공문서 변조 및 동행사, 사문서 변조 및 동행사, 절도, 문서 파손 등의 혐의로 구속 기소되었다. 위장 취업을 위해 주민등록증을 위조했다는 혐의로 체포되었던 탓이다. 문귀동도 권인숙을 명예훼손 혐의로 인천지검에 맞고소했다.

검찰은 7월 16일 "성 모욕 행위는 없었다"는 요지의 부천서 성고문 사건 수사 결과를 발표했다. 발표 내용 중 눈에 띄는 문장은 '성의 혁명 도구화'였다. 학생운동의 도덕성을 흠집 내기 위한 잔머리였다. 'TV 시청료 거부 운동'을 열심히 보도했던 신문도 별수 없었다. 언론사의 사회부장 이상 관련 간부들은 검찰이 수사 결과를 발표한 7월 16일을 전후해 문공부 고위 관료의 인솔 아래 '간담회' 명목으로 도고온천 등에 놀러 갔다고 한다. 이 사건 보도에 대한 '협조'의 대가로 거액의 촌지도 받아 챙기고.

2년 뒤 문귀동은 5년형을 선고받고 파면당했다.

7. 서진룸살롱

일단 사진만 보자. 아직도 이 얼굴들 하나하나가 뇌리에 선명히 박혀 있다. 왜일까? 숙이지 않았기 때문이다. 이렇게 당당히 고개를 쳐든 피의자가 어디 있단 말인가. 앞에는 야구방망이와 각종 회칼 등 험악한 '작업 도구'들이 전시되어 있다. 그 유명한 '서진룸살롱 사건'이다.

국제 마약 조직 관련 집중 수사

서울 강남 룸살롱 폭력배 살해 사건을 수사중인 경찰은 사건 발생 5일 만인 19일 오후 5시 5분경 전북 임실군 운암면 용운리 섬진강 다목적댐 상류 옥정호 수몰 지구 섬의 외얏골 임동하 씨(47)

한국일보 (10版) 1986年 8月 21日 (木曜日)

日폭력조직 관련 집중수사

룸살롱 殺人사건 犯人들 日人접촉·「密賣은어」 사용

◇「10人의 칼잡이」 경찰에 검거 또는 자수한 룸살롱 살인사건 범인과 관련자일당들. 후로부터 金京萬 高金煥 朴承鎭 宋東遠 두목 張津鎬 대부 鄭彦昊 金承吉 柳遠熙 委貞休 羅錫鎬 洪成圭는 병원에 입원중이어서 안보인다. 앞의 흉기들은 이들이 범행때 사용한 일본도 생선회칼 알루미늄 야구방망이들 거둬들이다. 【權用勳기자】

12명중 직접犯行은 8명

"在野정치인에 3천만원줬다" 鄭堯燮

梁會龍 木浦서 자수

추가手配 羅錫鎬도 검거

칼 押收品 1백4점 공개
「2人공격訓練」메모도

日本刀 사용이 치명적 傷處로

집 헛간에서 낚싯군을 가장, 숨어 있던 이번 사건의 주범 장진석 씨(25)와 행동대장 김동술 씨(24) 등 2명을 검거했다. 또 이 사건과 관련, 수배중이던 김 모 군(17)도 이날 밤 경찰에 자수해 왔다. 이로써 이번 폭력배 살해 사건 관련 수배자 중 10명의 신병이 확보(자수 7명, 검거 3명)됐다. 경찰은 이들 폭력배들의 범행 동기, 조직 및 배후, 국제 범죄 단체와의 연계 여부 등을 집중 수사하고 있으며 특히 주범 장 씨 등이 일본 '야쿠자'들과 자주 접촉해온 사실을 집중 추궁, 국제 마약 밀매 조직과의 연계에 대해 수사 촛점을 맞추고 있다.

〈〈동아일보〉 1986년 8월 20일자〉

사건은 1986년 8월 14일 밤 10시 30분경, 서울 강남구 역삼동에 있는 '서진회관 서진룸살롱'에서 벌어졌다. 서로 다른 방에서 술을 마시던 목포 맘보파 조직원들과 서울 목포파 조직원들 사이에 생긴 사소한 시비가 칼부림으로 이어졌다. 둘 다 목포 출신의 조폭들이었다. 서울 목포파 조직원들의 일방적 승리였다. 그들은 목포 맘보파 조직원들을 야구방망이로 때리고 회칼로 난도질한 끝에 4명을 죽였다. 서울 도심에서 일어났기에 더욱 충격적이었다.

기사에 언급된 국제 야쿠자와의 연계설은 사실로 드러나지 않았다. 신문 사진 속에 서 있는 10명 중 김동술과 고금석은 사형 확정 판결을, 나머지는 무기징역 등을 선고받았다. 2012년 신문 자료를 뒤져보니, 피의자 중 1명이었던 박영진은 20년형을 살고 나와 동료 조직원의 누나와 2010년 11월에 화촉을 밝혔다.

이 사건 이후 영화 속 조폭들의 결투 신은 더욱 잔인해졌다. 적어도 서진룸살롱 사건 정도는 돼야 영화 속에서 조폭의 수준과 품격을 유지하게 되었는지도 모르겠다. 1990년 노태우 정부가 '범죄와의 전쟁'을 선포할 때도 이 사건은 뒤늦은 핑곗거리가 되었다. 유도대학이 불똥을 맞았다. 살해에 가담한 이들 대다수가 이 학교 선후배였기 때문이다. 유도대학은 대한체육과학대학으로 변경되었다가 지금은 용인대가 됐다.

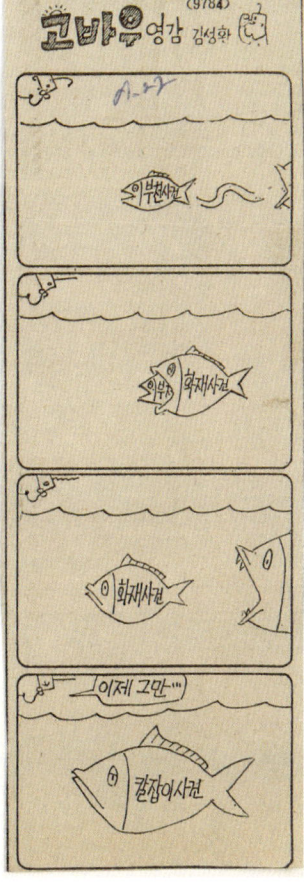

8. 건대 사태

정권으로선 반가운 일이었다. 1986년 10월 28일 오후 건국대에서 전국 29개 대학 2천여 명이 모인 가운데 열린 '전국 반외세·반독재 애국학생투쟁연합(애학투련)' 연합 집회가 열렸다. 모인 학생들은 당시 학생운동권에서 다수를 점하던 NL 계열이었다. 집회가 무르익으며 레이건 미국 대통령과 나카소네 일본 수상에 대한 화형식이 거행될 무렵 전투경찰이 최루탄을 쏘며 학내로 쳐들어갔다. 돌과 화염병으로 싸우던 학생들은 경찰에 밀려 건물 안으로 들어갔다. 경찰은 학교 주변을 물샐틈없이 둘러쌌다. 학생들은 계획에도 없던 무기한 철야 농성을 해야 했다. 공안 당국은 학생들이 붙인 대자보에서 "진달래꽃 머리에 꽂고", "민족의 원수 미제국주의자" 등만 골라 불순한 친북·용공 메시지로 부각시켰다. 10월 31일 오전 10시, 집회 3일 만에 헬기까지 띄운 경찰의 '황소 31 입체 작전'이 전개됐다. 8,500여 명의 병력 투입.

1,274명 영장
건대 사태 사법사상 '최대 구속' 기록

건국대 용공 시위 농성 사건을 수사중인 검·경 합동수사본부(본부장 최상엽 대검공안부장)는 3일 연행된 1천5백25명 중 29개 대학생 1천2백74명(남자 7백92·여자 4백82)에 대해 구속영장을 청구하고 자수자 8명을 불구속 입건했다고 발표했다. (하략)

《한국일보》 1986년 11월 4일자

세계신기록이다. 1,274명 구속! 1천 명이 넘는 학생들을 조사하고 처리하기 위해 각 경찰서의 형사들은 잠도 못 자고 얼마나 고생했을까.

학생운동의 씨를 말리려는 정권의 처절한 몸부림이었다. 아니, 어리석은 몸부림이었다. 부작용이 뻔히 보이는 싹쓸이였으니.

9. 금강산댐

"금강산 수전댐 건설 중지하라"
이 건설장관 대북한 성명 통해 촉구

이규효 건설부장관은 30일 성명을 발표, 북한 측이 지난 21일 착공한 금강산 발전소는 수원 확보를 위해 북한강 본류와 금강산의 합류 지점 하류에 대규모 댐을 축조하게 됨으로써 북한강 하류 우리 측의 화천 춘천 의암 청평 팔당 등 5개 댐의 용수를 고갈시키는 등 우리 국토에 여러 가지 심각한 타격을 줄 것이라며 이의 즉각 중지를 요구했다.

이 장관은 특히 북한이 추진중인 금강댐이 붕괴될 경우 화천 등 5개 댐을 순식간에 차례로 파괴하면서 한강 하류 전역을 급류가 강타, 강원 경기 서울을 포함한 한반도의 허리 부분을 황폐화시킬 상황을 초월하는 재해를 가져오게 될 것이라고 우려했다.

(하략)

《동아일보》1986년 10월 30일자)

건대 사건 진압 하루 전의 보도다. 긴 설명이 필요 없다. 거짓말이었다. 금강산댐에서 남쪽으로 2백억 톤의 물을 방류하면 서울 여의도 '63빌딩'의 절반이 잠긴다고? 이 거짓말이 신문과 방송엔 사실처럼 등장했다. 금강산 물폭탄에 맞서려면 우리도 댐을 지어야 했다. 이름 하여 '평

화의 댐'. 정부 차원의 대대적인 국민 모금 운동이 시작됐다. 6개월 만에 7백억 원의 성금이 걷혔다. 강원도 화천군 비수구미골에 위치한 '평화의 댐'을 완공하는 데엔 국고까지 합쳐 1,500억 원이 넘게 들었다. 높이 125미터, 넓이 601미터짜리로 국내에서 가장 큰 댐이 되었다.

10. 김일성

아, 거짓말은 계속된다. 1986년 11월 16일 〈조선일보〉는 호외를 통해 김일성이 죽었다고 보도했다. 다음 날 다른 신문들도 이를 따라 기사를 썼다.

"김일성 총격으로 사망"

국방부는 17일 오전 "북괴는 16일 전방 지역에서 대남 확성기 방송을 통해 '김일성이 총격으로 사망했다'는 방송을 실시했다"고 발표했다. 이흥식 국방부 대변인은 "그러나 북한의 모든 보도 기관은 일체의 공식 발표나 논평을 하지 않고 있다"고 밝혔다. 이 대변인은 이어 "우리 군은 종전과 같이 경계 태세에 임하고 있다"고 덧붙였다.

〈〈동아일보〉 1986년 11월 17일자〉

이 사건은 오산 공군기지 미군 통신정보부대(NSA) 감청소에서 근무하던 상황병의 실수에서 비롯된 해프닝이었다. 한국말에 서투른 미군 병사의 착각이 여러 우연과 겹치면서 확대되었다. 김일성 사망설은 미군 병사의 실수라 쳐도, 그 옆에 있는 기사들은 또 무엇인가. 암살자가 중공에 피신해 보호를 받고 있다고? 김정일은 연금당했다고? 총참모장 오극렬이 쿠데타를 일으켰다고? 2012년 7월에도 국내 언론들은 리영호 북한 총참모장이 해임당하는 과정에서 총격전이 벌어졌다고 보도했다. 총격전은 근거가 없었다. 한국의 기자들은 북한과 관계된 사건만 터지면 소설가가 되는 경향이 있다.

'폭풍의 언덕'을 넘은 1986년의 10가지 사건. 1년 뒤, 쓰나미의 언덕이 기다리고 있었다.

이순자여
바가지를 생각하라

1987년, 그 후

불혹(不惑)은 물혹이다.

40대의 무거움을 생각한다. 나는 그리 낙관적인 사람이 아니다. '나이는 숫자에 불과하다'는 마술 따윈 믿지 않는다. 40대 중반에 들어와, 문득문득 마음속에서 근심을 먹고 자라는 어떤 혹을 발견한다. 죽음의 세계를 탐구하는 일도 잦아졌다. 아직은 만져도 아프지 않고 말랑말랑한 양성종양이다. 한 치의 흔들림 없이 앞만 보고 나아가기보다는, 멈칫거리며 뒤를 돌아보고 비관과 고뇌에 휩싸인 척 엄살을 떠는 게 건강에 좋다고 보는 편이다. 혹을 달고 살더라도 말이다.

아버지의 스크랩에서도 물혹, 아니 불혹을 발견한다. "어느 낮 소리 없이 다가온 불혹의 초조감"이라는 말이 불혹을 지나는 아들의 가슴을 관통하며 찌르르 소리를 낸다. 프란츠 카프카는 "초조해하는 것도 죄"라고 말했다고 한다. 그래, 죄라고 하자. 까짓것, 그런 죄쯤 짓고 살아도 좋다.

인생의 자화상

숨가쁜 고통의 세대
어느 낮 소리 없이 다가온 불혹의 초조감
불행한 년대에 공포와 좌절과 피 맺힌 자의식
편견과 아집을 계수하는 고혈압
인생은 모두 고독한 동물이다

방황하는 불안의 세대
사색과 절규와 비명이 뒤범벅되어

초조와 갈등 속에 자화상을 그린다
꿈을 이루고 잠재력 속에 웃고
인생은 모두 고독한 운명이다

이 시는 불혹, 아니 부록에 해당하는 스크랩에 적혀 있다. 아버지는 스물여섯 권의 본 스크랩에 담지 않은 문화나 스포츠, 종교 또는 화보와 시리즈 기사들로 또 다른 스크랩을 만들었다. '부록 스크랩'이라 할 만하다. 본 스크랩이 1959년부터 1992년까지 총 스물여섯 권이라면, 이 부록 스크랩은 1980년부터 1992년까지 총 열한 권이다. 위의 시는 그 부록 스크랩에 딱 한 편 실린 것이다. 전체 열한 권 중 스포츠 기사가 가득한 어느 한 권의 맨 앞에 적혀 있다.

그림의 병 속에 갇힌 중년의 사내가 왼손에 담배를 낀 채 찡그린 표정을 짓고 있다. 어느 신문에 나온 그림을 적당히 오려 붙였으리라. 이 시를 쓰던 1980년대 초반에 40대 후반이었을 아버지의 심정을 잘 대변했기 때문일까. "편견과 아집을 계수하는 고혈압"이란 말은 그림 속 코르크 마개와 잘 어울린다. 코르크 마개는 이중의 벽을 상징한다. 밥벌이와 생존이라는 굴레, 그리고 편견과 아집이라는 그물. 아, 저 병 속에 있는 사람은 바로 나인지도 모른다. 이 글을 읽는 바로 당신인지도 모른다.

불혹은 잠깐이었다. 아버지는 곧 지천명(知天命)을 맞았다. 아버지가 지천명에 만든 '본 스크랩'을 편다. 1987년부터 1991년까지다. 이제 스크랩도 종반을 향해 치달아간다. 제19권(1987년 1~6월), 제20권(1987년 7~12월), 제21권(1988년)을 넘기며 각 권 맨 앞에 놓인 시를 만난다. 부록 스크랩과는 달리 본 스크랩에선 매번 '서시'를 남겨놓았다. 본 스크랩에 더 애착을 보인 증거일까. 그 시들을 곱씹으며 1987~1991년으로

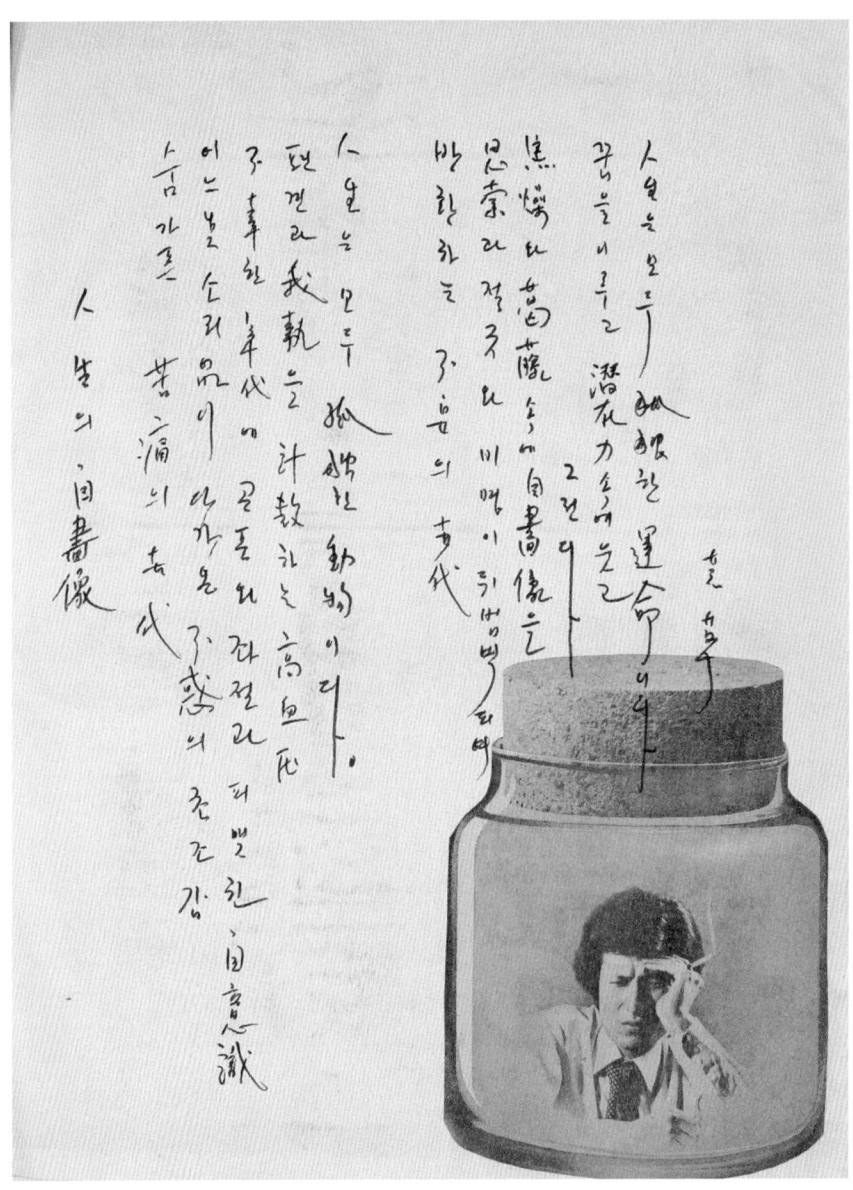

가본다.

　　　사형틀

　자유를 갈아뭉게고
　사랑을 볶아 가루를 만들고
　진리를 부수어 갈아 볶아도

　하나의 작품이 된다면
　하나의 음식이 된다면
　잔치를 즐겁게 한다면

　오늘도 웃으리라
　오늘도 감사하리라
　오늘도 기도하리라
　(1987년 1월~6월 30일)

　'자유를 갈아 뭉개고 볶아 하나의 작품이 된다면, 그리하여 즐겁다면 웃으리라 감사하리라'. 아버지의 말에 동감한다. 그러나 자유를 갈아 뭉개 작품이 될 수 있을까. 될 수 있다. 공포와 악몽의 괴작!

물고문 도중 질식사
치안본부 서울대 박종철 군 사망 사건 발표
　경찰의 조사를 받다 숨진 서울대 박종철 군은 치안본부 대공수사 2단의 조사관인 2명의 경찰관이 박 군에게 물고문을 가한 끝에 질식해 숨진 것으로 경찰 자체 조사 결과 밝혀졌다. 강민창 치안본부장은 19일 오전 10시 기자회견을 갖고 경찰 자체 특별조사단을 구성해 박 군을 직접 조사한 조한경 경위(41)와 강진규 경사(30)를 상대로 박 군의 연행 경위 사망 원인 등을 철저 규명한 결과 담당 수사관의 고문에 의한 사망임이 확인됐다고 발표했다. 강 본부장은 "이에 따라 담당 조사관 조 경위와 강 경사를 특정범죄가중처벌법 위반 혐의(가혹행위에 의한 치사)로 이날 오전 구속했으며 이 사건에 대한 감독 책임을 물어 전석린 경무관을 직위해제했다"고 발표했다. (하략)

《동아일보》 1987년 1월 19일자)

박종철이 죽었다. 긴장과 숨죽임 속에 맞은 1987년. 12월 대선을 앞두고 연초부터 다가온 심상찮은 조짐이었다. 직선제 개헌을 둘러싼 여야 공방, 정부와 시민의 대결이 어디로 튈지 가늠할 수 없었다. 박종철. 서울대 언어학과 3학년생. 1987년 1월 14일, 서울 남영동 치안본부 대공분실에 끌려와 수배중이던 선배 박종운의 거처를 대라고 물고문을 당하며 추궁당하던 그였다.

박종철의 자유를 갈아 뭉개고 비난 여론의 화살 앞에 납작 엎드렸던 자들은, 곧 또 다른 자유를 빌미로 대대적 체제 선전을 한다. 김만철의 자유.

김만철 씨 일가 서울 왔다

북한을 탈출한 김만철 씨(46) 일가족 11명이 대만을 거쳐 8일 밤

The Dong-A Ilbo 【1920年 4月 1日 創刊】 1987年 1月 19日 月曜日

물拷問도중 질식死

治安本部 서울大 朴鍾哲군 死亡사건 발표

두 警官구속·對共2단장 解職

머리를 욕조물속에 집어넣어
욕조턱에 목부위눌려 숨졌다
손부위등 傷處는 連行때 생긴것

發表내용

朴君 조사 現場 朴鍾哲군이 조사를 받다 숨진 서울 龍山區 葛月洞소재 치안본부 대공수사단 건물전경 (점선친 부분이 5층 조사실)

民正 本會議 常委소집 검토

檢察, 관계자 16명調査

金內務 사과談話

철에 맞서는 듯한 철. 박종철이 죽은 민감한 시기에 남한 땅을 밟은 것은, 김만철 씨 일가족을 위해서도 좋은 일이 못 되었다. 민주화에 애태우던 남한 사람들은 그들을 순수하고 따뜻한 눈빛으로 봐줄 여유가 없었다.

10시 24분 김포공항에 도착, 북한을 탈출한 지 24일 만에 한국으로 망명해 왔다. 김 씨 일가족은 이날 저녁 8시 25분(한국 시간) 대북공항에서 한국 정부가 제공한 대한항공 전세기에 탑승, 우리나라로 향했다. 김 씨 일가족은 김포공항에 도착하자마자 약 20분간 기자회견을 갖고 탈출 동기 탈출 준비 과정 등을 밝혔다.

기자회견에서 김만철 씨는 "남조선 인민들이 성심성의를 다해 도와주고 조국으로 돌아오게 해준 데 대해 무어라고 말해야 할지 모르겠다"고 말했다. (하략)

《동아일보》 1987년 2월 9일자

김만철이 넘어왔다. 북한 청진의대병원 의사였던 김만철은 북한에서 50톤급 '청진'호를 타고 일본, 대만을 거쳐 한국에 왔다. 직계가족은 물론 장모, 처남, 처제까지 11명을 동반했다. 분단 이후 첫 대가족 단위의 보트피플 탈북 사건이었다. 김만철은 왜 굳이 목숨을 걸고 남한에 왔을까? 그는 1987년 2월 20일 기자회견에서 전남 출신 아버지의 입북 경위가 해명되지 않았다는 이유로 가족 성분이 낙인찍혀 고통 받았다고 말했다. 한 인간으로서 그의 자유를 존중한다. 다만 그가 받은 융숭한 대접과 환대가 '박종철 물고문' 사건의 부정적 효과를 막으려는 정보기관의 안간힘에서 나왔음은 분명하다. 고문치사에 가슴 아파하던 많은 이들이 김만철을 싸늘한 시선으로 외면했던 이유다.

〈조선일보〉 4컷 만화 '고바우 영감'은 "3차에 걸친 철의 쇼크"라 풍자한다. 1차 철의 쇼크는 박종'철' 고문이다. 2차 철의 쇼크는 김만'철' 탈출, 3차 철의 쇼크는 이'철'승 발언이다. '이철승 발언'이란 당시 야당과 대중의 '직선제 개헌' 열망을 알면서도 '내각제 개헌' 이야기를 꺼내 전두환의 예쁨을 받은 신민당 의원 이철승의 2월 19일 기자회견을 말한다.

김영삼이 만든 통일민주당은 4월 13일 발기인대회를 열었다. 같은 날 전두환 대통령은 이른바 '4·13 호헌 조치'를 발표했다. 대통령 선거를 연내에 실시하되, 직선제가 아닌 현행 간선제로 하겠다는 방침이었다. 5월 21일에는 박종철 고문치사에 가담한 경관이 3명 더 있었고 상부의 지시에 따라 축소 조작됐다는 사실이 밝혀진다. 고문 가담 경관 3명과 박처원 치안감 등 책임자급 3명이 구속된다.

6월이 왔다. 10일로 예정된 '민주헌법쟁취국민운동' 주최 '6·10 고문 살인 은폐 규탄 및 호헌 철폐 국민대회'를 하루 앞두고 연세대에서 시위중이던 연세대 경영학과 2학년생 이한열은 전경이 쏜 직격 최루탄에 맞는다. 이한열은 뇌사 상태에 빠진다. 다음 날인 10일 전국에서 '호헌철폐국민대회'가 열리고, 서울 잠실체육관에선 차기 대통령 후보 노태우를 선출하는 민정당 전당대회가 열린다. 전국은 시위의 쓰나미에 잠긴다. 그리고 6월 29일.

직선제 연내 개헌
김대중 씨 사면 복권 구속자 석방

민정당의 노태우 대표위원은 29일 △김대중 씨 사면 복권 △모든 시국 관련 사범의 석방 등 시국 수습을 위한 8개 사항을 자신의 '특별 선언'으로 밝히고 이 8개 항 제안을 전두환 대통령에게 건의했다. 노 대표는 이날 민정당 제102차 중앙집행위원회에서 이같이 결심을 밝히고 "만약 이 결심들이 관철되지 않을 경우 민정당 대통령 후보와 대표위원직을 포함한 모든 공직에서 사퇴할

것"이라고 밝혔다. (하략)

《동아일보》 1987년 6월 29일자

그루터기

내 인생은 그 어떤 그루터기인가
그래도 숨 쉬는 구멍을 주셨구나
남이 먹어버린 빈 그릇에서 기적을 보는구나

죄악이 나를 베어버렸지만
그리스도의 사랑으로 거듭났으니
베어낸 뒤의 남은 뿌리쪽의 부분이 복이로구나

그루터기 인생
그래도 비록 찬란하지 못할지라도
잎이 무성하리라 꽃이 피리라 열 배로 맺으리라

(1987년 7월 1일)

잎이 무성하리라? 꽃이 피리라? 열 배로 맺으리라? 아버지의 시 마지막 줄에 상스러운 댓글을 달아본다. "개뿔!"

나는 대학교 3학년이었다. 총칼로 권력을 잡은 전두환과 노태우를 악마로 투사하는, 나름 사회의식을 지녔으되 미숙했던 만 스무 살 청춘이었다. 노태우 후보의 당선은 상상할 수 없는 일이었다. 대선을 앞두고 잠을 이루지 못했다. 민간 정부에 대한 기대와 설렘 또는 최악의 결과에

대한 두려움이 머릿속을 지배했다. 하늘이 두 쪽 나도 정녕 악당이 컴백할 수는 없었다.

노태우 후보 대통령 당선

전국 2백45개 개표구 중 2백 개 개표소의 개표가 끝나 85.8%의

개표율을 보인 17일 오전 11시 20분 현재 △노 후보 7백27만 7천28표 △김영삼 후보 5백30만 4천5백97표 △김대중 후보 5백17만 8천2백1표 △김종필 후보 1백57만 7천8백88표를 각각 얻은 것으로 집계됐고 노 후보는 2위의 김영삼 후보보다 1백98만 표 이상을 앞질렀다.

중앙선거관리위원회는 전국 2백45개 개표소에서 개표가 완료되는 즉시 전체 회의를 열어 노 후보의 당선을 의결 공고할 예정인데 그 시점은 빠르면 17일 오후 늦게, 늦어도 18일 오전 중이 될 것으로 보인다. (하략)

《동아일보》 1987년 12월 17일자

* 실제 최종 득표율은 노태우 36.6퍼센트(828만 표), 김영삼 28.0퍼센트(633만 표), 김대중 27.1퍼센트(611만 표), 김종필 8.1퍼센트(182만 표) ─필자주

그해 7월, 수마가 전국을 휩쓸었다. 8월엔 찍소리도 못하고 당하고만 살아온 노동자들의 성난 함성이 전국의 공장을 흔들었다. 6월 항쟁을 잇는 계급 싸움, 노동자 대투쟁이었다. 선거를 2주 앞두고 버마 근해 안다만 해역에서 대한항공 858 보잉 707기가 폭발했다. 한국인 승객 93명을 포함해 총 115명이 불귀의 객이 됐다. 선거를 하루 앞둔 12월 15일, 테러범 중 한 명이라는 북한 공작원 마유미(김현희)가 서울로 압송됐다. 야권 후보 단일화도 진작에 깨진 상태였다. 대통령은 노태우!

몸을 부수어서라도 쟁취하고 싶었던 직선제와 정권 교체. 그 과정에서 뿌려진 수많은 이들의 눈물과 희생. 역사는 나선형으로 흐른다지만 도무지 위로가 되지 않았다. 나에게 1987년은 딱 한마디로 남고 말았다. 개뿔!

비사

시간은 주문받지 않고도 스스로 흐른다
시간은 설명 듣지 않고도 먼저 흐른다
시간은 억압과 탄압 속에서도 거침없이 흐른다
시간은 인간의 속옷—
시간은 인간의 마음—
숨겨진 모든 것이 시간이 흐르면 벗겨진다
시간은 창조자의 비밀스러운 무기
시간의 모래터 우에 묘비를 세운다
權不十年이요 花無十日紅이라
(1988년 1월 1일)

시간은 신의 채찍이다. 주름은 채찍질의 상처다. 아버지가 노래한 시간의 허무함은, 다른 말로 '채찍의 아픔'이다. "시간은 주문받지 않고도 스스로 흐른다 (……) 숨겨진 모든 것이 시간이 흐르면 벗겨진다"는 당연한 말씀. '권력은 10년을 넘기지 못하고(권불십년), 아무리 아름다운 꽃도 10일을 넘기지 못한다(화무십일홍)'는 말에도 토를 달 여지가 없다. 그저 1988년 스크랩에서 주인공을 찾아볼 뿐이다. 이순자라는 여인.

"나는 콩고물도 만져본 적 없다"
이순자 씨 '새세대' 떠나던 날

전두환 전 대통령의 부인 이순자 씨는 14일 오후 새세대육영회 대의원 임시 총회에 참석, 회장직 사퇴 의사를 밝히면서 새세대육영회와 관련한 비리 등 의혹에 관한 자신의 입장을 밝히고 그동안의 언론 보도 등에 대해 불만과 유감의 뜻을 강하게 표시했다.

이 씨는 이날 그동안의 서울시교위 감사 지적 사항을 조목조목 짚어나가며 자신의 견해를 밝혔으며 그때마다 "시교위 측이 자료를 잘못 판독한 것 같다" "육영회 측이 법을 잘 몰라서 실수했다" "사실과 전혀 다른 내용을 언론에서 잘못 보도했다"고 주장했다.

이 씨는 또 "항간에서 많든 적든 간에 돈을 만지는 사람에게는 '콩고물'이 떨어질 것이라는 생각 때문에 내가 육영회 기금을 모으면서 콩고물을 떨어뜨리느냐 아니냐에 관심을 갖고 있는 것 같다"며 "기부자들은 청와대에 들어오면 비서실에 들어가 기부금을 내고 그 후 내 접견실로 안내돼 영수증을 바로 전달받는 과정을 거쳤으므로 나는 돈 자체를 만져보지도 않아 콩고물을 떨어뜨릴 여가조차 없었다"고 '콩고물'이라는 표현을 여러 차례 써가며 결백을 주장하기도 했다. (하략)

《동아일보》 1988년 10월 15일자

이순자 여사가 비참해졌다.

더 이상 당당한 퍼스트레이디가 아니었다. 구질구질하게 변명을 해야 하는 신세로 전락했다. 자신이 회장으로 있던 교육·문화·복지 단체인 '새세대육영회'의 재산 형성 과정에 문교부가 의혹을 제기하면서

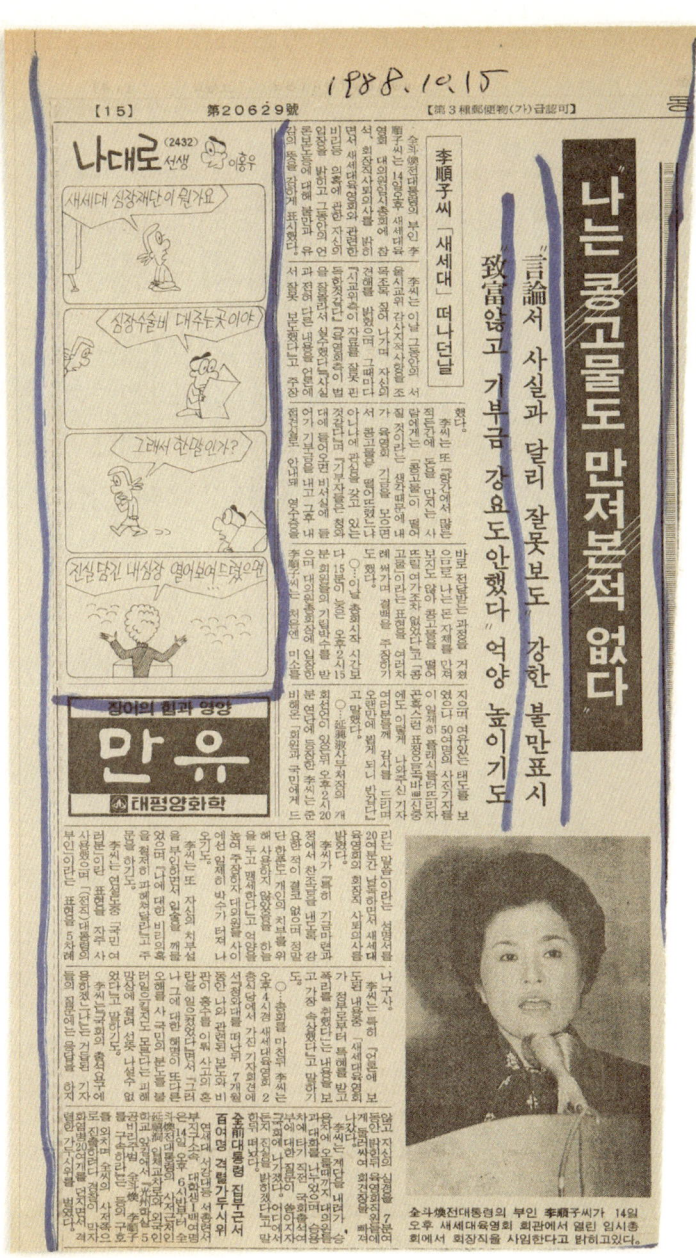

"콩고물도 만지지 않았다"는 이순자의 말은 어쩌면 진실일지 모른다. 대통령의 부인으로서 그녀는 큼지막한 떡을 만지고 챙겼으리라. 부스러기로 남은 콩가루 따위에 손을 대지 않았다는 이야기는 아닐까?

조사에 나섰기 때문이다. 그녀는 문제가 불거진 지 넉 달 만인 1988년 10월 14일, 새세대육영회 회장직을 떠나겠다고 밝혔다. "찬조금 96억 원을 걷었다", "정부에게서 6억 원을 지원받았다", "감사는 하나도 안 받았다", "수입 지출을 직접 관리했다"는 비난에 '콩고물도 만져본 적 없다'고 맞서면서…….

여중 2학년 때 그는 전두환을 처음 만났다. 아버지 이규동은 육군사관학교 참모장이었고, 전두환은 육사 생도였다. 여중생 이순자는 성장하여 전두환과 사랑에 빠졌고 서둘러 식을 올렸다. 이순자는 결혼을 위해, 대학(이화여대 의예과)도 중퇴했다.

1980년대 대학생들은 영부인이었던 그녀를 '주걱턱'이라고 조롱했다. 긴 턱을 과장해 붙인 별명이었다. 전두환은 머리카락이 없다 하여 '대머리'라고 불렀다. "도낏날 갈아 대머리 찍고/ 대팻날 갈아 주걱턱 썰자"라는 민중가요 가사도 있었다. 지금 생각해보면, 외모 차별이라는 인권 침해적 요소가 다분하지만.

5공화국(5공)과의 차별화는 6공화국(6공)의 살길이었다. 전두환은 '일해재단'을 설립해 '상왕' 노릇을 하고 싶었지만 어림 반푼어치도 없는 꿈이었다. 권익현과 권정달을 비롯한 5공 실세들은 1988년 4·26 총선 공천 과정에서 일찌감치 배제됐다. 그랬음에도 노태우의 민정당은 총선에서 참패했다. 6공은 5공과 더더욱 선을 긋지 않을 수 없었다.

3월 31일 전두환 동생 전경환이 구속됐다. 4월 21일엔 이순자 아버지 이규동의 화성군 농장이 '군 예산으로 묘목 20만 그루를 기증받았다'는 특혜 의혹을 받았다. 6월 11일엔 이순자가 회장으로 있는 새세대육영회 비리 의혹이 보도됐다. 6월 27일엔 '5공비리특별위원회(5공 비리 특위)'가 구성됐다. 전두환 부부는 9월 17일 서울올림픽 개막식에도 참석하지 못했다. 11월 2일부터는 5공 청문회가 시작됐다. 장세동, 안현태, 허문도 등 5공 실력자들이 줄줄이 불려 나왔다. 거리에서는 '전두환·이순자 체포조'를 결성한 대학생들이 연희동 자택으로 쳐들어가겠다며 이를 막는 경찰에 맞서 돌과 화염병으로 싸웠다. 11월 15일엔 이순자의 남동생 이창석이 회사 자금 10억여 원을 횡령한 혐의로 구속됐다. 다음은 귀양살이.

전 씨 사과… 백담사 암자 은둔
정치자금 백39억·전 재산 헌납

전두환 전 대통령은 23일 자신의 재임 중 일어났던 정책적 과오와 친인척 비리 등을 시인, 사과하고 재산 일체를 국고에 헌납한 후 부인 이순자 씨와 함께 서울을 떠나 은둔생활에 들어갔다.

전 전 대통령은 이날 상오 연희동 사저 응접실에서 TV로 전국에 생중계되는 가운데 '국민 여러분께 드리는 말씀'을 읽은 뒤 승용차 편으로 연희동을 떠났다. (중략)

전 전 대통령은 "제 가족의 재산은 연희동 집 한 채(대지 3백58평, 건평 1백16.9평)와 두 아들이 결혼해 살고 있는 바깥채(대지 94평, 건평 78평), 서초동 땅 2백 평, 그 밖에 용평에 콘도(34평) 하나와 골프 회원권 2건 등이며 금융자산은 재산 등록 제도가 처음 실시된 83년 총무처에 등록한 19억 원과 그 증식 이자를 포함해 모두 23억 원"이라고 밝히고 "이 모두를 정부가 국민의 뜻에 따라 처리해주기 바란다"고 말했다. (하략)

《〈한국일보〉 1988년 11월 24일자》

사진 속에서 이순자는 운다. 전두환은 그녀를 달랜다. 강원도 인제

군 북면 용대리 백담사로 귀양살이를 떠나기 위해 승용차에 오른 직후다. 그 순간 그녀의 뇌리로 '권불십년'이란 말이 스쳐 지나갔을까. 권력은 달콤하다. 아이스크림처럼 빨리 녹을 뿐이다.

아버지가 1988년 스크랩에 남긴 또 한 편의 시를 뒤늦게나마 그녀에게 선물한다. "고달픈 민중의 얼굴"과 "바가지를 쓰던 세월"을 생각하며 자신의 처지를 위로했더라면 좋았을 텐데.

바가지 민중

그렇게도 가난했던 옛날
슬프게 울부짖던 바가지 생활
모질게 학대받던 고달픈 민중의 얼굴

차라리 바가지를 쓰던 세월이 그립구나
바가지 인생 서민의 애환이 아른거린다

이제 와서
더 학대받고 심하게 천대받는 바가지
그래도 바가지처럼 사는 것이 좋다
(1988년 1월 2일)

3인의 '독제자(毒劑者)' 서리가 내리다

방북, 공안몰이, 분신

정주영이 다녀왔다.

1989년 연초를 뜨겁게 달군 뉴스는 '현대그룹' 명예회장 정주영이다. 그는 1월 23일부터 2월 1일까지 9박 10일간 북한을 방문했다. 제3국을 통한 이 방북은, 정주영 회장이 김포공항으로 귀국할 때에야 비로소 언론에 보도됐다. 1989년 2월 2일자 〈동아일보〉 관련 기사의 첫 문장은 이렇다. "휴전선을 넘어 금강산 관광이 허용된다". 금강산 관광을 실현하기 위해 정주영 회장은 4월에 한 번 더 20여 명의 기술진과 함께 북한에 가겠다고 했다. 희망적인 뉴스였다. 드디어 남북 화해의 물꼬가 화끈하게 터지는 것일까. 아, 결론은 1987년과 같았다. 개뿔.

3월 25일엔 문익환 목사가 베이징을 거쳐 평양에 갔다. 소설가 황석영이 이미 3월 20일 북한 땅을 밟은 직후였다. 두 사람은 3월 27일 김일성 주석을 함께 면담했다. 검찰은 같은 날 "명백한 보안법 위반 행위"라며 구속 수사 방침을 발표했다. "문 목사의 북한 방문은 정부의 사전 승인 없이 자의로 이뤄진 것으로 국가보안법 제6조 잠입·탈출죄와 제8조 회합·통신죄에 저촉되는 명백한 범법 행위"라고 했다. 4월 3일 안기부·검찰·경찰·보안사 합동으로 '공안합동수사본부'가 설치됐다. 아버지의 스크랩북 제22권(1989년)의 서두에서 그 공안몰이 칼바람의 시작을 목격한다. 제23권(1990년), 제24권(1991년)에서도 그 광풍은 쉽사리 멈추지 않는다.

一片至恨

밥상 위에 서리가 내린다
수저를 든 오른손 끝 마디 마디가 숨을 죽인다

3인의 '독제자(毒劑者)' 서리가 내리다 - 방북, 공안몰이, 분신

밥알은 씹을수록 맛이 없구나

여심은 갈대밭과 같은 것
바람 소리도 없는데
비명 소리만이 구름을 타고 춤을 춘다

굴뚝에서 검은 연기가 왜 날까
이상하구나 불 지핀 일이 없는데
위조지폐가 웃으며 탄다
교회 종탑 위에 십자가를 본다
까치 한 마리가 잠시 머문다
세월이 지나면 그것도 잊어지겠지

(1989년 스크랩 서시)

서리가 내렸다. 1988년 여소야대 정국 속에서 5공 비리 청문회로 내내 구석에 몰렸던 노태우 정부가 벌이는 반격의 서리였다. 어쩌면 분단의 밥상 위에 쏟아지는 서리였다. 수저를 든 손들이 숨을 죽였다. 밥알은 맛이 없다 못해 돌덩이가 씹혔다.

4월 12일엔 방북 취재 계획을 세웠다는 이유로 〈한겨레신문〉 임원들의 집에 공안합동수사본부 요원들이 들이닥쳤다. 논설 고문 리영희는 국가보안법 제6조 5항 '탈출 예비'와 제7조 1항 '찬양·고무·동조' 죄를 지었다는 이유로 구속되었다. 사실 방북 취재는 대통령 노태우가 바람을 불어넣은 기획이었다. 그가 1년 전인 7월 7일, 이른바 '7·7 선언'을 통해 '남북 간 평화 공존과 각계 인사 교류'를 천명했기 때문이다. 정주영

의 방북도 이 선언과 궤를 같이하는 일이었다. 그러나 정부의 허가를 받느냐 안 받느냐는 로맨스와 간통의 차이만큼 컸다.

4월 13일 남한으로 돌아온 문익환은 구속되었다. 6월 28일엔 평민당 서경원 의원이 1년 전인 1988년 8월 평양을 비밀리에 다녀왔다는 사실이 밝혀지면서 구속됐다. 서경원의 비서관과 여비서, 동서는 방북 사실을 알고도 신고하지 않았다는 이유로 '불고지죄'(국가보안법 제10조) 혐의가 적용됐다. 안기부·검찰·경찰은 '서 의원 특별수사단'을 구성했다. 명색이 제1야당(평민당) 총재인 김대중은 서울 중부경찰서와 검찰청사로 두 번이나 불려 가 역시 '불고지죄' 여부를 조사받았다. 6월 30일엔 '평양세계청년학생축전' 참석을 위해 '전국대학생대표자협의회(전대협)'가 파견한 외국어대생 임수경이 평양 순안공항에 도착했다. 6월 21일 서울을 출발해 도쿄와 베를린을 경유한 긴 여정이었다.

45일간 북한에 머물던 그녀는 8월 15일 문규현 신부와 함께 휴전선을 걸어 넘어와 구속된다.

다음의 한 장의 사진은 '방북 공안정국'이라 지칭할 만한 1989년의 모순을 압축해서 보여준다. 제목은 "김현희 만나는 임 양". 스크랩북에 있는 1989년 9월 9일자 〈한국일보〉에 실린 사진인데, 아마 안기부가 모

◇金賢姬만나는 林양 林秀卿양과 金賢姬가 만났다. 林양을 수사중인 안기부는 金賢姬와의 면담을 통해 北韓을 바로 알도록했으나 林양은 金이 KAL機폭파범이라는 사실을 믿지 않으려 했다고 밝혔다.

든 신문에 제공했을 것이다. 설명을 보자. "임수경 양과 김현희가 만났다. 임 양을 수사중인 안기부는 김현희와의 면담을 통해 북한을 바로 알도록 했으나 임 양은 김이 KAL기 폭파범이라는 사실을 믿지 않으려 했다고 말했다."

무엇을 바란단 말인가. 임수경이 김현희의 고백을 듣고 북한의 실상을 깨닫는다? 헛된 통일 운동의 꿈을 접고 정신 차린다? 장난하나? 앞에 있는 아버지의 시 중 "위조지폐가 웃으며 탄다"라는 구절이 이 상황에 딱 들어맞는다. 억지로 꾸며낸 위조지폐 같은 상황! 그 위조지폐조차 불타는 듯한 부조리하고 희극적인 시추에이션. 그해 11월엔 독일의 베틀린 장벽이 무너졌다. 12월 31일엔 백담사에 있던 전두환이 국회 청문회에 서서 증언을 했다. 당시 통일민주당 의원이던 노무현은 청문회장에서 명패를 집어던졌다.

교회는 슬프다

독재자(獨裁者)가 毒劑者가
되고
설교가 자기 나팔 소리에
춤을 춘다
똥 싼 놈은 휴지도 없이
두리번거린다
종교적 부패
中世紀라는 거울을 보라
대통령도 슬프다
牧者도 슬프다
불꽃은 붉게 뜨겁게 타오르지만
기름은 얼마 남지 않았다
(1990년 스크랩 서시)

말장난이다. 독재자(獨裁者)가 독제자(毒劑者)가 된다고? 독약을 짓는 사람이 된다고? 말이 된다. 1990년의 최대 뉴스였던 3당 합당은 눈앞의 위기를 수습하고 얼마간의 쾌락을 보장하는 정치적 약물이었다. "불꽃은 붉게 뜨겁게 타오르지만 기름은 얼마 남지 않았다"고 했다. 아버지는 종교적 부패를 더 말하고 싶었겠지만, 나에게는 정치적 부패로 읽힌다.

 1988년 4월 26일, 총선이 만들어낸 여소야대 정국은 순식간에 역전되었다. 여당인 민정당 총재 노태우, 제2야당인 통일민주당 총재 김영삼, 제3야당인 신민주공화당 총재 김종필이 세 당을 하나로 합치기로 했다. 이로써 1990년 2월 9일 의석 수 216석의 거대한 민주자유당이 창당했다. 3인은 모두 최고위원이 되어 집단 지도 체제를 형성했다. 경상북도와 경상남도에 뿌리를 둔 정치인이 손을 잡고 충청도 정치인이 가운데서 깍두기 노릇을 했다. 전라남북도에 기반한 김대중의 평화민주당만 고립되고 포위됐다. 정치적 이해관계로 완성한 보수대연합이었다. 노태우는 여소야대의 불리한 세력 관계를 말끔히 타파했다. 김영삼은 제2야당(통일민주당은 평화민주당보다 국회 의석 수가 적었다)의 열패감에서 벗어났고 차기 대통령까지 꿈꾸게 됐다. 김종필은 내각제 그림을 그릴 수 있게 되었다. 3인은 '독제자(毒劑者)'였다.

 그해 김영삼은 여당 안에서 노태우의 후계자로 알려진 박철언과 사사건건 부딪쳤다(4월). KBS 사원들은 서기원 사장 선임을 반대하는 대규모 제작 거부 투쟁을 했다(4월). 노태우는 고르바초프 소련 대통령과 샌프란시스코에서 만나 한-소 수교의 물밑작업을 했다(6월). 방송법이 날치기로 통과돼 1년 뒤 SBS로 이름 붙여질 민영방송이 설립의 법적 근거를 얻었다(7월). 북한 총리 연형묵이 서울에 와 노태우를 만나고(9월), 남한 총리 강영훈은 평양에 가 김일성을 만났다(10월). 보안사에서 민간인 사찰 자료를 갖고 윤석양 이병이 탈영해 기자회견을 했고(10월), 노태우는 '범죄와의 전쟁'을 선포했다(10월). 이 기사들을 다시 읽고 싶지는 않다. 내가 독자들에게 보여주고 싶은 뉴스는 이거다. 1990년 스크랩에서 선정한 최고의 기사!

한국일보　1990年6月3日 (日曜日) (陰曆 5月11日 乙亥)

戰警100여명 집단난동

釜山시경기동대 "부대해체→전속" 불만 술먹고

한밤 내무반·버스등 박살
부대이탈 街頭 농성까지

◇가두진출 — 중대해체에 불만을 품은 전경들이 2일상오 내무반 유리와 버스등 기물을 파괴한뒤 부대를뛰쳐나오고있다. 《釜山=鄭》

인근中隊 백여명도 합세…13시간만에 해산

떼강도 金庫강탈 車실어
경찰銃쏘자 버리고 도주

10代소녀 20여명폭행
피하다 옥상추락死도

20代운전사 令狀

주동자 전원구속
불명예제대 방침 치안본부

전경 100여 명 집단 난동
한밤 내무반·버스 등 박살

【부산=김대성 기자】2일 상오 1시께 부산 남구 용당동 부산시경 제2 기동대장(중대장 정태습 경감) 소속 전경 1백7명이 부대 해체에 반발, 내무반 집기와 창유리 1백20여 장, TV, 커피 자판기, 공중전화, 병력 수송 버스 유리 등을 부수며 난동을 부리고 농성하다 상오 8시 40분께 부대를 이탈, 서면 태화쇼핑과 동래구 사직운동장으로 옮겨 가며 '부대 해체 결의'를 요구하며 시위했다.

또 동래구 온천 2동 기동5 중대원 1백1명도 2 중대원들의 집단 난동 소식을 듣고 전경 수송 버스 2대를 타고 부대를 무단이탈 2 중대원들과 합류했다.

이들은 시경 간부들과 면담, 부대 해체 후 전경대에 배치하지 않고 다른 부서로 배속시켜주겠다는 약속을 받고 하오 2시께 자진 해산, 부대로 복귀했다.

이들은 당초 현역병으로 입대했으나 전경으로 차출돼 시위 진압 현장에 동원된 데 대한 불만이 누적된 데다 부대가 해체돼 타 부대로 전출될 경우 부당한 대우를 받게 될 것을 우려, 난동을 부린 것으로 알려졌다. (하략)

〈《한국일보》 1990년 6월 3일자〉

군인 신분인 전투경찰들이 반란을 일으켰다. 군 입대를 하고서도 군 부대가 아닌 경찰서에서 먹고 자며 대학생 등 민간인과 싸워야 하는 스트레스에다 부대 해체 이후에 대한 불안감까지 더해졌다. 단순히 술기운 때문이었다고 보이진 않는다. 자신들이 처한 모순을 이성적으로 공유했기에 1백여 명이 함께했을 거다. 당사자들의 통쾌함도 잠시. 곧 '코가 깨지고 피가 흐르는' 보복을 당했겠지. 당시 신문들을 찾아보니 주동자급 6명은 구속됐다. 그럼에도 잠시나마 겪은 '금기된 반란의 경험'은 인생에서 가장 짜릿하고 임팩트한 순간이 아니었을까. 아버지의 시처럼 '칭찬이 되고 상금이 될' 인생의 자산으로 남지는 않았을까? 아니다. 이로 인해 패가망신했을지도 모른다.

1991년이 왔다. 난 스물넷이었고, 아버지는 쉰여섯이었다. 1989년 8월에 강원도의 소도시 고향에서 방위 복무를 시작한 나는 1991년 1월 23일 소집해제(제대)를 앞두고 있었다. 그 한 주 전인 1월 17일 미국을 포함한 다국적군이 쿠웨이트를 점령한 이라크를 향해 대공습을 감행했다. 걸프전이었다. 나는 혹시나 이 일로 인해 제대가 미뤄지지는 않을까 하는 괜한 걱정에 사로잡혔다. 2월 28일에 끝난 40여 일의 전쟁에서 미국은 완벽한 승리를 거두었다. 다국적군의 전사자는 378명. 이라크전 희생자는 20만여 명. 피가 흐르는 강물이여.

1991년의 국내 정세도 피가 흐르는 강물이었다. 다국적군의 폭격과는 관계없으나, 경찰에 맞아 죽고 스스로 불붙여 죽어서 흐르는 피의 강이었다. 시인 김지하는 5월 5일자 〈조선일보〉에서 "죽음의 굿판 당장 걷어치워라"라고 일갈했다가 논란에 휩싸였다.

그해 2월에 노태우 정부는 한차례 위기를 수습한 터였다. '노태우 정부 최대의 권력형 비리'라는 '수서 사건'이었다. 당시 서울시가 '한보그룹' 소유의 서울 강남구 수서 택지 개발 예정 지구 내 35,500평을 특정 조합에 공급하는 과정에서 정치권-기업-관 사이에 로비와 뇌물이 횡행했던 것이다. 로비를 하고 뇌물을 준 한보그룹 정태수 회장은 물론 뇌물을 받은 여야 의원 8명이 구속됐다. 청와대 장병조 비서관도 이에 연루되어 구속됐다. 정부는 2월 18일 정부 요직 개편을 단행했고, 19일엔 노태우 대통령이 '국민에게 사과'했다.

　노태우 정권의 위기는 계속됐다. 4월 26일 등록금 인상 반대 등 학내 민주화 투쟁에 참여한 명지대 경제학과 1학년 강경대 군이 서울시경 4기동대 94중대 소속 전경(이른바 '백골단') 4명에게 쇠파이프 집단 구타를 당한 끝에 사망했다. 사건 발생 다음 날 노태우 정부는 안응모 내무부 장관을 전격 경질해 문책했으나 정국은 가라앉지 않았다. 재야 35개 단체는 '대책회의'를 구성하고 '정권 퇴진 전면 투쟁'을 선언했다. 이른바 '치사정국'의 개시.

　전국 곳곳에서 시가전 같은 데모가 벌어지는 와중에 분신이 시작됐다. 1991년 한 해 총 11명이 분신했다. 전남대생 박승희가 분신했고(4월 29일), 안동대생 김영균이 분신했고(5월 1일), 경원대생 천세용이 분신했다(5월 3일). 여기까진 이틀에 한 명꼴이었다. 5월 8일에는 '전국민족민주운동연합(전민련)' 사회부장 김기설이 서강대 옥상에서 유서를 남기고 분신했다. 5월 18일엔 전남 보성고에서 이 학교 3학년생 김철수 군이 분신을 기도했고, 같은 날 연세대 정문 앞 철로 다리 위에선 39세 주부 이정순 씨가 분신한 뒤 인도 바닥으로 투신했다. 그녀가 분신 직전 외친 구호는 "노태우 정권 물러나라"였다고 한다. 무엇이 4남매의 어머니인 그녀로 하여금 정권에 대해 그토록 불타는 적개심을 품게 했을까.

　5월 14일엔 강경대 군 영결식이 열리는 등 초대형 가두시위는 그치지 않는다. 5월 25일엔 서울 도심의 가두시위 도중 경찰에게 토끼몰이 진압을 당하던 성균관대생 김귀정이 사망한다.

　노태우 정권은 쉽게 무너지지 않았다. 오히려 반전과 역공의 날개를 얻는 일이 생겼다. 서강대 총장 박홍은 '분신 배후설'을 유포했고, 검찰은 가상의 배후가 아닌 현실의 배후로 전민련 사회부장 강기훈을 지

1991. 5. 19

高校生·30代女인 焚身
寶城·서울서... 女人은 숨져

【光州=林鍾暎기자】18일 상오10시20분쯤 전남寶城郡 寶城邑鳳山里 전남寶城高교정에서 이학교 3학년 金鐵洙군(18)이 운동장에 모인 학생들과 교사들에 의해 유신관에서 뛰어 내려 쓰러졌다. 金군은 제몸에 휘발유를 붓고 불을 붙인 뒤 30m아래 바닥으로 떨어졌다. 金군은 곧 광주기독병원으로 옮겨졌으나 전신3도화상을 입어 이날 상오 11시53분쯤 숨졌다.

한편 18일 상오11시30분쯤 서울서대문구冷泉洞 새문안교회 정문앞에서 李正順씨(32·여)가 분신한채 병원으로 옮기던중 12시가 채 못돼 숨졌다. 李씨는 철야농성을 벌이던 全民聯의 「전국민족민주운동연합」의 결의향상대회에 참석, 盧泰愚정권 타도하자 는 제目의 유인물을 뿌리고 투쟁했다.

李씨는 유서 3장과 함께 2만5천원, 가톨릭기도문, 대학노트등에서 국가와 민족을 위한 양심선언으로 자신의 몸에 불을 지른다고 밝혔다. 李씨는 또 16자로된 유서에서 『나의 죽음이 헛되지 않도록 同胞들이여 일어나 민족민주 불꽃이 되어라』고 말했다.

◇金鐵洙군
◇李正順씨

姜基勳씨 자진출두...

「유서代筆」여부 철(저)

◇全民聯총무부장 姜基勳씨(27)가 24일 상오 수갑이 채워진채 서울瑞草洞 서울지검청사로 압송되고있다.【朴宗祐기자】

성당단식 2명 병원에
徐俊植씨등 3명은 농성계속

"大學이 그랬구나"
경악… 분노… 허탈…

"민주화 한다며 난장판인가"
일부선 "예상된 불상사…개혁 계기로"

전국 총학장들 오늘 긴급회의

대학이 그랬구나, 고교생이 그랬구나, 30대 여인이 그랬구나, 강기훈이 그랬구나. 잠깐. 뭐, 강기훈이 그랬다고? 유서를 대필했다고? 이 사건은 2012년 10월 대법원의 재심 개시 결정이 내려진 이후 2013년 4월 현재 재심이 진행 중이다. 대학생들에게 밀가루 봉변을 당한 당시 정원식 총리가 아무리 억울하다 해도, 강기훈의 처지에 비한다면야….

목했다. 김기설의 유서를 대필했다고 뒤집어씌웠다. 강기훈은 재야 단체의 보호 아래 명동성당에 칩거하며 맞섰지만 결국 6월 24일 검찰에 출두한 뒤 구속됐다. 5월 24일 총리에 임명된 정원식 총리는 2주 만인 6월 5일 외국어대 교육대학원에 마지막 강의를 하러 왔다가 학생들에게 붙들려 밀가루와 날계란 세례를 받았다. 그를 공격한 학생들은 '전교조 교사들을 파면하고 구속했던 전 문교부 장관 정원식의 과거'를 상기시켰다. 강기훈과 정원식 사건을 딛고 노태우 정권은 우쭐해졌다. 재야와 시민단체, 학생운동권은 '인격 파탄자' 취급을 받으며 손가락질당하고 움츠러들었다.

농부 "홧김에" 방화
나이트클럽 16명 사망

17일 밤 9시 50분쯤 대구 비산 4동 333의 2 농춘빌딩 지하 1층 거성관나이트클럽(주인 양귀영·42)에서 술을 마시러 왔던 김정수 씨(30·농업·경북 금릉군 부항면 부산리 308)가 술을 주지 않는 데 앙심, 휘발유를 뿌리고 불을 질러 서상우 씨(26·한전 직원·경북 영천 교동) 등 남녀 16명이 유독가스에 질식돼 숨졌다. (하략)

《국민일보》 1991년 10월 19일자)

모든 죽음은 평등하다. 1991년에 그들만 죽었는가. 치사-분신 정국의 회오리 속에 스러져간 이들만 기억해야 하는 것은 아니다. 대구에선 "촌놈에게 술을 팔지 않는다"는 나이트클럽 종업원의 말에 격분한 농부가 불을 질러 클럽에서 놀던 16명이 죽었다. 분신정국과는 아무런 관계가 없는 '분신 타살'. 어이없는 개죽음이었다. 그리고 이틀 뒤.

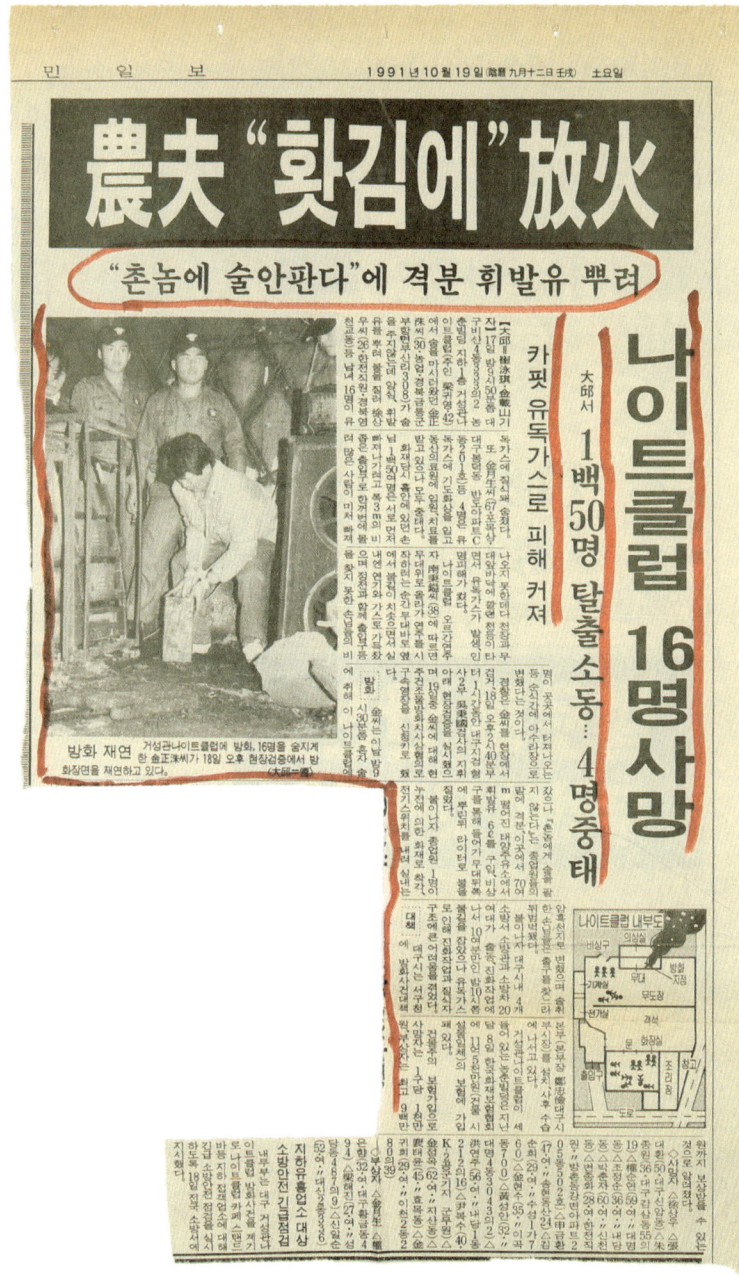

대구 방화 이어 또 인명 경시 '화풀이 범행'
훔친 차 여의도 광장 "살인 폭주"

무고한 제3자들을 희생시키는 격발성 화풀이 범죄가 또 일어났다. 지난 17일 밤 대구의 나이트클럽에서 괄시를 당한 영농후계자의 방화로 16명이 사망한 지 이틀 만에 시력이 나빠 직장에서 여러 번 쫓겨났던 20대 청년이 세상에 복수하고 자살하겠다며 훔친 승용차를 몰고 여의도 광장에 난입, 2명이 차에 치여 숨지고 21명이 중경상을 입는 사건이 발생했다. (하략)

《한국일보》 1991년 10월 20일자

여의도 광장은 서울 영등포구 여의도동 여의도의 중심부에 동서남북으로 펼쳐진 약 22만 제곱미터의 공간이었다. 1997년부터 공원화 사업이 추진되어 지금은 숲으로 변했지만, 그전에는 끝이 안 보일 정도로 시원하게 펼쳐진 공터였다. 사람들은 이곳에서 자유롭게 롤러스케이트나 자전거를 타고 놀았다. 주로 청소년과 어린이가 많았다. 롤러스케이트도 아니고 자전거도 아닌 '프라이드' 승용차가 시속 80킬로미터의 속도로 이곳을 미친 듯이 달렸다. 2명이 죽었다. 21명이 중경상을 입었다. 피의자 김용제는 경찰에서 "이왕 죽을 바에야 세상에 복수하고 죽자는 생각이었다"고 말했다.

2008년 7월의 동해시청 공무원 살인 사건, 2008년 8월의 서울 논현동 고시원 방화·살인 사건, 2010년 12월 게임 중독자의 서울 잠원동 살인 사건, 2012년 8월의 여의도 칼부림 사건을 기억하는가. 1991년 10월의 여의도 차량 질주 치사는 이 모든 무차별 화풀이 범죄의 원조 격인 사건이었다.

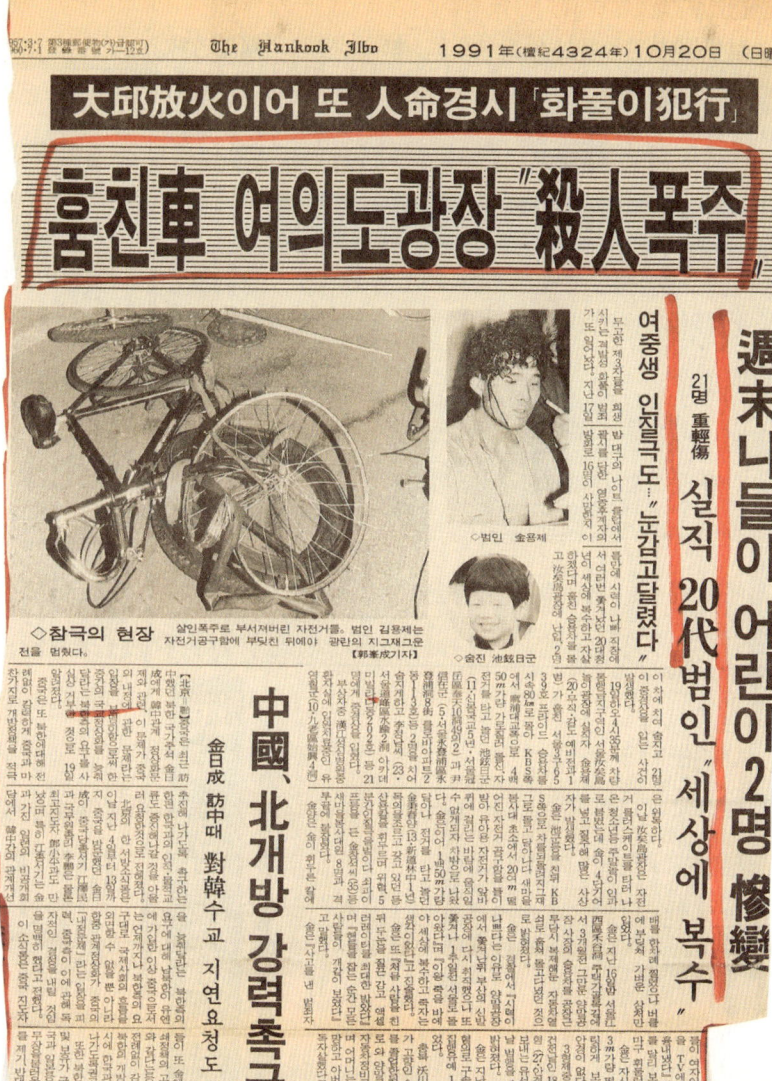

김용제는 1992년 6월 대법원에서 사형 확정 판결을 받았다. 5년 뒤인 1997년 12월 30일에 다른 사형수 22명과 함께 교수형을 당했다. 그날은 대한민국에서 마지막으로 기록된 사형 집행일이다.

1960~1970년대 박정희 독재의 칠흑 같은 어둠과 1980년 광주의 비극을 지나 1990년대엔 좋은 날이 올 것만 같았다. 잡힐 듯 잡힐 듯 다가오던 민주정부의 신기루는 1987년 12월 눈앞에서 물거품처럼 사라져 버렸다. 재집권에 성공한 기득권 세력은 잠깐 뒷걸음치는 시늉을 하다가 3당 합당이라는 마술쇼를 통해 공룡으로 변신했다. 6공은 5공과 단절하려 했지만, 민주주의를 바라는 대중의 눈에 둘은 큰 차이가 없었다. 어쩌면 '절망투쟁'의 시대였다. 사회의 안전망에서 낙오된 채 좌절감을 이기지 못하고 거리에서 칼을 휘두르는 21세기 '절망살인'과 비슷한 개념으로서 말이다. 미래에 대한 기대를 끝내 저버린 채 이성을 잃고 스스로에게 칼 아닌 휘발유와 성냥불을 들이대는.

이런 분위기 탓일까. 1991년 기독교계 일부에선 '극단적 종말론'이 퍼져나갔다. 1992년 10월 28일 세상이 멸망하고 예수가 재림한다는 '시한부 종말론'. 이를 믿는 신도들이 거리에서 어깨띠를 두르고 선교를 했다. '천국 티켓'을 사고파는 사람들도 생겨났다. 그해 12월 거대한 소련연방이 종말을 고했다. 소련연방 산하의 공화국들은 쪼개졌다. 그리고 스크랩을 만들던 아버지에게도 종말의 그림자가 소리 없이 다가오고 있었다.

제5부

정의사회구현

놀리지 마라

장애인에서 카섹스까지

증조할머니는 문맹이었다.

1896년생인 증조할머니는 전혀 읽지도 쓰지도 못하셨단다. 그분의 며느리였던 1914년생 할머니는 업그레이드되셨다. 가끔 신문을 펼쳐놓고 제목을 읽으며 나와 이야기를 나눴다. 수첩에 공과금 내역을 적기도 했다. 맞춤법은 엉망이었다. 절반은 틀렸다. 글씨도 삐뚤삐뚤했다. 엉터리 한글이라고 장난삼아 놀리면 이렇게 되받아치시곤 했다. "나도 제대로 학교에서 배웠으면 너보다 잘했어, 이놈아."

할머니들을 떠올리게 한, 엉터리 한글을 본다. 글씨가 '온전'하지 않다. 몸을 떨면서 쓴 것 같다. 맞춤법도 기본이 안 돼 있다. 그러나 어찌 잘난 척하며 놀릴 수 있으랴.

나는 사람들의
놀림감이 실다
국어선생에게 맛기도
수학선생에게 욕
어더 먹기도 실다
더 이상 주위 사람
에게 피해주기 실다
이만큼이나
배우게 해주신
엄마게 감사
드립니다
아니면 이것도
못 쓸 건데

중학생 남구현 군의 유서다. 1981년 당시 중1이었다. 나이를 보니 또래보다 네 살이나 많은 만 열일곱이다. 학교를 다니다 말다 했던 모양이다. 난 그때 중3이었다. 나보다 학년은 낮지만 한참 형이었을 그는 사람들의 놀림이 지긋지긋했다. 더 이상 참을 수가 없었다. 피를 토하는 듯한 절규를 유서로 남겼다. 떨리다 못해 터질 듯한 가슴으로, 떨리는 손에 의지해 써내려간 글씨다. 그는 결국 목을 매 자살했다.

"저세상엔 불구라고
놀리는 사람 없겠지"
지체부자유 중학생 피 맺힌 '절규'… 목매 자살

지체가 부자유스런 중학생이 친구들의 놀림과 교사의 질책 등 학교생활을 견뎌내지 못해 자살했다. 이 소년은 하루를 거르지 않고 쓴 일기와 유서를 통해 지체부자유자로서 시달리는 학교생활의 고통스러움을 낱낱이 기록, 지체부자유자를 외면하고 고통 주는 사회를 고발했다. '장애자의 해'의 행사가 겉치레로 흐르는 사회의 비정을 나무라는 절규로서 큰 충격으로 받아들여지고 있다. 28일 낮 11시경 서울 관악구 봉천중 1년 남구현 군(17·관악구 봉천 7동 172)이 자기 집 공부방에서 목매 숨져 있는 것을 남 군의 어머니 유재순 씨(44)가 발견했다.
어머니 유 부인에 따르면 남 군은 이날 아침 "이젠 학교에 다니지 않겠어요. 더 이상 참을 수가 없어요"라고 울부짖어 달래어 공부방에 들여보냈는데 점심 무렵까지 아무 소식이 없어 문을 열어보니 문고리에 끈을 매달아 목매 숨져 있었다는 것.
남 군은 유서에서 "더 이상 친구들로부터 놀림을 받기 싫고 공부를 계속할 힘이 없어요. 부모님 오래 사셔요"라는 마지막 말을 남겼다.

유 부인은 남 군이 이틀 전부터 국민학교 때와는 달리 결석을 하면 수업을 따라갈 수가 없고 글씨도 쓰기 힘들어 시험을 제대로 치를 수 없다며 학교에 가기를 거부해왔다고 말했다.

남 군은 생후 3개월 되면서 뇌성마비를 앓아 신체 발육이 제대로 되지 않고 말을 더듬으며 발작을 일으키는 등 불구가 됐다.

남 군은 11세가 돼서야 봉천국교에 입학, 17세가 되는 지난 2월 졸업, 봉천중에 다녔었다.

남 군의 국교 성적은 잦은 결석에도 불구하고 중상 이상이었다.

(하략)

《동아일보》 1981년 4월 29일자

중2 때 잘 듣지 못하는 친구가 있었다. 어렸을 때부터 난청이었다. 보청기를 끼고 다녔다. 그 친구의 어머니는 자주 학교를 찾았다. 담임선생님한테 아들을 잘 좀 보살펴달라는 부탁을 여러 차례 했으리라. 반 친구들의 놀림과 손가락질로 아들의 자존감이 꺾이지 않을까 노심초사했으리라. 선생님도 장애를 지닌 친구에게 친절하게 대하라고 조회 시간에 여러 번 당부했다. 평소에는 문제가 없었다. 그 친구와 가끔 사소한 갈등이 벌어지면 상대방 친구의 욕은 어김없이 치명적 약점을 파고들었다. "귀머거리 새끼". 기사의 주인공인 남 군처럼 몸이 뒤틀리는 뇌성마비라면 친구들에게 얼마나 더 심한 모욕을 당해야 했을까. "병신 새끼"라는 말에 수없이 절망했을 것이다.

아버지의 스크랩북 제13권(1980~1981년), 제15권(1983년), 제16권(1984년)을 편다. 쿠데타로 집권한 전두환 대통령이 '정의사회구현'이라는 기치 아래 군사독재 시즌 2를 시작하던 때다. 과외가 전면 금지되고(1980년 7월), 고교 입시가 평준화됐으며(1981년), 교복이 자율화됐다(1983년). 나 역시 고2 때인 1983년부터 검은색 교복을 벗고 사복으로 등교하기 시작한 기억이 있다. 흑백 TV 대신 컬러 TV도 볼 수 있게 됐다(1980년 12월). 프로야구가 출범했으며(1981년 12월), 88서울올림픽 개최가 확정되었다(1981년 9월). 1980년대는 1970년대와는 뭔가 확실히 달랐다. 컬러 TV 같은 총천연색 꿈이 피어오르던 시대였다.

그러나 약자를 대하는 사람들의 태도는 별로 달라지지 않았다. 무늬만 바뀐 군사정권 아래, 1980년대 보통 사람들의 인권 감수성은 제로에 가까웠다. 사람과 사람 사이를 가로막는 편견의 장벽은 여전히 굳건하고 높았다. 이번 장은 그 장벽에 깔려 고통 받은 사람들에 관한 이야기다.

1984년 9월 19일 휠체어 이용 장애인인 김순석(지체장애 1급, 34세)은 도로의 턱을 없애달라는 내용의 유서를 남기고 음독자살했다. 그는 서울시장 앞으로 다섯 장 분량의 유서를 남겼다. "시장님, 왜 저희는 골목골목마다 박힌 식당 문턱에서 허기를 참고 돌아서야 합니까? 왜 저희는 목을 축여줄 한 모금의 물을 마시려고 그놈의 문턱과 싸워야 합니까? 또 우리는 왜 횡단보도를 건널 때마다 지나는 행인의 허리춤을 붙잡고 도움을 호소해야 합니까?"

1980년대 초엔 개인으로서의 '불구자'만이 존재했다. 사회집단으로서의 '장애인'은 존재하지 않았다. '장애인'이란 말도 1990년대 중반부터 통용되었다. 그전까지는 '장애자'였다. 장애인에 관한 기사에서 장애인과 반대되는 개념으로 '정상인'이란 말을 썼다가 장애인 독자로부터 호된 항의를 받았던 경험이 있다. 지금은 거의 모든 매체에서 '비장애인'이라고 쓴다.

집을 나서자마자 주차장에서 휠체어 표식을 만난다. 장애인 주차 구역이다. 절대 부족하지만, 계단을 오르지 않아도 되는 저상버스도 생겼다. 지하철 입구 계단 옆엔 휠체어 장애인의 이동을 위한 리프트가 설치돼 있다. 2008년 4월부터는 장애인차별금지법이 시행됐다. 작은 변화라 해도, 저절로 된 것이 아니다. 남구현, 김순석 같은 장애인들의 비극이 장애인과 비장애인들을 각성시켰다. 1987년 이후 청년 장애인들을 중심으로 진보적 장애인 운동이 태동하고 장애인 차별 금지를 포함한 각종 제도 개선 노력과 투쟁이 있었기에 가능했다. '장애여성공감' 공동 대표 박김영희 씨는 2007년 간행된 《차별에 저항하라》의 추천 글에서 이렇게 말했다. "운동을 시작한 후 절실히 깨달은 것은, 착한 장애인으로 침묵하면 천년이 가도 자기 삶이 달라지지 않고 세상도 변하지 않는다는 것이다."

'동성동본 금혼벽' 너무나 높다
14년 부부 자살극…일가 파탄

동성동본인 남녀의 사랑은 살인 방화로 끝을 맺었다. 동성동본 금혼 제도의 두터운 벽에 부딪쳐 생긴 비극이었다. 여자는 불에 타 숨지고 남자는 살인 방화 혐의로 경찰서에 갇혔으며 두 사람 사이에 태어난 2남 2녀의 죄 없는 아이들은 돌보는 사람 없이 울며 하루하루를 지낸다. '동성동본'은 결혼할 수 없는가. '동성동본'임을 모르고 시작한 사실혼은 어떻게 처리되는가. 양자 사이에 태어난 아이들은 영원한 사생아인가. '적당한 법률적 요령'으로 파국을 막을 수 없었던 주인공 이광연 씨(34·노동·서울 관악구 봉천 2동 산 98의 1)의 무지와 고지식함을 나무라기 전 '동성동본 금혼 제도'가 가지고 있는 문제점을 심각하게 생각해보아야 할 때가 이미 지난 것 같다. 우리나라에는 지금 20만 쌍 이상의 동성동본 부부가 '그늘' 속에서 살고 있다.

자녀 입학 때마다 연령감정서로 주민등본 대신
20만 쌍 '그늘 인생' 대책 시급

경기 강화가 고향인 이 씨는 어려서 아버지를 여읜 뒤 인천에 와 이발소 종업원으로 일하다 20세 되던 해 아내 이봉자 씨(31)를 만났다. 아내 역시 10세 되던 해 부모를 모두 잃은 고아여서 둘은 자연스럽게 가까워졌고 결혼식도 생략한 채 사글세방을 얻어 동거를 시작했다.

그러다 보니 이 씨 부부에게는 은주 양(11·원당국교 4년) 은숙 양(원당국교 2년) 등 자녀가 생겼고 은숙 양이 생후 석 달이 됐을 때 관에서 마련해준 합동결혼식까지 치렀다.

그러나 이때부터 단란하던 이 씨 가정에는 파란이 일기 시작했다. 혼인신고를 하러 갔던 이 씨 부부에게 '동성동본'이기 때문에 신고가 안 된다는 통고가 내려진 것. 어려서부터 떠돌이 생활을 하다가 외롭게 만난 처지여서 전주 이 씨인 이들 간에는 본관을 확인할 마음의 여유도, 지식도 없었던 것.

그것은 수난의 시작에 불과했다. 주민등록부에는 이 씨 자신만이 기재되었을 뿐이고 아이들은 출생신고조차 할 수 없는 상태가 계속됐다. 맏딸 은주 양이 초등학교에 입학할 때도 병원에 가서 뗀 연령감정서로 신원 확인을 대신해야 했다. (하략)

《조선일보》 1981년 3월 13일자》

이번엔 '동성동본'이다. 성과 본관이 같은 사람은 결혼할 수 없다는 민법 제809조가 같은 '전주 이 씨'였던 부부를 돌이킬 수 없는 길로 내

몰았다. 기자가 잘 지적하고 있듯이 "'적당한 법률적 요령'으로 파국을 막을 수 없었던 주인공 이광연의 무지와 고지식함을 나무라기 전 '동성동본 금혼 제도'가 가진 문제점을 심각하게 생각해보아야 할 때"였다.

기사에서는 생략되었지만, 정부는 1978년 한 해에 '혼인에 관한 특례법'을 제정해 모두 5천 쌍의 동성동본 부부 혼인신고를 허가해줬다. 1988년에도, 1996년에도 한시적으로 혼인을 허용해주었다. 이광연 씨 부부가 7년을 기다렸더라면 하는 가정이 덧없지만 말이다.

동성동본 불혼의 원칙은 지금은 유물이 되었다. 1997년 7월 헌법재판소가 이에 관해 헌법 불합치 판정을 내렸다. 1995년 5월 동성동본 부부 8쌍의 위헌 제청 신청을 받아들여 서울가정법원이 위헌 심판 제청서를 제출한 지 2년 만이었다. 2005년 3월 2일엔 "8촌 이내 혈족, 6촌 이내 인척간의 혼인만 금지하고 그 외 동성동본간의 혼인은 허용한다"는 내용의 민법 개정안이 국회 본회의를 통과했다.

여장 남자 '호스티스' 원색의 교태
'이상한 술집' 성업

게이바(Gay Bar)가 서울에도 등장했다. 문자 그대로 남자들이 여장을 하고 술 시중을 드는 술집을 말한다.

서울 시내에서만도 20여 개소가 '성업중'이라고 들린다. 일본 동경의 게이바, 구라파나 미국의 남창이나 호모 클럽의 모방판인데 퇴폐 풍조가 낳은 차가운 성(Cold Sex)의 한 형태로 서구 향락주의 문명의 찌꺼기.

세계적인 성 개방 풍토의 영향을 우리 사회가 피할 수 없다고는 하지만 이 같은 '쓰레기 장사'까지 끼어든대서야 곤란하다. 위법성이 있고 없고를 따지기 전에 '한심하다'는 반응이 압도적으로 나오고 있는 게 이 사회의 '마음'인 것이다.

주말인 22일 밤 11시께, 서울 중구 인현동 유흥가 골목길에 있는 'xx술집'.

지하 계단을 내려가자 여느 술집과 마찬가지로 요란한 음악과 여장 호스티스들의 간드러지는 웃음소리가 손님들의 취한 목소리와 어우러져 흥청거린다.

20평 남짓한 실내에는 2평 정도의 낮은 무대가 있고 무대 주위의 테이블 6개에는 손님이 꽉 차 있다.

20대 후반의 남녀 3명이 일행인 팀, 40대 신사 2명과 30대 후반의 여자 1명이 일행인 팀, 30대 초반의 남자 2명이 일행인 팀 등이 1~2명씩의 호스티스들의 서비스를 받고 있었다.

테이블 사이를 오가며 갖은 교태를 부리는 호스티스들은 한결같이 짙은 화장에 웃통을 온통 드러내다시피 한 옷차림에 귀고리, 목걸이, 반지 등 장신구도 요란하다. 모두 7명. 속살이 훤히 내비치는 드레스 아래로 드러난 각선미도 일품이다. (중략)

약간 허스키한 목소리의 말투도 영락없는 여자다.

조금 이상한 게 있다면 모두가 1m 70cm를 넘는 장신이고 어깨가 조금 넓다는 점.

그리고 대부분 앞가슴이 별로 두드러져 보이지 않는 것이 눈에 띈다. (중략)

밤 12시가 가까워지자 호스티스들은 번갈아 무대에 서서 '흘러간 노래' 등을 간드러지게 부른다. 분위기가 고조되자 일본 가요도 흘러나온다. 모두가 상당한 수준급.

흥에 겨운 듯 손님들도 무대로 올라가 이들을 껴안고 함께 노래

게이들을 '호모새끼'로 비하하던 1980년대. 심각한 사회문제화가 우려된다면서 기사는 몹시 구체적이다.

를 불렀고 이어 부르스 곡이 나오자 마주 잡고 돌아가기도 한다. 객석에 있던 30대 후반의 여자 손님도 이들과 어울려 '진한 분위기'를 연출한다. 호스티스의 가슴 속에 '팁'을 찔러 넣어주는 여자 손님들도 눈에 띈다.

호스티스들은 연신 내실을 들락거리며 드레스와 한복, 궁중 의상 등을 바꿔 입고 나와 디스코, 화관무, 스페인풍의 춤 등 갖가지 춤으로 손님들을 즐겁게 한다.

시간이 흐르면서 '미모'와 '몸매'가 가장 뛰어난 미스 x란 호스티스가 나비 날개 같은 드레스 차림으로 무대에서 홀로 괴상한 포즈의 춤을 춘다. 옷가지를 하나씩 벗는 이른바 스트립쇼다. 결정적인 순간이 되자 갑자기 10대 후반의 미소년이 나타나 파트너가 되어 어울린다.

이들 한 쌍은 갖가지 묘한 동작과 자세를 연출, 소위 라이브쇼 흉내도 낸다.

이런 식으로 새벽 3시께까지 기상천외한 각종 쇼가 이어진다.

(중략)

《한국일보》 1983년 1월 25일자)

심각한 사회문제화 우려 - 전문가들 의견

고려병원 정신신경과장 이시형 박사는 이 같은 현상에 대해 "성의 일탈 행위가 사회 저변으로 퍼져나갈 때 이들 사회의 각종 범죄 행위의 증가 등 심각한 사회문제를 일으킬 우려가 크다"고 염려했다.

정신신경과 전문의 정동철 박사는 "개인적으로는 성장 과정 등에서 '성의 주체성'을 갖지 못한 이상 성격자들이 호모로 발전한다"고 분석하고 "인간의 본능 속에 잠재해 있는 동성애 행위가 '영업적인 차원'으로까지 타락해갈 경우 사회의 통념적인 가치관을 해칠 뿐 아니라 이들의 왜곡된 심리 상태로 인한 자살률의 증가, 범죄의 증가 등이 필연적인 해악"이라며 역시 우려를 나타냈다.

또 김준수 변호사는 "호모나 레스비언 등 동성 간의 성관계를 현행 법률로 다스릴 근거는 없다고 본다"고 말하고 "외국의 예처럼 크게 성행, 사회문제화되기 전에 계도책이 마련돼야 할 것이다"고 말했다.

《한국일보》 1983년 1월 25일자)

기사 내용이 가관이다. 성의 일탈이 범죄로 연결된다는 둥, 이상 성격자들이 호모로 발전해 자살률 증가에 한몫을 한다는 둥, 계도책이 마련돼야 한다는 둥. 그러면서도 결과적으로는 이러한 '이상한 술집'들을 홍보해준다.

세상은 많이 변했다. 1980년대 후반 장애인들이 떨쳐 일어나기 시작했다면, 동성애자들의 권리 찾기 운동은 1990년대 후반부터 활발해졌다. 게이나 레즈비언, 성전환자를 마음속으로는 인정하지 못해도 존중하는 분위기가 대세다. 트랜스젠더 연예인 하리수가 TV에 등장하고, 노골적 동성애 코드가 담긴 드라마 〈인생은 아름다워〉를 안방에서 가족들과 함께 보는 시대가 됐다. 동성끼리의 키스나 정사신이 담긴 영화도 이젠 특별하지 않다. 웬만한 대학엔 동성애 동아리가 하나쯤 있다. '커밍아웃'하고 사회 활동을 하는 김조광수 영화감독 같은 이들도 늘고 있다. 미국의 오바마 대통령은 동성애 결혼 합법화를 지지한다는 입장까지 밝힌 바 있다.

'단일민족' 신화가 지배하는 대한민국에서, 소수자들의 1980년대는 지옥이었다. 그렇다면 1990년대엔 환하게 빛이 들어왔나? 2000년대엔? 2010년대엔? 어떤 소수자들이냐에 따라 명암이 조금씩 다르겠다. 사상의 소수자(비전향 장기수), 장애인 소수자, 성적 소수자(동성애자, 트랜스젠더), 국적 소수자(이주 노동자), 신념의 소수자(양심적 병역 거부자)들은 앞서거니 뒤서거니 하며 사회를 향해 마이크를 들었다. 아직도 인정받지 못하는 사람들이 있지만, 한 발짝 한 발짝 진보하고 있음은 분명하다.

그렇다면 다음 소수자의 경우는 어떠한가. 이들의 '그런 짓'은 어떻게 보아야 하는가. 오럴 섹스를 하다 적발되면 처벌한다는 홍콩을 떠올리게 한다. 일벌백계! 옛날엔 이런 일도!

카섹스 남녀에 중벌
서울지법 동부지원 처벌 1호… 구류 2일씩

선진국에서 골치를 앓고 있는 카섹스(차내 성행위)가 우리 주변에도 다가오고 있는 것일까.

'마이 카' 붐을 타고 급증하고 있는 차치기 범죄 등 선진국형 신종 범죄에 편승, 어느 사이 우리 주택가 골목길에서 카섹스를 하는 등 양속을 해치는 행위가 등장했다.

9일 밤 9시 40분께 서울 강남구 개포동 공무원아파트 단지 옆 차도에서 서울1다 8xx3호 포니 승용차를 세워놓고 차 속에서 '행위'를 하다 주민들에게 들킨 조 모 씨(24·무직·서울 강남구 대치동)와 애인 김 모 양(24·강남구 개포동)의 경우가 바로 한 예.

조 씨는 아버지 승용차를 끌고 나와 애인 김 양을 태우고 아파트에서 1백여m 떨어진 차도 옆에 차를 세우고 차 뒷좌석에서 즐기

다가 산책 나온 주민들에게 적발돼 경찰에 넘겨졌다.

주민들은 가로등이 없고 호젓한 가로변이라고 하지만 아파트 단지에서 1백여 m밖에 떨어지지 않은 곳에서 '그런 짓'을 하는 사람들의 양식을 이해할 수 없다며 혀를 찼다.

강남경찰서에 연행돼 10일 서울지법 동부지원의 즉결심판에 넘겨진 조 씨와 김 양은 2일씩의 구류 처분이란 중벌을 받았다. 즉결 담당 고병석 판사는 카섹스 처벌 1호인 조 씨와 김 양에게 "형법 제245조(공연 음란)를 적용, 일벌백계의 뜻에서 엄하게 다스렸다"고 말했다.

《한국일보》 1984년 4월 11일자

원한과 치정,
돈과 고문의 맛

저명 살인 사건의 미스터리

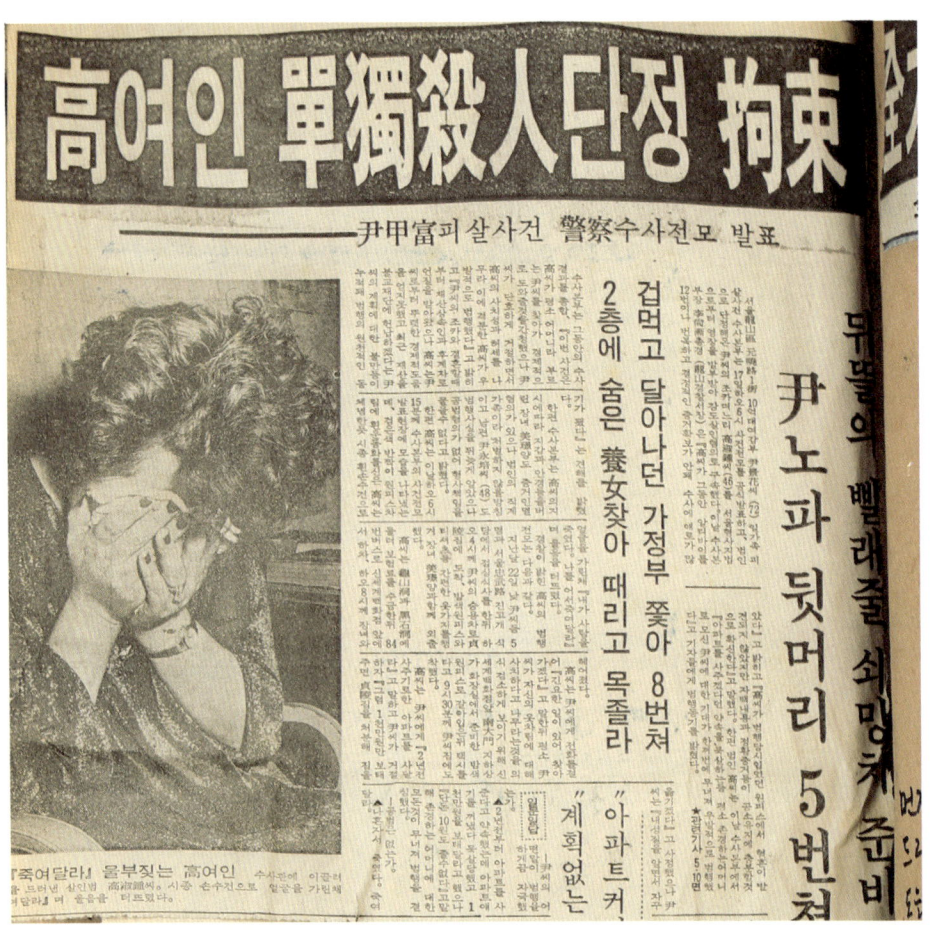

그것은 무조건 궁금하다.

영혼의 집을 해체하는 파멸과 극단의 행위, 살인. 여기에 항상 따라붙는 질문들이 있다. 도대체 왜? 그리고 어떻게? 피해자의 주검만 발견될 경우엔 하나 더 붙는다. 누가? 모든 살인 사건은 궁금하다. 숨은 배경과 방법, 범인의 실체에 호기심이 인다. 전혀 새로운 방식에 의한 살인일수록 눈길을 끈다. TV 시사 다큐 프로그램이 살인 사건을 쉽게 소재로 삼는 이유다.

나 역시 이제부터 살인 사건이다. 스크랩에서 1980년대 초반을 흔든 몇 가지를 추렸다. 제13권(1980~1981년)과 제14권(1982년)을 뒤덮은 신문 기사 조각들이 대표하는 4가지 사건은 세상을 놀라게 했다. 법원행정처가 펴낸《법원사》(1995년 발행)를 뒤적여보니, '1980년대 저명 사건 판결 11'에 그 4가지 사건이 다 올라와 있다. 잔혹성과 비극성의 강도가 높거나, 범인과 피해자의 관계가 경악할 만하거나, 재판 결과가 예측을 벗어났기 때문이다. 교훈과 영향력 면에서도 1980년대를 대표한다. 이 사건들에서 진범이 잡힌 경우는 절반이다. 경찰은 모든 사건에서 용의자를 체포하고 범인으로 발표까지 했지만, 절반은 풀어주어야 했다.

서울 용산구 원효로 1가 10억대 여 갑부 윤경화 씨(72) 일가족 피살 사건 수사본부는 17일 하오 6시 사건 전모를 공식 발표하고, 범인으로 단정해온 윤 씨의 조카며느리 고숙종 씨(46)를 서울형사지법으로부터 영장을 발부받아 강도살인 혐의로 구속했다. 이날 수사본부장 이상접 총경(용산경찰서장)은 "고 씨가 그동안 알리바이를 12번이나 번복하고 결정적인 증거 확보가 안 돼 수사에 애로가 많았다"고 밝히고 "고 씨가 범행 당시 입었던 원피스에서 혈흔이 발견되지 않았지만 자백 내용과 정황증거 등이 공소 유지에 충분할 것으로 확신한다"고 말했다. 한편 범인 고 씨는 이날 수사본부에서 "아파트를 사주겠다던 약속을 묵살하는 등 평소 존경하는 어머니로 모신 윤 씨에 대한 기대가 한꺼번에 무너져 우발적으로 범행했다"고 기자들에게 범행 동기를 밝혔다.

《한국일보》 1981년 8월 18일자》

제1번 사건이다. 1981년 8월 4일 발생한 '윤경화 노인 일가 피살 사건'. 용의자로 지목된 여인의 이름은 피해자의 조카며느리 '고숙종'이다. 나는 중3이었다. 같은 '고 씨'였기에 더욱 잊히지 않는다(어릴 땐 좀 그렇지 않은가). 위 기사를 다시 한 번 꼼꼼히 읽어보기 바란다. 참 이상하다.

기사에 따르면, 증거가 없다. 고숙종 여인이 범인이라는 물증이 없다. 수사본부장인 이상점 총경은 이렇게 말한다. "고 씨가 그동안 알리바이를 12번이나 번복하고 결정적인 증거 확보가 안 돼 수사에 애로가 많았다. (……) 고 씨가 범행 당시 입었던 원피스에서 혈흔이 발견되지 않았지만 자백 내용과 정황증거 등이 공소 유지에 충분할 것으로 확신한다." 혈흔은 없다. 자백과 정황뿐이다. 〈중앙일보〉 4컷 만화인 '왈순 아지매'에서 수사 담당자는 뭔가 쭈뼛쭈뼛한다.

그러거나 말거나 고숙종 여인은 "자신이 죽였다"고 했다. 기사에 따르면 이렇다. "한편 고 씨는 이날 하오 6시 15분께 수사본부의 사건 전모 발표 현장에 모습을 나타냈는데, 검은색 반짝이 원피스 차림에 흰 운동화를 신은 고 씨는 체념한 듯 시종 흰 손수건으로 얼굴을 가린 채 '내가 사람을 죽였다. 나를 어서 죽여달라'며 울음을 터뜨렸다."

사건의 무대는 서울 용산구 원효로에 위치한 피해자 윤경화(71세)의 집이었다. 피해자가 노인이라 하여 '윤 노파'라고도 했고, 돈이 많다 하여 '윤 갑부'라고도 불렀다. 집은 연건평 60평의 목조 건물. 20칸이나 되는 방들마다 불교, 통일교, 무속의 분위기를 풍기는 복잡한 장식물이 뒤엉켜 있고 가구들로 꽉 차 있었다고 한다. 처음 들어간 사람은 출구를 못 찾을 정도로 복잡했다. 윤경화 노인의 직업은 점술가였다. 경찰은 원한 관계에 의한 면식범의 살인으로 단정하고 용의자를 좁혀나갔다.

윤경화 노인은 가정부 강경연(19세), 양딸 윤수경(6세)과 함께 1981년 8월 4일 처참한 피살체로 발견됐다. 살해된 지 13일 만이었다. 이 기사를 취재한 언론인 조갑제에 따르면, 한여름 밤에 발견된 3구의 시체는 푹푹 썩고 있었다. 흘러내린 피는 주검이 썩은 물과 뒤엉켜 발이 빠지는 늪을 이뤘다. 처음에 현장에 들어간 한 형사는 구더기 떼가 몰려들어 종아리를 물어뜯더라고 표현했단다.

기사만 보자면, 고숙종 여인은 '망치부인'이다. 망치를 수없이 내려쳐 상대 3명을 제압했고, 결국엔 나일론 줄과 전깃줄로 목을 졸라 숨지게 했다. 경찰이 발표한 '망치부인'의 범행 전모는 이렇다.

지난달 22일 낮 윤 씨(윤 노파의 조카이자 고 씨의 남편인 윤영배) 등

5명과 서울 충무로 진고개식당에서 점심식사를 한 뒤 하오 4시께 윤 씨의 승용차로 정릉 집에 도착, 밤색 원피스와 티셔츠 등 간편한 옷가지를 챙겨 장녀 미경 양과 함께 외출했다.

고 씨는 "구산동과 흑석동에 들러 보험료를 수금한 뒤 84번 버스로 신세계백화점 앞에서 하차, 하오 8시께 장녀와 헤어졌다.

고 씨는 윤 씨에게 전화를 걸어 "긴요한 일이 있어 찾아가겠다"고 말한 뒤 평소 윤 씨가 자신의 옷차림에 대해 사치하다고 나무라는 것을 의식, 검소하게 보이기 위해 신세계백화점 앞 남대문 지하상가 화장실에서 준비한 밤색 원피스로 갈아입은 뒤 택시를 타고 9시 30분께 윤 씨 집에 도착했다.

고 씨는 윤 씨에게 "2년 전 사주기로 한 아파트를 사달라"고 말하고 윤 씨가 거절하자 "그럼 1천만 원만 보태주면 정릉 집을 처분해 집을 옮기겠다"고 사정했으나 윤 씨는 "내 성질을 알면서 자꾸 조르느냐. 작은 뼈를 굵은 뼈가 되도록 키워놓으니까 도와주는 놈은 하나 없고 뜯어 가려는 놈만 있다"고 화를 내며 "단돈 10원도 줄 수 없다"고 소리를 질렀다는 것.

고 씨는 순간적으로 야속하고 서글픈 마음에 "이렇게 살 바에야 윤 씨를 죽이고 자살해 남편과 아이들이나 유산을 받아 잘살게 해주겠다"고 결심, 화장실에 가는 체하고 부엌의 도마 위에 있던 부엌칼을 들고 뒤뜰로 나와 화단에 있던 나일론 빨래줄을 한 발 길이로 두 가닥을 잘랐다.

집 안으로 들어오던 고 씨는 칼을 부엌에 놓고 부엌 옆 가정부 방 빨래줄에 걸려 있던 나일론 흰 장갑을 낀 뒤 가정부 방 앞 쌀통 위에 있던 연장통에서 쇠망치를 꺼내 들고 안방으로 들어갔다.

고 씨는 TV를 보고 있던 윤 씨의 뒷머리를 5차례 내리쳐 쓰러뜨렸다.

이때 함께 TV를 보고 있던 양녀 수경 양(6)이 놀라 2층으로 도망가고 2층에 있던 가정부 강경연 양(19)이 비명 소리를 듣고 아래층으로 내려왔다.

강 양은 현장을 보고 놀라 다시 2층으로 달아나자 고 씨가 뒤따라가 계단 중간에서 뒷머리, 팔 등을 8차례나 내리쳐 쓰러뜨렸다.

이어 고 씨는 계단 아래로 굴러 떨어진 강 양을 윤 씨 옆으로 끌어다 나란히 눕히고 나일론 끈으로 두 사람의 목을 졸라 이불로 덮은 뒤 2층 수경 양 방으로 올라가 침대 밑에 숨어 있던 수경 양을 끌어내 망치로 2차례 때린 뒤 전기줄로 목을 졸랐다.

범행 후 고 씨는 피 묻은 장갑을 낀 채 수경 양 방과 1층 부엌방의 전기 스위치를 끈 뒤 목욕탕에 장갑을 벗어 던지고 피에 얼룩진 슬리퍼와 스타킹을 빨아 신문지에 싸 들고 윤 씨 방 경대 서랍에 있던 핸드백에서 금 팔찌, 금 브로치·백금 반지 1쌍, 금장 시계 등을 챙겨 안방에 있던 대문 열쇠를 찾아 하오 10시 20분께 밖으로 나와 문을 잠갔다.

이때 고 씨는 응접실의 전등을 끄지 않은 것이 생각나자 다시 들어가 불을 끄고 대문을 잠근 뒤 큰길까지 걸어 나와 택시를 타고 청파동 120의 33 앞까지 와 길 옆에 있던 쓰레기 손수레에 슬리퍼, 스타킹과 열쇠를 버렸다. 고 씨는 다시 다른 택시를 타고 집 근처 아리랑고개 부근서 내려 식품 가게에서 쥐포 등 반찬거리를 산 뒤 버스 편으로 정릉 집에 도착했다. 이때가 밤 11시께.

고 씨는 입고 있던 밤색 원피스 자락에 피가 묻은 것을 발견, 급히 벗어 빤 뒤 윤 씨 집에서 훔친 패물과 지갑 등은 비키니옷장 안에 숨겨두었다.

고 씨는 지난 6일 경찰에 연행된 후 면회 온 장녀 미경 양에게 귓속말로 "패물을 감추라"고 지시, 미경 양은 집에 돌아온 즉시 패물을 베개 속에 감추고 손지갑과 안경 등은 강남구 삼성동 콩밭에 버렸다는 것이다.

《한국일보》 1981년 8월 18일자)

기사를 읽은 뒤 마음속으로 가상의 스톱워치를 켜고 시간을 재보자. 고숙종 여인이 윤 노인의 집에 머문 시간은 50분. 그는 이 시간 안에 ①윤 노인에게 아파트를 사달라 사정하고 ②거절당하자 뒤뜰로 나와 범행 도구를 준비하고 ③윤 노인을 망치로 내려친 뒤 ④놀라서 내려온 가정부 강 양을 뒤쫓아가 망치로 내려치고 ⑤윤 노인과 강 양의 목을 나일론 줄로 조르고 ⑥2층의 윤수경 양을 침대 밑에서 찾아내 망치로 내려친 뒤 전기줄로 감아 죽이고 ⑦피에 얼룩진 슬리퍼와 스타킹을 빨아 신문지에 싸 들고 ⑧윤 노인의 경대 서랍 핸드백에서 패물을 훔치고 ⑨대문 열쇠를 찾아 문을 잠갔다. 이 모든 과정을 50분 만에 뚝딱! 그날은 연중 가장 더울 때였다고 한다. 비만 체질에다 '디스크로 허리를 못 쓰는 상태' (공판정에 고 여인이 구부정하게 허리를 못 펴고 등장하자 경찰이 디스크라고 주장)였다는 고 여인은 살인 기계처럼 척척 '작업'을 해치우고 현장을 말끔히 수습했다. 게다가 범행 뒤 택시를 타고 청파동 집 앞 식품 가게에서 반찬거리까지 산 뒤 귀가했다.

상식에 반한다고 의심한들 어쩌랴. 고 여인이 자백했다는데. 그리고 6개월 뒤.

"사형"이 "무죄"로… 충격과 환호

고숙종 피고인 선고 법정 주변

무죄가 선고되는 순간 환호와 탄식이 엇갈렸다. 공판정에서 이따금 연출되는 역전 드러머 중의 하나이면서도 그 의미와 교훈이 그 어느 때보다 깊고 엄숙한 순간이기도 했다. 이 사건은 그만큼 관계자들 모두를 착잡하게 만들어왔던 '사건 중의 사건'이었다. 공판정을 지켜보는 기자나 방청객들은 그 '착잡한 분위기' 속에서 '증거 제일주의'를 내세워 '인권'을 지켜나가고 또 지키려는 '시대의 흐름'을 느낄 수 있었다.

검사 "최선 다했다. 할 말 없다"

【선고 순간】 35분간에 걸친 재판장의 판결 이유 설명이 있은 뒤 마침내 "공소 사실을 인정할 만한 증거가 없어 무죄를 선고한다"는 주문이 낭독되자 고 여인은 앞으로 엎드린 채 어깨를 들썩이며 울음을 터뜨렸다.

방청석의 가족들도 이 순간 일제히 자리를 박차고 일어나 박수를 치며 만세를 불렀다. (중략)

선고가 끝난 뒤 김헌무 재판장 등 재판부가 퇴정하자 이날따라 검사석에 홀로 나와 있던 정상명 검사는 말없이 허공을 응시하다가 고통스런 표정으로 자리를 떴다. (중략)

고 피고인은 재판장의 판결 이유가 낭독되는 동안 피고인석 앞 책상에 두 손을 짚고 고개를 숙인 채 서 있다가 5분쯤 뒤 재판장이 "고 피고인의 팔꿈치와 다리 등에 멍든 자국이 있었고 잠을 자지 못했으며 부당한 신체의 장기 구금이 경찰 수사 단계에서 행해졌다고 인정된다"는 부분이 낭독되는 순간 울음을 터뜨리며 얼굴을 감싸 안았다. (하략)

《한국일보》 1982년 2월 2일자

고숙종 여인은 '망치부인'이 아니었다. 당시의 수사 관행이던 고문과 구타가 멀쩡한 사람을 '망치부인'으로 둔갑시켰다. 물증이 없어도 자백만 하면 증거로 인정되었기에 가능한 일이었다. 고 여인은 변호사에게 이렇게 말했다고 한다. "……잠도 못 자고, 하영웅, 이부영, 천정기(당시 수사 형사) 등으로부터, 그레이스호텔 등 수곳에서 옷을 벗기고, 양손에 수갑을 채운 채, 목욕조에 넣어 코와 얼굴에 물을 마구 붓고, 전신을 때리고 차면서, 너는 상부로부터 정책적으로 다루라는 지시다, 순순히 자백하지 않으면 죽어서 나간다는 등 폭언과 협박으로 자백을 강요당한 끝에 살려만 준다면 아무것이나 시키는 대로 하겠다는 인생 포기의 순간에서 자백을 한 것입니다." 고 여인은 하영웅 형사가 자신을 검찰로 송치할 때 같은 차에 타고 가면서 "검찰에서 자백을 번복하면 다시 데려다가 전기 고문을 하겠다"고 협박해 공포에 떨기도 했다.

고 여인은 '척추 장애인'이 되었다. 검찰 조사 때나 공판 때 허리를 펴지 못한 채 구부리고 다녔다. 담당 형사들은 "고 씨가 쇼를 한 것이다. 원래 디스크를 앓았다"고 했지만 꾀병으로 보기 힘들었다. 기사에도 나오지만, 수사 당국이 간접 물증으로 유력하게 제시했던 '훔친 패물'도 사실과 달랐다. 그 패물은 사건 현장을 수색했던 형사 중 한 명이 보관하다가 고숙종 여인에게 맡긴 것이었다. 그 형사가 나중에 수사 간부들에게도 사실대로 말했지만, 자술서는 조작됐다.

심지어 고숙종 여인을 고문하며 자백을 강요하고 협박까지 했던 용산경찰서 형사계 소속 경찰인 하영웅이 윤 노인의 예금증서를 훔쳤다가 발각되는 일까지 벌어졌다. 550만 원어치 예금증서 3개를 슬쩍한 뒤 하수인을 시켜 돈을 찾으려다가 은행 측의 신고로 잡힌 것이다. 덕분에 '윤 노인 일가 피살 사건'에는 '하 형사 예금증서 절취 사건'이라는 이름

하 형사의 고숙종 여인 예금증서 절취사건이 발생하고 며칠 뒤 경찰의 날(1981년 10월 21일). 대구 동부경찰서의 기념식장에서 서장을 비롯한 정·사복 경찰들이 내빈들에게 사과의 큰 절을 올리고 있다. 6개월 뒤 경남 의령에서의 일로 인해 수십 배 더 큰 절을 해야 할 줄 알고나 있었을까.

이 추가된다. 고 여인이 범인이라고 발표했던 수사본부장 이상점 총경은 수사과장과 함께 직위 해제됐다. 하 형사는 구속됐다.

'경찰 최악의 난'이었다. 아버지의 스크랩엔 정복을 입은 경찰관들이 엎드려 절하는 사진 기사가 나온다. 1981년 10월 21일 '경찰의날' 기념식에서, 대구 동부경찰서 정·사복 경찰 450여 명이 '하 형사 사건'에 관해 대국민 사과를 하는 퍼포먼스였다. 윤경화 노인 살해 사건은 몇 달 뒤엔 1심 재판 결과와 함께 '고숙종 무죄 사건'이라는 이름도 얻는다. | 고 여인은 항소심과 대법원에서도 승소한 뒤 1985년 5월 고문 피해액 2,500만 원을 보상하라는 민사소송에서도 이긴다. 경찰과 검찰의 치욕이었다. 그 치욕은 연속으로 이어진다.

또다른 미 연수 동기생 정 군
박상은 양 살해 혐의 구속

상경 여대생 박상은 양(21·부산산업대학 2년) 살해범은 박 양의 해외연수 동기생인 I대학 행정학과 3학년 정○○ 군(21·서울 강남구 역삼 1동)으로 밝혀졌다. 박 양 피살 사건을 경찰로부터 송치받은 서울지검 동부지청 강원일 부장, 조병길 검사는 25일 정 군을 진범으로 검거, 살인, 사체 유기, 절도 등 혐의로 구속했다고 발표했다.

검찰은 정 군이 범행에 사용한 서울2마 4649호 포니 승용차 시트 커버에서 검출된 혈흔(박 양 것과 같은 O형)과 정 군의 자백을 증거로 제시, 서울지법 동부지원 서재헌 판사로부터 구속영장을 발부받아 성동구치소에 수감했다.

한편 경찰에 의해 범인으로 지목, 지난해 11월 28일 검찰에 불구속 송치됐던 장○○ 군(22·K대 3학년)은 이 날자로 무혐의 불기소

처분됐다.

이로써 인권 시비, 과학 수사 등 숱한 화제를 뿌렸던 박 양 사건은 발생 1백30일, 검찰 송치 58일 만에 일단락됐으며 사건 재수사 과정에서 검찰은 관련자 1백20여 명을 정밀 수사중 정 군에 대한 용의점을 발견, 추궁 끝에 자백을 받았다.

검찰에 의하면 정 군은 지난해 9월 18일 밤 9시 30분께 아버지 심부름으로 '최신가정백과사전'을 빌기 위해 잠실 장미아파트 24동 삼촌 집에 갔던 길에 숙모에게 부탁, 박 양에게 전화를 걸게 했다. 정 군은 전화를 바꿔 "할 말이 있으니 만나자"고 제의, 아파트 17동 앞으로 불러내 자신이 운전하는 포니 승용차 운전석 옆자리에 태운 뒤 잠실대교 강변도로 제3 한강교 남산 순환도로 남산도서관 강남구 신사동 영동 AID아파트 등을 거쳐 1시간가량 드라이브한 뒤 자기 집에서 1.4km 떨어진 삼성동 삼정장 여관 앞에 이르러 차를 세우고 포옹하려 했다.

박 양이 거절하면서 "미친놈"이라는 등의 욕설을 하면서 뺨을 때렸고 여관으로 들어가자고 요구했을 때 거듭 뺨을 때리자 순간적으로 격분, 주먹으로 3차례 얼굴을 때린 다음 양손으로 목을 졸라 숨지게 했다.

정 군은 박 양이 숨지자 여관 앞 빈터의 인조석 더미 속에 사체를 묻고 승용차로 돌아와 차 안에 있던 박 양 소지품에서 강도를 위장하기 위해 현금 10여만 원과 손에 끼고 있던 금반지 1개를 빼내고 샌들은 풀밭과 하수구로 던진 후 집으로 돌아갔다. (중략)

정 군은 지난해 7월 박 양과 함께 미국 연수를 다녀왔는데 당초 박 양과 친했으나 그 뒤 박 양이 동료 연수생 장○○ 군과 가깝게 지내는 데 질투와 불만을 품고 있었다는 것. (중략)

한편 검찰은 이날 정 군을 기자들과 만나게 하지는 않았는데 다른 증거는 없느냐는 기자 질문에 "재판 과정에서 제시하겠다"고만 말했다.

검찰은 또 "박 양의 뺨에 난 치흔은 직접 사인이 아니기 때문에 정 군의 것이 아니더라도 별 문제가 없다"고 밝혔다. (하략)

《한국일보》 1982년 1월 26일자

여대생 박상은 양 살해 사건이다. 피해자가 미모의 여대생이었고, 삼각관계에 있던 남자친구들이 모두 용의선상에 올랐다는 점에서 세간의 호기심을 사기엔 충분한 조건을 갖췄다. 서울 강남구 삼성동 한 여관 근처 건축 자재 야적장의 인조석 더미 속에서 발견된 주검. 발견 당시 시체에는 타박상과 치흔이 남아 있었고, 목을 졸린 흔적이 뚜렷했다.

경찰은 처음엔 치흔의 당사자로 밝혀진 연수 동기생 장 아무개 군에게 혐의를 두고 수사하다가 방향을 틀어 또 다른 연수 동기생인 정 아무개 군을 범인으로 지목했다. 위 기사에 나오는 증거는 차 안에서 발견된 혈흔과 자백뿐이다. 《법원사》의 판결 내용을 찾아보니, 혈흔에 대한 언급은 전혀 없다. 거짓말탐지기 등을 동원해 범행 일체에 대한 자백을 받아냈다는 대목만 나온다. 위 기사를 보면, 정 군은 사건 발표 현장에 나오지 않았다. 왜 나오지 않았을까? 경찰이 유죄를 입증할 자신감이 부족했기 때문은 아닐까? 기자들이 "다른 증거가 없느냐"고 묻자 "재판 과정에서 제시하겠다"고만 말했다. 허술하기 짝이 없다. 역시~.

정○○ 군 3백9일 만에 보석
박상은 양 사건 다시 원점에

원한과 치정, 돈과 고문의 맛 - 저명 살인 사건의 미스터리   **453**

1·2심에서 무죄를 선고받은 데 이어 법원의 보석 허가를 받았던 박상은 양 피살 사건의 정○○ 피고인(22·인하대 행정학과 3년)이 29일 하오 검찰이 법원의 보석 결정에 대해 항고를 포기함으로써 구속(82년 1월 24일)된 지 3백9일 만에 석방, 부모의 품으로 되돌아갔다.

이로써 박 양 피살 사건은 발생(81년 9월 18일) 1년 2개월여 만에

다시 원점으로 되돌아가 사실상 영구 미제 사건이 될 공산이 커졌다. (중략)

"할머니 제가 왔습니다" 웃음

이날 영등포교도소에서 풀려난 정 군은 약간 수척했으나 건강한 모습이었는데 어머니 이○○ 씨(44)가 타고 온 서울4라 9593호 마크IV 승용차를 타고 집으로 직행했다.

가족들이 준비해 간 밤색 점퍼와 바지로 갈아입은 정 군은 교도소 앞에서 사진기자들의 플래시를 받자 무표정한 얼굴이었다. (중략)

아버지 정○○ 씨(51)는 지난 25일부터 회사일로 말레이지아에 출장중인데 27일 상오 집으로 전화를 걸어 석방 여부를 물었다는 것. 회사에서는 정 군이 석방되자 곧 정 씨에게 텔렉스를 쳐주었다.

정 군이 이날 하오 6시 15분께 집에 도착하자 기다리고 있던 친척 10여 명과 해외연수 동기생들이 반갑게 맞았고 집에 들어선 정 군은 외할머니를 껴안고 "제가 왔습니다"며 웃었다.

어머니 이 씨는 정 군을 위해 강남성모병원 신경정신과에 입원실을 예약해놓았는데 건강 진단과 충분한 휴식을 취한 뒤 내년 새 학기부터 학교에 복학시킬 예정이라고 말했다.

《〈한국일보〉 1982년 11월 30일자》

정 아무개 군은 법정에서 공소 사실을 모두 부인하면서 검찰에서의 자백은 고문에 의한 허위 자백이라고 일관되게 주장했다. 위 기사는 1·2심 무죄 선고에 이어 법원의 보석 결정에 대해 검찰이 항고를 포기함으로써 정 군이 석방됐다는 내용이다. 검찰은 다시 상고를 했으나, 1983년 9월 13일 대법원은 이를 기각함으로써 무죄를 확정했다. 이로써 박상은양 살인 사건은 윤경화 노인 일가 피살 사건과 함께 경찰의 고문 풍토에 경종을 울리고 경찰의 수사 태도를 바꿔놓는 계기가 됐다는 평가를 받았다.

한계는 있다. 정 군과 고숙종 여인 모두 나름 '빽'이 있었다. 기사를 읽은 이들은 눈치 챘겠지만, 정 군은 '있는 집 자식'이었다. 가까운 친척이 유력 언론사의 간부였다. 유능한 변호사를 선임할 수 있었다. 변호사들은 접견만 40여 차례, 현장 조사만 6차례 했다고 한다. 고숙종 여인 역시 아버지가 의사였고, 남편은 검찰청 계장이었다. 유사한 사례로 1983년 1월 14일 발생한 '경주 당구장 여주인 살인 사건'이 또 있다. 경찰서 형사과장 출신(박호영)도 무자비한 고문의 피해자가 되어 허위로 자백할 수 있음을 보여주었다. 1심에서 무기징역까지 선고받았던 그는 3년 뒤 진범이 잡히면서 풀려났다.

그렇다면 사회적 지위가 보잘것없고 최소한의 배경조차 없는 사람들이 강력 사건에 연루됐을 경우 어떤 대접을 받았을까? 고문과 조작이 식은 죽 먹기는 아니었을까? 영문도 모르는 채 끌려가 실컷 두들겨 맞고 범인으로 둔갑해 형장의 이슬로 사라진 이들조차 있다. 이에 대한 실증적 사례를 확인하고 싶다면 1980년대 중반 언론인 조갑제 씨가 쓴 책들을 권한다. 《사형수 오휘웅 이야기》(한길사, 1986)와 《고문과 조작의 기술자들》(한길사, 1987)이다. 그중 1967년 김근하 군 살해 사건의 소설 같은 조작 놀음을 다룬 '김기철 씨는 왜 요절했나'(《고문과 조작의 기술자들》에 수록)는 첫 손가락에 꼽을 만한 절창이다. 저명 인사나 양심수가 아닌 힘없고 돈 없는 이들이 겪어야 했던 형사 사건의 실체를 이토록 깊이 파헤치고 집요하게 추적한 저널리스트는 조갑제 씨가 유일하지 않았나 싶다. 이 두 권의 책은 아버지의 서재에 1980년대부터 꽂혀 있었다.

이제 다음으로 넘어가자. 조작 사건은 아니다. 위의 경우들처럼 영구 미제 사건도 아니다. 원한과 치정에서 비롯된 것 같지도 않다. 문제는 돈! 돈! 돈!

윤상 군 체육 교사가 죽였다
암장 시체 북한 강변서 발굴

이윤상 군(유괴 당시 경서중 1년·14세) 유괴 살해범은 윤상 군이 다니던 학교 체육 담당 주영형 교사(28·서울 영등포구 신길동 448의 23)였다. 윤상 군 유괴 사건을 수사중인 서울 마포경찰서는 30일 주범 주 교사와 주 교사의 제자였던 공범 이 모 양(17·서울 Y여고 2학년)과 고 모 양(17·서울 D여고 3학년) 등 3명을 범인으로 검거, 미성년자 약취 유인, 살인, 시체 유기 등 혐의로 구속했다. 범인 주 교사는 포커 노름과 부동산 투자 등으로 진 빚 1천여만 원을 갚기 위해 제자이며 불륜의 관계를 맺었던 여고생들을 범행에 가담시켰다면서 범행 전모를 자백했다. 경찰은 주 교사 등의 자백에 따라 이날 윤상 군을 살해 암매장했다는 경기 가평군 외서면 대성1리 북한 강변에서 윤상 군의 시체를 찾았다. 이로써 세상을 떠들썩하게 했던 윤상 군 유괴 사건은 사건 발생 1년 18일 만에 해결됐다. 한편 경찰은 이들이 윤상 군 유괴에 앞서 누나 연수 양(15·당시 서울여중 3년)도 유괴하려다 실패했던 사실도 밝혀냈다. (하략)

《한국일보》 1981년 12월 1일자

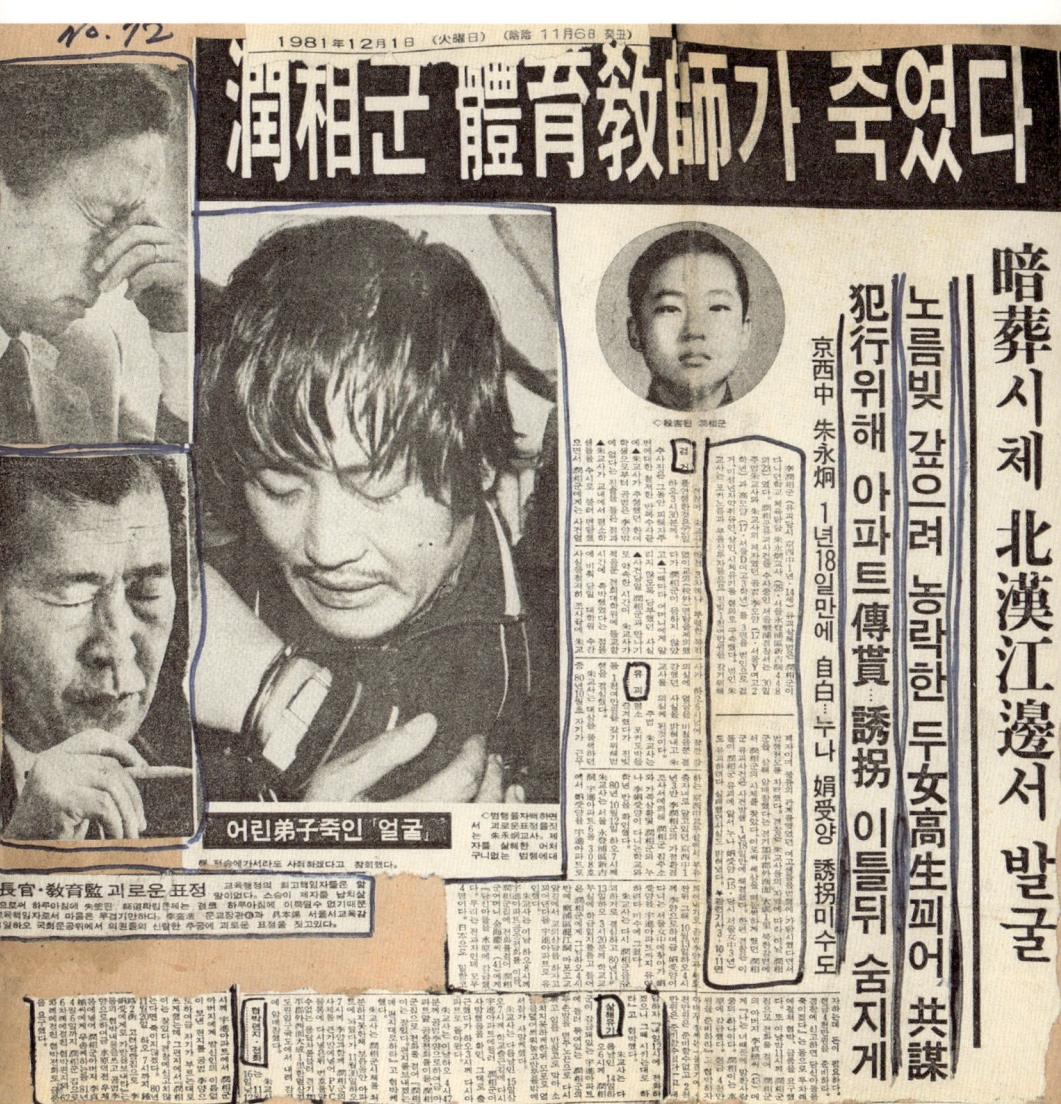

극악무도를 넘어 후안무치까지. '돈의 맛'은 제자를 꼬드겨 또 다른 제자를 죽인 뒤 암매장하는 지경에까지 이르렀다.

위의 기사 다음에 이어지는 기사의 제목은 "선생님이 그럴 수가"다. 나 역시 같은 중학생으로서 경악했다. 너무도 유명했던 '이윤상 군 유괴 살인 사건'이다. 내가 다니는 중학교 선생님들을 하나하나 이상한 눈초리로 쳐다보며 '제자를 유괴할 가능성이 있는 교사'를 찍어보기도 했다.

1980년 11월 13일, 서울 경서중 1학년생 이윤상 군이 행방불명됐다. 그 뒤 윤상 군 집으로 금품을 요구하는 협박 편지가 6차례, 협박 전화가 62차례 왔다. 1백 일이 지나도 윤상 군은 돌아오지 않았다. 범인도 오리무중이었다. 1981년 2월 27일 대통령이었던 전두환은 특별 담화를 발표했다. "3월 3일 대통령 취임식 때까지 범인이 이 군을 돌려보내면 이번만은 그 죄과에 대해 관대한 조치를 취하도록 하겠다."(정말 범인이 이 군을 돌려보냈다면 관대하게 해줬을까?) 그해 여름을 지나 가을 단풍이 떨어져도 윤상 군은 돌아오지 않았다. 겨울이 올 무렵 같은 학교 체육 교사 주영형이 내연 관계에 있던 여제자들과 함께 범행을 저질렀음이 밝혀졌다. 도박 빚을 갚기 위해 그 짓을 했단다. 윤상 군은 가평의 북한강변에서 시신으로 발견됐다.

윤상 군이 다닌 학교는 경서중학교다. 1910년 어의동 공업전수학교로 출발한 이 학교에선 유난히 끔찍한 사건이 많았다. 아버지의 스크랩북 제7권에도 등장한다.[1] 1970년 10월 14일 충남 온양의 모산역 건널목을 건너던 경서중 수학여행 버스가 기차와 부딪쳤다. 버스에 탔던 경서중 3학년생 45명이 죽었다. 10년을 사이에 두고, 치가 떨리는 일로 학교 이름을 두 번씩이나 알린 셈이다. "터가 안 좋다"는 등의 뒤숭숭한 소문이 떠돌던 이 중학교는 결국 1992년 2월 제41회 졸업식까지 연 뒤

1_제3부 4장 "돌쇠는 이렇게 피투성이가 되었다-대연각 화재 등 육해공 참사" 참조.

서울 강서구 가양동 신축 교사로 이전했다. 옛 경서중학교가 있던 마포구 공덕동 자리엔 현재 서울서부지방법원과 서부지방검찰청이 들어서 있다.

살인범 주영형은 1983년 7월 9일 교수형에 처해졌다.

사랑으로 속죄한 '금당의 사탄'
안구·콩팥 기증하고 형 집행된 박철웅

22일 낮 12시 사형 집행 직후 안구와 신장이 사회에 기증돼 뭇 생명을 살린 사형수는 세인들의 기억에도 생생한 금당(金堂) 사건의 주범 박철웅(朴鐵雄·41)이었다.

지금도 몸서리쳐지는 잔인한 범죄를 저질러 비인간의 표본처럼 보였던 그가 어떻게 이번에는 인류애의 화신처럼 생을 정리했을까. (중략)

《《한국일보》 1982년 7월 24일자》

주영형과 같은 사형수 박철웅의 최후다. "금당의 사탄"이라니, 도대체 무슨 짓을 저질렀기에! 아버지의 스크랩북 이전 것을 뒤져 기사를 찾았다. 1979년치가 담긴 제12권에 있다. 1979년 6월 20일 실종 신고가 접수됐다가, 3개월 만인 9월 28일 범인 박철웅이 검거됐다. '골동품상 부부 살해 사건'이라 불리기도 하고, 그 골동품상 가게 이름을 따 '금당 사건'으로도 불린다. 동생 박천웅과 동거녀 김효식과 함께 자행한 범죄 행각은 자못 악마적이었다.

주범 박철웅은 진공청소기 총판 사업 자금을 마련하기 위해 돈이 많을 것으로 보이는 서울 인사동 골동품 가게 '금당' 사장 정해석을 전화

골동품商부부 暗葬시체로

1973. 9. 29 한국일보

범인兄弟(朴鐵雄·朴千雄) 百日만에 자기집 마당서 屍...

"3億臺 李朝白磁있다" 鄭씨誘引
안방에 차례로 불러들여 목졸라

主犯 內緣의 妻 친정發說서 단...

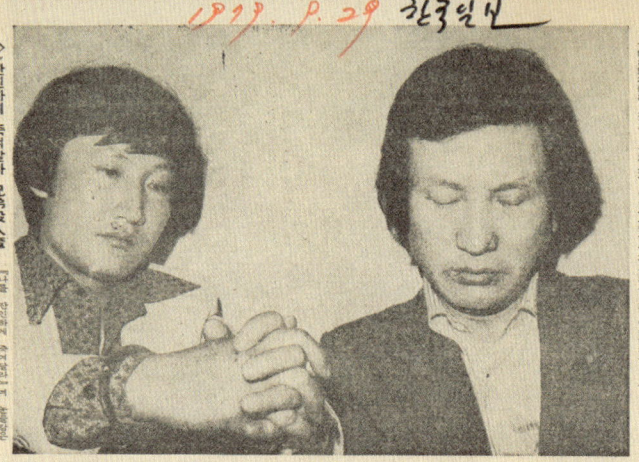

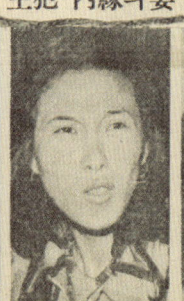

基督教에 귀의 회개
말썽꾸러기 囚人과 생활...傳道헌...

사랑으로 贖罪한 「金堂의 사탄」
眼球·콩팥 기증하고 刑집행된 朴鐵雄

'금당사건의 주인공' 박철웅은 사형집행을 앞두고 안구와 콩팥을 사회에 기증했다. 그가 남긴 수기는 2012년 11월 〈나는 사형수〉라는 이름으로 재출간됐다. 2년 6개월 동안 매주 한 번씩 그와 대화를 나누었던 양순자 교화위원이 기록했다.

로 유인했다. 서울 성산동 자신의 집에 억대 이조백자가 있다며 집까지 오게 했고, 전화로 부인 김정태에게 돈 5백만 원을 가져오라고 시키게 한 뒤 살해했다. 곧이어 돈을 갖고 온 부인을 방 안에서 결박하고 운전기사 이동환 씨까지 부르게 해서 모두 죽였다. 3명 모두 목을 졸랐다. 집 마당에 그들을 묻고 그 위에 조경 나무까지 심었다.

유치원과 초등학교에 다니던 피해자 부부의 네 딸은 TV에 나와 울먹이며 "제발 우리 아빠 엄마를 돌려달라"고 애원했다. 범인을 빨리, 반드시 잡아야 한다는 여론이 비등해졌다. 경찰은 총인원 2만 명의 수사 인력을 투입했다.

이 사건에서도 검찰과 경찰은 '반인권 수사'라는 오명을 뒤집어썼다. 수사에 집중하던 세 달 동안 골동품 중개상 등 3,400명이 검찰 조사를 받았다. 서울 인사동 일대의 골동품 거래가 올스톱됐다고 한다. 조사를 받던 골동품 중개상 중 115명이 용의자로 조사받다 다른 건으로 입건됐고 그중 76명은 구속됐다. 수사 중 때리고 모욕을 줬는지, 한 중개상은 조사 도중 투신자살을 기도했다. 사건이 종료된 뒤 서울시경국장이 용의자로 몰렸던 골동품상과 중개상, 골동품 수집가 등 2천 명에게 사과 편지를 보낼 정도였다.

늦었지만, 박철웅은 자신의 죄를 뉘우쳤다. 안구와 신장을 기증해 다른 생명을 살리는 데 기여했다. 《내 목에 밧줄이 놓이기 전에》라는 참회 수기집도 냈다. 그러나 그가 아무리 종교에 귀화해 교화되고 장기를 기증해 신문 미담 기사에 실린들, 뒤를 잇는 범죄가 줄어들 리는 없었다.

1980년대 초반 도시화는 가속화됐다. 1960~1970년대에 원시적 축적을 끝낸 한국 자본주의는 날개를 펴고 고도성장을 향한 이륙을 시작했다. 한마디로 말하자면, '돈의 맛'을 알게 된 시대였다. 유치하고 조잡한 충동적 범죄로는 간에 기별도 안 갔다. 조직적이고 계획적으로 '한 탕'을 해야 그 진짜 맛을 볼 수 있었다. 더 대담해야 했다.

고문도 더 대담해졌다. 윤 노인과 박상은 사건으로 잠깐 제동이 걸렸지만, 오랫동안 흘러온 전통의 맥이 갑자기 끊길 리 없었다. 몇 년 더 흐른 1980년대 중반은 '고문 수사의 중흥기'였다. 서울대생 박종철 사건에서, 그것은 정권을 뒤흔들었다.

파리 한 마리가
56명을 죽이다

호외의 비명

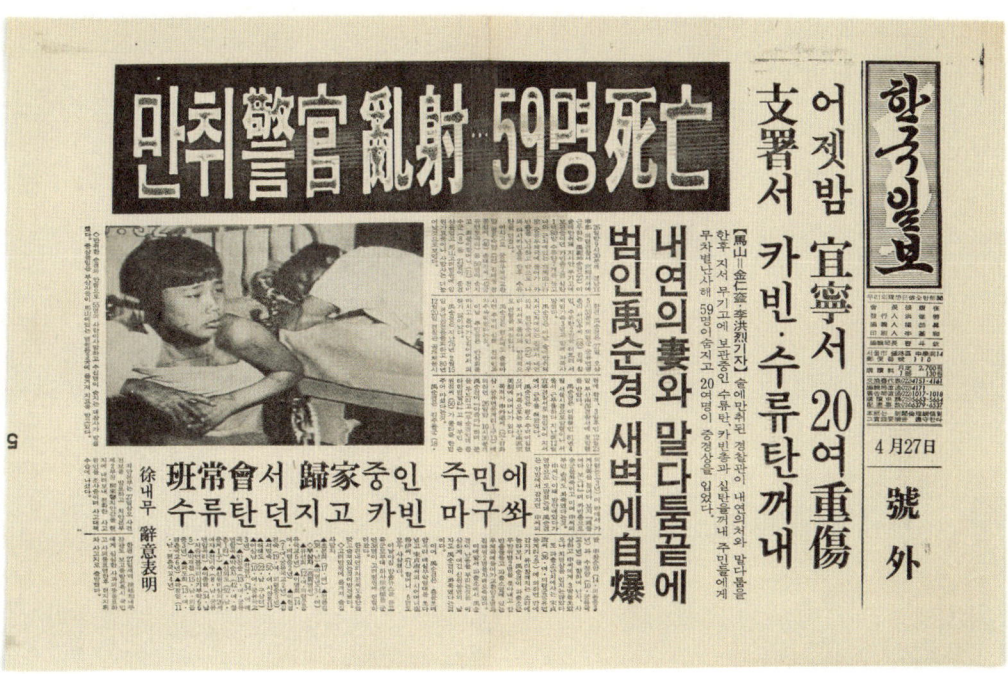

사이렌에 한 대 얻어맞은 하루였다.
고2로 넘어가던 1983년 2월의 봄방학. TV와 라디오에서 사이렌과 아나운서의 긴박한 음성이 울려퍼졌다. "공습 경계경보를 발령합니다.

이것은 실제 상황입니다, 이것은 실제 상황입니다." 그 말들은 반복되고 또 반복됐다. 하얗게 질린 어머니의 얼굴. 공포에 젖은 한마디. "서울에 있는 네 형은 어쩐다니?" 나는 잠깐 극단의 상황을 상상했다. 드디어 전쟁이구나! 사이렌은 20분 만에 꺼졌다. 무료한 일상을 강렬하게 깨뜨리며 영화의 한 장면처럼 남은 그날의 기억을 찾아 스크랩을 뒤졌다.

북괴 미그19기 귀순
조종사 이웅평 상위(29세), 기체는 중공제

북괴 공군의 미그19(M1G) 전투기 1대가 25일 상오 서해 상공을 거쳐 대한민국으로 귀순했다고 국방부가 이날 발표했다.

박종식 국방부 대변인은 귀순한 북괴 전투기는 이날 상오 10시 45분께 해주 상공을 지나 연평도 상공의 휴전선을 넘어 남하했으며 이 순간 우리 공군 경보망에 포착돼 초계비행중이던 공군기에 의해 11시 4분께 서울 남쪽 OO기지에 유도 착륙됐다고 밝혔다.

(중략)

군 당국에 의하면 귀순 조종사는 북괴 공군 소속 이웅평 상위(29)이며 미그기는 중공제인 것으로 알려졌는데 조종사의 정확한 신원과 귀순 동기 등은 당국의 조사가 끝나는 대로 밝혀질 것이라고 말했다.

《한국일보》 1983년 2월 26일자〉

1983년 2월 25일 목요일 오전 11시의 일이었다. 1980년대 초반은 '사이렌의 시대'였다. 매달 15일이면, 특정 시간에 맞춰 긴 사이렌 소리와 함께 민방공훈련을 했다. 가상의 공습 경계경보가 발령되고 이에 따

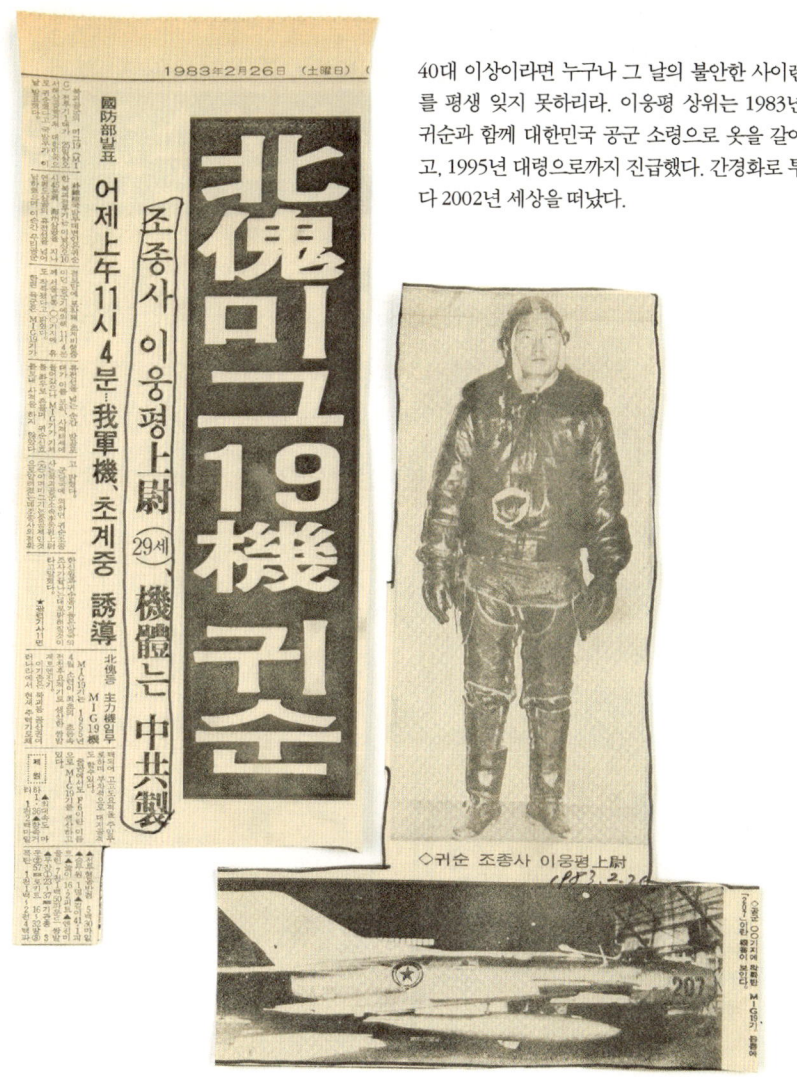

40대 이상이라면 누구나 그 날의 불안한 사이렌소리를 평생 잊지 못하리라. 이웅평 상위는 1983년 2월 귀순과 함께 대한민국 공군 소령으로 옷을 갈아입었고, 1995년 대령으로까지 진급했다. 간경화로 투병하다 2002년 세상을 떠났다.

라 대피 훈련과 화생방 훈련을 했다. 모든 자동차와 사람의 통행이 중지됐다. 늘 전쟁을 예감하며 살았고, 실제로 전쟁 같은 일들이 벌어졌다.

그 전쟁 같은 뉴스들에 관해서 쓴다. 굳이 이름을 붙여본다면 '사이렌 뉴스'. 사이렌처럼 예고 없이 독자들을 습격한 긴급 뉴스들. 아버지의 스크랩북 제14권과 제15권을 장식한 '호외'를 살펴본다.

신문이 주류 미디어로서 위세를 떨치고 방송의 보도 기능이 활발하지 않던 시절, 호외는 유일한 속보 매체였다. 이웅평 귀순 사건이 일어났을 때도 신문들은 당일 오후 호외를 발행해 전국에 뿌렸다. '이웅평 호외'는 보관 목록에 빠져 있지만, 1980년대 초반 아버지의 스크랩엔 유독 호외가 많다. 그중에서도 14권과 15권에 집중돼 있다. 호외는 대판 신문의 절반 크기로 달랑 한 장이다. 때로는 한쪽 면만, 때로는 양면 모두 편집했다. 형식적으로는 전단지를 뜻하는 '찌라시'를 닮았다. 그러나 내용을 읽고 나면 통증이 느껴지고 머리가 어지러운 '센 뉴스'가 많다.

부산 방화범 3명 검거
주범 문부식 등 5명 수배
【부산=노기창 기자】부산 미 문화원 방화 및 불온 유인물 살포 사건을 수사중인 경찰은 사건 발생 12일 만인 30일 일당 10여 명 중 방화조와 살포조 등 3명을 검거하고 주범 문부식(24·부산 K대학 4년) 등을 포함한 나머지 공범 5명을 지명수배했다. 이 사건 수사본부(한기형 부산시경부국장)는 이날 범행 동기를 "한미 간의 이간과 88서울올림픽을 방해하려는 신흥 좌경 불순분자들의 사회 혼란을 목적으로 한 범행"이라고 발표했다.

《한국일보》 호외 1982년 3월 30일자)

아니 이게 웬 '센 뉴스'인가? 잠깐 고개를 갸우뚱했다. 1982년 3월 18일 오후, 어느 누군가의 고의적 방화로 불타올랐던 부산 대청동 미국문화원. 주범을 잡지 못했을 때다. 공범인 이미옥(당시 22세), 최충언(당시 19세), 박원식(당시 20세) 3명만 검거했는데도 호외를 발행했다. 아, 그렇

파리 한 마리가 56명을 죽이다 - 호외의 비명

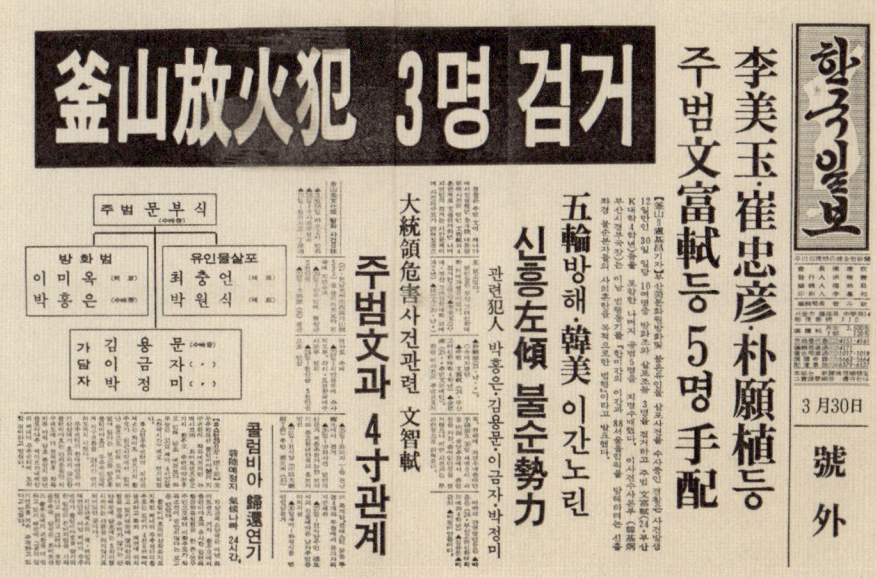

지. 당시로선 얼마나 큰 사건이었던가.

우방, 그것도 최우방 미국의 상징적 시설물을 공격한 행위는 국내외에 충격을 던졌다. 부산 고신대생과 부산대생 10여 명이 주인공들이다. 부산 미국문화원이 불타던 시각, 인근 국도극장 3층과 유나백화점 6층에선 수백 장의 유인물이 살포됐다. 광주 학살의 주인공 전두환 정권을 지원하는 미국을 비판하며 반미 투쟁을 천명하는 내용이었다. 사람만 안 죽었으면 좋았을 텐데! 불행히도 이 불로 문화원 도서실에 있다가 미리 피하지 못한 동아대생 1명이 연기에 질식해 숨졌다.

이틀 뒤 주범인 문부식(당시 23세), 김은숙(당시 24세)이 자수했다. 이들은 원주의 가톨릭교육원에 숨어 있었다. 하루가 더 지난 뒤엔 문부식,

김은숙을 세뇌시켰다는 '배후 조종자' 김현장(당시 32세)이 역시 원주에서 체포됐다.(김현장과 문부식은 원주에서 우연히 조우했는데, 이들을 숨겨준 가톨릭원주교육원장 최기식도 국가보안법 위반과 범인 은닉 혐의로 체포돼 구속된다.) '광주 사람' 김현장은 1981년 가을 '부산 사람' 문부식을 만나 광주 학살극의 진상을 알려줬다고 한다. 나는 당시 원주에서 고등학교를 다녔다. 문부식, 김은숙, 김현장이 원주에서 체포됐다는 소식은 그곳 청소년들에게 경악과 함께 안도감을 주었다. 아니 그런 흉악범들과 같은 도시에 살았다니! 잡혔으니 다행이다!

'부산 미국문화원 방화 사건' 하면 '김현장, 문부식'이라는 이름부터 떠오른다. 김현장과 문부식은 '방화와 유인물 살포'에 관해 의논한 적이 없다. 방화의 기획과 실무 과정에서 김현장의 역할은 전혀 없거니와, 지금까지도 김현장은 당시의 주범과 공범들에게 '배후'로 인정받지 못한다. 1950년생으로, 문부식보다 아홉 살 많은 김현장은 1970년대에 나름 유명한 르포라이터였다. '무등산 타잔 박흥숙[1]의 진상' 등 일간신문이 못 쓰는 사회적 약자들의 이야기를 〈대화〉 등의 월간 잡지에 실어 큰 반향을 일으켰다. 1980년 광주 학살 직후엔 '전두환 광주 살육 작전'이라는 유인물을 만들어 전국에 배포해 지명수배당했다. 수사 당국으로선 이 엄청난 사건을 어린 대학생들만의 거사로 발표하기엔 부담스러웠

---

[1] 이소룡 같은 액션 배우를 꿈꾸며 무술을 연마했다 하여 '무등산 타잔', '무등산 이소룡'이라는 별명이 붙었던 인물로, 무등산의 무당촌 무허가 건물에 살던 그는 광주 동구청 직원들이 자신의 삶의 터전을 철거하며 불태우자 울분을 참지 못하고 항거하는 과정에서 우발적 살인을 저지르고 만다. 그는 신군부가 들어선 뒤 1980년 12월 신군부 집권 아래 갑작스레 사형을 당했다. 그의 삶은 부산 미국문화원 방화 사건 관련자였던 김현장 씨의 르포 기사로 세상에 알려졌다. 2005년에는 그의 삶을 다룬 영화 〈무등산 타잔, 박흥숙〉이 개봉되었다.

으리라. 경력을 갖춘 '새빨간 인물'이 필요했다. 어쩌면 김현장은 억울하다. 1년 뒤인 1983년 3월 8일 문부식과 함께 사형선고까지 받았으니.

김현장과 문부식은 1988년 12월 특별사면으로 출소했다. 두 사람은 그 뒤 친하게(!) 지낼까. 아닌 것 같다. 원래 친하지 않았거니와 평생을 거의 교유하지 않았다. 인간적으로도 그렇고, 정치적으론 더 그렇다. 최근 맡았던 자리나 발언을 보면 두 사람의 거리감을 느낄 만하다. 문부식은 2011년 12월 한국 사회에서 맨 왼편에 자리한 진보신당의 대변인을 맡았다가 한 달 만에 '음주 사고'로 사임했다. 김현장은 2007년 박근혜를 한나라당 대선 후보로 공개 지지했고, 그보다 10년 전엔 광주 포럼을 결성해 한나라당 이회창 후보를 밀기도 했다. 1980년대 반미 투쟁사의 첫머리에 이름을 올린 두 사람은 전혀 다른 길을 갔다.

만취 경관 난사 59명 사망
어젯밤 의령서 20여 명 중상

【마산=김인규·이홍렬 기자】 술에 만취된 경찰관이 내연의 처와 말다툼을 한 후 지서 무기고에 보관중인 수류탄, 카빈총과 실탄을 꺼내 주민들에게 무차별 난사해 59명이 숨지고 20여 명이 중경상을 입었다.

26일 밤 9시 30분께 경남 의령군 의령경찰서 궁류지서에 근무하는 우범곤 순경(27)이 술에 만취돼 지서 무기고에 보관중이던 카빈총 2정 실탄 1백80발 수류탄 7개를 들고 나와 근처에 있는 궁류면 토곡리 궁류우체국에 들어가 카빈총을 난사하고 밖으로 나와 다시 카빈총을 한 후 수류탄을 던졌다.

이 사고로 궁류우체국 교환양 정은숙 양(21) 집배원 정종섭 씨(40) 송태진 씨(42 궁유면 토곡리) 등 59명이 숨지고 최분이 할머니

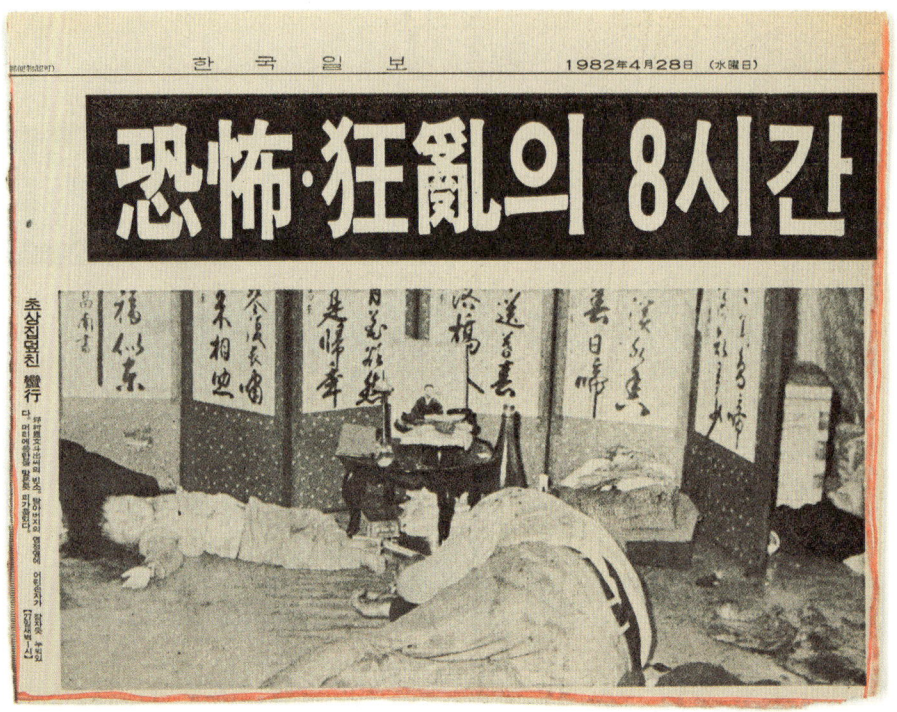

(71) 전미수 군(8) 등 21명이 중경상을 입고 마산 고려병원에 입원 가료중이나 사망자는 더 늘어날 것으로 보인다. (하략)

《한국일보》 호외 1982년 4월 27일자)

나중에 밝혀진 실제 사망자 숫자는 59명이 아닌 56명이었다. 35명은 총경상을 입었다. 경남 의령군 궁류면 궁류지서에 근무하던 우범곤 순경(당시 27세)은 지서와 예비군 무기고에서 훔친 카빈 소총과 실탄, 수류탄으로 무장한 채 1982년 4월 26일 밤 10시께부터 다음 날 새벽 4시경까지 반나절간 '죽음의 파티'를 벌였다. 호외 이후에 발행된 신문을 보면 자세한 범행 경로가 나온다. 파리 한 마리의 날갯짓으로부터 광란의 질주는 시작됐다.

◇ 우 순경 범행 경로

▲ 26일 밤 9시 40분=궁류지서 무기고의 예비군 무기고에서 카빈 M1 2정과 실탄 1백29발·수류탄 6발 절취

▲ 9시 45분=지서 앞에서 행인 1명을 사살하고 궁류우체국에 침입 교환양 등 3명 사살

▲ 10시 10분=압곡리 매곡부락에 침입 6명 사살

▲ 10시 35분=운곡리에 침입 집배원 일가족 등 18명 사살

▲ 10시 50분=평촌리에 침입 초상집을 비롯 불 켜진 집만 골라 27명 사살

▲ 27일 새벽 2시=다시 평촌리 서인수 씨(68) 담배 가게에 침입 인질극

▲ 새벽 3시 40분=서 씨 일가족 4명에게 수류탄 2발 투척하고 함께 폭사

파리 한 마리 때문에 싸워
내연의 처 전 여인과 일문일답

-가정불화로 우 순경과 싸움을 했다는데.

▲ 우 순경은 26일 근무하면서 낮 12시께 집에 들어와 점심을 먹고 낮잠을 자던 중 몸에 붙은 파리를 잡아주기 위해 내가 손바닥으로 가슴을 치자 벌떡 일어나며 화를 냈다.

이를 계기로 말다툼을 하다 하오 4시께 지서로 간 후 저녁 7시 30분께 술에 취해 집으로 돌아왔었다.

―집에 와서는 어떻게 했는가.

▲ 주먹으로 코피가 날 정도로 나를 때려 같은 집에 세들어 사는 친척 언니가 뛰어와 말리자 언니의 뺨마저 때리며 정신없는 사람처럼 닥치는 대로 두들겨 부수는 등 난폭하게 굴었다. 이때 동네 사람들이 몰려들어 저런 사람과 어떻게 결혼할 수 있느냐며 나를 동정하자 우 순경은 혼자 나갔다. (하략)

《한국일보》 호외 1982년 4월 28일자

집을 나가 술을 마시고 저녁 7시 30분께 들어온 우 순경은 집 안의 물건을 닥치는 대로 부수고 동거녀인 전 여인과 이웃들을 폭행했다. 그러고 나서 무기를 들었다. 함께 궁류지서에 있어야 할 경찰관 2명은 근무지를 이탈한 채 온천 목욕을 즐기고 있었다. 말리거나 제지할 공권력은 없었다. 우범곤 순경은 가장 먼저 전화 교환 업무를 보는 궁류우체국을 찾아 여자 교환원 2명을 죽이는 것으로 범행을 시작했다. 시골의 집 전화가 우체국을 통해 수동으로 연결되던 시절이었다. 우 순경은 용의주도하게 우체국 근무자를 몰살시킴으로써 외부와의 통신을 완벽하게 끊었다. 그리고 동거녀 전말순의 집으로 들어가 그녀에게 총상을 입힌 뒤 4명을 사살했다. 다행히 살아남아 인터뷰로 증언을 남긴 전말순은 며칠 뒤에 숨졌다. 궁류면 토곡리, 압곡리, 운계리에서 모두 28명을 사살한 우 순경은 평촌리로 들어와 초상집에 문상을 하고 부의금까지 낸 뒤 또 죽이기 시작했다. 그는 마을을 돌면서 "간첩 나타났다 모여라"라고 외치기도 했다. '수류탄 자폭'이 그의 최후였다.

우 순경은 '세계 최고 기록 보유자'로 오래 남았다. 전시도 아닌 때에 한 사람이 총기로 56명을 쏴 죽인 일은 없었다. 그 기록은 29년 넘게

지속되다가, 2011년 7월 22일에야 깨졌다. 그날 오후 노르웨이 오슬로 우토야 섬에서 아네르스 베링 브레이비크(당시 33세)는 자동소총과 폭탄으로 여름 캠프에 참가중이던 청소년들을 포함해 77명을 죽였다. 그는 우 순경처럼 고립된 지역에서 경찰 제복을 입고(경찰이 아닌데도) 살인을 즐겼다. 우 순경과 달리 밤이 아닌 대낮에 범행을 저질렀고, 술을 마시지 않은 상태였으며, 105분 만에 희생자들을 모두 절멸시켰다.

우 순경은 1981년 4월부터 청와대에서 일했다고 한다. 그는 '주벽이 심하고 성격이 난폭하다는 이유로' 8개월 만에 최정상 근무지에서 벽촌 시골 중의 시골 지서로 전보 조치당했다. 의령경찰서 궁류지서는 일선 경찰서 가운데서도 가장 규모가 작은 '4급지'에 속했다. 당시 정부 합동조사반은 좌천에 따른 인사 불만을 가장 큰 원인으로 결론지었다. 또한 사건의 책임을 물어 의령경찰서장 최재윤과 허창순 궁류지서장, 김진우 경장 등을 직무 유기 등의 혐의로 구속하고, 상급 기관인 경남도경의 주요 간부들을 문책 인사했다.

대통령 전두환은 서정화 내무부 장관의 사표를 받았다. 체육부 장관이던 노태우를 내무부 장관 자리에 앉혔다. 후임 대통령이 된 노태우에게 우 순경 사건은 정치적 기회였다.

중공 승객 조속 송환
납치범 한국서 재판권 행사

중공 여객기 피납 사건을 처리하기 위해 이틀째 협상을 벌여온 한·중공 양측 대표단은 8일 하오 4시 서울 신라호텔 영빈관에서 3차 회담을 열고 피납 여객기의 승객 및 승무원과 기체의 조기 송환에 합의하는 한편 부상자는 중공 측의 희망에 따라 별도 송환키로 아울러 합의했다. 이날 회담에서 중공 측은 납치범 6명의 인도를 희망했으나 한국 측은 국제 협약과 국제관례에 따라 한국 측이 재판 관할권을 행사해야 한다는 입장을 확실히 했다. 결국 중공이 유보 입장을 표명키로 함에 따라 한국 측이 납치범들을 처벌키로 결정했다.

한·중공 양측은 이날 회담 협의 내용과 관련, 한국 측 수석 대표인 공노명 외무부 제1차관보와 중공 측 수석 대표인 심도 민항총국장 간에 합의 문서를 9일 교환키로 하는 한편 양측에서 각기 대표 1명씩을 지명, 문서 작성 작업을 계속키로 했다고 한국 측 회담 배석자가 전했다.

《서울신문》 호외 1983년 5월 9일자

처음 이 호외를 읽고 어리둥절했다. 전혀 기억에 없는 사건이다. 중공 여객기가 피랍돼서 한국에 왔다고? 누가 납치했지? 북한이? 미국이? 한국이? 납치가 뉴스의 알맹이도 아니다. 납치 사실은 이미 3일 전 신문에 실렸다. 호외의 핵심은 중공 여객기 납치범의 재판권을 한국에서 행사한다는 내용이다. 왜 합의 결과가 그토록 중요했을까.

1983년 5월 5일 중국 심양에서 상해로 가던 중국 민항 소속 국내선 '트라이던트' 여객기가 공중 납치당했다. 납치범들은 탁장인(卓長仁), 강홍군(姜洪軍), 안건위(安健偉), 왕염대(王艷大), 오운비(吳雲飛), 고동평(高東萍) 등 6명. 이들은 승무원을 권총으로 위협해 북한 상공을 지나 우리나라 영공에 들어왔다가 춘천 부근 비행장에 불시착했다. 정치적 망명을 요구했다. 대만이 최종 목적지였다.

중공 민항기가 남한 땅에 착륙한 일은 처음이었다. 사건 발생 3일 만에 중국 민항총국장 심도(沈圖) 및 33명의 관리와 승무원이 직접 서울을 방문해 공로명 외무부 차관보와 직접 협상을 벌였다. 한국전쟁 이후 한-중 간의 첫 공식 외교 접촉이었다. 정부는 피랍 항공기의 승객, 승무원과 기체를 곧 중공에 송환하기로 했으나, 망명을 요구하는 납치범들은 송환 대상에 넣지 않았다. 중공 당국도 이를 묵인했다. 이들의 재판권은 한국에서 행사하기로 했다. 1심에서 법원이 선고한 징역 4~6년형은 1984년 5월 22일 대법원 판결에서 확정되었다. "항공기 납치 행위는 어떠한 이유로도 정당화될 수 없다"는 이유에서였다. 그러나 정부는 대법원 확정 판결 석 달 만인 1984년 8월 18일 이들 6명 모두를 형 집행 정지 결정으로 석방했고, 그들이 원하던 대만으로 갈 수 있게 했다.

호외 뒷장에서 보듯, 잠시 한국에 머물렀던 105명의 민항기 승객과 승무원들에겐 극진한 대접을 해줬다. 춘천에서 1박을 하게 한 뒤 서울로 데려가 최고급 '워커힐호텔'에 투숙시켰고 서울대학교와 용인 자연농원을 구경시켰다. 갈비도 대접했다. 중공 민항기 승객에 대한 이런 대접은 곧이어 한국 민항기가 받을 대접과 극단적으로 대조된다.

KAL 점보기 사할린 강제 착륙
미 CIA, 한국 측에 통보

1일 오전 5시 50분 김포공항에 도착 예정인 뉴욕발 대한항공(KAL) 점보기가 이날 새벽 3시 30분쯤 북위 46도 30분 동경 1백41도 30분 사할린 남쪽에서 실종, 사할린에 강제 착륙한 것으로 알려졌다. 이 같은 사실은 미 중앙정보국이 한국 측에 알려온 것이다.

KAL기의 강제 착륙이 납치에 의한 것인지 아니면 불가항력의 기상과 관련된 것인지는 알려지지 않았다. (중략)

이 점보기에는 2백40명의 승객과 29명의 승무원이 타고 있다.

한편 일본 자위대 당국은 소속을 알 수 없는 한 비행기가 새벽 3시 26분경 동해의 연해주 쪽으로 비행하는 것이 레이다에 포착됐다고 밝힘으로써 KAL기가 납치되었을 가능성이 있음을 시사했다.

일본 항공자위대는 레이다로 분석한 결과, 실종된 것으로 알려진 KAL기가 1일 오전 최종적으로 위치해 있었다고 교신해 올 지점에는 비행기가 없었으나 훗까이도 최북단 와까나이 북쪽 1백 80km 상공(사할린 상공)에서 3시 29분께 국적 불명 항공기가 레이더에서 사라졌다고 밝혔다. 일본 항공자위대는 그러나 이 항공기가 KAL기인지는 알 수 없다고 말했다. (하략)

《조선일보》 호외 1983년 9월 1일자

    명백한 오보다. KAL기는 강제 착륙하지 않았다. 기사 본문에도 '강제 착륙'에 관해선 "알려졌다"는 말로 막연하게 나올 뿐이다. 누가 봐도 '실종'이다. 'KAL 첩보기 사할린서 실종'으로 제목을 붙이는 게 맞다. '강제 착륙'은 그저 바람에 불과하지 않았을까. 뒷면엔 승객과 승무원 명단까지 전부 실었다. 하루 뒤 신문은 그들이 모두 '고인'이 됐을 가능성이 높다고 말한다.

    다 죽었다. 승객과 승무원 269명. 미국인 51명, 일본인 28명, 그리고 한국인이 190명이었다(한국인 수로만 치면 2003년 대구 지하철 화재 참사 때보다 2명 적다). 뉴욕에서 김포로 오던 KAL 정기여객기 007편은 기착지인 앵커리지 공항을 1983년 8월 31일 밤 이륙한 뒤부터 조금씩 북쪽으로 항로를 이탈했다. 소련 영공을 침범해 3시간 가까이 비행하던 비행기에 소련 미사일이 날아왔다.

    소련 정부는 처음엔 격추 사실을 부인하다가, KAL기가 미국과 남한의 사주로 첩보 활동을 하려고 자국 영토를 침범해서 격추했다고 주장했다. 스크랩 속 기사는 분노와 눈물로 얼룩져 있다. 소련 공산당 서기장 안드로포프 화형식이 열렸고, 일본 최북단 와카나이 해상에 배를 타고

KAL점보機 사할린 強制착륙

美CIA, 韓國측에 통보… 被拉·航路 착오 여부등 계속 조사

뉴욕發 서울行 오늘새벽 3시20분 北海道 비행중 마지막 交信

日자위대, "失踪직후 蘇연해주接近 비행체 포착"

美下院議員 1명 포함 승객등 2백69명 탑승 韓國人 VIP는 없어

새벽 5시50분 金浦도착 예정

美·蘇에 협조 요청

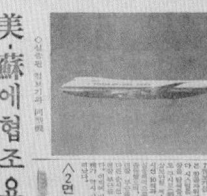
〈KAL 대형機〉

〈탑승객 명단 뒷면에〉

〈2면 계속〉

朝鮮日報
1983年 9月 1日
號外
其 3

大邱디스코클럽 큰불

22명 死亡·70여명 重輕傷

오늘 새벽 2층천정서 發火

火因 漏電 희생자 거의 10代

傾斜 45도의 출구 아수라장

신분증없어 身元 파악못해

趙世衡 교도관 45명 拘束키로

搜査본부 端緖 못잡아

〈死亡者명단〉

☆畫報 2面

한국일보
4月 18日
號外 2號

납치범 韓國서 裁判權행사

中共승객 조속 送還

中共선 引渡요청했으나 국제慣例따라 결정

機體도 가능하면 함께
負傷者 1명 追後따로

3차회담의 : 文書 오늘 交換

被拉機 타이어등을 교체
金浦空港으로 離陸채비

서울신문 號外
1983年 5月 9日

레이건 被擊

왼쪽 肺 銃彈 手術로 除去

大統領 권한대행 부시

犯人 白人청년 現場체포
公報秘書·두 警護員 銃傷

6發中 1發
새벽 4시 30분, 워싱턴 힐튼호텔서 나오다

레이건 美대통령

한국일보 號外
3月 31日

1983년 9월 사할린의 영공을 날던 KAL기 승객 269명은 모두 불귀의 객이 되었다. 납치범들의 인질이 될 뻔 했던 중공 민항기 승객 105명은 한국정부로부터 갈비도 얻어먹고 서울구경 잘 한 뒤에 무사히 돌아갔다. 밑의 대구 디스코클럽 화재는 1982년, 레이건 피격은 1981년의 호외다.

간 유족들은 울부짖으며 꽃을 던졌다. "사할린 바다는 말이 없고 건너편 '살인 곰'은 억지만"이라는 제목이 눈에 띈다. 〈경향신문〉 4컷 만화의 주인공 '청개구리'는 분하고 원통한 마음에 '붉은 곰' 방석을 깔고 앉는다. '곰'으로 상징되는 소련을 조롱하고 원망했다. 그러나 어쩌랴. 미국에게 "대신 혼 좀 내달라"고 해야 하는가? 소련은 적성국이자 미수교국이었다. 한국은 미국을 따라 1980년 모스크바올림픽 참가를 거부하지 않았던가. 소련의 아프가니스탄 침략에 항의한다는 의미였다. 1990년대 노태우 정부의 북방 외교가 시작되기 전까지 소련은 접근 불가의 성역이었다.

이 사건으로 미국만 실리를 챙겼다. 레이건 미 대통령은 소련의 만행을 군사 관련 예산을 통과시키는 데 적절히 써먹었다. 미 의회가 반대하던 MX 미사일, 레이저 무기 연구 개발 자금 등은 물론이고 비밀리에 지원하던 니카라과 반군 게릴라 '콘트라' 지원금도 따냈다. 사실 2년 전 죽을 뻔했다가 간신히 목숨을 건졌던 그다. 아버지의 스크랩북 제13권에 있는 호외를 보자. "레이건 피격"! 1981년 3월 30일 워싱턴의 '힐튼호텔' 앞에서 한 청년이 레이건을 향해 6발의 총탄을 쏘았다. 그중 한 발을 왼쪽 가슴에 맞았으나 즉각적인 수술로 제거해 살아났다. 레이건은 케네디처럼 되지 않았다.

레이건의 총애를 받았던 전두환도 죽다 살아났다. 안타깝게도 이와 관련한 호외는 아버지의 스크랩에 없다. 정상 발행된 신문만 있을 뿐이다. KAL기가 피격된 지 한 달이 조금 넘어 일어난 아웅산 폭발 사건. 1983년 10월 동남아시아 순방길에 오른 전두환 대통령 일행은 9일 오전 버마 독립전쟁의 아버지인 아웅산 장군의 묘소를 참배하고 다음 날엔 유산유 버마 대통령과 정상회담을 할 예정이었다. 아웅산 묘소에서 전두환이 도착하기 직전에 폭탄이 터져 먼저 대기중이던 서석준 부총리, 김재익 경제수석 등 수행원 16명이 사망하는 참사가 벌어졌다.[2]

이제 그만하자. 너무 많이 죽었다. 아니, 마지막으로 하나만 더 하자. 역시 호외로는 나오지 않았으나 스크랩에 있는 '센' 뉴스! 1982년 3월 5일 성남 서울공항에서 이륙해 제주로 가던 C123 군용기가 한라산에 추락하면서 탑승한 특전사 군인 53명 전원이 사망했다. 당시 군 당국은 '대간첩 침투 작전' 중이었다고 했지만, 25년 뒤인 2007년 3월 15일 〈오마이뉴스〉의 보도에 따르면 이들은 제주에 내려온 전두환 대통령의 경호를 위해 악천후를 무릅쓰고 출동하다 목숨을 잃었다. 아마 이건 호외를 내려 했어도, 군 정보기관에서 막았으리라.

호외 또는 호외에 준하는 신문 기사 속의 그 숱한 죽음을 생각하며 아버지의 스크랩북 제15권 첫머리의 시(오른쪽)를 읽는다. 제목이 〈懲忿窒慾(징분질욕)〉이다. '분노와 사욕은 덕을 쌓는 데 해로우므로 이를 참고 억제하라'는 뜻이다. 첫 구절은 "장수의 비결". 눈이 확 뜨인다. 호외급 재난에서 살아남아 장수하는 법? 오랜만에 등장한 아버지의 시다. 다 좋은데, 마지막 연의 '민심' 운운하는 대목이 걸린다. 아버지, 고리타분해요, 흑흑.

2_ 버마 당국은 이 폭탄 테러에 관해 북한군 정찰국 특공대 소속 진 아무개 소좌, 강민철 상위, 신기철 상위의 소행이라고 발표했다. 범인들이 현장에 폭탄은 완벽하게 설치했던 것으로 보인다. 마지막 스위치를 일찍 눌렀다. 이와 관련해선, 테러범들이 머리가 벗겨진 이계철 버마 대사 또는 함병춘 대통령 실장을 전두환으로 오해했다는 설이 있다.

懲忿窒慾

장수의 비결은 무엇인가
지나치게 먹지 말고
지나치게 자지 말고
지나치게 일하지 말라

출세의 비결은 무엇인가
지나치게 명예를 사랑하지 말고
지나치게 마음이 교만하지 말고
지나치게 황금을 쫓아가지 말라

정권을 유지하는 비결은 무엇인가
민심을 보고
민심을 배우고
민심을 사랑하는 것이다.
(1983년 2월)

그들은 원래 눈에 뵈는 게 없었다

무서운 10대

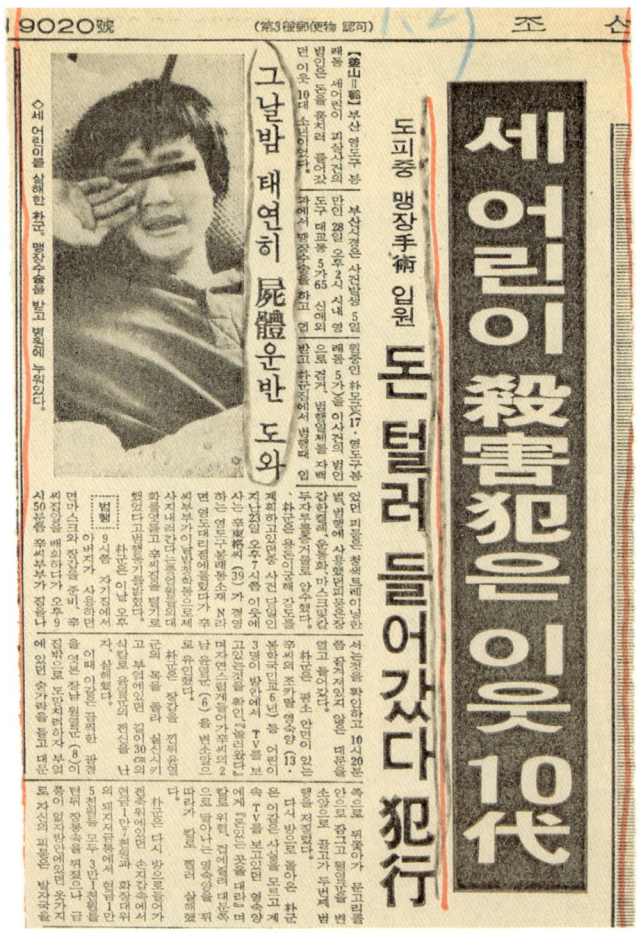

선배는 칼을 맞았다. 그런데 히죽 웃고 있다.

《한국의 발견》이라는 책을 아는가. 1970~1980년대 저명한 잡지사인 〈뿌리깊은나무〉에서 각 도별로 그 지역의 역사와 지리, 전통과 문화를 각종 문서 자료와 현장 취재로 엮어낸 단행본이다. 꼼꼼한 고증과 발로 뛴 글, 빼어난 사진들에서 장인 정신이 풀풀 묻어난다. 나는 지금 그 책의 '강원도'편(1983년 5월 발행)을 보고 있다. 맨 앞 '차례'에서 내가 태어나 살던 도시를 찾아 페이지를 넘긴다. 첫 장에 큼지막한 사진이 등장한다. 하얀 유니폼을 입은 한 고등학교의 밴드부 부원들이 반짝거리는 나팔을 하나씩 들고 시내 중심가를 행진하고 있다. 모 일간지 주최 마라톤 대회 참가 선수들을 환영하러 나선 길이라는 설명이 적혀 있다. 아, 그들은 내가 나온 고교의 옛 동기와 선배들이다. 사진 끝에서 카메라를 향해 히죽 웃고 있는 저 사람은 1년 선배다. 잊을 수 없다. 얼마 있다 세상을 떠났다지. 교실에서, 친구의 칼을 맞아.

고2 때 학교에서 살인 사건이 일어났다. 고3 교실에서였다. 쉬는 시간에 그는, 급우가 찌른 칼에 기습을 당했다. 피를 흘리며 병원으로 후송됐지만 곧 숨을 거뒀다. 겨울이었다. 영결식은 학교 운동장에서, 2천여 명 학생들이 조회 대형으로 도열한 가운데 숙연하게 진행됐다. 유족들은 고개를 숙이고 오열했다. 고인이 속했던 밴드부는 나팔을 높이 들어 구슬픈 장송곡을 반복해서 연주했다. 어떻게 내가 고2 때 아버지의 서재에 꽂힌 《한국의 발견 – 강원도》에서 그 선배의 사진을 '발견'했는지는 기억에 없다. 일면식도 없는 사이였지만, 나는 귀신같이 그 책 속의 사진에서 죽은 이의 얼굴을 찾아냈다.

10대는 무섭다. 그러나 "요즘 10대들 무섭다"는 말에는 어폐가 있다. 10대들은 원래 무서웠다. 10대들은 옛날부터 눈에 뵈는 게 없었다.

10대 시절 주변에서 확인한 일이거니와, 아버지의 스크랩에 기록된 그 시절의 기사들이 증명하기도 한다. "우리 땐 안 그랬는데……"라는 기성세대의 읊조림은 자기기만이다.

아버지의 스크랩북 제15권(1983년), 제16권(1984년), 제17권(1985년)을 편다. 고2부터 대학교 1학년까지의 시기다. 아버지는 50대 중년의 고지를 넘고 있었다. 시대적으로는 서슬 퍼런 제5공화국 군사독재가 중후반부로 치달았다. 날이면 날마다 대학생들의 시위였다. 아버지의 스크랩엔 대학생들의 각종 '과격 행동'을 전하는 신문 기사들이 도배돼 있다. 그 가운데 탈선한 10대들의 기사가 읽는 이를 화들짝 놀라게 할 만한 강도로 박혀 있다. 대학생 형들한테 기죽지 않으려는 몸부림인가. 아니, 10대들의 행각은 20대 대학생들을 뺨쳤다. 오, 무섭다.

세 어린이 살해범은 이웃 10대
도피중 맹장 수술 입원, 돈 털러 들어갔다 범행

【부산=연합】 부산 영도구 봉래동 세 어린이 피살 사건의 범인은 돈을 훔치러 들어갔던 이웃 10대 소년이었다.

부산시경은 사건 발생 5일 만인 28일 오후 2시 시내 영도구 대교동 5가 65 신애외과에서 맹장 수술을 하고 입원중인 박 모 군(17·영도구 봉래동 5가)을 이 사건의 범인으로 검거, 범행 일체를 자백 받고 박 군 집에서 범행 때 입었던 피 묻은 청색 트레이닝 한 벌, 범행에 사용했던 피 묻은 장갑 한 켤레, 운동화 마스크 및 칼 두 자루를 증거물로 압수했다.

박 군은 용돈이 궁해 강도를 계획하고 있던 중 사건 당일인 지난 23일 오후 7시쯤 이웃에 사는 신동격 씨(39)가 경영하는 영도구 봉래동 소재 N라면 영도 대리점에 들렀다가 신 씨 부부가 이날 밤 청학동으로 제사 지내러 간다는 종업원들의 대화를 엿듣고 신 씨 집을 털기로 했었다고 범행 동기를 밝혔다.

【범행】박 군은 이날 오후 9시쯤 자기 집에서 아버지가 사용하던 면 마스크와 장갑을 준비, 신 씨 집 앞을 배회하다가 오후 9시 50분쯤 신 씨 부부가 집을 나서는 것을 확인하고 10시 20분쯤 잠겨져 있지 않은 대문을 열고 들어갔다.

박 군은 평소 안면이 있는 신 씨의 조카딸 영숙 양(13·봉학국교 6년) 등 어린이 3명이 방 안에서 TV를 보고 있는 것을 확인, "놀러 왔다"며 자연스럽게 들어가 신 씨의 2남 윤열 군(6)을 변소 앞으로 유인했다.

박 군은 장갑을 낀 뒤 윤열 군의 목을 졸라 실신시키고 부엌에 있던 길이 30cm의 식칼로 윤열 군의 전신을 난자, 살해했다.

이때 이 같은 끔찍한 광경을 엿본 장남 원열 군(8)이 집 밖으로 도망치려 하자 부엌에 있던 숟가락을 들고 대문 쪽으로 뒤쫓아가 문고리를 안으로 잠그고 원열 군을 변소 앞으로 끌고 가 두번째 범행을 저질렀다.

다시 방으로 돌아온 박 군은 이 같은 사실을 모르고 계속 TV를 보고 있던 영숙 양에게 "돈 있는 곳을 대라"며 칼로 위협, 겁에 질려 대문 쪽으로 달아나는 영숙 양을 뒤따라가 칼로 찔러 살해했다.

박 군은 다시 방으로 들어가 전축 위에 있던 손지갑 속에서 현금 1만 7천 원과 화장대 위의 돼지 저금통에서 현금 1만 5천 원 등 모두 3만 1천 원을 턴 뒤 장롱 속을 뒤졌으나 금품이 없자 방 안에 있던 옷가지로 자신의 피 묻은 발자국을 모두 지우고 달아났다. (하략)

《〈조선일보〉1983년 1월 29일자》

1983년 1월 23일, 부산 영도구 봉래동의 박 아무개 군도 그렇다. 어쩌자고 이렇게까지 이웃집 어린이 3명을 무참하게 죽인 것인가. 6세, 8세, 13세 아이의 목을 조르고 조그마한 몸뚱이에 사정없이 칼을 휘둘렀다. 그래 봤자 얻은 돈은 달랑 31,000원. 어떤 결핍과 분노가 그를 살인마로 만들었을까.

초자연적 현상을 믿는 한 인터넷 카페에서의 갈등이 발단이 된 2012년 4월의 신촌 살인 사건이 떠오른다. 대학생 김 아무개 씨(20)를 무참하게 칼로 찔러 죽인 고등학생 피의자들은 모두 부모의 폭력과 정서적 방임, 집단 따돌림 등 학대의 경험을 지녔다고 한다. 그 트라우마 탓에 대인 관계에 서툴렀으며 작은 일에도 스트레스를 누르지 못했다고 한다. 학대받는 이들에게 인터넷 카페라는 가상공간은 일종의 안식처였다. 그 공간에서 상대방과의 작은 갈등은 공격처럼 느껴졌고 결국 살인 동기로 작용했다. 이는 범죄심리분석관(프로파일러)들의 면접 조사 결과다.

박 아무개 군은 이런 조사를 받지 않았으리라. 당시 '프로파일링' 따위는 존재하지 않았다. 닥치고, 소년원 또는 감옥을 갔겠지. 몇 년 형을 살았을까. 앞의 기사에 따르면, 그는 17세인데 고등학생이라고는 나오지 않는다. 학교를 안 다녔던 모양이다. 부모에게 사랑은 받으며 컸을까. 서로 보듬어주는 친구는 있었을까. 그의 성장 과정을 캐고 싶다. 필시 어떤 스토리가 있을 테다. 당시 나와 동년배였던 그의 지금 모습이 궁금하다.

'심야 통금' 65명 적발

속보=청소년 범죄를 예방키 위해 경찰의 '청소년 심야 통금' 단속이 실시된 첫날인 26일 밤 서울 시내의 유흥가, 우범 지대 등에서는 평소와는 달리 배회하는 청소년들이 눈에 띄게 줄었다.

경찰은 27일 자정과 새벽 4시 사이 하릴없이 배회하는 10대 청소년 65명을 연행, 파출소로 보호시킨 뒤 이날 아침 49명을 보호자에 인계하고 6명은 형사 입건하는 한편, 6명은 즉심에, 4명은 소년 감호소에 수용 조치했다.

경찰은 우범 지대가 아니라도 하릴없이 주택가를 배회하거나 인적이 없는 곳을 남녀 청소년이 배회할 때는 귀가를 종용하거나 연행했다.

경찰은 그러나 도서관에서 늦게 귀가하는 학생이나 심부름 등 통행 목적이 뚜렷하고 부모의 확인이 있으면 귀가시켰다.

《한국일보》 1984년 3월 27일자〉

살인을 하지 않아도, 맞짱을 뜨지 않아도, '삥'을 뜯지 않아도, 심야에 거리를 배회하면 경찰이 잡아간다. 이건 '배회죄'인가? 통금이 해제된 게 1982년 1월 5일이다. 해방 직후인 1945년 9월부터 무려 37간이나 시행된 제도다. 통금 해제 2년 만에 '청소년 통금'이라는 조치가 생겨 버렸다. 기사에 따르면 하룻밤 사이 65명을 연행해 6명이나 형사 입건을 했다고 한다. 무엇 때문인지는 나와 있지 않다.

내가 기억하기로는, 중·고등학생들의 칙칙한 교복이 완전히 사라진 건 1983년 1학기였다. 내가 고2 때였다. 아이들에게 사복이 허용되었다. 등하굣길은 형형색색 컬러의 물결이었다. 친구들은 멋을 내기 시작했다. 그 무렵부터 '나이키'니 '프로스펙스'니 하는 브랜드 신발들이 유행했다. 이렇게 사복을 입고 마음이 들뜬 청소년들과, 당시 번창 일로에 있던 이른바 '향락 산업'의 접점을 차단하려는 것이 교육 당국과 경찰의 의도였으리라. 정부는 1984년 3월엔 국무총리 주재로 '청소년범죄 예방대책위원회'를 열고 전 행정력을 동원해 유해 업소·비디오·출판물과 '야간 배회'를 단속하겠다고 천명했다. 이 범죄 예방 대책은 아주 잠깐 동안만 효과가 있었을 뿐이다.[1]

연말을 조심하라. 기말고사가 끝나고, 대입학력고사(현재의 수학능력시험)가 끝나면 다들 긴장이 풀린다. 방학이다. 크리스마스다. 송년회다. 파티의 계절, 놀아야 한다. 돈이 필요하다. 그래서였는가. 심야의 학교에서 숙직자를 죽이고, 미용실에 쳐들어가 주인을 죽이고, 택시기사를 마구 찌르고, 부녀자를 납치·강간·살해하고…… 에잇 못된 놈들. 위장 납치극으로 여자 친구를 집에서 빼돌려 함께 3박 4일로 놀러 갔다 온 뒤 다시 다른 집에서 강도극에 나섰다가 경찰 총에 맞아 죽은 10대도 있다.

경찰, 칼 든 강도 사살
피살범은 '여고생 인질' 10대
위장 납치… 사실은 애인 관계

가정집에 들어가 금품을 턴 10대 강도 1명이 칼을 들고 반항하다가 출동한 경찰관이 쏜 권총에 맞아 숨졌다.

사살된 강도범은 4일 전인 지난 14일 여고 1년생 친구 집에 침입, 여자 친구를 '인질'로 위장해 데리고 가 3일간 애정 행각을 벌여 경찰의 수사를 받아오던 인질범으로 밝혀졌다. (하략)

《한국일보》 1984년 12월 19일자

---

[1] _법원 행정처에서 펴낸 《법원사》에 따르면, 1984년 한 해 소년보호사건(19세 미만의 범죄 사건)의 법원 수리 건수는 18,151건이었다. 그 전해인 1983년의 20,113건에 비해 10퍼센트 가까이 줄었다. 2년 뒤 해당 건수는 20,438건으로 가파르게 상승하더니, 1993년에는 28,957건을 기록한다.

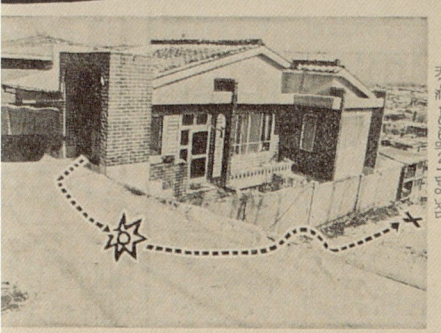

칼을 들고 강도짓을 하다가 경찰에 사살된 10대의 기사엔 못다 핀 러브스토리가 스며 있다. 그 주인공은 18세 김 아무개 군과 여고 1년생 정 아무개 양이다. 총에 맞아 죽기 4일 전인 1985년 4월 14일 새벽 김 군은 정 양의 집에 침입해 강도인 척하면서 정 양을 데려가 강릉과 주문진 등 동해안에서 함께 여행을 즐겼다. 정 양은 김 군을 'H고 3년생 오빠'로 알았지만, 사실이 아니었다. 김 군은 학교를 다니지 않았고, 4번의 절도 전과가 있었다. 동해안에서 돌아와 서울 봉천2동 집에서 잠을 자고 일어나 봉천7동 주택가로 '새벽 작업'을 나갔던 김 군은 출동한 경찰과 몸싸움을 벌이다 총을 맞았다. 총알은 그의 뒷머리 아래 부위에서 45도 각도로 왼쪽 눈썹 아래쪽을 관통했다. 왜 경찰은 다리가 아닌 뒤통수를 겨냥했을까.

이 사건을 보며 2010년 발표된 독립 영화 〈회오리바람〉(감독 장건재)이 떠올랐다. 이성 친구와 금지된 여행을 즐겼다는 점에서만 그렇다. 고2 겨울방학 때 연애 백 일 기념으로 동해 바다 여행을 다녀온 태훈과 미정. 태훈의 부모는 철이 없다는 꾸지람으로 끝내지만, 미정의 아버지는 다르다. 태훈과 그의 부모를 굳이 집으로 불러 '같이 잤는지' 수사관처럼 캐묻는다. 살기 띤 얼굴로 "절대로 만나지 않겠다"는 각서를 요구하고, 심지어 탁자에 식칼을 꽂고 위협한다. 위의 사건처럼 파국은 없지만, 회오리바람에 휩싸인 10대들의 욕망과 조바심, 한계를 잘 그린 영화다.

1984년, 1985년은 '학원 자율화' 국면이었다. 대학에 경찰을 상주시킨 채 일체의 데모를 불허하고, 주동자급으로 찍힌 학생들을 제적시키거나 군대로 끌고 가던 정부가 화해의 제스처를 취했다. 일제강점기에 비유를 하자면 '무단통치'에서 '문화통치'로의 변화. 1983년 12월 21일

문교부가 제적생 복교 허용을 골자로 발표한 '학원 자율화 조치'의 결과였다. 캠퍼스를 활보하던 경찰 병력은 철수했다. 데모하다 잘린 학생들에겐 학교 다닐 기회를 줬다. 각 대학마다 '학원자율화추진위원회(학자추)' 등이 구성되고 군대식 학도호국단이 아닌 '총학생회'의 부활 움직임이 일어났다. 학내 민주화와 사회 민주화를 이슈로 건 각종 집회가 벌어졌다. 이는 살벌한 투석전으로 곧잘 이어졌다. 대학 안의 보도블록이 남아날 새가 없었다. 최루탄 냄새도 가실 날이 없었다. 20대 대학생들한테 지친 경찰이 10대를 돌아볼 틈이 있었을까? 그래도 10대는 묵묵히, 꾸준히 일을 저질렀다.

10대 절도 3명 파출소 습격
새벽 공범 빼내 도주

18일 상오 4시 15분께 서울 동대문구 면목1동 120의 1 서울 태릉경찰서 면일파출소(소장 이광범 경위·43)에 차량 절도범 박 모 군(19·전과 7범·서울 동대문구 면목1동) 등 10대 3명이 난입, 취조중이던 김은봉 순경(32)을 위협하고 공범 최 모 군(17·전과 4범·경기 남양주군 미금읍 도농리)을 빼앗아 달아났다. (하략)

《한국일보》 1985년 6월 19일자)

10대들이 파출소를 습격해 조사받던 공범을 빼냈다. 대담하다. 그 밑에는 "총장실 부수고 난동"이라는 다른 기사의 제목이 붙어 있다. 외국어대 용인 캠퍼스 학생들이 주인공이다. "부당 징계 철회하라" "부실 재단 물러가라" 등을 요구하며 서울 이문동 외국어대 본관으로 난입, 총장실과 재단이사장실 등 50여 개 사무실 유리창 7백여 장을 깨뜨리고 기

한국일보 (10판) 1985年6月19日 (水曜日)

10代절도 3명 파출소 습격
새벽 共犯 빼내 도주

훔친車로 警察유인한 뒤
角木·벽돌들고 亂入

車뻗잡고 추격하던 警官 重傷

총장실 부수고 난동

外大 龍仁캠퍼스學生 각목으로 유리창 7百장깨

택시훔쳐 強盜질 39회

10대와 20대의 경쟁인가. 신문 머리기사에서 10대 3명은 파출소를 습격해 공범을 빼낸 뒤 도주했다. 그 아래 기사의 외대 용인캠퍼스 20대 학생들은 총장실을 부수고 각목으로 유리창 7백장을 깨뜨렸다.

물을 부었다는 내용이다. 잠시 둘을 놓고 비교해본다. 누가 누가 더 험한 짓을 했나. 저울질하기 어렵다. 아무튼 10대와 20대의 하모니(!)가 신문 사회면을 빛내고 있다.

사고를 친 대학생들 이야기는 무궁무진하다. 1985년 11월엔 서울 중구 소공동 미국상공회의소(4일, 14명)와 가락동 민정당연수원(18일, 170명)을 점거했다. 젊은이들이 떼거리로 몰려가 공공건물을 무작정 점거하던 시대였다. 그래 봤자, 점잖다. 무섭지 않다. 앞에서 처음부터 열거한 10대들의 사건에 비하면 말이다. 아무리 법을 위반하고 폭력을 써도 20대 대학생들에겐 논리와 명분이 있었다. 10대들은 충동적이었다. 겁이 없고 막무가내였다. 술에 취한 폭주 오토바이 같고, 그치지 않을 회오리 광풍 같았다. 20대가 질풍노도라면 10대는 광풍노도였다. 똑같은 시대의 산물이어도 '운동으로 단련된 10대'와 '운동권에서 단련된 20대'의 행동 양태는 많이 달랐다.

삐뚤어진 10대는 삐뚤어진 사회를 반영한다. 개인의 인격은 가족과 공동체의 관계 속에서 형성된다. 그렇다고 '선도'는 웃기는 얘기다. '청소년 선도'가 아닌 공감과 소통이 필요하다는 식의 공자 말씀도 이 지면에선 감당이 안 되는 거대 담론이다.

그저, 새삼 알았다. 10대, 그들은 원래 무서웠다.

'비참한 말로'에도 등급이 있나

조세형, 지강헌, 신광재

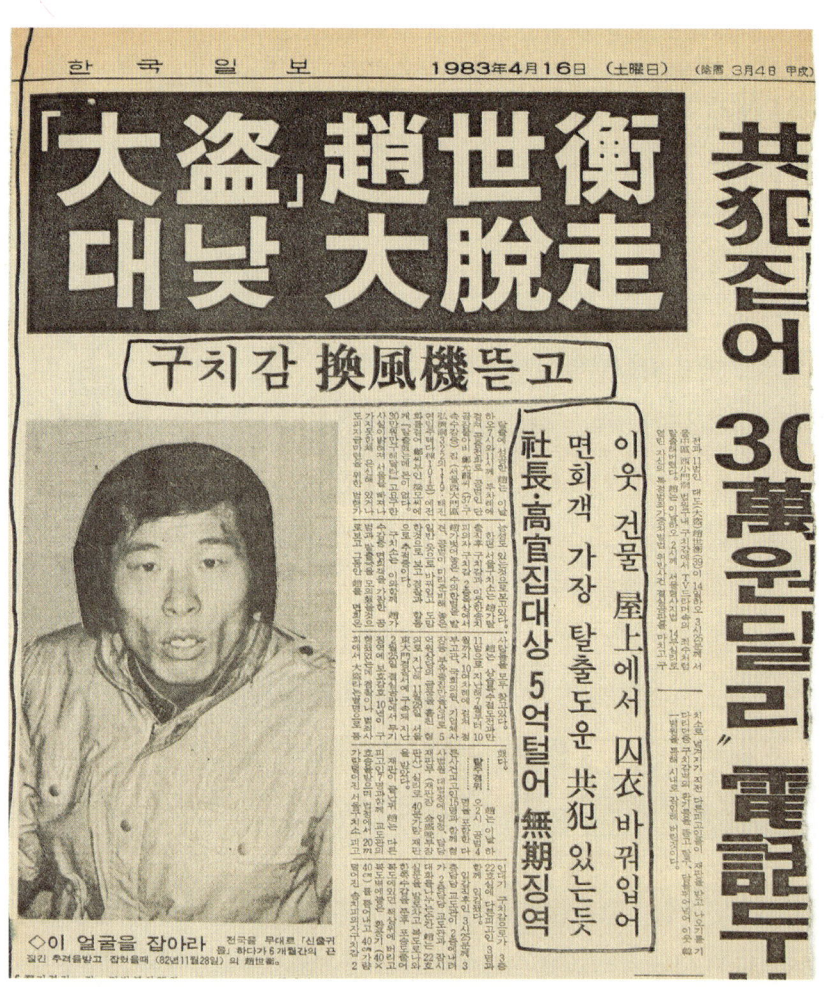

"10년 선고받은 아이가 하나 있었는데, 아들뻘 됐지. 스물여덟 살이었는데, 신창원 못잖은 강단이 있고 영리한 놈이었어. 근데 어느 날 탈옥 계획을 세워갖고 와서 자문을 구하는 거라. 계획이 그럴듯해. 근데 하지 말라고 했어요. 우리나라 탈옥 사건들 죽 비춰 볼 때 다 말로가 비참하잖아?"

누구의 말일까. 교도소에서 수감 생활을 하며 은밀히 탈옥 컨설팅까지 의뢰받는 인물. 그의 말을 더 들어보자.

"'교도소를 벗어나는 것만 탈옥이 아니다. 항만 봉쇄가 너무 철통같아 함부로 빠져나갈 수도 없다. 탈옥을 하면 또 지하 생활을 해야 하는데, 그건 징역살이보다 더 괴롭다' 그렇게 며칠 설득을 했어요."

1980년대에 '대도'로 이름을 날렸던 조세형 씨의 말이다. 시사 주간지 〈한겨레21〉에서 '쾌도난담'이라는 대담 코너를 담당하던 2000년 3월, 교도소에서 나온 지 1년 3개월 된 조세형 씨를 직접 섭외한 적이 있다. 그는 전화 한 번에 흔쾌히 응했다. 대담 자리에 와서는 비상한 기억력과 방대한 독서량이 엿보이는 지식, 구수한 입담으로 좌중을 휘어잡았다. 그를 바라보며 '대도'에 대한 존경심까지 품었다.

그는 탈옥을 상담하는 후배에게 '비참한 말로'라는 표현을 쓰며 말렸다고 했다. 정말 비참한가. 아버지의 스크랩북 제15권(1983년)을 펼친다. 내처 제21권(1988년)과 제23권(1990년)도 펼친다. 드문드문 떨어져 있는 3가지 탈옥 사건에 관해 쓴다. 그들의 비참한 말로에 관해 쓴다.

'대도' 조세형 대낮 대탈주
구치감 환풍기 뚫고

전과 11범인 대도 조세형(39)이 14일 하오 3시 25분께 서울 중구

서소문동 법원 구내 구치감에서 TV 드라마 속의 죄수처럼 탈출해버렸다. 조는 이날 하오 2시께 서울형사지법 14부 심리로 열린 자신의 특정범죄가중처벌법 위반 사건 결심 공판을 마치고 구치소로 넘겨지기 직전 다른 피고인들이 재판을 받고 나오기를 기다리던 중 구치감 벽의 환기통을 뜯고 탈주, 담을 뛰어넘어 이웃 한 일병원을 통해 시내로 잠입해버린 것이다.

탈출에 성공한 조는 이날 하오 7시와 11시께 두 차례에 걸쳐 공중전화로 공범인 단골 장물아비 정윤용 씨(37·구속 수감중) 집(서울 서대문구 홍제동 322의 119·태진연립주택 다동 101호)에 전화를 걸어 정 씨 부인 양 모 씨에게 "탈출했는데 돈이 없다. 30만 원만 구해 달라"고 요구한 사실이 밝혀져 서울을 빠져나가지 못한 채 은신해 있거나 도피 자금 마련을 위한 범행 가능성도 있는 것으로 보고 있다. (중략)

구치소는 이와 함께 조가 수감중 면회객을 가장한 공범과 탈출극을 모의했을 것으로 보고 그동안 조를 면회 온 사람들을 모두 찾고 있다.

조는 상습 특수절도 전과만 11범으로 지난해 7월부터 10월까지 10여 차례에 걸쳐 정부 고관, 국회의원, 기업체 사장 등 부유층 집만을 상대로 5억 원 상당의 금품을 훔친 혐의로 지난해 11월 28일 서울 동대문경찰서에 구속돼 지난 2월 25일 결심 공판에서 무기징역에 보호감호 10년이 구형됐었는데 경찰이나 범죄 사회에서 대도라는 별명으로 통했다. (하략)

《한국일보》 1983년 4월 16일자

제목이 "대도 조세형 대낮 대탈주"다. 기사 내용처럼, 그는 TV 드라마 속의 죄수처럼 탈출했다. 서울 서소문에 있는 서울형사지방법원에 재판을 받으러 갔다가 대기중인 구치감에서 순식간에 수갑과 포승을 푼 뒤 복도 벽의 환풍기를 뜯어내고 그 구멍으로 도주했다. 그 뒤 건물 옥상과 옥상 사이를 훨훨 날아다니다가 감쪽같이 사라졌다.

조세형은 상습 절도범이었다. 1983년 검거 이전에도 절도죄만으로 6번이나 실형을 선고받았다. 고아로 자라 소년원을 제 집처럼 들락거렸던 그였다. 사회보호법에 따라 보호감호까지 청구돼 있는 상태였다. 그럼에도 여론의 동정과 은근한 지지를 받고 있었다.

절도를 당한 이들이 오히려 쉬쉬하며 신고를 하지 않는다는 소문이 돌았다. 집 안에 물방울 다이아몬드 등 고가의 귀금속과 거액의 현금이 있었다는 걸 들키고 싶지 않은 유력 정치인과 기업인들이었다. 조세형은 부유층 주택만 노렸고, 사람을 해치는 강도짓은 하지 않았다. 피 한 방울 흘리게 한 적 없다는 사실은 그의 자부심이었다. 한데도 검찰은 무기징역을 구형했다.

조세형 총 쏴 잡았다
흉기 휘두르다 가슴 1발 맞아
대도 조세형(39)이 탈주 6일째인 19일 상오 10시 40분께 서울 중구 장충동에서 경찰관이 쏜 권총에 맞고 검거됐다.
조는 이날 상오 10시 12분께 이원주 군(18·재단사)이 목격하고 신고함에 따라 경찰의 추격 끝에 잡힌 것이다.

| _사회보호법에 의거해, 수감된 피고인에게 재범 가능성이 있다고 판단되면 수감 생활을 마친 뒤 별도로 일정 기간 감호소에 머물게 하는 조치. 5공 때 만들어진 이 제도는 이중 처벌과 인권 침해 논란으로 결국 2005년 7월 폐지됐다.

이 군은 이날 모교인 해동상업전수학교로 졸업증명서를 떼러 가던 길에 장충동 112 앞 골목길에서 조를 발견, 50여m쯤 떨어진 서울 중부경찰서 장충파출소에 신고했으며 박용호 순경(30)과 정경주 순경(35) 등 2명이 전경 4명, 이 군과 함께 30여 분 동안 조를 추격, 서울 중구 장충동 2가 112의 4 김지억 씨(50) 집에 숨어 있는 것을 포위했다. 그러나 김 씨의 아들을 인질로 잡고 스카이콩콩과 드라이버, 톱 등으로 완강히 버텨 박순경이 권총 4발(2발은 공포)을 발사, 이 중 1발이 조의 귀를 스치고 가슴에 박혔다. (중략)

조는 백병원에서 박효일 신경외과 과장(42)의 집도로 왼쪽 늑골에 박혀 있는 탄환 한 발의 제거 수술을 받았는데 생명에는 이상이 없다. (하략)

《〈한국일보〉 1983년 4월 20일자》

가슴에 총을 맞았다. 훅 갈 뻔했다. '비참한 말로'가 일찍 닥칠 뻔했다. 다행히 살았다. 하느님이 도왔다. 그는 1980년대 어린이들에게 선풍적 인기를 얻었던 '스카이콩콩' 등으로 완강히 저항했다. 끝내 총을 맞고서야 제압당했음은 '대도'의 자존심과 체면을 살려주기에 충분했다.

그는 한 달 뒤 재판에서 징역 10년과 보호감호 10년을 선고받았으나 항소했다. "고아나 다름없는 결손가정에서 보호자 없이 자라다가 범죄에 빠져들었으나 사회로부터 개과천선의 기회를 받지 못하였고 범행의 수단, 방법이 강도나 상해에 이르지 않고 흉기 소지도 없이 이뤄진 단순 절도로서 흉악범이라 볼 수도 없으며 법정에서 전부 자백하는 등 개전의 정이 뚜렷하고 또한 도주에 대하여는 교도소 내부에서의 징계와 체포 당시의 총상 등으로 응징을 당하였으므로 양형이 너무 무거워 부당하다"(《법원사》)는 이유였다. 괘씸죄였을까. 1983년 9월 20일 항소심 재판부는 더 무거운 선고를 내린다. 징역 15년 및 보호감호 10년. 도합 25년을 감방에서 썩어야 하는 운명이었다.

청송교도소 독방에서 긴 수감 생활을 하던 조세형은 1998년 11월 26일 출소했다. 16년 만이었다. 조세형이 청구한 보호감호 처분에 대한 재심이 받아들여졌고, 항소심 재판부가 석방 결정을 내렸다. 당시 판결문은 이랬다. "조 씨가 이미 50대 중반에 이르러 과거와 같이 대담하고도 민첩함을 요하는 절도 범행을 할 육체적 능력이 많이 퇴화돼 재범의 가능성이 있다고 단정할 수 없다."

2000년 대담 자리에서 만난 조세형은 '삼성'의 보안 경비 회사 '에스원'의 범죄예방연구소 전문위원이었다. 그는 1983년 총을 맞고 잡혀 다시 교도소에 들어간 뒤에도 재탈옥을 시도했고, 인권 유린에 항의하기 위해 교도관을 인질로 삼아 며칠간 대치하다가 야만적인 보복을 당했다는 등의 이야기보따리를 풀어놓았다. 그는 대담 내내 교도소 민주화를 강조했다. "교도소에서 범죄 의지를 불태우는 이들의 교화 작업을 위해 민영화 교도소를 짓고 싶다"는 구상도 밝혔다. 당시 떠들썩했던 탈옥수 신창원[2]에 관해서도 "하나의 흉악 범죄자에 불과하다. 창원이도 겸손하게 자기 행동을 반성할 줄 알아야 한다"고 말했다. 그런 그가 재범의 길로 들어서리라고는 꿈에도 상상하지 못했다.

---

2 _1997년 1월 20일, 부산교도소 화장실 환기구 철창을 잘라내고 달아난 탈옥수(당시 30세). 그는 무려 2년 6개월간 도피 행각을 벌였다. 이 글에 나오는 3건의 탈옥과는 도피 능력(?) 면에서 비교가 되지 않는다. 탈옥 뒤에도 여러 차례 경찰과 맞닥뜨렸으나 격투 끝에 도주했다. 1999년 7월에야 경찰에 잡혔다. 조세형이 '대도'였다면 신창원은 '슈퍼맨'이었다. 홍길동에 빗대어 '신길동'이라는 별명까지 나왔고 《깜빵 탈옥수 신창원》이라는 실명 만화도 등장했다. 신창원 신드롬이 일 정도였다.

그는 2001년 일본에서 고관대작의 집을 털다 검거됐다. 새로운 인생 계획을 면전에서 접했던 나로서는 충격이었다. 일본에서 3년여간 수감 생활을 했던 그는 2005년 3월 다시 서울 서교동 주택가 절도 사건에 휘말린다. 그리고 또 2009년 4월 경기도 부천시 원미동 금은방 강도 사건…… 언론에선 '대도'였던 조세형이 서민을 상대하는 '좀도둑'으로 전락했다고 비아냥거렸다. 이것이야말로 '대도'의 비참한 말로였다. 명예의 추락, 정신적인 죽음.

뜻밖에도 2009년 금은방 사건은 조세형이 신청한 국민참여재판을 통해 무죄 판결이 났다. 2011년 12월의 1심 재판에 이어 2012년 7월의 항소심 재판에서도 같은 결과가 나왔다. 그는 "모든 게 모함이었다"고 주장하는 것으로 알려졌다. 2001년 일본에서의 절도와 2005년 사건이 범죄 목적이 아니었다는 항변이다. 2011년 12월부터 자유의 몸이 된 조세형은 현재 자서전을 집필중이다. 책으로 '항간의 오해'를 풀겠다고 한다. '비참한 말로'를 반전시킬 마지막 기회가 남은 셈일까.[3]

탈주범 출몰… 시민들 공포
떼지어 다녀 어디에 나타날지 가슴 조여

한낮에 호송버스를 탈취, 집단 탈출한 미결수들은 권총을 갖고 서울 시내에 나타나 절도 행각과 인질극을 벌이는 등 '제2, 제3의 범행'을 서슴지 않고 있다.

탈주 미결수 12명 중 5명은 8, 9일 이틀 사이 검거됐으나 나머지

---

[3] 어이쿠, 그 기회는 또 사라졌다. 이 책이 나오기 직전인 2013년 3월 3일, 조세형 씨는 서울 강남의 한 고급빌라에 몰래 들어가 금품을 훔치려다 경찰에 붙잡히고 말았다. 나이가 들수록 그는 '좀도둑'의 명성을 높이고 있어 유감이다.

7명은 사건 발생 만 이틀이 지난 10일 오전 현재 시내에 잠복한 채 경찰과 군의 추격을 받고 있다.

시민들은 이들이 대낮에 호송버스 안에서 탈주극을 벌일 수 있도록 허술했던 계호행정에 충격과 경악을 금치 못하면서 이들의 또 다른 범행을 우려하며 불안해하고 있다.

◇ 제2의 범행=탈주 주범 지강헌 씨(35) 등 7명은 9일 새벽 2시 반경 서울 성북구 안암동 3가 132의 13 손병록 씨(51·약국 경영) 집의 열려 있던 대문을 통해 침입했다. 이들은 안방에서 잠자던 손 씨 부부를 깨운 뒤 건넌방 등을 차례로 뒤져 각각 잠자던 장남 우식 군(18·Y고 3년)과 장녀 은숙 양(24·S여대 2년) 등 일가족 4명과 이찬정 씨(20) 등 약국 종업원 2명을 안방에 몰아넣고 권총과 30cm가량의 칼 등을 내보이며 "우리는 TV에 나온 탈주범이다. 소리치면 모두 죽인다"고 위협, 넥타이 등으로 손발을 묶은 뒤 이불을 덮어씌웠다. 인질극을 벌이던 탈주범들은 27시간 만인 10일 새벽 6시 반 달아났다. (하략)

《동아일보》 1988년 10월 10일자

또 다른 탈주 사건이다. 1988년 서울올림픽이 막을 내린 지 6일째 되던 날이었다. 1988년 10월 8일 서울 영등포교도소에서 대전교도소와 공주교도소로 이송중이던 미결수 12명이었다. 조세형이 구치감의 환풍기를 뚫었다면, 이들은 호송버스를 탈취했다. 버스 안에서 교도관을 제압하고 권총까지 빼앗았다. 호송버스를 돌려 서울로 돌아온 그들은 낮 12시경 서초동 공무원교육원 앞에 버스를 버리고 흩어진다.

사건 발생 당일, 5명은 서울 한남동의 룸살롱과 남태령 고개, 미아동 등에서 검거됐다. 6일 뒤엔 손동완 등 2명이 추가로 잡혔다. 나머지

5명은 어디로 갔는가. 아무도 알 수 없었다. 신문엔 "시민들이 불안해한다"는 기사가 났다.

　문제의 그날은 일요일이었다. 대학 4학년인 나는 자취방에서 늦잠을 자고 일어나 TV를 틀었다. 아나운서의 다급한 목소리가 들렸다. 탈주범들과 경찰의 긴박한 대치가 '실제 상황'으로 생중계되고 있었다. 장소는 서울 북가좌동의 가정집. 8일간이나 잡히지 않은 탈주범 5명 가운데 4명, 지강헌, 안광술, 한의철, 강영일이 거기 있었다.

탈주범 가정집서 인질 대치극
2명 자살 1명 사살 1명 검거

　(상략) 탈주 후 각각 한 차례씩의 원정 강도와 노상강도 그리고 네 차례의 인질 강도극을 벌인 이들 탈주범들은 15일 밤 10시 10분경 다시 고 씨 집에 침입, 고 씨와 부인 김정애 씨(52) 및 딸 4명 아들 1명 등 가족 6명을 인질로 잡고 은신해 있다가 이들이 잠든 사이 몰래 빠져나온 고 씨의 신고로 출동한 경찰과 대치했다.

　이들 범인들은 경찰과 대치하는 동안 경찰과 가족들의 자수 권유를 거부한 채 완강히 맞서다 인질로 잡은 고 씨 가족 가운데 일부를 내보낸 뒤 자체 분란을 일으켜 난투극을 벌이다 안 씨와 한 씨는 지 씨가 소지하고 있던 권총을 빼앗아 머리에 쏴 자살했다.

---

4 _검찰이 탈주범 중 검거된 손동완을 조사한 바에 따르면, 지강헌은 호송버스에 타기 전 교도관에게 수갑 열쇠를 건네받아 입 속에 감추고 있었다. 다른 탈주범들도 쇠꼬챙이 등을 지니고 있었는데 아무런 검색도 받지 않은 채 버스에 올랐다. 이 쇠꼬챙이는 교도소 내 의무실의 철제 침대 받침살을 뽑아 만든 것이었다. 교도관이 탈주범을 도왔다는 의혹이 제기되었고, 정해창 법무부 장관과 이춘구 내무부 장관이 노태우 대통령에게 사의를 표명했다(《동아일보》 1988년 10월 15일자).

주범 지 씨는 안, 한 씨가 자살한 뒤에도 장녀 선숙 양(회사원)을 끝까지 인질로 잡고 있다가 경찰테러특공대에 저격당해 중상을 입고 연세의료원에서 치료를 받다 이날 오후 4시 55분경 숨졌다.

인질로 잡혀 있던 고 씨 가족들은 이날 오전 10시 46분경 부인 김 씨와 외아들 장선 군(11)은 범인들에 의해 풀려 나온 데 이어 오전 11시 35분 4녀 민정 양(14)이 풀려났으며 상황이 끝날 때까지 붙잡혀 있던 장녀 선숙 양 등 나머지 가족도 모두 무사히 구출돼 경찰병원에 입원 가료중이다.

이에 앞서 탈주범들은 지난 14일 신촌에서 달아난 뒤 김길호 씨를 제외한 4명이 저녁 8시경 서대문구 창천동 62의 47 임석이 씨(70) 집에 침입, 임 씨 등 가족 4명을 인질로 잡고 25시간 반 동안 은신하다 15일 밤 9시 반경 임 씨 집에서 나가 고 씨 집에 침입했었다.

《동아일보》 1988년 10월 17일자

언론에서는 "발악"이라고 표현했지만, 그것은 '피 어린 절규'였다. 35세로 탈주범 중 최연장자이자 리더 격이었던 지강헌은 인질로 삼은 고선숙 씨 옆에서 권총을 들고 말들을 쏟아냈다. "돈 없고 권력 없이는 못 사는 게 이 사회다. 전경환의 형량이 나보다 적은 것은 말도 안 된다." "대한민국의 비리를 밝히겠다. 돈이 있으면 판검사도 살 수 있다. 유전무죄 무전유죄, 우리 법이 이렇다."

여기서 '전경환'은 중요한 키워드다. 지강헌은 5공 시절 '새마을운동중앙본부' 회장을 지냈던 전두환의 동생 전경환과 자신을 비교했다. 아버지의 스크랩에서 '전경환'을 찾아봤다. 그는 1988년 2월 25일 취임한 제13대 대통령 노태우가 벌인 5공 비리 청산의 주요 대상으로,

서울 북가좌동 인질극 현장에서 경찰의 총을 맞은 지강헌은 인근 신촌세브란스병원으로 후송됐다. 당시 신촌세브란스병원 흉부외과 레지던트였던 노환규(현 대한의사협회장)에 따르면, 지강헌은 흉부외과와 일반외과에서 서로 책임을 미루는 통에 수술 기회조차 얻지 못했다.

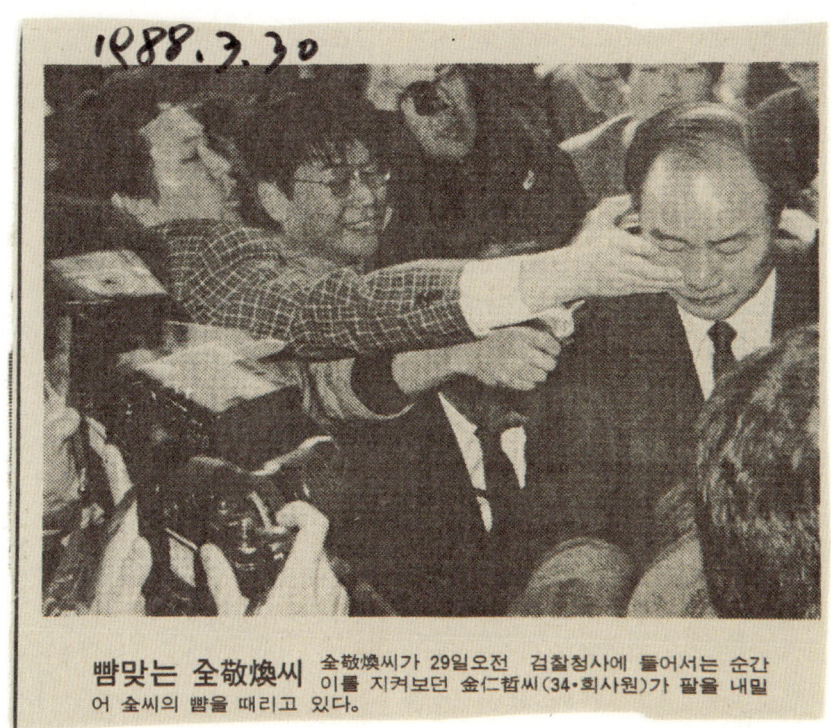

1988년 스크랩에 뻔질나게 나왔다. 1988년 3월 31일자 〈동아일보〉는 "공금 횡령 등 78억 6개 죄목"이라는 제목으로 전경환의 구속 수감 뉴스를 전한다. 검찰청사로 들어가다 한 시민에게 뺨을 맞는 사진도 있다. 6개월 뒤 1심 재판에서 전경환은 '7년형'을 선고받는다. 〈한국일보〉 1988년 9월 6일자 기사 제목은 "'유죄'엔 초조·'7년' 듣고 여유"다. "퇴정 때 방청객에 손을 흔들었을 정도"라고 한다.

전경환이 상습 횡령범이었다면, 지강헌은 상습 절도범이었다(지강헌을 비롯해 탈주범들은 대부분 절도범이나 폭력범으로 흉악범과는 거리가 멀었다). 조세형처럼 불우한 가정에서 태어나 소년원을 거쳤던 그가 훔친 액수

는 '78억 원+알파'인 전경환의 횡령액에 비하면 껌 값이었다. 6백만 원도 안 됐다. 그러나 그가 받은 형은 전경환보다 훨씬 무거운 징역 7년에 보호감호 10년(조세형의 탈옥 동기 중 하나도 이중 처벌이었던 이 '보호감호'였다). 도합 17년. '유전무죄 무전유죄(有錢無罪 無錢有罪)'란 말은 여기서 나왔다.

지강헌은 경찰 병력 철수와 봉고차를 대기시킬 것을 경찰에 요구한다. 설사 봉고차를 대기시킨다고 안전하게 빠져나가기는 힘들었을 것이다. 앞에 나오는 조세형의 말처럼 "항만 봉쇄가 철통같아" 영원한 도주는 불가능하지 않은가. 지강헌은 탈주범 중 1명인 강영일을 밖으로 내보내 자수하게 한다. 강영일이 마당을 서성이다 돌아오려 하자 발밑에 총을 쏘며 제지한다. "마지막 선물"이라는 말과 함께(당시 밖에서는 강영일의 어머니가 경찰의 호출을 받고 와 자수를 권유하고 있었다). 이에 반발하던 한의철이 지강헌의 총을 빼앗아 자살하고, 안광술도 그 총으로 뒤이어 자살한다. 최후의 1인으로 남은 지강헌. 그는 경찰에 비지스의 〈홀리데이〉를 틀어줄 것을 요구한다. 경찰의 착오로 스콜피언스의 〈홀리데이〉를 틀어줬다는 설도 있지만, 지강헌이 경찰에게 받은 비지스의 〈홀리데이〉 테이프를 인질들의 집에 있던 카세트로 틀었다는 주장이 유력하다(2006년 SBS 〈TV 박스오피스〉).

비지스의 〈홀리데이〉 선율이 흐르는 가운데 지강헌은 창가에서 깨진 유리로 자신의 목을 긋다가 경찰의 저격을 받는다. 오른쪽 무릎과 하복부에 총상을 입은 채 병원으로 옮겨지지만 숨지고 만다.[5] 쓰러진 인질범을 안타까워하며 울부짖던 인질 고선숙(비록 인질극을 벌였지만 그들은 고 씨 가족에게 깍듯한 예의를 갖추고 위해가 되는 행동은 삼갔다고 한다). 그들은 '죽음의 일요일 한낮'을 보냈다. 조가(弔歌)처럼 흘렀을 비지스의 〈홀리데이〉 가사 내용은 다음과 같다. "오 당신은 휴일 같은 사람/ 정말 그런 사람/ (중략) 오 그것은 우스운 게임 / 항상 같을 거라 믿진 마요/ 내가

---

5 _탈주범 12명 중 유일하게 잡히지 않았던 김길호는 서울 중랑구 면목동에 있는 실크인쇄 공장에 취직해 일하다가 탈주 사건 발생 21개월 만인 1990년 7월 1일 경찰에 검거됐다.

방금 한 말도 생각나지 않지요 / 내 머리에 부드러운 베개를 얹어줘요 / 많은 사람들이 알지요 / 왜 내가 아직도 눈이 멀었는지를."

주범 박-신 차례로 "탕"…"탕"
탈옥수 자살 대청호서 경찰과 대치 끝에

【전주·대전=임시취재반】 27일 새벽 전주교도소에서 발생한 살인범 무기수 등 3명 탈주 사건은 2명의 자살과 1명의 검거로 32시간 만에 끝났다.

박봉선(30·무기수) 신광재 (21·징역 15년) 김 모 군(17) 등은 경찰에 쫓기다 28일 낮 12시 20분께 충북 청원군 문의면 대청호 야산 기슭에서 경찰과 대치하다 박이 먼저 경관으로부터 탈취한 권총을 쏘아 자살했으며 신도 이 권총으로 자살했다.

이들은 자살극을 벌이기 직전 먹을 것을 달라며 김 군을 경찰에 보냈다.

검찰은 김 군을 상대로 탈주 경위, 교도관 매수 및 방조 여부 등을 조사중이다.

〔**자살·검거**〕 이날 상오 11시 20분께 순찰중이던 신탄진파출소 소속 이종헌 경장(42) 등 경찰관 4명이 대덕구 미호동 국도에서 도주하는 범인들을 망원경으로 발견, 접근해 검문하려 했으나 이들은 대청호 쪽으로 달아나 갈전동 선착장에서 고기잡이 2인승 목선을 타고 8백여m 떨어진 맞은편 호안으로 건너갔다.

경찰은 공수단 소속 고무보트를 빌려 타고 뒤쫓아가 20여m 거리를 두고 대치, 자수를 권유했다. 박은 권총을 겨누며 "먹을 것을 보내주면 자수하겠다"고 말했는데 이 경장 등이 "한 명을 보내주면 갈전으로 함께 나가 음식을 가져오겠다"고 하자 김 군을 보냈다.

경찰은 김 군을 곧바로 고무보트에 태워 연행했다.

이때 경찰 지원 병력 10여 명이 고무보트 2대에 분승, 호안으로 건너갔으며 경찰 헬기에서는 "무기를 버리고 땅에 엎드리지 않으면 사살하겠다"고 잇달아 방송했다.

낮 12시 20분께 검거조가 권총을 겨누며 낮은 포복으로 접근하는 순간 박이 머리에 권총 1발을 발사, 자살했으며 신도 권총을 주워 왼쪽 가슴에 총을 쏘았다. 경찰도 신을 향해 동시에 3발을 발사, 한때 사살설이 있었으나 먼저 자살한 것으로 밝혀졌다.

신은 병원으로 옮겨지던 중 숨졌다. (하략)

《한국일보》 1990년 12월 29일자

조세형처럼 구치감의 환풍기 구멍을 뜯지 않았다. 지강헌처럼 이감 도중 호송버스를 탈취하지도 않았다. 이들은 아예 감옥 쇠창살을 자르고 교도소 담벼락을 넘었다. 당시 신문 기사를 종합하면, 전주교도소를 탈출한 박봉선, 신광재, 김 아무개, 3명은 감방 창문에 설치된 철책 2개를 쇠톱으로 자르고 사물함으로 쓰이는 선반으로 2.7미터짜리 사다리를 만들어 4.5미터 높이의 교도소 담을 넘었다. 그리고 이틀도 되지 않아 '비참한 말로'를 맞았다.

때는 바야흐로 1990년이었다. 서슬 퍼런 '범죄와의 전쟁'이 시작된 지 두 달밖에 되지 않았다. 노태우 대통령이 "헌법상의 모든 권한을 동원"하겠다며 범죄 척결 의지를 밝힌 게 10월 13일이었다.

박봉선과 신광재는 이런 살벌한 분위기 속에서도 탈옥을 감행했다. 경찰의 검문을 받다가 실탄 6발이 장전된 권총까지 빼앗았다. 이틀 만에

◇**최후의 순간** 28일 낮12시20분께 경찰이 접근해오자 朴奉善이 권총으로 머리를 쏘아 자살하려 하고있다(왼쪽사진). 朴이 쓰러지자 이어 愼光宰가 가슴에 권총을 쏘아 그 충격으로 넘어지고 있다. 朴은 현장에서 숨지고 愼은 병원후송도중 숨졌다.【大田日報제공】

대전에서 경찰 감시망에 걸린 이들은 충북 청원군 문의면 대청호 안으로 숨어든다.

◇ **최후의 순간** 28일 낮 12시 20분께 경찰이 접근해 오자 박봉선이 권총으로 머리를 쏘아 자살하려 하고 있다(왼쪽 사진). 박이 쓰러지자 이어 신광재가 가슴에 권총을 쏘아 그 충격으로 넘어지고 있다. 박은 현장에서 숨지고 신은 병원 호송 도중 숨졌다.

〈한국일보〉 1990년 12월 29일자〉

이 사진은 유명하다. 〈대전일보〉 기자가 찍었다. 다음 날 모든 일간지가 1면에 받아 실었다(이 사진은 〈대전일보〉를 대표하는 사진이 되었다. 사진을 찍은 전재홍 기자는 얼마 뒤 〈조선일보〉로 스카우트되었다). 경찰이 포위망을 좁혀오자 차례대로 권총을 이용해 목숨을 끊는 모습이다. 박봉선은 앉은 채로 자신의 머리를 쏘았고, 신광재는 선 채로 자신의 가슴에 방아쇠를 당겼다.

박봉선과 신광재는 살인범이었다. 피를 묻히지 않았던 1983년의 조세형이나 1988년의 지강헌을 비롯한 영등포교도소 탈주범들과 다른 점이다. 박봉선은 무기징역을, 신광재는 징역 15년을 선고받았다. 이에 비해 함께 탈주했던 17세 김 아무개 군은 폭력 초범이었다. 1년만 형을 살면 나오게 되어 있었다. 박봉선과 신광재는 김 아무개 군의 이런 처지를 참작했는지, "먹을 것을 구해 오라"는 임무를 주어 사실상 경찰에 잡히게 한다. 마치 지강헌이 최후의 순간을 앞두고 어린 강영일을 경찰에 보낸 상황과 비슷하다.

자수를 할 수는 없었을까? 그들은 "먹을 것을 주면 자수하겠다"고 말했다. 탈옥 뒤 굶주림에 시달렸으리라. 경찰은 먹을 것을 줄 수 없었을까? 여유를 주고 배를 채우게 했다면, 그들의 내면을 가득 채우고 있었을 악과 독기가 조금은 누그러지지는 않았을까? 경찰은 토끼 사냥을 하듯 탈주범들을 호수 끝으로 내몰았다. 먹을 것 대신 경찰 검거조는 조준사격을 준비했다. 서부 활극을 연상케 하는 대청호 야산 기슭에서의 살인 게임.

두 사람이 스스로 목숨을 끊음으로써 탈옥극의 전모는 영구 미스터리로 남았다. 경찰에 잡힌 김 아무개 군은 단순 공범이라 아는 게 없었다. 직경 2센티미터나 되는 쇠창살을 어떻게 잘랐는가 하는 의문은 풀리지 않았다. 수시로 감방 복도를 오가는 교도관의 눈을 피해 이 작업을 완성하려면 20일 이상 걸린다는데 아무도 눈치 채지 못했다고 한다. 지강헌 사건 때와 마찬가지로 탈옥수와 교도관의 내통 의혹이 이는 건 당연했다. 교도소 쪽은 검찰 수사를 받은 김 아무개 군을 기자들에게 딱 3분만 공개하고 전주교도소에 바로 수감했다. 기자들은 한 개의 질문도 던지지 못했다.

박봉선과 신광재. 사람을 죽였고, 모범수의 길 대신 감옥을 뛰쳐나와 야수처럼 날뛴 두 사람. 그들에 관한 기사를 보며 마음이 가장 아팠다. 조세형은 인생 절반을 감옥에서 보내고 노년엔 '좀도둑'이라는 험담을 들었을망정 끝내 자유를 얻었다. 지강헌은 죽기 전 생중계 카메라에 대고 마음껏 소리 질렀다. 단말마적 저항이었지만, 그가 남긴 말들은 그 어떤 문학작품보다 비겁한 시대의 의표를 통타한 명문으로 남았다. 아직도 많은 이들이 지강헌 이름 석 자를 기억하는 이유다. 더구나 그가 사랑한 음악은 영화 〈인정사정 볼 것 없다〉(1999년)에 스며들었고, 마지막 몸부림은 영화 〈할리데이〉(2006년)로 부활했다.

박봉선, 신광재는 어떠한가. 대특종 사진으로 길이 남을 비극적 최후의 순간은 그것을 포착해낸 사진기자만 빛나게 했을 뿐이다. 박봉선, 신광재는 누구냐! 이름을 기억하는 이 별로 없다. 그가 어떻게 성장했는지, 어쩌다 사람을 죽였는지, 교도소에서 어떤 처지였는지, 왜 탈옥했는지는 더더욱 모른다. 그들은 긴 자유를 누리지도 못하고, 마음껏 소리 지르지도 못하고, 독 안에 갇혀 먹을 것 좀 달라고 하다가 스스로 생을 마감했다. 어쩌면 '탈옥수들의 비참한 말로'에도 등급이 있는지 모르겠다. 두 사람은 최악이었다.

멈춰버린 '엘란트라'와
문민정부의 탄생

보지 못한 YS 대통령

차다!

　차가 있었다. 전혀 예상하지 못한 존재였다. "차 사신 거예요?" 고향집 현관에 들어서는 내 입에선 그 말부터 터져나왔다. 좁은 마당을 지나오며, 이전에 없던 은색 '엘란트라' 승용차를 발견한 터였다. 아버지는 말없이 웃기만 했다. 나는 "와!" 탄성을 지르며 휘파람을 불었다. "몰아봐야지~."

　아버지를 채근해 곧장 운전대를 잡고 나갔다. 아버지는 조수석에 앉아 불안한 눈초리로 나를 힐끔거렸다. "정말 잘할 수 있어?" 운전면허를 딴 지 6개월 되던 때였다. 몇 번이나 시동을 꺼뜨렸다. 별 사고 없이 시내를 한 바퀴 돌고 집에 왔다. 나는 괜히 마음이 들떴다. 운전하는 맛에 한창 재미를 붙이던 시절이었다. 다음 날 서울로 돌아와야 했다. 보통은 시내버스를 타고 고속버스터미널로 갔다. 그날은 달랐다. "아버지, 터미널까지 좀 태워주세요." 아버지 역시 운전이 서툴렀다. 조수석에 앉아 있는 20여 분간 조마조마했다. 차에서 내린 뒤엔 안녕히, 조심해서 가시라고 인사했다. 그날 내 생애 처음으로 아버지가 운전하는 승용차를 타보았다. 아니, 처음이자 마지막이었다.

　아버지의 스크랩북 제25권을 펼친다. 1992년은 선거의 해였다. 총선(3월 24일)과 대선(12월 18일)이 한 해에 있었다. 내가 고향집을 찾아 아버지의 첫 승용차를 만난 것은 3월 총선으로부터 한 달여 지난 4월 중순이었다. 나는 직장 생활 2년차였다. 만 스물다섯이었다. 아버지 역시 젊었다. 쉰일곱. 환갑이 3년이나 남았다. 마이카 붐이 본격화되던 해에 처음으로 차도 장만하셨다.(1992년 한국의 자동차는 5백만 대를 돌파했다.) 물질적으로 곤궁하던 시기를 힘겹게 통과했고, 일에 관해서도 어느 정도 성취와 업적을 이뤘다. 이제 조금 여유롭게 살아도 될 만했다. 1,500시시

(cc) 은색 엘란트라는 그 여유로움을 은근히 과시하는 듯했다. 하필 비극의 그림자는 이럴 때 들이닥칠까. 1992년은 나에게 먹먹한 흑빛 이미지로 남아 있다. 아버지는 스크랩북 제25권을 다 채우지 못했다.

"정주영 씨에 불우 성금 받아"
청와대 시인

정주영 전 현대그룹 명예회장이 청와대에 거액의 정치자금을 냈다고 폭로한 데 대해 청와대가 이를 시인함으로써 정계와 재계에 도덕성 시비가 불붙을 것으로 보인다.

청와대 고위 당국자는 9일 오후 정 씨 주장에 대해 "과거의 관행에 따라 소수 기업인들이 불우이웃돕기 등에 보태 써달라고 성금을 기탁한 일이 있는데 그 경우에는 기탁자의 뜻에 따라 쓰여진 것으로 알고 있다"고 말해 자금을 헌납받았음을 시인했다. (하략)

〈《국민일보》 1992년 1월 10일자〉

후기대 시험지 도난 사건
범인은 학교 경비원

서울신학대 대입 시험 도난 사건은 현장을 가장 먼저 발견, 신고한 이 학교 경비원 정계택 씨(44)의 단독 범행인 것으로 밝혀졌다. 경찰은 22일 밤 정 씨로부터 범행 일체를 자백 받고 증거 확보 수사에 나섰다.

정 씨는 이날 경찰에서 자신이 집사로 있는 부천 성결교회 신자인 부천 B여고 3년 황 모 양(18)의 어머니 이성분 씨로부터 부탁을 받고 범행을 저질렀다고 진술했다.

정 씨는 황 양 어머니 이 씨로부터 "딸이 올해 전기대 입시에서 청주 C대에 합격했으나 학교가 멀어 다니기 힘들어 집 가까운 서울신학대에 다시 응시하려 하게 도와달라는 부탁을 받고 시험 문제를 훔쳐다주기로 했다는 것. (하략)

《한국일보》 1992년 1월 23일자)

'현대그룹'의 정주영 명예회장이 정치를 시작했다. 1월 3일 "앞으로는 기업 경영에 일절 관여하지 않겠다"고 선언했다. 1월 7일엔 "청와대에 거액의 정치자금을 냈다"고 폭로했다. 청와대 고위 당국자는 9일 "불우이웃돕기 명목으로 성금을 받은 일이 있다"고 시인했다. 대통령은 부자의 도움을 받아야 하는 불우한 이웃이었다. '부자 정주영'은 청와대에 사는 '불우이웃'을 돕는 일에 질렸는지, 자신이 청와대를 접수하겠다고 나섰다. 2월 8일, 그를 대표로 내세운 통일국민당이 창당되었다. 이미 새한당을 만들었던 연세대 교수 김동길과 코미디언 이주일(본명 정주일)이 합류했다. 돈을 가진 자가 권력까지 품으려는 도박이었다.

1월 21일엔 서울신학대에서 후기대 대학 입시 문제지를 도난당했다. 이로 인해 후기대 대학 입시 일정이 미뤄졌다. 전대미문의 사건이었다. 검찰과 경찰은 서울신학대 경비원 정계택 씨를 범인으로 지목했지만 증거를 찾지 못했고, 영장 청구가 어려워지자 다른 기소 중지 사건으로 구속해버렸다. 엉성한 수사에 대한 비난 여론이 드높았다. 그 와중에 사건 직후 직위 해제당했던 서울신학대 경비과장 조병술 씨가 목을 매 자살했다. 그는 정계택 씨의 혐의를 처음으로 경찰에 제보한 인물이었다.[1]

'뉴키즈' 광란 10대 50여 명 부상
올림픽공원 체조장 200명 무대 뛰쳐나가 아수라장

17일 하오 7시 30분 서울 송파구 방이동 올림픽공원 체조경기장에서 열린 미국의 5인조 남성 보컬 그룹 '뉴키즈 온 더 블록'의 한국 공연은 10대 극성팬들의 광란으로 30분 만에 중단된 채 50여 명의 소녀들이 깔리고 넘어져 부상하는 불상사가 발생했다. 이날 공연은 대부분이 10대 소녀들인 1만 6천여 청중의 광기와 다름없는 열기 속에서 예정보다 30분 늦게 시작됐는데 30분 만인 하오 8시께 이 그룹의 히트곡인 '투나잇(Tonight)'이 5번째 곡으로 연주되자 청중석에 앉아 있던 2백여 명의 소녀들이 괴성을 지르거나 소지품, 꽃다발을 던지며 우르르 무대로 달려 나가다 서로 밀치고 깔려 졸도·실신하는 수라장이 돼버렸고 이 중 35명은 앰뷸런스 20여 대 편으로 인근 10개 병원에 후송됐다.

부상자들은 대부분 10대이나 서울중앙병원에 옮겨진 25~30세가량의 여자는 호흡 곤란으로 중태이다. 이 소동으로 공연이 중단된 뒤에도 10대 팬들은 "뉴키즈" "아이 러브 조나단"을 외치거나 울음을 터뜨리면서 자리를 뜨지 않고 공연 속개를 요구했으나 공연은 하오 10시가 넘어서까지 다시 열리지 않았다. (중략)

관할 송파경찰서는 15개 중대 2천여 명을 공연장 안팎에 배치했으나 극성 10대들의 광란을 막기에는 역부족이었다.

《한국일보》 1992년 2월 18일자〉

---

1 _전두환의 제5공화국 출범 직후인 1981년 시작된 학력고사는 처음엔 선시험 후지원이었다. 학력고사를 한 번 본 뒤 그 점수만으로 전기대와 후기대 입시를 차례로 치렀다. 1988년부터 이 제도가 선지원 후시험으로 바뀌었다. 지원할 학교를 정한 뒤 그 학교에서 학력고사를 보았다. 당연히 전기대 입시와 후기대 입시 문제가 달랐다. 위 사건은 그중 후기대 입시 문제지를 누군가 훔친 것이었다. 20점의 체력장 점수와 내신을 제외한 320문항의 학력고사에서 시험지 유출은 치명적이었다.(학력고사 이전, 즉 1969년부터 1980년까지는 모든 대학 입시 지원자들이 예비고사를 치르고 자신이 지원하는 대학에서 본고사를 봤다.)

  2월 17일엔 미국의 남성 보컬 그룹 '뉴키즈온더블록' 내한 공연장에서 2백여 명의 소녀 관객들이 무대 앞으로 뛰쳐나가다 서로 밀치고 깔려 공연이 중단되는 소동이 벌어졌다. 70여 명이 중경상을 입었고, 18세 박 아무개 양은 병원으로 후송된 뒤 죽었다. 〈한국일보〉의 사진 설명은 개탄하는 어조다. "이게 무슨 꼴인가. 서로 무대 앞으로 뛰쳐나가다 다쳐 넘어지거나 실신한 여학생들이 공연장 바닥에 쓰러져 있다." 이른바 '오빠부대'로 불리던 소녀들의 팬덤 문화보다 주최 측의 안전 관리 소홀을 탓해야 할 사안이었다. 적정 수용 인원을 6천여 명이나 초과해 입장시킨 게 나중에 문제가 됐다. 겨울이 가고 봄이 오면서, 팬심에 날뛰는 소녀들의 비명은 더 날카로워졌다. 3월 23일 '서태지와아이들'의 1집 음반 〈난 알아요〉가 나왔다. 4월 11일 MBC 〈특종! TV 연예〉에선 처음으로 얼굴을 드러냈다. '태지 오빠'는 그해 여름을 강타한 홈런볼이었다.

3월 24일 총선에선 여당인 민자당이 참패했다. 지역선거구에서 민자당은 116석(전국구 33석), 민주당은 75석(전국구 22석), 통일국민당은 24석(전국구 7석)을 얻었다. 1990년 3당 합당으로 뒤집어졌던 여소야대 구도가 다시 제자리를 찾았다. '현대그룹' 계열사 직원들을 조직적으로 동원하고 정치 광고에 거금을 쏟아부은 통일국민당은 약진했다. 김동길은 서울 강남 갑에서, 이주일은 경기 구리에서 당선했다.

스크랩북 제25권 맨 앞에 아버지가 적어놓은 시의 제목은 〈세족〉. 예수가 제자들의 발을 씻겨주었다 하여 교회에서는 특별한 날에 '세족식'을 했다. 겸손과 봉사의 정신을 가슴에 새기는 의식이다. 그 세족과는 뉘앙스가 다른 세족이다. 인생을 비웃는 세족이다. "생각해보니 싱겁구나/ (……)/ 발이 무섭게 운다/ (……)/ 발을 빼라 씻는 것보다 빼는 것이 좋다/ 내 인생이 웃기는구나". 발을 씻지 말고 빼라고 한다. 자꾸만 인생이 웃긴다고 한다. 아버지에게 닥칠 뭔가 안 좋은 운명을 예감한 듯한 시다.

4월 29일 로스앤젤레스에서 일주일간 폭동이 일어났다. 흑인 청년 로드니 킹을 집단 구타한 경찰관 4명에 대해 무죄 평결이 나자 흑인들이 거리로 쏟아져 나왔다. 그들은 폭력·방화·약탈·살인을 닥치는 대로 일삼으며 분노를 표출했다. 수백 곳의 한인 상가가 주요한 표적이 되었다. 이 폭동으로 55명이 죽었고 2,383명이 부상했으며 13,379명이 체포됐다. 한인 교포 이재성(18)은 사망자 중 1명이었다. 한인 상가가 공격을 당한 것은 안타까운 일이었지만, 그동안 한국인들이 흑인과 히스패닉 등 유색인종들의 친구가 되지 못했음을 확인시켜주었다. 흑인 폭동은 앞만 보고 지독하게 달려온 한인 사회를 돌아보는 뼈아픈 계기로 작용했다.

5월 19일엔 '호랑이를 잡기 위해 호랑이굴에 들어갔다'는 김영삼이 경선에서 이종찬을 꺾고 마침내 민자당 대통령 후보로 선출됐다. 전당대회를 앞두고 이종찬이 신당을 결성해 독자 출마할 태세를 보여 당이 쪼개지기 직전의 위기를 넘기기도 했다. 5월 26일엔 김대중이 이기택을 누르고 민주당 대통령 후보로 선출됐다. 다음 대통령은 둘 중 하나였다. 김영삼이냐 김대중이냐. 〈중앙일보〉 4컷 만화 '왈순 아지매'에서 보듯, 언론은 김대중에 대해선 유독 노골적 반감과 적의를 드러냈다. 그즈음이었다. 아버지가 병원에서 위암 판정을 받았다는 소식을 접했다. 초기도 아니고 말기도 아니었다. 수술을 하면 회복될 가능성이 없지 않다고 했다.

멈춰버린 '엘란트라'와 문민정부의 탄생 - 보지 못한 YS 대통령

　주말을 이용해 고향에 내려갔다. 마당에 은색 엘란트라가 있었지만, 열쇠를 달라는 말은 입에서 나오지 않았다. 그러고 보니 아버지의 몸이 눈에 띄게 야위어 있었다.

　그해 7월의 어느 날로 잡혔던 수술은 무산됐다. 수술 당일 집도의가 컨디션이 좋지 않아 일정을 미루겠다는 병원 측의 일방적인 통고를 받았다. 전날 밤 과음을 했다는 거였다. 큰 수술은 준비하는 과정만으로도 환자를 지치고 공포스럽게 한다. 연기된 수술 스케줄은 아버지의 마음을 지옥으로 만들었다. 기분 나쁘고 허탈했지만, 현실로 받아들이고 마음을 다시 단단히 다져 먹어야 했다. 그러나 아버지는 아예 수술을 않겠다고 선언했다. 이 모든 결과를 "하나님의 뜻"으로 받아들이겠노라고 했다. 결론은 기도원이었다. 경기도 북부에 위치한 곳으로, 당시 그 기도원의 원장 목사는 '기적의 치유'로 기독교인들 사이에서 유명세를 얻고 있었다. 교회마다 홍보 비디오를 돌린 덕분이었다. 나도 방위병 시절 교회 청년회 예배 시간에 그 비디오를 보고 경탄했다. 아버지의 고집을 말릴 사람은 없었다. 할머니도, 어머니도, 두 아들도 무기력했다. 어머니가 "제발 수술을 받으라"고 하면 역정을 냈다. 수술을 거부한 아버지의 뜻을 묵묵히 따른 것은 내 인생 최대의 바보 같은 짓이었다.

드디어 "태극기 금"
황영조 조국에 월계관

【북경=이계성 특파원】태극 마크를 단 황영조 앞에는 아무도 없었다. 그 2백m 뒤에는 일장기를 단 모리시타의 지친 뜀박질이 있을 뿐이었다.

10일 새벽 4시(한국 시간). 여명을 밝혀준 황영조의 올림픽 마라톤 제패 쾌거는 위대한 한국인의 기상을 세계만방에 떨친 것이었다. 제25회 바르셀로나 올림픽 폐막식을 지켜보기 위해 몬주익 메인 스타디움을 꽉 메운 7만 5천여 관중들은 '거인' 황영조가 동쪽 문을 통해 모습을 드러내자 일제히 기립했다.

곧이어 우레 같은 박수와 함성이 바르셀로나 하늘을 뒤덮었고 황영조의 힘찬 뜀박질과 함께 어우러졌다.

《국민일보》 1992년 8월 11일자》

한·중 우호 시대 열다

【북경=이계성 특파원】 북경을 공식 방문중인 이상옥 외무부 장관은 24일 역사적인 한중 수교 서명에 이어 이날 하오 양상곤(楊尚昆) 국가주석과 이붕 총리를 예방, 양국 수교가 양국의 번영과 한반도 및 동북아시아의 평화와 안정에 기여할 것이라는 인식을 같이했다.

이 장관은 이날 하오 3시(현지 시간) 이붕 총리를 중남해 집무실로 방문, 한중 수교를 위해 정치적 결단을 내려준 데 대한 노태우 대통령의 인사말을 전하고 한중 수교는 동북아시아 지역에서 냉전의 마지막 잔재를 없앤 것이라고 강조했다. (하략)

《한국일보》 1992년 8월 25일자)

    황영조가 8월 10일 바르셀로나 올림픽에서 금메달을 땄다. 1936년 베를린 올림픽 때도 한국인 손기정이 금메달을 땄지만, 그는 일장기를 달고 뛰었다. 황영조의 마라톤 금메달은 역대 올림픽에서 한국인들에게 가장 감격적인 장면의 하나로 남을 쾌거였다. 8월 24일엔 분단 이후 중국과 처음으로 수교를 맺었다. 이제 '중공'이 아니라 '중국'이었다. 동시에 대만과는 단교를 했다. 이념보다 실리가 중요한 시대였다. 1988년에 이미 한-중 양국의 교역량은 31억 달러. 거대한 중국 시장과 벽을 쌓고 지낼 수는 없었다. 1990년 한-소 수교에 이은 1992년 한-중 수교는 사회주의권과의 관계 개선을 모색한 노태우 북방 정책의 결정판이었다.

    한-중 수교 직후였다. 형과 함께 고향에 내려간 일요일, 아버지는 두 자식을 모아놓고 몇 가지 당부를 했다. 손수 차를 운전할 정도로 기력이 남아 있을 때였다. 3가지를 말씀하셨다. 첫째, 미혼인 나에게 주택부금을 들어두라는 거였다. 앞으로 결혼도 하고 집도 구해야 할 둘째 아들이 못내 걱정스러웠을 것이다. 형 집에 얹혀사는 관계로 세대주가 될 수 없어 주택부금 가입이 불가능하다고 답하자, 주민등록을 잠시 옮겨서라도 들어야 한다고 강조하셨다. 둘째, 반드시 조심해서 차를 운전하라는 거였다. 아버지가 위암 판정을 받은 직후 형은 파란색 '프라이드' 중고 승용차를 샀다. 나는 형과 돌아가며 그 차를 운전해 고향을 오고 갔다. 당신이 운전하다가 목격한 끔찍한 교통사고 이야기를 곁들이기도 했다.

셋째, 형제간에 우애 있게 지내라는 거였다. 아버지는 9월부터 기도원으로 아예 들어갈 계획이었다. 마지막으로 두 아들의 손을 잡고 기도를 해 주셨다.

'북미 무역협정' 자동차 원산지 규정
정부, GATT에 제소 검토

정부는 북미자유무역협정(NAFTA)을 체결한 미국 캐나다 멕시코 등이 자동차의 원산지 규정과 관련한 현지 조달 비율을 60~62.5%로 정한 것은 원산지 규정을 새로운 무역 장벽으로 활용하려는 의도가 분명하다고 판단, 이의 시정을 위해 GATT(관세무역일반협정)에 제소하는 방안을 신중히 검토하고 있다.

GATT 24조는 여러 국가가 관세동맹이나 자유무역협정 등을 체결, 경제동맹체를 형성하는 것은 인정하고 있으나 이로 인해 제3의 국가가 그전에 없던 불이익을 받게 해서는 안 된다고 규정하고 있다. 예를 들어 우리나라의 현대자동차 캐나다 현지 공장은 부품비 인건비 등을 포함, 제품 원가의 50%만 현지에서 조달하면 미국에 관세를 물지 않고 수출할 수 있으나 NAFTA가 발효되는 오는 94년 1월부터는 이 비율을 60~62.5%로 높이지 않으면 관세를 물어야 하는 것이 여기에 해당된다. (하략)

《한국일보》 1992년 9월 4일자》

이 기사가 마지막이었다. 정부가 북미자유무역협정(NAFTA)에서 정한 원산지 규정을 한국에도 적용하는 것을 불공정 무역 장벽으로 여기고 관세무역일반협정(GATT) 제소를 검토하고 있다는 내용이다. 〈한국일보〉 1992년 9월 4일자다. '세계화' 구호가 난무하기 1년 전이다. 한국은 서서히 세계 자본주의의 그물망 속으로 들어가고 있었다. 신문 기사를 더 끼울 수 있는 스크랩북 뒤쪽 비닐 18장의 공간은 텅 비어 있다. 아버지는 기도원으로 들어갔다. 그곳에선 신문을 볼 수도, 스크랩을 할 수도 없었다.

    나는 아버지가 어머니의 보살핌을 받으며 기거하는 그 기도원에 여러 차례 갔다. 첫 방문 때는 방만 둘러보았다. 9월 중순쯤이었다. 아버지의 눈빛은 살아 있었다. 몸은 바짝 말랐지만 적은 양이나마 식사를 했고, 혼자서도 조금은 걸어 다닐 정도였다. 그날도 아버지는 주택부금 이야기를 꺼냈다. 두번째로 갔을 때는 함께 일요일 예배를 드렸다. 아버지는 팔을 잡아줘야 걸을 수 있었다. 아버지가 나으려면, 아들인 나도 불신의 마음을 지워야 했다. 그 기도원 원장 목사에게 뭔가 신비한 능력이 있을 거라는 믿음과 긍정의 에너지를 마음속에 채워야 했다. 기도원은 세상에서 질병으로 절망하는 사람들이 다 모인 공간 같았다. 고통의 골짜기에서 지푸라기 하나라도 잡으려는 이들과 그 가족들이 울부짖으며 통성기도를 했다. 예배는 기적을 소망하는 굿판이었다. 사람들은 미친 듯이 박수를 치면서 찬송가를 불렀다. 굳건한 믿음을 스스로 부채질했지만, 가슴 밑바닥에선 불신의 가시가 날카롭게 돋고 있었다. 기도원 원장 목사는 허풍쟁이로 보였다. 툭하면 예배 시간에 환자를 앞에 불러놓고 시뻘건 암덩이를 꺼내는 쇼를 했다. 곳곳에서 "아멘" "주여!" "믿습니다"라는 목멘 음성이 터져나왔다.

    세번째 방문 때는 아버지를 부축해 그 기도원 원장 목사에게 모셔갔다. 안수기도를 받기 위해서였다. 특별 헌금을 몇백만 원인가 냈다고 했다. 아버지는 내 도움 없인 제대로 걷지도, 서지도, 앉지도 못했다. 원장 목사 앞에 사람들이 줄지어 서 있었다. 10여 분을 기다리다 차례가 왔다.

아버지는 그의 앞에 허물어지듯 쓰러졌다. 원장 목사는 힘센 대통령 같았고, 아버지는 죄 지은 아기 같았다. 그렇게 한없이 작아 보이는 아버지의 모습은 처음이었다. 원장 목사가 아버지 머리에 손을 얹고 기도를 했다. 아버지는 눈을 감고 축 늘어져 있다가 기도가 끝나자 작고 쉰 목소리로 말했다. "아~멘." 아, 아버지가 불쌍했다. 눈물이 폭포처럼 쏟아졌다. 앞이 보이지 않았다.

　기도원 원장 목사는 사기꾼이었다. 치유의 은사도, 기적도 모두 거짓이었다. 몇 년 뒤 그의 사기 행각이 TV 시사 고발 프로그램에 등장했다. 하나님에게 매달렸던 아버지는 헌금만 날린 채 아무런 '기적'을 보지 못했다. 몸만 더 망가졌을 뿐이다. 병세가 호전되기는커녕 오히려 악화되자, 아버지의 정신도 제대로 돌아왔다. "이대로 죽게 놔둘 거냐"면서 병원에서 치료를 받게 해달라고 했다. 어리석은 뒷북이었다. 모종의 인연이 있다는 이유로 머나먼 부산의 큰 병원에 입원을 했다. 별 도리가 없었다. 다시 고향에 있는 작은 병원으로 갔다. 수술은 불가능했다. 아버지는 그곳에 머물던 어느 날 밤 간신히 입술을 움직여 "동치미가 먹고 싶다"고 말했다. 어머니가 동치미를 구해 왔다. 어머니는 누워 있는 아버지의 입에 동치미 국물을 몇 숟가락 떠 넣었다. 나는 병원에서 최후를 향해 달려가는 인간의 극단적인 나날을 감상했다. 항암제 탓에 머리카락이 절반은 빠졌다. 50대의 육신은 아프리카 기아 난민 같은 70대 노인이 되어 있었다.

　12월 18일 대선에서 민자당의 김영삼 후보가 대통령으로 당선했다. 그는 41.4퍼센트(9,977,646표)의 지지를 얻었다. 민주당 김대중 후보는 33.8퍼센트(8,041,690표), 통일국민당 정주영 후보는 16.1퍼센트(3,880,167표)를 얻었다. 김대중은 다음 날 정계 은퇴 선언을 했다. 벌떼처럼 공격하던 언론들이 온정적으로 그의 정치 일생을 평가했다. 김대중은 1993년 1월 26일 영국으로 떠났다.

아버지는 투표할 수 없었다. 병원 의사는 회복 여부에 대해 고개를 저었다. 집으로 돌아왔다. 선거 당일 아버지는 식물인간처럼 누워 있었다. 코와 입과 항문 등엔 여러 가닥의 관들이 길게 연결되어 있었다. 이때만 해도 의식이 있었고 집안일에 대한 간단한 의사소통이 가능했다. 형과 나는 휴가를 내어 고향집에서 번갈아 병간호를 하기도 했다. 아직도 그때를 생각하면 얼굴이 화끈거린다. 간병은 아무나 하는 게 아니었다. 똥과 오줌을 치우는 건 일도 아니었다. 문제는 졸음이었다. 왜 환자인 아버지 앞에만 앉으면 지독한 졸음이 밀려왔을까. 미칠 것만 같았다.

내일 일을 자랑하지 말라

과거는 그랬구나
현재는 고달프다
미래는 별이 보이다

과거는 복잡했다
현재는 미묘하다
미래는 캄캄절벽이다

과거는 죄인이었다
현재는 모른다
미래는 살벌하다

과거는 잘 안다
현재는 갈등이 교차한다
미래는 아름답다

과거는 자랑할 것이 없다
현재 역시 자랑할 것이 없다
미래도 자랑하지 말라

제25권 앞에 있는 또 다른 시다. 일부러 그러지는 않았을 텐데, 이 시 역시 죽음의 암시로 읽힌다. "과거는 복잡했다/ 현재는 미묘하다/ 미래는 캄캄절벽이다". 왜 아버지는 1992년 초입에 "내일 일을 자랑하지 말라"고 했을까.

1993년이 밝았지만, 아버지의 미래는 밝지 않았다. 아버지는 병석에 눕기 전 미리 1993년치 스크랩을 준비해놓고 겉에 '묘비'라는 제목과 '제26권'이라는 호수까지 적어놓았다. 물론 그 안에는 단 한 장의 신문 기사도 없다. 1993년 1월이 되자 아버지는 말을 거의 하지 못했다. 두 음절 이상은 발음하기 힘들었다. 가능한 말은 "물"(물 달라), "가"(이제 그만 가) 정도였다. 상대방이 무슨 말인가를 하면 고개를 끄덕이기만 했다. 1월 중순쯤 되자 아버지는 눈만 깜빡깜빡했다. 호흡이 가빠졌다. 고향집 마당의 은색 엘란트라는 시동을 켤 주인을 잃고 5개월째 우두커니 같은 자리에 서 있었다.

정권 교체는 아니었지만, 김영삼 정부는 군사정부와는 다른 최초의 민간정부였다. 그의 지지율은 취임 첫해 저돌적인 개혁 드라이브 속에서 95퍼센트까지 치솟았다. '윗물맑기운동'이 진행되면서 부정 축재 혐의를 받은 공무원 3천 명이 구속·파면되거나 징계당했다. 취임 후 백 일간 고위 장성 87명 중 50명이 교체되면서 전두환, 노태우를 배출한 군부 내 사조직 '하나회'는 몰락했다. 8월 12일엔 김영삼의 선거 공약이기도 했던 금융실명제가 전면 실시됐다. 누구나 은행에 주민등록증을 들고 가 통장을 다시 만들어야 했다. '세계화'의 화두가 넘실거렸다. 학생도, 농부도, 노동자도, 공무원도 세계와 경쟁할 때라고 했다. 김영삼의 개혁이 시작되었다. 그는 훌륭한 대통령으로, 세계적인 대통령으로 남을 것 같았다.

아버지는 그 모든 것을 보지도 경험하지도 못했다. 제14대 김영삼 대통령 취임식은 1993년 2월 25일 여의도 국회의사당 앞뜰에서 열렸다. 한 달 전인 1월 17일 낮 12시 30분, 아버지는 더 이상 숨을 쉬지 않았다.

에필로그
"아빠, 우리도 팔랑개비 달자"

"꽉 잡아, 떨어질라."

자전거 위에서 아버지가 말했다. 울퉁불퉁 흙길이었다. 자주 엉덩방아를 찧었다. 뒷자리에서 아버지의 배를 힘주어 끌어안았다. 평평한 길이 나오면 팔을 풀었다. 그러곤 종알거렸다.

"아빠, 우리도 자전거에 팔랑개비 달자."

바람이 불었다. 길가의 코스모스가 하늘거렸다. 남도의 한적한 시골길. 면소재지에서 동네 마을로 들어올 때였다. 학용품을 샀거나, 이발소에 들렀으리라. 팔랑개비를 자전거 핸들에 달면 멋질 것 같았다. 남들의 자전거 위에서 바람을 가르며 거침없이 돌아가는 그 물건이 근사한 장난감처럼 보였다. 뭐라고 답을 들었는지는 모르겠다. 다만 그날은 내 인생에서 아버지와 함께 연출한 가장 행복한 풍경으로 남아 있다. 온기도 잡힐 듯하다. 얼굴이 닿을 듯 말 듯 하던 넓은 등판, 팔로 둘렀던 배의 푹신한 느낌, 부지런히 페달을 돌리던 아버지의 다리, 따르릉거리던 벨소리. 그날의 아버지는 아직도 내 오감 속에 촉촉이 남아 있다. 국민학교(초등학교) 1, 2학년 어름이었을까.

팔랑개비의 속도로 시간이 갔다. 아버지는 그때 마흔이 채 안 됐다. 그 뒤 20년도 안 되어, 아버지는 세상과 작별했다. 고작 환갑 문턱에서였다. 시간은 또 팔랑개비처럼 흘렀다. 강산이 두 번이나 변했다. 팔랑개비를 달자고 종알거리던 꼬마는, 자전거를 몰던 아버지의 나이를 훌쩍 뛰어넘었다.

아버지를 생각한다. 아들의 꿈에 가끔씩 나타나는 당신. 늘 침착한 모습이다. 아니 메마른 표정이다. 억양엔 감정의 기복이 없다. 나는 대놓고 의심한다. "진짜 아버지 맞아?" 꿈속에서도 꿈이라는 사실을 의식한다. 꿈에서 깨면 정체를 알 수 없는 쓸쓸함이 찬바람처럼 가슴에 구멍을

낸다. 새삼 깨닫는다. 아버지가 없는 세상!

아버지의 이름은 고(高), 봉(逢), 성(星)이었다. 그동안 아버지의 스크랩에 관해 쓰며 수백 번 아버지를 들먹였지만, 실명을 꺼낸 적은 없다. 낯설다. 이제 그분, 고봉성 씨에 관해 써보려고 한다.

고봉성 씨는 1935년 4월 19일에 태어났다. 횡성이 본관인 부친 고만춘 씨(1916~1985)와 청주가 본관인 모친 한옥희 씨(1914~2000) 사이의 장남이었다. 지금은 원주시로 편입된 원성군 흥업면 흥업리가 고향이자 본적이다. 아버지가 태어난 해는 일제의 만주 침략(1931년)과 태평양전쟁 발발(1941년)의 가운데 위치한다. 세계대전의 소용돌이가 쳤지만, 불행 중에도 행운이었다. 10년 일찍, 1920년대 초중반에 태어났다면 일제가 벌인 동남아 침략 전쟁의 총알받이로 끌려가거나 강제 징용 대상자가 되었을 가능성이 높다. 1930년대 초반에 세상에 나왔다면, 20대 초반의 장정으로서 한국전쟁 참전 소집 명령을 받았을 것이다. 아버지는 태평양전쟁 시기엔 어린이였고, 한국전쟁이 터졌을 땐 중학생이었다. 밑으로는 달랑 남동생 하나. 그것도 열세 살 터울이었다. 중간에 남녀 동생이 꽤 태어났지만 갓난아이 때 모두 전쟁과 병에 치여 죽었다고 한다.

아버지의 아버지, 할아버지는 농사꾼이었다. 지역에서 작은 사업도 했는데, 재산을 불리는 수완이 좋았다. 아버지는 할아버지와 정반대였다. 이재에 밝지 않았고, 원주국민학교를 졸업하고 들어간 6년제 원주농업중학교(원주농고, 현 원주영서고) 재학 시절 기독교에 심취했다. 할아버지에겐 고분고분했지만, 종교 문제에서만은 절대 양보하지 않았다. 아버지는 대전 침례회신학교(현 침례신학대)에 입학했다. 그리고 평생을 기독교인으로, 목회자로 살았다.

어머니 장정옥 씨(1937~)와의 만남도 기독교 신앙이 맺어준 인연이에필로그 - "아빠, 우리도 팔랑개비 달자"

1962년 3월 22일 대전의 한 교회에서 열린 부모님의 결혼식.
어머니는 몇 년 전 "모든 게 덧없다"며 결혼앨범에 모아놓은
사진들을 다 버렸는데 이 사진 한 장만은 살려놓았다.

었다. 다리를 놓아준 사람은 당신의 장인이자 목사였던 나의 외할아버지 장일수 씨(1913~1986)다. 아버지가 신학생으로 대전과 충남 지역의 여러 교회를 전전하던 시절, 충남 부여 출신으로 침례교단의 어른이셨던 외할아버지는 아버지의 능력과 됨됨이를 높이 사주었다. 1960년 봄이었다. 신앙의 전통(외할아버지의 아버지도 목사였다)과 독실함 면에서 한 수 위였던 어머니는 아버지의 여러 결격사유(얼굴이 시커멓고 깡패처럼 생겼으며

헤어진 양복과 구멍 난 양말을 신는 등 가난의 흔적이 있는)를 사랑과 온유로 이겨내며 결혼에 이른다. 결혼식은 1962년 3월 22일 대전의 한 교회에서 소박하게 치렀다. 신혼여행지는 1박 2일 유성온천.

결혼 즈음 아버지는 침례회신학교 대학원 휴학생이었다. 할아버지는 "신학교 졸업하면 됐지, 무슨 대학원까지 다니냐"며 끝내 마지막 두 학기 등록금을 주지 않았다. 당시 아버지는 고향 근처인 원성군 흥업면 서곡리의 고아원 전도사로 일했다. 어머니의 증언에 따르면 "월급은 쌀 닷 말"이었다. 아버지는 그곳에서 3년을 지내며 첫째 아들 원태를 보았다. 둘째인 내가 태어나기 직전인 1966년부터는 남은 대학원 학기를 마치려고 가족과 떨어져 대전에 혼자 머물렀다. 원주에서 선교사로 활동하던 데이비드 하울(David B. Haule, 한국 이름 하다윗) 목사가 학비를 후원해 주었다.

신학대학원을 졸업한 아버지는 교단으로부터 목사 안수를 받았다. 1976년 원주 남부침례교회(~1993년)의 부목사로 돌아오기 전까지, 경북 영주의 남산침례교회(1967~1969년)와 전북 익산의 신은침례교회(1969~1976년)를 거친다. 영주와 익산에서의 목회는 둘 다 시골에서의 '개척교회' 활동이었다. 엄마 젖을 먹던 시절이니, 영주는 전혀 기억에 없다. 반면 익산은 가장 아름다운 추억으로 간직되는 유년의 무대다. 영주에선 아주 가난했고, 익산에선 조금 가난했다. 어머니가 영주에 관해 언급하는 얘기는 '연탄가스 중독 사고'뿐이다. 추위를 이기지 못해 방에 연탄난로를 피웠다가 여러 번 죽음의 위기를 넘겼던 탓이다. 익산에선 달랐다. 날씨부터 따뜻했다. 아버지의 목회 활동도 괜찮았다. 교회는 처음엔 황량했지만, 갈수록 북적거렸고 활기가 넘쳤다. 30대의 아버지는 패기와 리더십이 있었다. 청소년이나 20대의 청년 교인들은 아버지를 형에필로그 - "아빠, 우리도 팔랑개비 달자"

1968년 3월 22일, 부모님 결혼 6주년 기념 가족사진. 난 돌을 갓 넘긴 때였다.

처럼 따르고 존경했다. 앞에서 언급한, 자전거 타던 에피소드도 그때의 일이다. 아버지가 자식들의 교육 문제(이미 형은 익산을 떠나 원주의 할아버지 밑에서 자라고 있었다)를 고민하다 그곳을 떠나던 1976년 봄의 장면을 잊을 수 없다. 이삿짐을 트럭에 실어 보낸 뒤 우리 가족이 택시를 탈 때 거의 모두가 울었다. 교인들과 어머니는 서럽게 펑펑 눈물을 흘렸다. 두 사람만 울지 않았다. 아버지는 그냥 어두운 표정이었다. 나는 멀뚱멀뚱했다. 그곳 교회 형과 누나들이 이별 선물로 사준 축구공에 한껏 들뜨기만 했다.

고향인 원주로 돌아왔지만, 아버지를 둘러싼 환경과 조건은 열악했다. 역사가 10년이 채 되지 않은 그 교회의 교인 수는 50명 남짓이었다. 1층짜리 건물은 낡고 허름했다. 개척교회와 별반 다를 게 없었다. 추진력이 강했던 아버지는 2년여 만에 담임목사 자리에 올랐다. 예배당은 좁은데, 교인들은 빠르게 늘어났다. 일요일 대예배는 미어터졌다. 무릎을 최대한 오므리고 앉아야 했으므로, 예배가 끝나면 다리에 쥐가 났다. 속칭 교회 용어로 '부흥'의 기운이 달아오르고 있었다. 아버지는 1980년 봄부터 대대적인 '교회 건축 운동'에 들어갔다. 본당 2층, 별관 5층의 웅장한 빨간 벽돌 건물을 중세 고딕 양식처럼 짓는 게 목표였다. 교회 크기가 무려 너덧 배 정도로 확대되는 안이었다. 따로 떨어져 보잘것없이 존재하던 사택은 교회 본당 1층 내부에 신식으로 설계됐다. 교회 건축은 남이 다 해주는 게 아니었다. 교인들도 노역에 대거 동원됐다. 아버지는 예배 시간마다 건축 헌금을 유독 강조했다. 우여곡절이 있었지만, 이 계획은 1년 만에 눈앞의 현실로 이뤄졌다. 아버지는 '성공'했다. 교회와 지역의 개신교단 내에서 아버지의 성공 시대는 그 뒤로도 쭉 이어졌다. 1992년, 암이 발견되기 전까지는.

아버지는 교회 목회자로서 정말 유능했을까? 어머니는 "그렇다"고 말했다. "설교를 잘해 교인들이 정말 좋아했어. 원주 시내에서 목회를 젤(제일) 잘한다는 이야기도 돌았어." 다 믿어야 할지는 모르겠다. 아들인 나도 아버지의 설교를 무지하게 들었다. 맞다. 이야기를 재밌게 하는 능력이 있었다. 자식인 나에겐 전혀 물려주지 않은 재능이다. 특히 어린이 예배 시간에 "어쩜 저렇게 아이들의 귀가 솔깃해지도록 말씀을 하실까" 하고 감탄한 적이 있다. 어른들 대상의 일요일 대예배 시간에도 아버지의 설교는 그럴듯했다. 목소리에 강단이 있었고, 예화가 풍부했다. 논리적이었고, 배를 잡고 웃게도 했다. 중고생 때는 가끔 아버지의 설교를 메모하며 듣기도 했다. 딱 그때까지였다.

스무 살 이후엔 아버지의 설교가 전혀 귀에 들어오지가 않았다. 1989년 8월부터 방위 복무차 원주에 내려와 있던 1년 6개월간, 매주 일요일 아버지의 교회에서 예배를 보았다. 예배 전반부 기도와 찬송이 끝나고 설교 시간이 되면, 나는 '딴생각' 모드로 잽싸게 돌입했다. 그 30여 분간, 아버지의 세계와 나의 세계가 같은 공간에서 완전히 딴살림을 차렸다. 설교 음성이 높거나 낮거나, 나는 내가 정해놓은 추억과 상상의 세계에 몰입했다. 아버지의 그 말들이 지겨웠다. 축복과 구원의 메시지만 고리타분하게 되풀이한다는 생각이 들었다. 대학 생활을 통해 구축된 나의 오만한 신념은, 아버지의 말씀을 용인하려 들지 않았다. 터무니없이 맹목적 믿음을 강요하는 내용도 아니었는데(아버지 서재에 놓인 책들이 그걸 막았을지도 모르겠다), 나의 반감은 필요 이상으로 컸다. 내 머리가 커져서 그랬을까? 불신의 독이 내 모태신앙의 거처를 파괴한 것일까? 아버지는 내 마음을 눈치 챘을까?

아버지에게 일대일로 긴 훈계를 설교처럼 들은 적은 없다. 의외로 쿨하셨다. 어머니가 나에게 열 마디 잔소리를 할 때, 아버지는 한 마디를 했다. 가끔 별것 아닌 일로 화를 내기도 했지만, 꼬치꼬치 길게 따지는 말씀은 하지 않았다. 어쩌면 무관심 때문이었는지도 모르겠다. 아버지에겐 목회가 제일 중요했다. 매일 설교 준비를 하고(새벽 예배는 365일 있었다), 서재에서 책을 읽거나 신문 스크랩을 하거나, 또는 심방을 다니며 교인들을 만났다. 내 기억엔, 그게 전부였다. 아버지는 일만 알았다. 아들 둘은 어머니가 알아서 챙겼다. 어쩌면 지금의 나와 똑같다. 아내가 아이들에 관해 한탄해도, 나는 그런가 보다 한다. 집에서 일상적으로 벌어지는 아이들의 '작태'에 대해 조목조목 '보고'를 받아도 심드렁할 뿐이다. 일 말고는 다 귀찮다. 아버지가 그랬던 것처럼.

그 아버지가 이상한 행동을 한 적이 있다. 고2 때였다. 긴 추석 연휴의 첫날이었다. 형과 나에게 극장에 가자고 제안했다. 나는 귀를 의심했다. 아들에게 무뚝뚝하고 까칠한 모습을 자주 보였던 당신은 한껏 너그

익산에서 다시 고향 원주로 이사 오고 나서 초등학교 5학년이던 1977년에 할아버지 집 앞에서 찍은 사진.

럽고 온화하고 친절한 표정을 지으며 "너희들 보고 싶은 영화를 보자"고 했다. 솔직히 닭살이 돋았다. 표를 끊고 영화관에 들어가기 전엔 매점에서 과자까지 사주셨다. 좋아라할 일인데, 불편했다. 홍콩 영화를 보았다. 청소년 관람가였지만, 살짝 야한 장면이 나올 땐 시선을 어디에 두어야 할지 어색했다. 영화가 끝난 뒤엔 버스를 타고 그냥 왔다. 그걸로 땡이었다. 아버지와 처음이자 마지막으로 본 영화였다. 지금도 미스터리다. 그날, 아버지는 왜 그랬을까.

신경정신과 전문의인 하지현 건국대 교수에게 코멘트를 요청했다. 하지현 교수는 "재미있는 기억"이라며 이렇게 말했다. "아버님이 당시 인생사에 뭔가 고민이 있던 시기가 아니었을까요? 사람은 원래 평소에는 익숙한 대로 살아갑니다. 그런데 인생사에서 벽에 부딪히거나 심각한 고민이 생기는 경우 '자기가 살아온 방법'에 대한 총체적 점검을 할 때가 있습니다. 이때 빠져 있거나 안 해서 미안했던 일들을 생각해내고, 뭔가 변화에 대한 실천을 하려고 애를 씁니다. 혹시 그런 일이 아니었을까요?" 자식들에게 미안해서 그런 게 아니라 당신 인생의 고민에서 나온 파생적 행동일 가능성이 크다는 분석이었다. 그러면서 더 가볍고 일상적인 이유로는 다음의 가능성을 들었다. "①주변 친구들과의 대화에서 '넌 애들과 어디 가지도 않냐?' 등의 말을 듣고 깨달은 바가 있어서 ②TV의 가정·교육 관련 프로그램을 보다가 우연히 느낀 바가 있어서."

내가 알 수 없는 아버지의 '심연'이 있었으리라. 그곳에선 가끔 크고 작은 파동이 일어났겠지. 아들에게 예기치 않게 영화 관람을 시켜준 것은 그 작은 파동의 결과였을 테고. 그 이상은 알 수 없다. 아버지가 남긴 신문 스크랩북을 열심히 읽고 이에 관한 책까지 준비하면서, 그동안 몰랐던 아버지를 많이 알았다고 자부했다. 여전히 모르겠다. 예전보다 0.000001퍼센트 더 알았을 뿐이다.

어머니에 따르면, 아버지는 할아버지의 사랑과 인정을 별로 못 받았다. 가장 큰 이유는 돈을 안 벌고 목회자의 길을 걸었기 때문이다. 어머니는 "할아버지가 아버지를 구박하고 미워했다"고까지 말한다. 확인이 더 필요하지만, 아버지를 대하는 할아버지의 태도가 냉랭했던 건 사실이다. 아버지는 나에게 그 정도는 아니었다. 무관심했지만, 생전의 지속적인 배려를 떠올리면 그건 분명히 사랑이었다.

"꽉 잡아, 떨어질라." 자전거 위에서 아버지가 당부하던 그 말을 다시 곱씹어본다. 1976년 원주로 돌아오자마자 두 달 만에 큰 홍수가 났다. 사방에 전기가 나가고, 마당까지 물이 가득 들어찼다. 국민학교 4학년이던 나는 아버지 등에 업혀 집을 탈출했다. 반팔 차림으로 찬 빗줄기를 맞자 오한이 끼쳐왔다. 몸이 덜덜 떨렸고, 이가 쉼 없이 달그닥거렸다. 공포에 질려 아버지 목을 꽉 잡고 떨어지지 않았다. 믿을 것은 아버지의 그 말뿐이었다. "꽉 잡아 떨어질라… 꽉 잡아 떨어질라… 꽉 잡아 떨어질라……." 역설적으로는 가장으로서의 책임감과 중압감이 압축된 그 말. 이제는 나를 꽉 잡고 떨어지지 않으려는 내 아이들. 팔랑개비 시간은 또 미친 듯이 돌 것이다. 나는 희미한 목소리로 속삭여본다.

"아빠, 우리도 팔랑개비 달자."

참고한 책과 글

제1부 18년의 시작

"좋은 분인가요, 나쁜 놈인가요" – 이승만의 최후
　-《우남 이승만 연구》(정병준, 역사비평사, 2005)
　-《거대한 생애 이승만 90년 – 상·하》(이한우, 조선일보사, 1995)
　-《끝나지 않은 역사 앞에서 – 인물로 읽는 한국사 10》(이이화, 김영사, 2009)

너의 손가락을 깨물지 말지어다 – 4·19와 데모대
　-《한국현대사 산책 – 1960년대 편 1》(강준만, 인물과사상사, 2004)
　-《끝나지 않은 역사 앞에서 – 인물로 읽는 한국사 10》(이이화, 김영사, 2009)

우리는 돼지가 되었는가 – 보릿고개
　-《1960년대》(김성환 외, 거름, 1984)
　-《장면·윤보선·박정희 – 1960년대 초 주요 정치 지도자 연구》(정윤재 외, 백산서당, 2001)
　-《제2공화국과 장면》(이용원, 범우사, 1999)

바지사장의 최후, 올 것이 왔다 – 5·16과 숙청
　-《망향 – 장도영 회고록》(장도영, 숲속의꿈, 2001)
　-《1면으로 보는 한국 근현대사 3》(김홍식 기획, 황병주 해설, 서해문집, 2011)
　-《한국현대사 산책 – 1960년대 편 1》(강준만, 인물과사상사, 2004)
　-《한국현대사 산책 – 1960년대 편 2》(강준만, 인물과사상사, 2004)
　-《끝나지 않은 역사 앞에서 – 인물로 읽는 한국사 10》(이이화, 김영사, 2009)
　-《장면·윤보선·박정희 – 1960년대 초 주요 정치 지도자 연구》(정윤재 외, 백산서당, 2001)
　-《제2공화국과 장면》(이용원, 범우사, 1999)

'사람호랑이'는 얼마나 외로웠을까? – 박정희 1인 천하
　-《내 무덤에 침을 뱉어라》(조갑제, 조선일보사, 1999)
　-《한국현대사 산책 – 1960년대 편 2》(강준만, 인물과사상사, 2004)

변을 당하다 – 미군 린치, 화폐 린치, 연서 린치, 똥물 린치
　-《김두한 자서전》(김두한, 메트로신문사, 2003)
　-《숫자 없는 경제학》(차현진, 인물과사상사, 2011)
　-《대한민국사 04》(한홍구, 한겨레출판, 2006)
　-《한국현대사 산책 – 1960년대 편 2》(강준만, 인물과사상사, 2004)
　-《한국현대사 산책 – 1960년대 편 3》(강준만, 인물과사상사, 2004)

제2부 암흑기, 또는 전성기

두꺼비와 고바우의 개판 5분 전 이야기 – 1967년 부정선거
- 《김대중 자서전 1》(김대중, 삼인, 2010)
- 《한국현대사 산책 – 1960년대 편 3》(강준만, 인물과사상사, 2004)
- 《한국만화 인명사전》(손상익·한국만화문화연구원 편, 시공사, 2002)

그대, 알프스에 갔어야 하리 – 비운의 이수근
- 《김형욱 회고록》(김형욱·박사월, 아침, 1985)
- 《이수근은 역시 간첩이 아니었다》(조갑제, 조갑제닷컴, 2009)

담배 끄고 자백하라, 범인은 너다! – 김대중 납치와 육영수 피살사건
- 《김형욱 회고록 – 제3부 박정희 왕조의 비화》(김형욱·박사월, 아침, 1985)
- 《남산의 부장들》(김충식, 동아일보사, 1992)
- 《한국현대사 산책 – 1970년대 편 2》(강준만, 인물과사상사, 2002)
- 《과거와 대화 미래의 성찰 – 주요 의혹 사건 편 上권(2)》(국정원과거사건진실규명을통한발전위원회 편집, 국가정보원, 2007)

주여 왜 그에게 레임덕을 주셨나이까 – 망명, 그리고 10·26
- 〈한국일보〉, '정창화 감독의 액션영화에 바친 60년 – 23회'(2011. 8. 2.)
- 《한국현대사 산책 1970년대 편》(강준만, 인물과사상사, 2002)
- 《대한민국사 1》(한홍구, 한겨레신문사, 2003)
- 《김형욱 회고록 3》(김형욱·박사월, 아침, 1985)
- 《미국사 산책 11》(강준만, 인물과사상사, 2010)
- 《시대의 불침번》(정경모, 한겨레출판, 2010)
- 《위대한 영화인 신상옥》(한국영화인복지재단, 2006)
- 김재규 중앙정보부장의 '항소보충이유서'(1980년 1월 28일)

제3부 잔혹 드라마

1968년 남북한·미·월의 상호 따귀 때리기 – 1·21/2·12/3·16 사건
- 《68운동》(이성재, 책세상, 2009)
- 《미국사 산책 10》(강준만, 인물과사상사, 2010)

단군과 세종대왕은 어떤 국제 뉴스를 좋아할까 – 격동의 세계사와 포항 석유
- 《한국현대사 산책 – 1970년대 편 2》(강준만, 인물과사상사, 2002)
- 《미국사 산책 10》(강준만, 인물과사상사, 2010)
- 《우리가 몰랐던 아시아》(아시아네트워크 지음, 한겨레신문사, 2003)
- 《폴 포트 평전》(필립 쇼트 지음, 이혜선 옮김, 실천문학사, 2004)
- 《중동은 불타고 있다》(유달승, 나무와숲, 2011)
- 《장기비상시대》(제임스 하워드 쿤슬러 지음, 이한중 옮김, 갈라파고스, 2011)

- 《굿워크》(E. F. 슈마허 지음, 박혜영 옮김, 느린걸음, 2011)

"후하하 죽였다" vs "지문 채취 열심히 해보슈" - 연쇄살인자들과 수사반장
- 〈광주일보〉 기획 연재 '광주·전남 사건과 사람들-9. 75년 연쇄살인범 김대두'(2004. 3. 10.)
- 《지구인 1, 2, 3》(최인호, 문학동네, 2005)

제4부 신기루와 절망투쟁

탈춤과 지랄춤, 칼춤의 시대 - 1980년 전두환의 봄
- 《한국노동운동사 2 - 해방 이후에서 1987년 대파업까지》(안재성, 삶이보이는창, 2008)
- 《탄광촌공화국》(홍춘봉, 노동일보, 2002)
- 《한국현대사 산책 - 1980년대 편 1》(강준만, 인물과사상사, 2003)

이순자여 바가지를 생각하라 - 1987년, 그 후
3인의 '독제자(毒劑者)' 서리가 내리다 - 방북, 공안몰이, 분신
- 《대통령 이야기》(강준식, 예스위캔, 2011)
- 《한국현대사 산책 - 1990년대 편 1》(강준만, 인물과사상사, 2006)
- 《한국현대사 산책 - 1980년대 편 4》(강준만, 인물과사상사, 2003)
- 《청와대 비서실 4》(오병상, 중앙일보사, 1995)

제5부 정의사회구현

놀리지 마라 - 장애인에서 카섹스까지
- 《차별에 저항하라》(김도현 지음·정태수열사추모사업회 기획, 박종철출판사, 2007)
- 《말 말 말: 대한민국사를 바꾼 핵심 논쟁 50》(권오문 지음, 삼진기획, 2004)

원한과 치정, 돈과 고문의 맛 - 저명 살인 사건의 미스터리
- 《고문과 조작의 기술자들》(조갑제, 한길사, 1987)
- 《법원사》(법원 행정처, 1995)
- '골동품상 부부 살해 사건'(민병욱, 네이버 뉴스 캐스트 '그 시절 그 이야기')
- '한홍구 교수가 쓰는 사법부 - 회한과 오욕의 역사' 41회(한홍구, 〈한겨레〉 2010년 3월 7일자)

파리 한 마리가 56명을 죽이다 - 호외의 비명
- 《한국현대사 산책 - 1980년대 편 2》(강준만, 인물과사상사, 2003)
- 《법원사》(법원 행정처, 1995)
- '28명 죽이고 초상집 문상… 부의금 3000원 낸 뒤 또 난사'(최성진, 〈한겨레〉 2012년 4월 14일자)

대한국민 현대사
국민으로 살아낸 국민의 역사

첫판 1쇄 펴낸날 2013년 5월 13일
3쇄 펴낸날 2014년 2월 27일

지은이 고경태
발행인 김혜경
편집인 김수진
책임편집 김교석　**편집기획** 이은정 이다희 백도라지 윤진아
디자인 김은영 김명선 정은화
고문 신상욱　**경영지원국** 안정숙
마케팅 김용환 문창운 김혜경 조한나 노현규
회계 임옥희 양여진 신미진

펴낸곳 (주)도서출판 푸른숲
출판등록 2002년 7월 5일 제 406-2003-032호
주소 경기도 파주시 회동길 57-9번지, 우편번호 413-120
전화 031)955-1400(마케팅부), 031)955-1410(편집부)
팩스 031)955-1406(마케팅부), 031)955-1424(편집부)
www.prunsoop.co.kr

ⓒ고경태, 2013
ISBN 978-89-7184-690-2(03900)

* 잘못된 책은 구입하신 서점에서 바꾸어 드립니다.
* 본서의 반품 기한은 2019년 2월 28일까지 입니다.

이 도서의 국립중앙도서관 출판시도서목록(CIP)은 e-CIP 홈페이지(http://www.nl.go.kr/ecip)와 국가자료공동목록시스템(http://www.nl.go.kr/kolisnet)에서 이용하실 수 있습니다. (CIP2013004689)

※ 이 책은 관훈클럽신영연구기금의 도움을 받아 저술 출판하였습니다.